● 기본이론과 실전게임전략 ●

스리쿠션 당구 레슨

Three-Cushion Billiards Lesson

일신서적출판사

이 책을 내면서

　이 책은 미국의 스리쿠션 일인자인 에디 로빈이 지은 것을 엮은 것으로서 스리쿠션에 관한한 세계 제일의 책이라고 해도 과언이 아니다. 에디 로빈의 책은 세계적으로 통용될 수 있도록 샷 그림을 수록해 다른 설명이 필요없어도 모든 것을 이해할 수 있게 되어 있다. 아름답고 정교한 샷 그림은 이 책에만 있는 독창적인 것이다.

　4구 게임에 어느 정도 숙달되면 스리쿠션 게임을 하게 되는데 이 책이 거기에 대한 모든 해답을 줄 수 있을 것이다. 스리쿠션에서 고득점을 얻기 위해서는 포지션 플레이(다음 샷에 좋은 위치로 볼들을 이동시키는 것)를 필수적으로 해야 하는데 포지션 플레이라고해서 어려운 것은 아니며 초보자도 곧 익힐 수 있는 것이다. 이 책이 포지션 플레이를 중점적으로 해서 꾸며졌지만 스리쿠션 게임의 기본을 익히는데도 전혀 부족한 점이 없다. 포지션 플레이는 특별히 어려운 샷이 아니며 득점 가능성도 가장 높은 샷이기 때문이다. 포지션 플레이에서는 단지 수구(1번 볼 : 큐로 치는 볼)에 주는 스핀이나 스피드를 조절하거나 2번 볼을 좀더 얇거나 두껍게 치면 되기 때문이다.

　스리쿠션의 포지션 플레이는 4구 게임이나 포켓 게임과는 조금 다르다. 그런 게임에서는 다음에 이어지는 포지션을 비교적 쉽게 예상할 수 있지만 스리쿠션에서는 제2적구(3번 볼, 적구 : 수구에 맞는 볼)의 어느 쪽에 1번 볼이 맞는가에 따라 포지션 플레이의 성공 여부가 결정되는 경우가 많다. 그렇지만 우수한 선수라도 그와 같은 정확한 샷을 하기가 힘들기 때문에 실질적으로는 다음에 이어지는 쉬운 샷을 예상하는 것이 필요하지 않다. 즉 볼들이 테이블의 어느 '구역'으로 모이도록 하기만 하면 된다. 이 책이 전하고자 하는 요점도 그런 것이며 따라서 포지션 플레이라고 해서 어렵게 생각할 필요가 없다.

　이 책으로 스리쿠션을 하루 빨리 마스터하여 가장 훌륭하고 멋진 스포츠의 하나인 당구를 마음껏 즐기자. 그리고 우리 나라도 미국 같은 나라처럼 가정용 당구대가 널리 보급되어 가족들이나 친구들과 함께 하는 일상 생활의 레크레이션으로 당구가 자리잡기를 희망한다.

차 례

제1장 기본지식 ●● 7

1. 당구 게임의 종류 ─────────── 8
2. 뱅킹 ─────────────────── 9
3. 당구의 용구 ─────────────── 9
   - 당구대 / 9 ・ 큐 / 11 ・ 팁 / 11 ・ 볼 / 13 ・ 초크 / 13
4. 기본 익히기 ──────────────── 14
   - 자세 / 14 ・ 그립 / 15 ・ 브리지 / 16 ・ 타구 / 18
5. 공격과 방어 ──────────────── 22

제2장 4가지 범주의 샷 ●● 25

1. 쉬운 샷이 되는 4가지 범주 ──────── 27
   - 범주1 상황의 설명 / 30
   - 방법1에 의한 포지션 이동의 예 / 32
   - 방법2 상황의 설명 / 46
   - 방법2에 의한 포지션 이동의 예 / 48
   - 방법3 상황의 설명 / 62
   - 방법3에 의한 포지션 이동의 예 / 64

- 방법4 상황의 설명 / 78
- 방법4에 의한 포지션 이동의 예 / 80

2. 왜 4가지 범주 방법을 이용하는가 —————— 94
3. 어떤 방법을 이용할 것인가 ——————————— 94
4. 바람직한 볼의 속도 ——————————————— 96
5. 방법을 이용한 연속 득점법 1 ———————— 98
   방법을 이용한 연속 득점법 2 ———————— 100
   방법을 이용한 연속 득점법 3 ———————— 102
   방법을 이용한 연속 득점법 4 ———————— 104
   방법을 이용한 연속 득점법 5 ———————— 106
   방법을 이용한 연속 득점법 6 ———————— 108
   방법을 이용한 연속 득점법 7 ———————— 110
   방법을 이용한 연속 득점법 8 ———————— 112

제 3 장 531가지 스리쿠션 샷 ●● 115

1. 531가지 스리쿠션 치기 ——————————— 116

기본지식

1 기본지식
Three-cushion Billiards

1. 당구 게임의 종류

　당구 게임은 크게 포켓이 없는 당구대에서 플레이하는 캐롬(carom) 게임과 포켓이 있는 당구대에서 하는 포켓(pocket) 게임으로 나눌 수 있다. 그리고 캐롬 게임은 다시 4구 게임, 보크라인 게임, 스리쿠션 게임 등으로 구분할 수 있다. 4구 게임은 한국에서 유행하고 있는 종목으로서 원래는 흰 볼 2개와 빨간 볼 1개로 플레이했지만 게임을 좀더 흥미롭게 하기 위해 현재의 방식으로 되었으며 이는 한국에서만 볼 수 있는 독특한 방식이다.
　4구 게임에 숙달이 되면 최고 선수들의 경우에는 코너에 빨간 볼 2개를 몰아놓고서 거의 무제한으로 득점이 가능해지게 된다. 또는 빨간 볼 2개를 쿠션을 따라서 약간씩만 이동해가면서(세리치기) 고득점을 할 수도 있다.
　보크라인 게임이란 이같은 연속 득점을 방지하여 게임을 좀더 박진감있도록 하기 위해 쿠션으로부터 일정한 거리에서 떨어져 분필로 선을 그어 네모 칸 안에서 연속 득점을 하지 못하도록 하는 방식이다.
　캐롬 게임의 최고봉이라 볼 수 있는 것은 스리쿠션 게임이다. 스리쿠션은 2개의 흰 볼과 1개의 빨간 볼로 플레이하는데 최근에는 노란 볼과 흰 볼의 수구(1번 볼 : 큐로 치는 볼)를 사용하고 있다. 득점이 되려면 수구가 다른 또하나의 적구(수구에 맞는 볼)에 맞기 전에 순서에 관계없이 3개의 쿠션과 1개의 적구에 맞아야 한다. 승리는 미리 정한 점수에 먼저 도달하는 쪽에 돌아간다. 친선 게임은 보통 25점으로 정하며 공식 대회에서는 15점, 35점, 40점, 50점, 60점 등으로 정한다. 최근의 공식 대회에서는 보통 한 세트당 15점으로 정하고 있다.

2. 뱅킹(banking)

선공을 잡느냐 못 잡느냐에 따라 게임의 승패에 큰 영향을 미칠 수 있다. 선공 후공은 가위 바위 보로 정할 수도 있지만 가장 현명한 방법은 뱅킹을 하는 것이다. 또한 테이블의 상태를 알아보기 위해서도 뱅킹으로 결정하는 것이 좋다. 긴 쿠션 쪽의 제2포인트에 흰 볼 2개를 놓은 다음 두 사람이 나란히 서서 거의 동시에 샷하여 반대편 짧은 쿠션을 맞고 타구자의 바로 앞 짧은 쿠션에 최대한 가까이 떨어지도록 한다. 이 짧은 쿠션에 더 가까이 떨어지게 한 사람이 선공이나 후공을 선택할 수 있다.

3. 당구의 용구

① 당구대(billiards table)

캐롬 당구대에는 소대, 중대, 대대의 세 가지 종류가 있는데 현재 우리 나라에 널리 보급되어 있는 것은 중대이다. 중대는 가로 2540mm, 세로 1270mm이며, 국제 표준인 대대는 가로 2844.8mm, 세로 1422.4mm이다. 스리쿠션을 제대로 플레이하기 위해서는 대대에서 하는 것이 가장 이상적이지만 중대에서 플레이해도 상관없다. 당구대는 어느 것이나 가로와 세로 길이의 비가 2 : 1로 되어 있다.

테이블 바닥은 세 장의 슬레이트(석판)로 되어 있고 그 위에 당구지(라사)가 덮여 있으며 틀이 장착되어 있다. 그리고 틀 안쪽에는 볼이 맞고서 리바운드되게 하기 위해 삼각형의 고무 쿠션이 장착되어 있다. 당구대 바깥틀에는 긴 쿠션을 8등분한 지점과 짧은 쿠션을 4등분한 지점에 다이아몬드(포인트)라 불리는 마크가 붙어 있으며 다이아몬드의 간격은 동일하게 되어 있다.

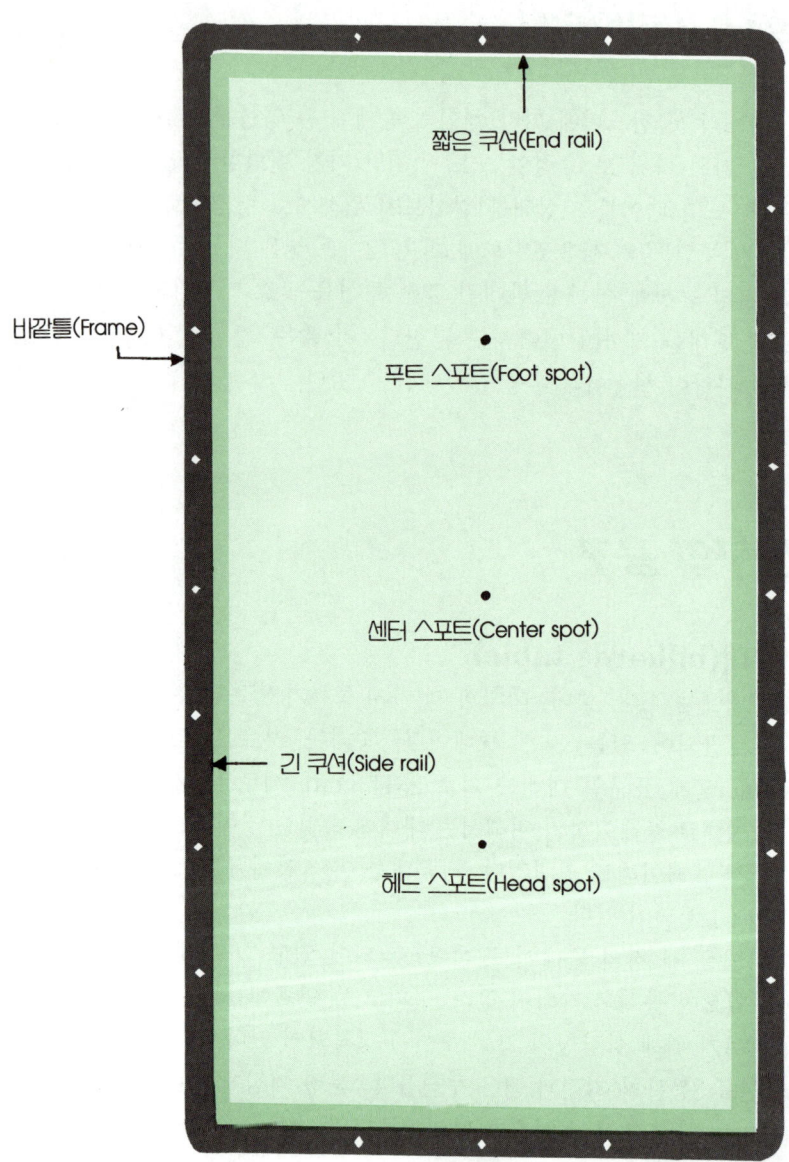

캐롬 당구대

② 큐(cue)

보통 큐의 길이는 137~147cm이며 무게는 450~650g 사이이다. 큐는 재질에 따라 가격에 상당한 차이가 있는데 우리 나라에서는 7만원 정도면 고급 개인 큐를 구입할 수 있다. 큐를 오래도록 사용하기 위해서는 벽에 기대어두거나 바닥에 내리치는 일이 없어야 한다. 또한 큐를 무기로 상대방과 다투지 말고 다른 사람들이 함부로 만지지 못하게 해야 한다.

큐가 더러워지거나 손에 땀이 묻으면 부드럽게 움직이지 않는다. 이럴 때는 분말 가루를 엄지손가락과 검지손가락 사이에 발라야 한다. 큐가 빡빡해지면 젖은 헝겊으로 닦은 다음 완전히 말리며 손이 더럽다면 깨끗이 씻는다. 손에서 계속 땀이 나면 마른 수건을 옆에 놓아두는 것이 좋다.

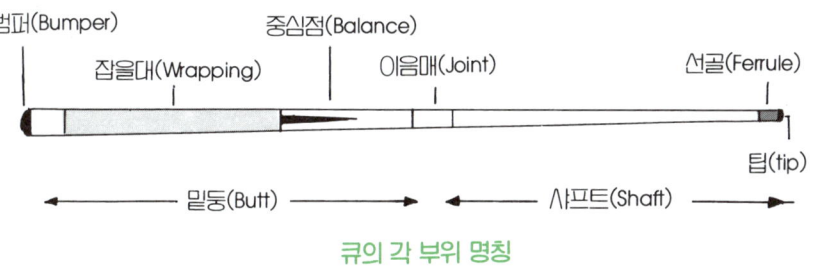

큐의 각 부위 명칭

③ 팁(tip)

볼이 닿았을 때 미끄러지지 않도록 큐 끝에 가죽으로 된 팁이 붙어 있다. 팁은 초크 가루가 잘 묻도록 가끔씩 거칠게 다듬어주어야 한다. 팁의 모양과 윤곽은 매우 중요한 요소이다. 팁 가장자리가 큐 끝과 정확히 일치된다면 팁의 수명이 길어지고 플레이를 더 잘할 수도 있다. 또한 팁 가장자리는 튀어나온 부분이 없어야 한다. 만약 튀어나와 있다면 큐를 바닥에 거꾸로 세우고 누른 다음 튀어나온 부분을 칼로 다듬는다. 팁 가장자리를 단단히 하고 광이 나게 하려면 먼저 팁을 물에 적신 다음 종이 성냥갑이나 가죽으로 큐 끝을 감고 위아래로 신속하게 문질러준다.

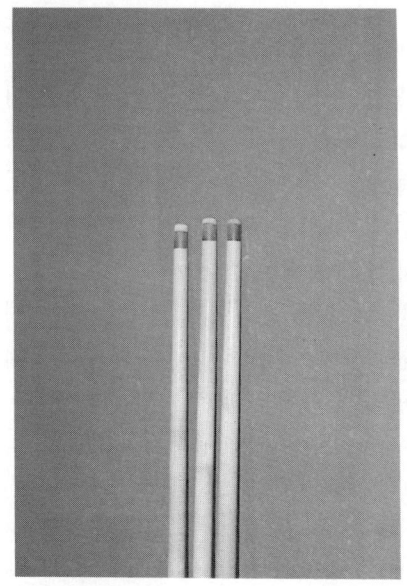 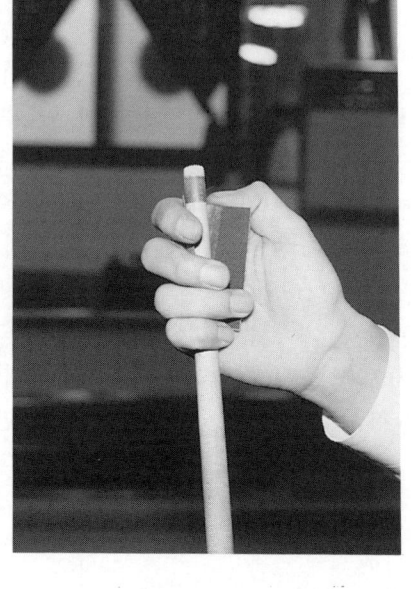

큐팁 - 왼쪽에 있는 팁은 너무 얇아서 좋지 않다. 중간의 팁은 너무 납작하지만 줄로 둥그렇게 다듬을 수 있다. 오른쪽 팁은 올바로 윤곽을 이루고 있다. 튀어나온 부분은 갈아준다.

큐가 빡빡해지면 스카치 브라이트로 문질러준다. 스카치 브라이트를 곁에 두면 손에 분말 가루를 묻혀야 하는 불편을 없앨 수 있다.

    팁을 새로 큐에 부착하는데는 시간이 좀 걸리지만 어렵지는 않다. 먼저 칼과 샌드페이퍼로 큐 끝에서 마른 아교풀과 기타 이물질을 없애주어야 한다. 팁은 선골보다 약간 크거나 똑같은 것을 고른다. 선골과 팁에 얇게 강력 접착제를 바른다. 선골에 팁 중심을 맞추면서 제자리에 들어갈 때까지 엄지손가락으로 누른다. 다음에 팁이 바닥에 닿도록 큐를 거꾸로 한 상태에서 모퉁이에 세워놓는나. 나음 날 팁의 튀어나온 부분을 다듬고 둥그렇게 윤곽을 낸다.

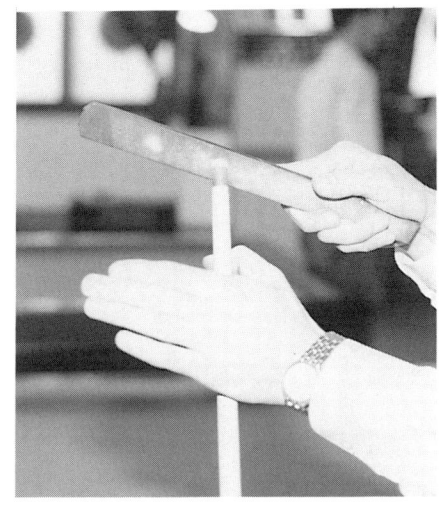

초크가 잘 묻도록 팁을 가끔씩 거칠게 다듬어준다.

④ 볼(ball)

이전에는 볼을 전부 상아로 만들었지만 지금은 코끼리가 멸종되어가고 있기 때문에 상아로 만들지 않는다. 캐롬 게임용의 표준볼은 직경 61.5mm이며 무게는 230g 정도이다. 현재 우리 나라에 널리 보급되어 있는 볼은 직경이 65.5mm인데 이는 표준볼보다 더 크고 무겁기 때문에 될 수 있는 한 표준볼로 바꾸어주어야 한다. 표준볼은 직경이 좀더 작아 득점 타게트는 줄어들지만 스핀이 잘 이루어지고 멀리 굴러가므로 먼 거리를 이동해야 하는 스리쿠션 게임에 더 적합하다고 볼 수 있다.

⑤ 초크(chalk)

팁이 볼에 닿았을 때 미끄러지지 않도록 하기 위해 초크를 발라주어야 한다. 팁에 초크가 칠해져 있지 않으면 스핀을 정확히 줄 수 없다. 볼을 칠 때마다 초크를 발라야 한다는 말이 과장된 얘기는 아니다.

초크를 바를 때는 초크 안에서 큐를 돌려서 구멍을 내지 말고 좌우로 흔들어주어야 한다. 초크를 바른 다음 초크가 완전히 묻었는지 검사하고 완전히 묻지 않았으면 다시 발라준다. 초크를 거꾸로 놓으면 초크 가루가 플레이어의 옷과 손, 라사에 묻는다. 따라서 항상 초크는 열려 있는 안쪽 부분이 위로 가게 해야 한다.

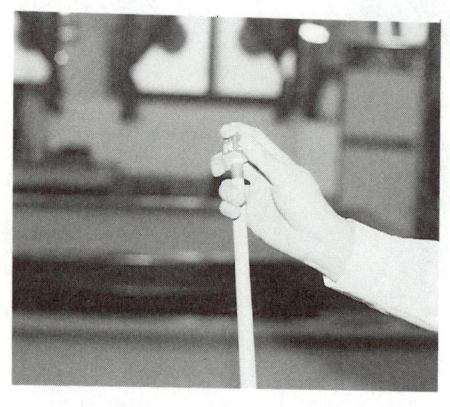

초크를 바를 때는 양옆으로 가볍게 솔질하는 식으로 바르며 초크에 구멍을 내듯이 돌리지 않는다. 샷이 끝날 때마다 초크를 바르는 것이 좋다.

4. 기본 익히기

① 자세(stance)

당구대 위로 몸을 구부릴 때의 몸무게는 일부는 왼쪽 다리에, 일부는 오른쪽 다리에, 그리고 약간은 브리지를 하는 손에 실린다. 가장 편안하고 안정된 자세는 왼쪽 다리를 약간 구부려서 대부분의 몸무게가 앞쪽으로 실리도록 하는 것이다. 왼팔은 일직선으로 뻗으며 한쪽 눈은 바로 큐 위에 두어야 한다. 어떤 사람들은 거의 똑바로 서서 샷을 하는 반면 상체를 아주 낮추어서 하는 사람들도 있다. 정교한 샷일수록 상체를 더 구부려주는 것이 좋다. 일단 자세가 고정되면 가능한 한 모든 샷에서 동일한 자세를 취해야 한다.

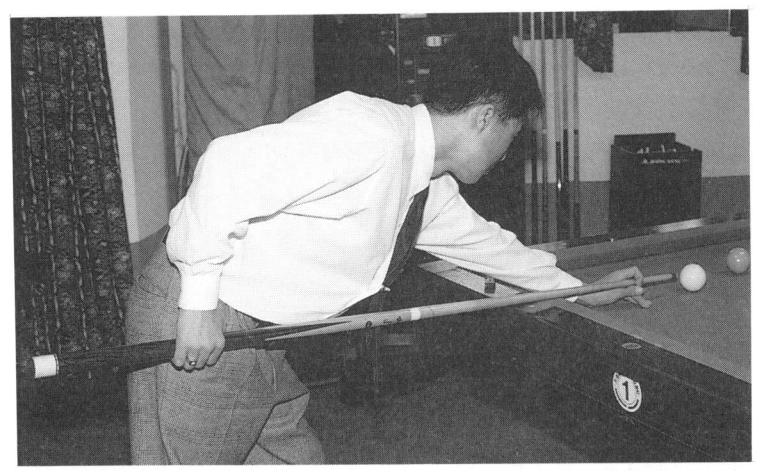

다리는 최소한 그림처럼 테이블에서 멀리 떨어지게 하며 왼팔은 똑바로 뻗어주어야 한다. 약하게 칠 때는 양손을 수구 쪽으로 더 가까이 가게 하며 속도를 요하는 경우에는 왼손이 수구에서 12인치 이상 떨어지게 하고 오른손은 큐의 맨 밑을 쥔다.

한쪽 눈을 큐 바로 위에 두어서 총을 쏘는 것 같은 샷이 되게 한다. 양발은 조준선과 30~45도 사이로 벌려준다. 즉 조준선과 일직선이 되게 하지 않는다.

② 그립(grip : 큐 쥐는 법)

그립 방식은 사람들의 개성에 따라 차이가 있기 때문에 어떤 것이 좋다고 꼬집어서 말할 수는 없다. 어떤 사람들은 야구 방망이를 쥐는 식으로 큐를 엄지손가락과 다른 모든 손가락을 사용하여 단단히 거머쥐기도 하며 어떤 사람들은 엄지와 검지손가락만으로 쥐고서도 힘있는 샷을 한다. 또 어떤 사람들은 차숟가락을 쥐는 식으로 손가락 끝으로 살짝 쥐기도 한다.

오른손의 위치는 샷에 따라 약간씩 달리해야 한다. 속도나 비틀기에 최대한의 정확도를 요구하는 부드러운 샷에서는 오른손을 큐 앞쪽으로 이동하여 잡을대의 앞쪽에, 그리고 중심점에서 몇 인치쯤 뒤에 둔다. 최대한의 스피드를 요하는 샷에서는 오른손을 잡을대 뒤쪽에 위치시킨다. 대부분의 샷에서는 오른손이 중심점에서 6~8인치만큼 뒤에 오게 한다.

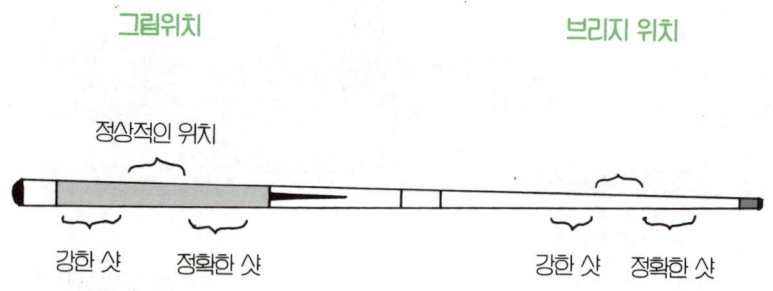

③ 브리지(bridge)

엄지손가락과 검지손가락으로 형성된 홈에 큐를 올려놓으면(오픈 브리지 또는 V 브리지) 큐를 감싸쥐는 것보다 큐를 더 잘 볼 수 있으며 비틀기없이 약하게 칠 때 적절한 브리지라 볼 수 있다. 그렇지만 실수할 염려가 적고 스핀을 줄 수 있는 최상의 브리지는 큐를 감싸쥐는 것이다. 왼손으로 샷할 수 있다면 어려운 포지션에서 크게 유의한다.

스핀이 없이 치거나 힘을 필요로 하지 않을 때는 오픈 브리지를 하는 것이 좋다. 엄지손가락과 검지손가락 사이의 홈을 최대한 좁게 한다.

밀어치기 브리지 :
수구의 상단을 칠 때는 손밑둥을 떼지 않고서 더 높은 브리지를 만든다.

끌어치기 브리지 :
수구의 중심 밑을 칠 때는 엄지 손가락과 검지손가락을 낮추어 주며, 큐 밑둥을 들어올리지 않는다. 볼을 점프시키거나 점프를 이루게 하는 경우를 제외하고는 큐를 최대한 테이블 바닥과 수평되게 한다.

폴로우 스루는 장애물이 없는 한 백 스윙 이상으로 길게 해준다. 큐는 자연적으로 멈출 때까지 일직선으로 앞으로 뻗는다. 끌어치기에서도 큐를 중간에서 멈추지 않는다.

큐 뻗어주기가 끝나기도 전에 큐를 놓아버리는 이런 습관은 빨리 버려야 한다. 샷이 끝난 뒤에도 그대로 가만히 있어야 하며, 큐를 들어올리거나 손을 움직이거나 머리를 흔들거나 허리를 펴지 않는다.

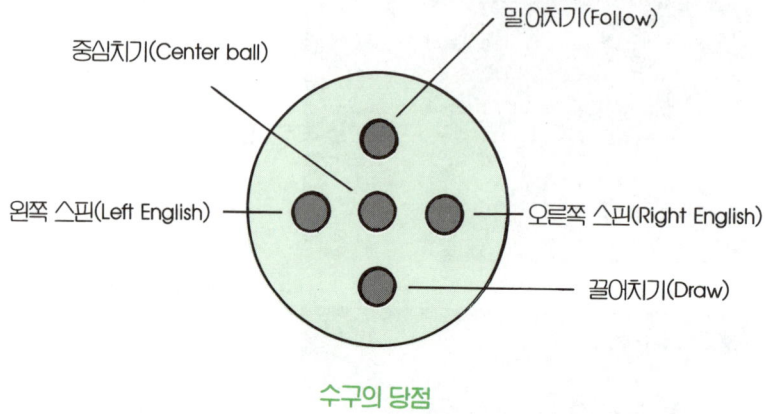

수구의 당점

④ 타구(stroke)

다음은 샷할 때의 점검 리스트이다.
1. 몸을 구부리기 전에 어떤 샷을 할 것인지를 결정한다.
2. 큐팁을 수구에 가까이 대어 타격하는 정확한 지점에 맞춘다.
3. 약하게 샷할 때는 왼손을 수구 가까이 놓고 큐를 더 앞쪽으로 쥔다.
4. 브리지를 단단히 한다.
5. 서두르지 말고 천천히 부드럽게 손에 큐팁이 가까이 닿게 하면서 큐를 앞뒤로 움직인다.
6. 최종적으로 조준이 이루어진 다음에는 눈을 감고 쳐도 눈을 뜬 상태에서 친 것과 별 차이가 없어야 한다.
7. 샷한 다음에는 큐를 뒤로 당긴 길이 이상으로 앞으로 뻗어주어야 한다.
8. 큐 뻗어주기를 하는 동안 큐팁이 한쪽으로 벗어나지 않아야 한다.
9. 정교한 샷일수록 상체를 더 구부려준다.
10. 수구가 커브를 이루거나 점프하게 하는 경우가 아니면 항상(끌어치기에서도) 큐가 테이블 바닥과 최대한 수평이 되게 한다.
11. 볼을 치는 순간에는 오른팔을 제외하고(오른손잡이의 경우) 신체 모든 부위의 동작을 멈춘다. 볼을 치고 나서 몸이 앞으로 쏠리지 않아야 한다.

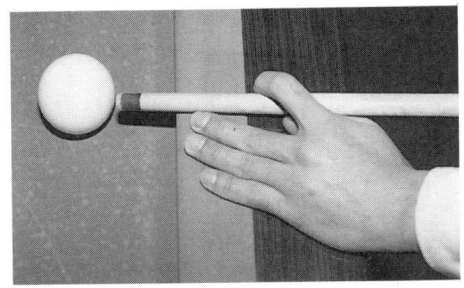

큐가 테이블 바닥과 최대한 수평되게 하기 위해 쿠션 브리지를 이용한다. 검지손가락과 가운데 손가락으로 큐를 고정시키며 엄지손가락을 큐 밑이 아닌 옆에 대어 추가로 받쳐준다. 쿠션을 이용하는 대부분의 브리지에서는 먼저 큐를 쿠션 위에 놓은 다음 왼손을 갖다댄다.

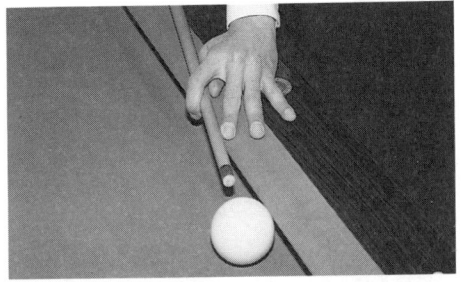

각을 이루는 쿠션 브리지에서는 표준 쿠션 브리지와 달리 검지손가락을 약간 안쪽으로 감싸쥐어서 엄지손가락 쪽에 큐가 붙게 한다.

쿠션과 평행을 이루는 쿠션 브리지에서는 검지손가락으로 큐를 감싸면서 엄지손가락으로 받쳐준다. 엄지손가락 끝과 가운데손가락은 당구지에 닿게 한다.

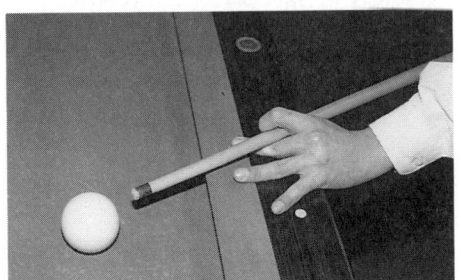

쿠션 위에서는 표준 브리지를 하지 않는다. 볼을 위에서 아래로 치면 커브를 이루거나 점프하게 된다. 큐는 항상 테이블 바닥과 최대한 수평되게 한다.

쿠션 위에서의 끌어치기 : 이 위치에서 수구의 밑을 치려면 큐 밑둥을 들어주어야 한다. 가능하다면 엄지손가락을 큐 밑에 받쳐준다. 커브가 발생하지 않게 하려면 수구를 중심에서 왼쪽이나 오른쪽에 치지 않아야 한다.

쿠션에 볼이 붙어 있다면 브리지하기가 어렵다. 한 가지 방법은 손가락으로 큐를 밀착시켜주는 것이다. 쿠 밑둥을 약간 들어서 실수하는 큐가 나지 않게 한다. 수구의 중심을 친다.

볼 위에서의 샷하는 방법은 오픈 브리지를 하고 볼에 손을 가깝게 대며 방해하는 볼에 닿지 않게 큐를 들어올려 수구를 친다.

예비 큐질의 길이는 1~2인치 이내여야 하며 비틀기를 없애고 치는 것이 중요하다.

마세 또는 점프 샷:실제 게임에서 큐를 들어주는 각도는 20~50도 이다. 비틀기를 주면 방해하는 볼 근처에서 커브를 이룬다. 너무 세게 쳐서 방해하는 볼 위를 뛰어넘지 않도록 주의한다.

프리핸드 마세:큐를 높이 세우고 위에서 내리찍듯이 하는 자세로 놀라운 커브를 이루게 되지만 예측하기가 어렵기 때문에 실제 게임에서는 시도하는 일이 드물다.

12. 타구 후 큐를 충분히 뻗는 일이 끝날 때까지 테이블에서 손을 떼지 않으며 큐가 손을 떠나지 않도록 한다.
13. 볼이 사람의 힘에 의해서가 아니고 자기 혼자 힘으로 움직인다는 생각을 갖는다.
14. 게임에 졌을 때는 화내거나 신경질을 내지 말고 상대방을 칭찬해주자.

5. 스리쿠션의 공격과 방어

언뜻 생각하기에 최선의 방어 플레이란 상대방에게 가장 어려운 볼을 넘겨주는 것이라고 볼 수 있다. 그렇지만 실제로 가장 훌륭한 디펜스는 득점을 하는 것이다. 그러면 상대는 그 상황에서 득점이 불가능하게 된다. 바꾸어 말하면 상대방을 의자에 앉아 푹 쉬게 만드는 것이 가장 어려운 볼을 남겨주는 것보다 더 바람직하다는 말이다. 따라서 득점할 가능성이 높을수록 후공에 신경을 덜 써도 된다. 마찬가지로 자신이 득점할 가능성이 적을수록 상대방에게 어려운 볼을 남겨주는 데 신경을 더 써야 한다.

두 가지 이상으로 샷할 수 있을 경우에는 공격뿐만 아니라 방어도 항상 생각해보아야 한다. 이때 올바른 샷의 선택은 공격과 방어의 특성을 결합해 볼 때 가장 높은 가치가 있는 것을 선택해야 한다. 그러한 가치를 수치로 명확히 계산할 수 있도록 두 가지 점수 등급을 제시했다. 만약 당신이 95퍼센트 득점할 가능성이 있다고 계산한 샷을 할 경우 당신은 공격 등급뿐만 아니라 방어 등급에서도 10점인 샷을 하게 된다. 당신은 95퍼센트 득점할 가능성이 있기 때문에 상대방은 이 경우에 5퍼센트만 득점하게 되는 것이다. 왜냐하면 상대방은 95퍼센트는 샷할 기회가 없기 때문이다.

이 경우에 이 샷은 20점의 등급이 되며, 이 점수는 공격과 방어의 특성을 합한 전체 점수이다. 만약 어떤 샷이 5퍼센트밖에 득점할 가능성이 없다고 생각되고 디펜스에 크게 신경을 쓰지 않을 경우 샷의 전체 점수는 매우 낮게 나타난다. 따라서 샷의 총 점수를 높이기 위해서는 적극적인 방어 플레이를 하는 것이 좋다. 전체 게임에서 한 샷에서 나온 총 점수는 당신이 두뇌 플레이를 얼마나 잘 했는지에 대한 이상적인 측정치가 된다.

공 격 등 급		방 어 등 급	
자신의 득점 가능성	수 치	상대방의 득점 가능성	수 치
91~100%	10	01~10%	10
81~90%	9	11~20%	9
71~80%	8	21~30%	8
61~70%	7	31~40%	7
51~60%	6	41~50%	6
41~50%	5	51~60%	5
31~40%	4	61~70%	4
21~30%	3	71~80%	3
11~20%	2	81~90%	2
01~10%	1	91~100%	1

① 포지션 플레이의 가치는 유동적

득점할 가능성이 적을수록 세이프티(safety : 방어)의 가치는 높아진다. 마찬가지로 득점할 가능성이 높아질수록 포지션 플레이의 가치는 높아진다.

② 후공보다는 득점이 우선

연속적인 득점을 하기 위해 좋은 포지션을 확보하는 것보다는 당장 점수를 얻는 것이 항상 우선한다. 90퍼센트 이상 성공할 확률이 있을 때만 포지션 플레이의 중요성이 당장 점수를 얻는 것과 거의 대등하게 된다. 다음에 쉬운 샷이 되는 위치로 3개의 모든 볼을 성공적으로 이동시켰다 하더라도 그렇게 하는 도중에 샷을 실수했다면 아무런 소득이 없다. 사실 상대방에게 테이블을 남겨주는 결과가 된다. 그렇지만 좋은 포지션을 확보하는데 실패했다 하더라도 당장의 점수를 얻었다면 1점(또는 그 이상)의 점수를 얻는 것이며 상대방을 의자에서 편히 쉬게 하는 이점이 있게 된다.

득점을 하는 것보다는 세이프티에 더 신경을 써야 하는 여러 가지 상황이 발생할 수 있지만 그것은 완전히 별개의 문제이다.

③ 방어 플레이를 하는 방법

세이프티 플레이를 하기는 어렵지 않다. 상대방의 수구로부터 다른 2개의 볼을 멀리 떨어뜨려놓으면 된다. 이때 2개의 적구가 모두 테이블 반대편 끝으로 가게 하면 이상적이다. 이때 상대는 제1적구를 치기 위해 긴 거리를 이동해야 하므로 큰 위협이 되지 않는다. 세이프티에서 알아야 할 하나의 수칙은 '빨간 볼에 가깝게, 흰 볼(상대방 수구)에서 멀리'라는 점이다. 빨간 볼에 마지막으로 맞아 득점해야 하는 경우에는 빨간 볼이 약하게 맞게 하여 실수했을 때 자기 수구가 그 곁에 있게 하고 상대 볼은 멀리 떨어지게 한다. 흰 볼에 마지막으로 맞아 득점되는 상황에서는 세게 쳐서, 자기가 실수했을 때 자기 수구가 상대방 수구로부터 멀리 떨어지게 한다. 그렇지만 이런 원칙이 항상 적용되지는 않는다.

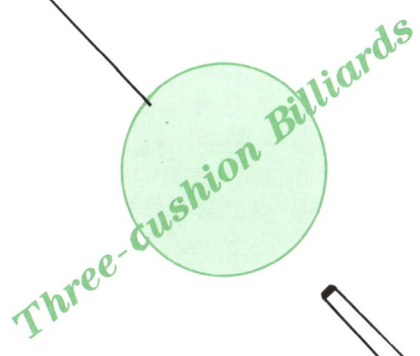

Three-cushion Billiards

4가지 범주의 샷

그림해설

그림 534

측면도　정면도

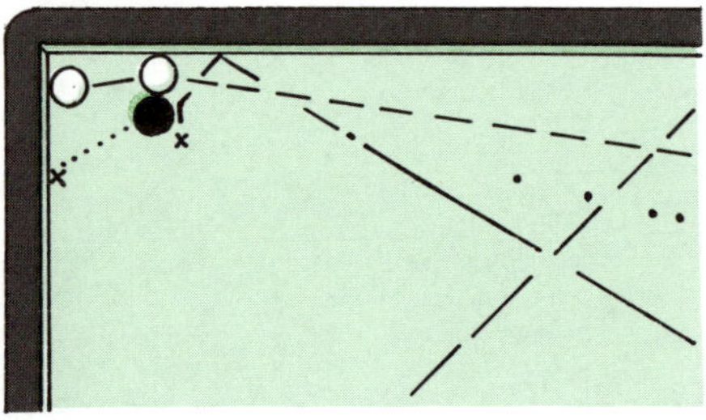

534　1. 그림 참조 번호.
○　2. 1번 볼-수구.
●　3. 빨간 볼(중립 볼).
○　4. 상대방 수구.
───────　5. 1번 볼의 진로.
─ ─ ─ ─ ─ ─　6. 2번 볼의 진로.
·············　7. 3번 볼의 진로.
· · · ·· ──　8. 점프된 1번 볼 진로. 점은 볼이 접촉되는 지점.
✕　9. 볼들이 정지하는 지점. 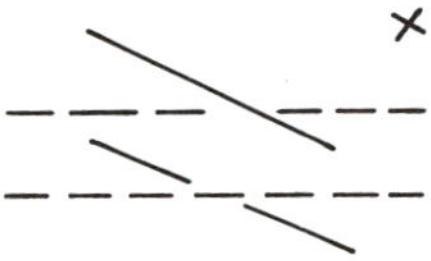
─ ─ ─ ─ ─　10. 2번 볼보다 1번 볼이 교차 지점에 먼저 도착한 경우.
─ ─ ─ ─ ─　11. 2번 볼이 지나간 다음에 1번 볼이 교차 지점에 도착한 경우. 
ⓘ　12. 1번 볼. 볼에 찍혀 있는 점은 큐팁이 접촉하는 지점. 
☾　13. 2번 볼. 볼을 치는 두께.

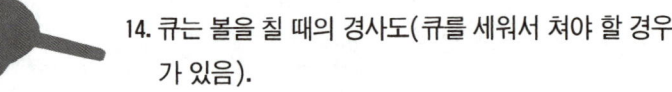

14. 큐는 볼을 칠 때의 경사도(큐를 세워서 쳐야 할 경우가 있음).

② 4가지 범주의 샷
Three cushion Billiards

1. 쉬운 샷이 되는 4가지 범주

쉬운 샷은 득점되는데 도움되는 한 가지 또는 그 이상의 특성을 갖고 있다. 이러한 특성을 그룹으로 나누면 다음과 같은 네 가지 범주로 구분할 수 있다.

범주 1

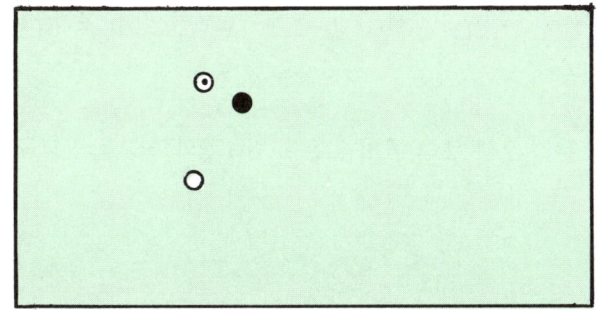

범주 1
볼들이 테이블 중앙 가까이의 작은 직사각형 내에 위치해 있는 경우.
부범주 1
약간 좋지 않은 범주 1로서, 1개나 그 이상의 볼이 쿠션 가까이에 위치해 있는 경우.
방법 1
범주 1 또는 그보다는 더 좋지 않은 부범주 1의 후공을 만드는 방법.

범주 2

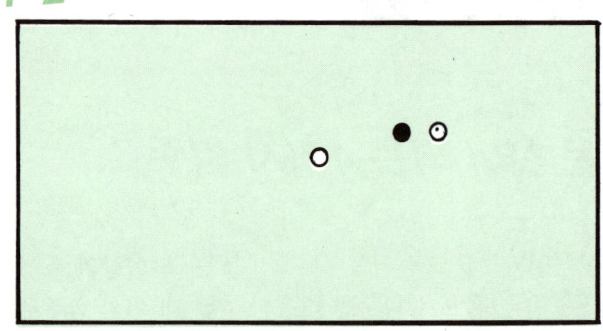

범주 2

1번 볼이 2번 볼과 가깝게 있으며, 3번 볼은 테이블 중심이나 중심 근처에 있는 경우.

부범주 2

약간 좋지 않은 범주 2로서, 1번 볼 또는 2번 볼이 쿠션에 가까이에 있는 경우.

방법 2

범주 2 또는 그보다는 더 좋지 않은 부범주 2의 후공을 만드는 방법.

범주 3

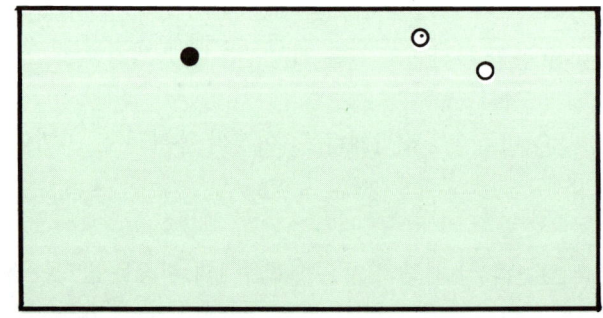

범주 3

3개의 볼 모두 긴 쿠션 가까이 있는 경우. 어떤 적구도 수구로부터 다른 적구를 가로막지 않아야 한다. 1번 볼은 2번 볼과 3번 볼 사이에 있거나 2개의 볼 중 하나에 가깝게 있어야 한다.

부범주 3

약간 좋지 않은 범주 3으로서, 2번 볼이 3번 볼로부터 다이아몬드 3개의 거리 이내에 있는 경우.

방법 3

범주 3 또는 그보다는 더 좋지 않은 부범주 3의 후공을 만드는 방법.

범주 4

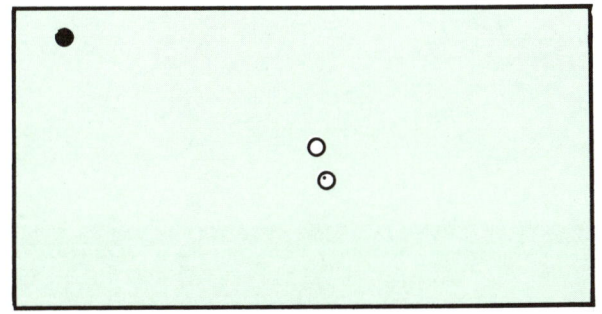

범주 4

1번 볼이 하나의 적구에 가까이 위치해 있고 다른 하나의 볼은 코니에 가까이 있는 경우.

부범주 4

약간 좋지 않은 범주 4로서, 1번 볼 또는 2번 볼이 쿠션에 가까이 있는 경우.

방법 4

범주 4 또는 그보다는 더 좋지 않은 부범주 4의 후공을 만드는 방법.

범주1 상황의 설명

범주 1은 3개의 모든 볼이 가까이 위치한 상황이다. 보통 범주 1에서는 쉬운 샷을 생각해낼 수 있다. 왜냐하면 몇 가지 옵션(선택방법)이 나오기 때문이다.

'설명 2'에는 범주 1에 속하는 세 가지 예가 제시되어 있다. 테이블 중심 쪽으로 3개의 볼이 모일수록 쉬운 샷을 하게 될 가능성이 많아진다. 볼들이 모이는 구역은 폭이 다이아몬드 하나에 길이는 다이아몬드 2개이어야 한다.

부범주 1의 상황은 1개 또는 그 이상의 볼이 타원형 밖에 있다는 사실 이외에는 범주 1과 유사하다. 세 가지 예가 그림에 제시되어 있다. 보통 부범주 1은 앞 그림에 있는 범주 1보다 여건이 좋지 못하다.

설명 1

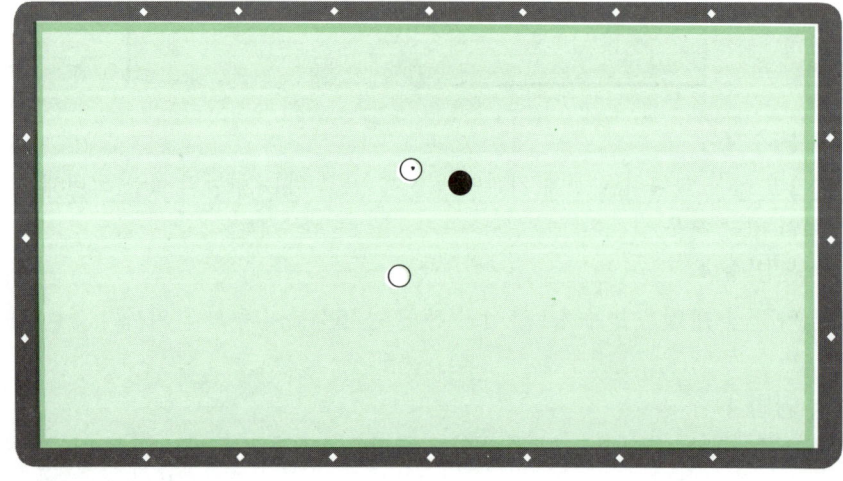

설명 2

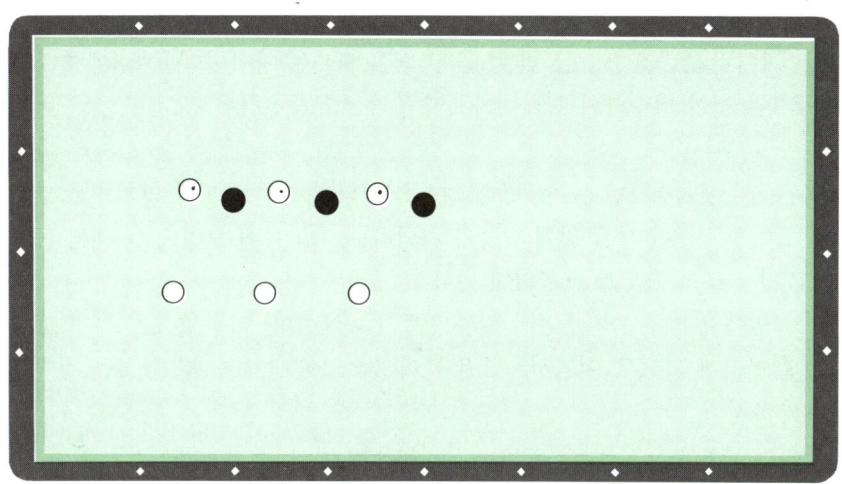

설명 3

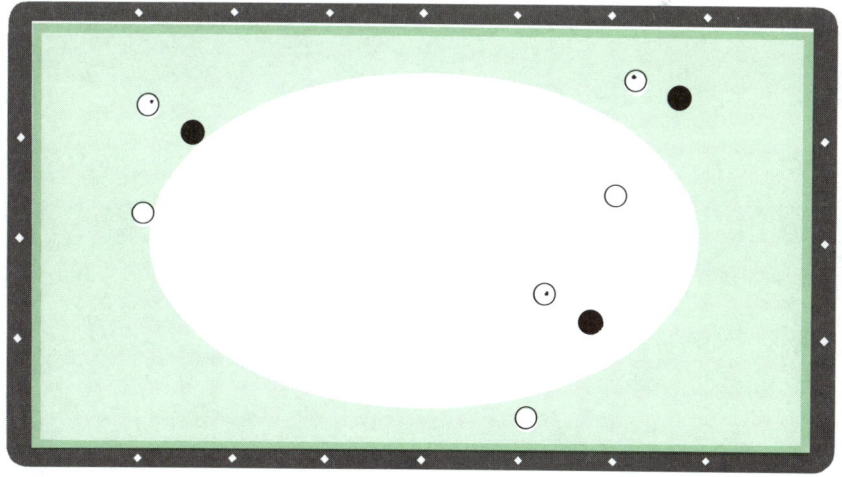

방법1에 의한 포지션 이동의 예

방법 1이란 범주 1 또는 부범주 1의 후공을 만드는 방법이다.(그림에서 ×로 표시된 것이 범주 1의 상황이다.) 수구와 적구들은 1번 볼, 2번 볼, 3번 볼 등으로 부른다.

대부분의 샷에서 1번 볼이 3번 볼의 중심이나 특정한 부위에 맞지 않아도 된다. 1번 볼이 3번 볼을 얇게 맞는다 하더라도, 1번 볼이 모임 구역 내에 들어가기만 하도록 속도를 배합하면 된다.

이 그림은 부범주 1의 후공이 되는 방법 1의 예이다. 너무 속도를 주면 볼들이 흩어지게 되므로 여기서는 1번 볼이 3번 볼에 약하게 맞게 하는 것이 특히 중요하다.

예시 1

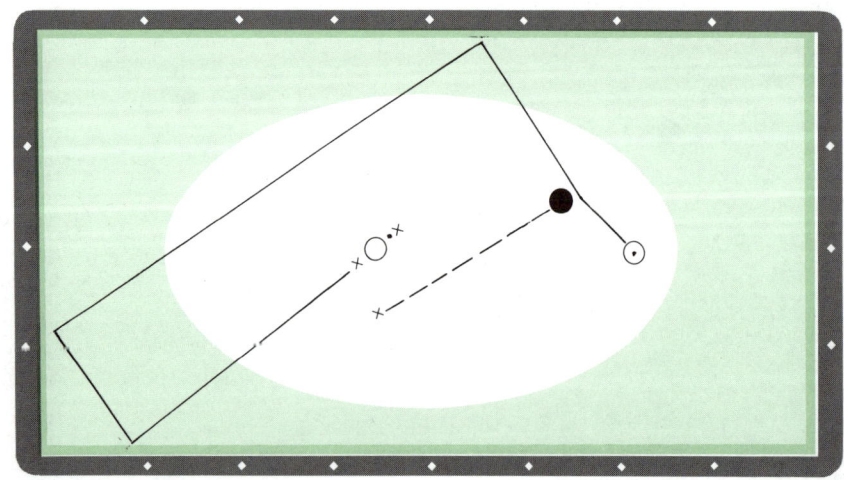

예시 2

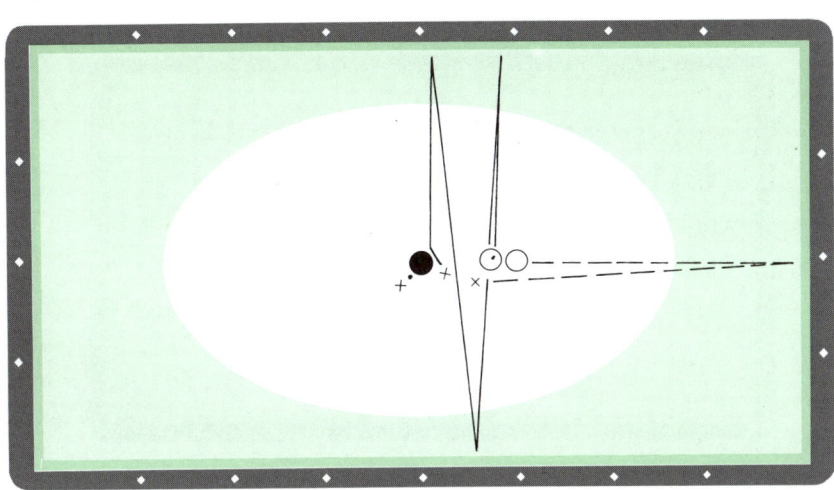

예시 3

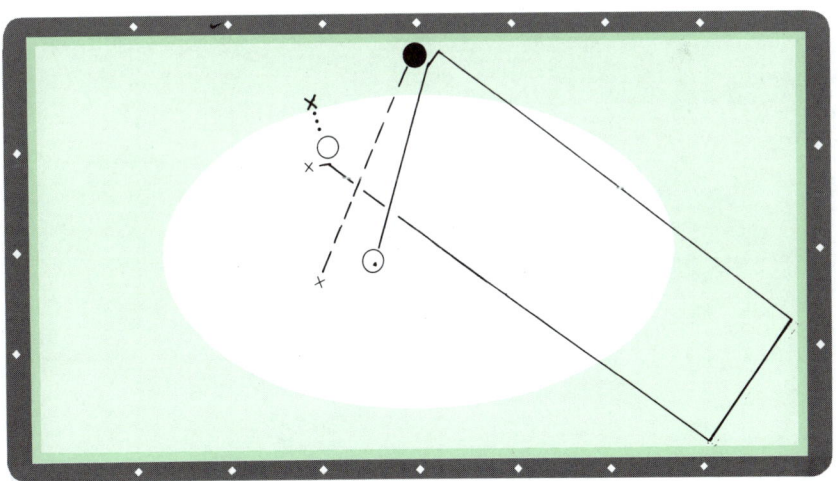

방법1 : 문제와 해답

다음 페이지에는 아래에 주어진 문제에 대한 해답이 있다. 계속해서 문제와 해답이 이어진다. 뒤로 갈수록 더 어려운 문제들이다. 이 장에 주어진 문제들은 방법 1에 관한 것이다. 문제의 그림에서 타구자의 볼에는 검은점이 찍혀 있으며 상대의 수구는 완전한 백색이다.

방법 1을 이용하여 득점하는 방법은? 해답은 다음 페이지에 있다.

문제 1

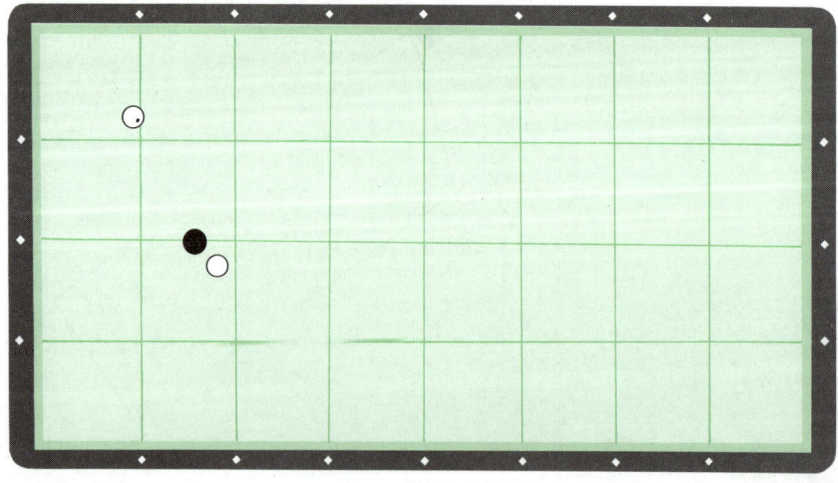

방법1 : 문제와 해답
해답 1

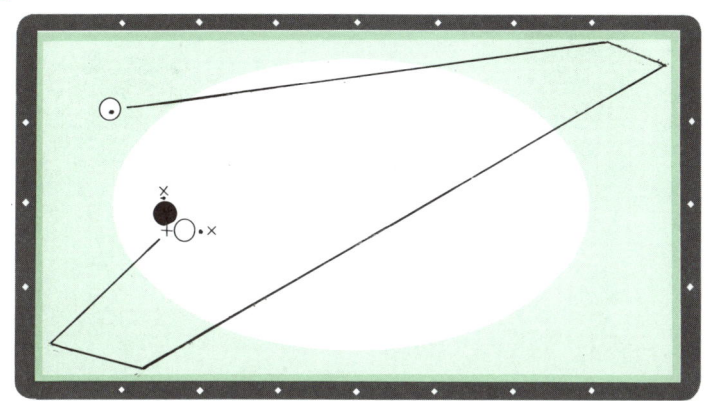

물론 다른 방식으로 이 샷을 할 수 있다. 그림에 있는 샷을 여러 번 연습해보면 다른 방식으로 하는 것보다 후공이 좋아질 확률이 더 높을 것으로 확신한다. (그림 518 참조)

여기서는 어떻게 볼을 모을 수 있을까? 해답은 다음 페이지에 있다.

문제 2

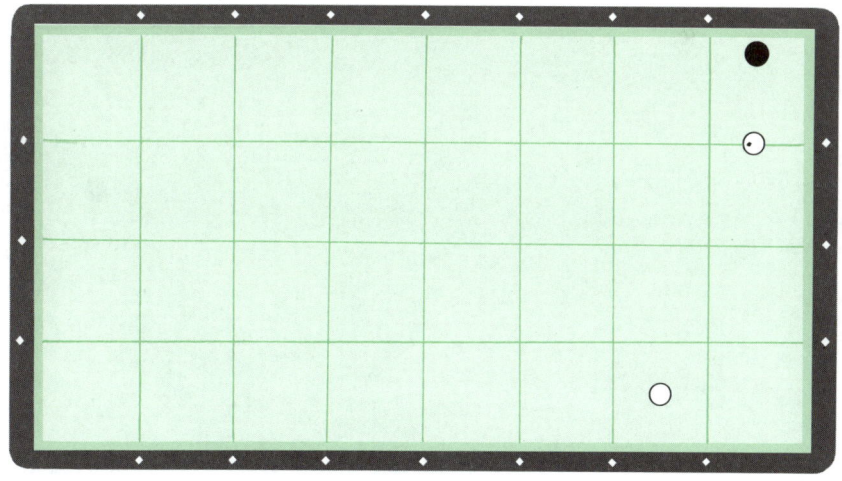

방법1 : 문제와 해답
해답 2

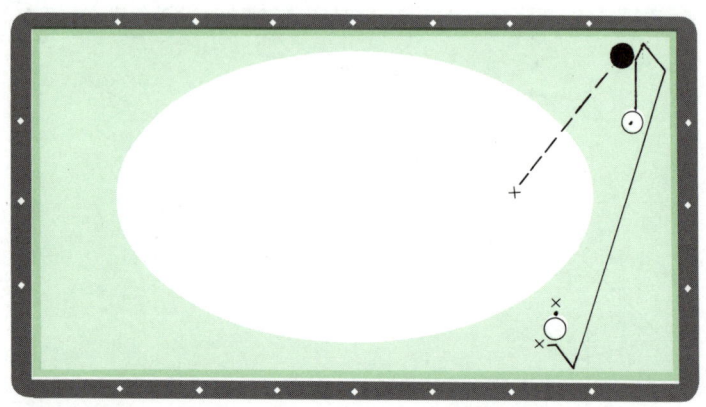

2번 볼을 모으기 위해 좀더 세게 칠 경우 1번 볼이 3번 볼을 얇게 맞으면서 멀리 떨어져 나갈 수 있다. 이 경우 방법 1은 부범주 1의 후공을 남기는 결과가 된다.(테이블 중앙에 모이는 것보다 덜 바람직하다.) (그림 112 참조)

여기에서 범주 1의 후공이 나타나게 하려면 어떻게 해야 하는가?

문제 3

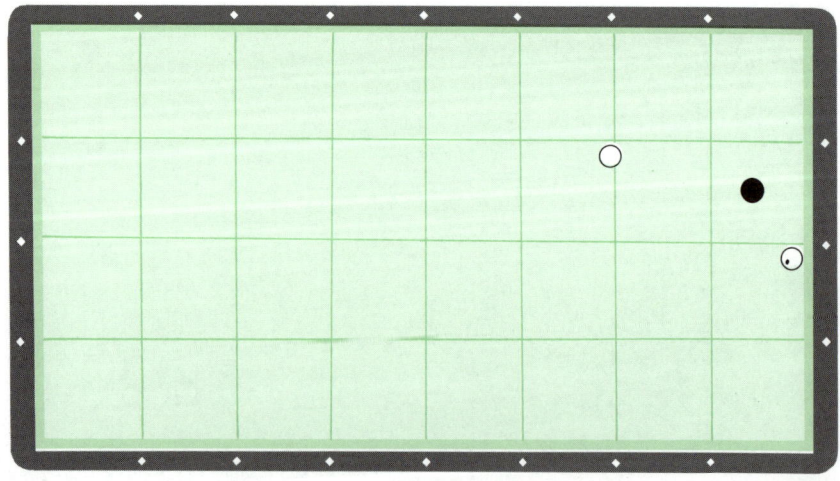

방법1 : 문제와 해답

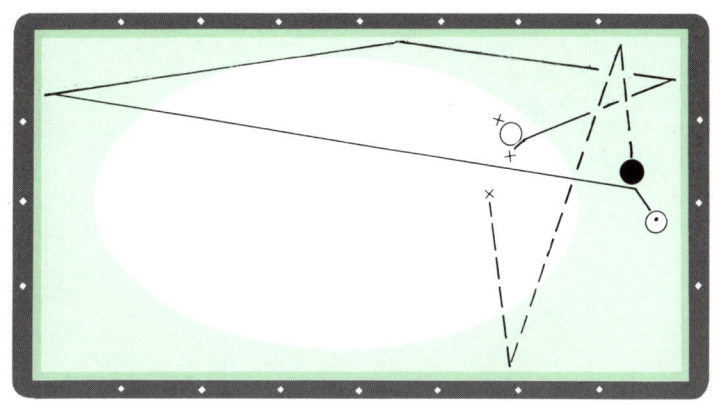

후공이 그림과 같이 남으면 여러 가지 옵션이 생긴다. 이런 이유로 인해 방법 1은 보통 다음 샷에서 또 한 번의 강력한 포지션 이동법을 이용할 수 있는 기회를 가져온다. 방법 1의 또 하나의 이점은 1번 볼이 2번 볼에 가까이 있기 때문에 더 정확하게 다음 샷을 할 수 있다는 점이다. (그림 340 참조)

올바른 이동법뿐만 아니라 득점 가능성이 가장 높은 샷 형태를 찾는다.

문제 4

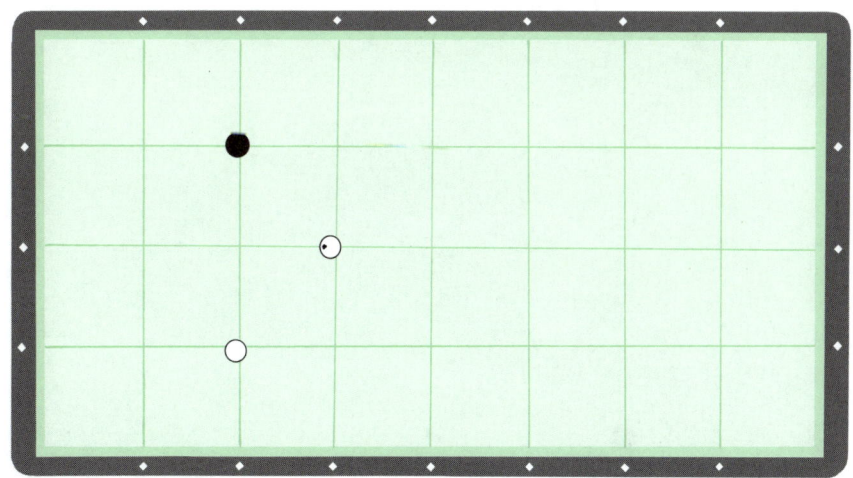

방법1 : 문제와 해답

해답 4

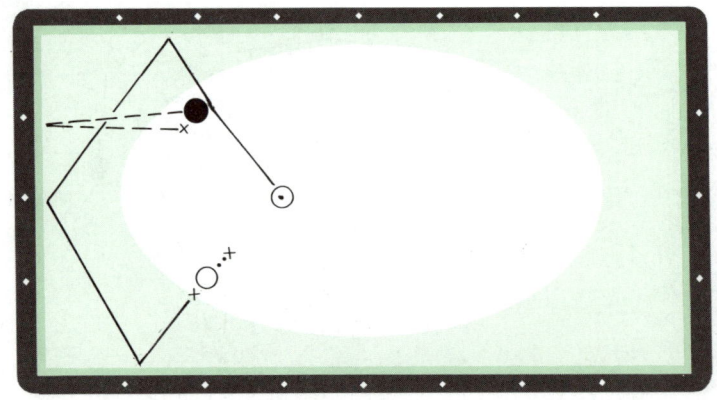

많은 스핀을 주고 2번 볼을 두껍게 맞히면 더 쉽게 득점할 수 있지만 스핀을 좀더 적게 주고서 얇게 치는 것이 다음 샷에 더 좋은 포지션이 된다.

(그림 86 참조)

여기에 있는 문제들을 전부 방법 1로 해결한다는 점을 명심한다.

문제 5

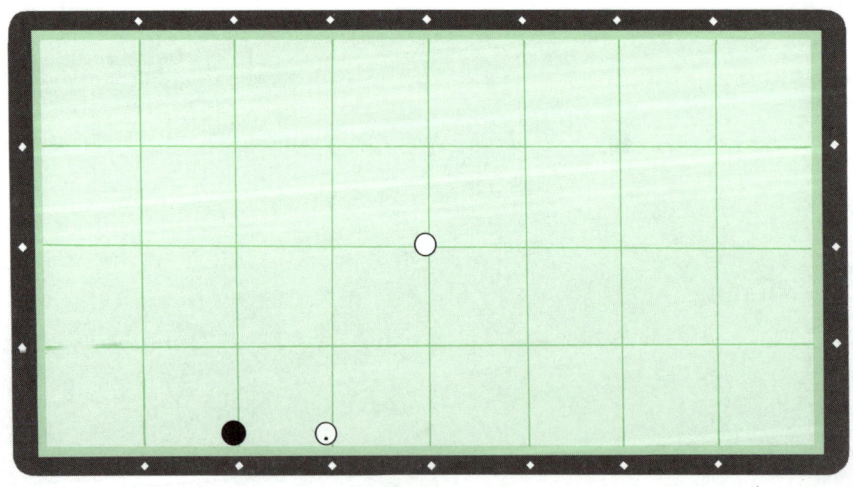

방법1 : 문제와 해답

해답 5

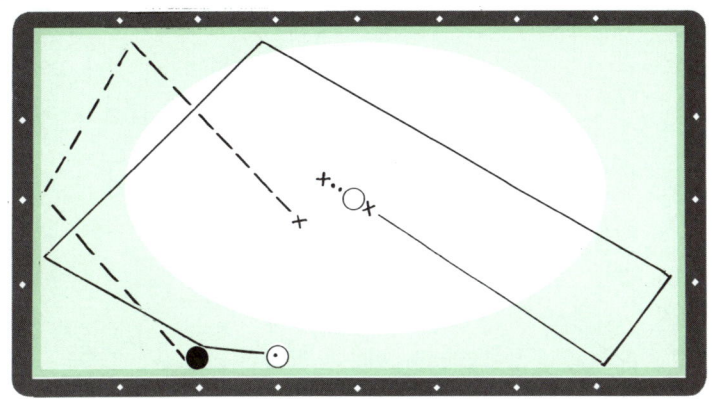

매번 3번 볼을 완전히 중심에 맞힐 수 없을 것이다. 따라서 이들 그림의 참조 그림에는 약간 변화가 있는 후공을 그려놓고 있다. 이 그림에서는 1번 볼이 3번 볼의 정중앙을 맞히는 것으로 되어 있지만 참조 그림에는 얇게 맞힌 경우를 예시하고 있다. (그림 276 참조)

득점을 하면서도 범주 1의 상황이 나타나게 하는 방법은 무엇일까?

문제 6

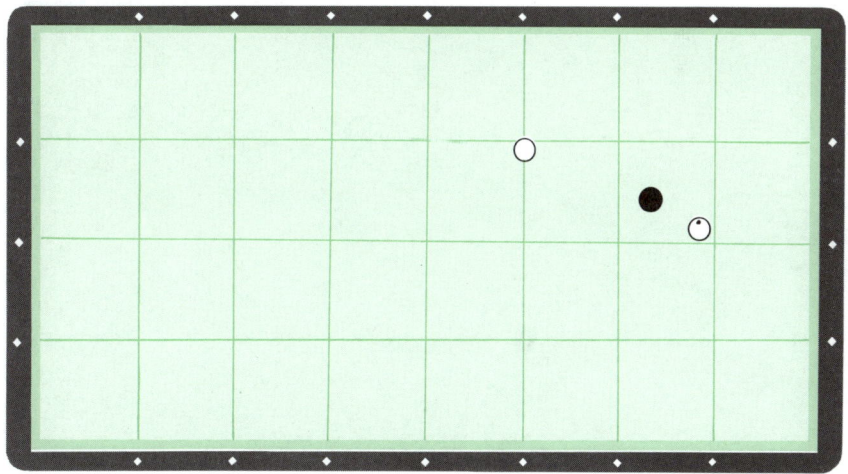

방법1 : 문제와 해답

해답 6

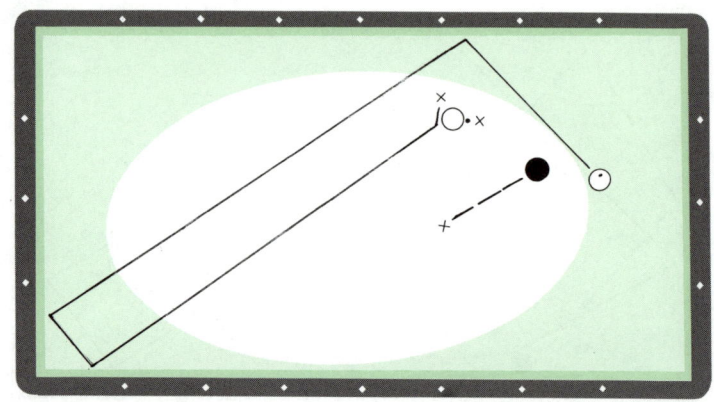

　방법 1의 결점은 만약 당신이 실수할 경우 상대방은 매우 쉬운 샷을 넘겨 받을 수 있다는 점이다. 따라서 어떤 샷에서 득점할 가능성이 적어질수록 방법 1을 이용하는 것을 피해야 한다.　　　　　　　　　　　（그림 28 참조）

보통 1번 볼에 약간 스핀을 더 주거나 덜 주면 충분할 것 같다.

문제 7

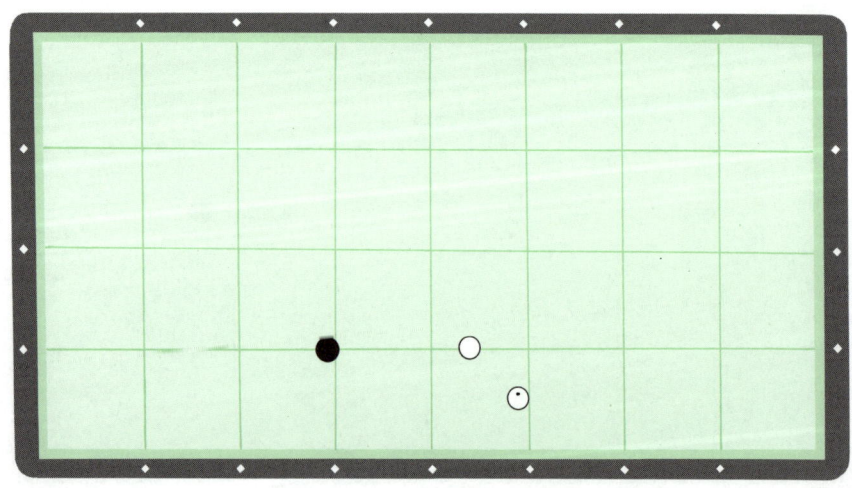

방법1 : 문제와 해답
해답 7

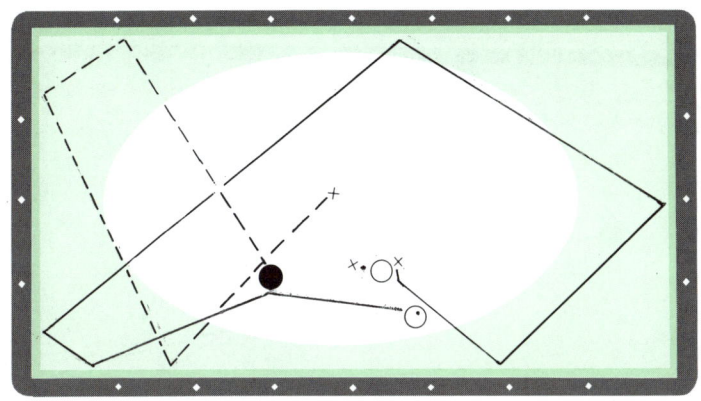

이런 포지션은 다른 대부분의 포지션보다 더 자주 발생하게 된다.
 이 책을 계속 보아가면서 각각의 샷을 몇 번씩 연습해보면 당신의 속도 조절 능력에 실망할 수도 있을 것이다. (그림 43 참조)
 그림은 자주 나타나는 포지션은 아니지만 볼을 모아보기 좋은 기회다. 이런 샷을 잘 인식하여 남들보다 한발 앞서나가자.

문제 8

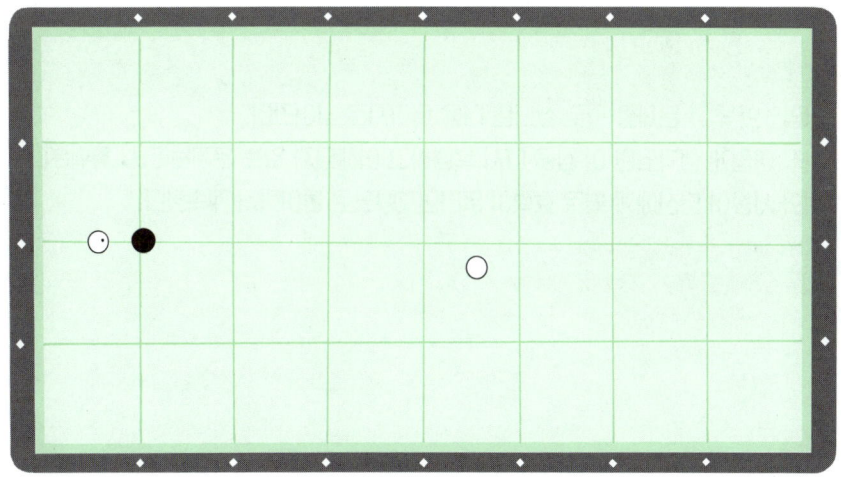

방법1 : 문제와 해답
해답 8

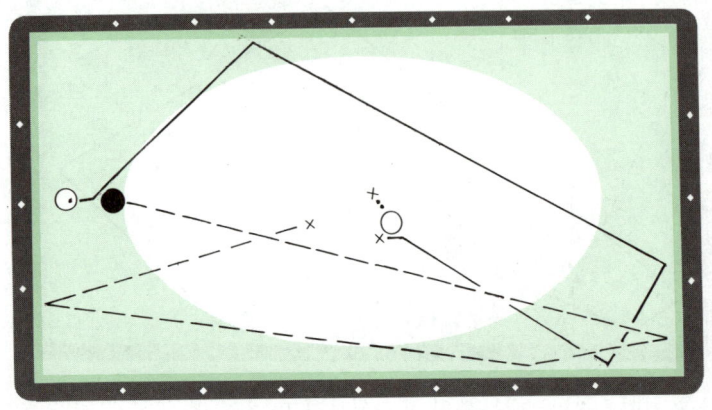

이 장에서 가장 잘못 생각하기 쉬운 샷의 하나이다. 문제를 못 풀었더라도 실망하지 말아야 한다. 왜냐하면 다음 번에는 놀랄 만한 진보가 있을 것이라고 확신하기 때문이다. 각각의 샷을 대할 때마다 몇 번씩 연습해보아야 한다.

(그림 69 참조)

방법 1의 추가 문제를 보고 싶다면 다음 페이지로 넘어간다.
아직 어렵게 생각되면 이 장을 다시 복습하고 이해되지 않는 문구는 다시 들춰본다.
위의 사항이 당신에게 별로 효력이 없다면 2항으로 들어가서 계속한다.

방법 1의 추가 문제

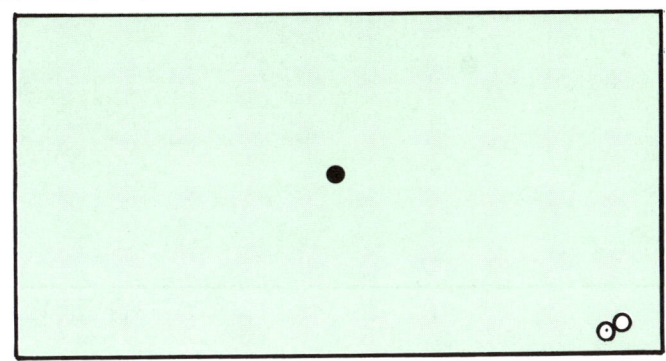

(제3장 그림188 참조)

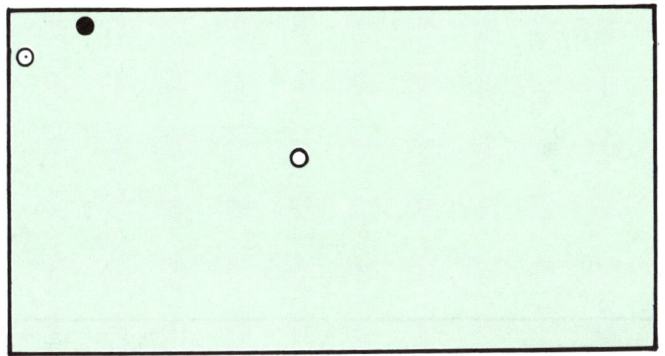

(제3장 그림174 참조)

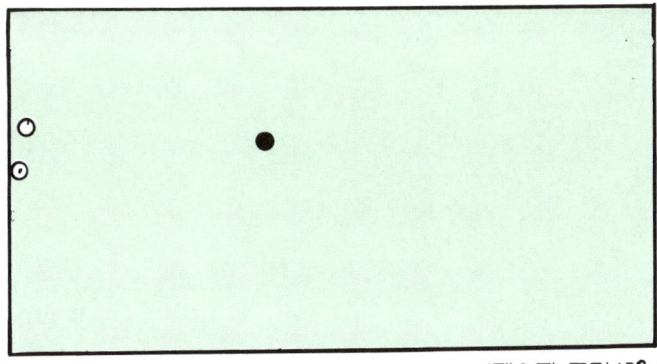

(제3장 그림152 참조)

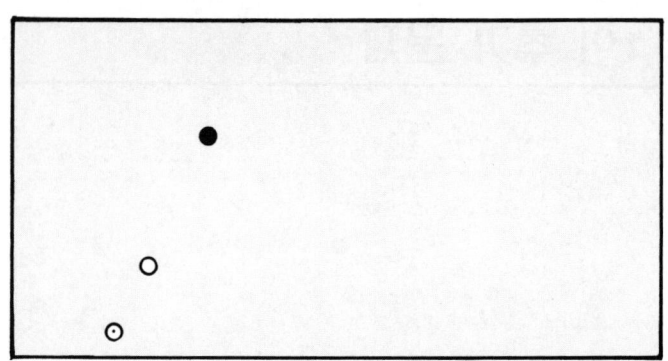

(제3장 그림165 참조)

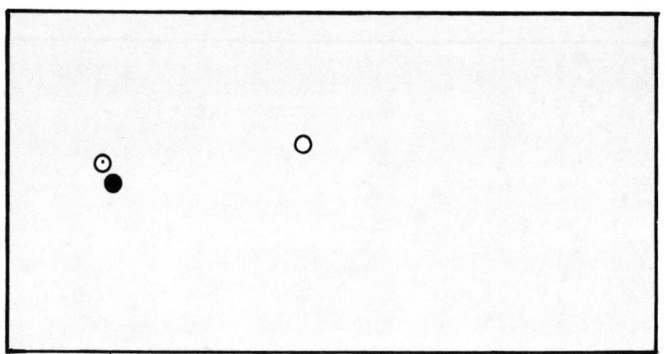

(제3장 그림11 참조)

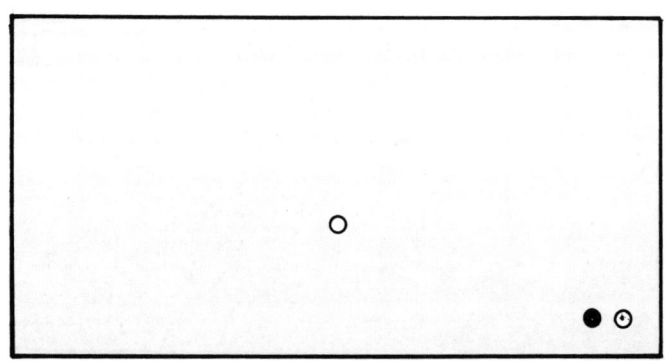

(제3장 그림3 참조)

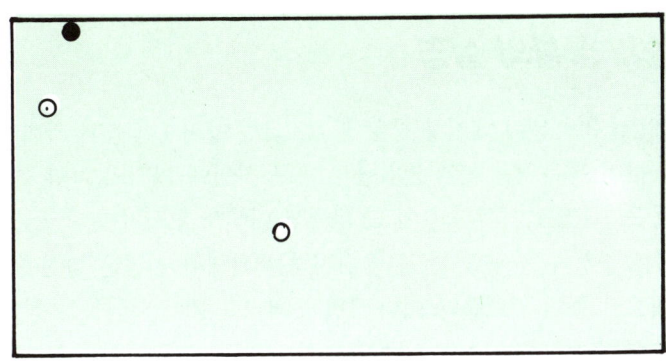

(제3장 그림111 참조)

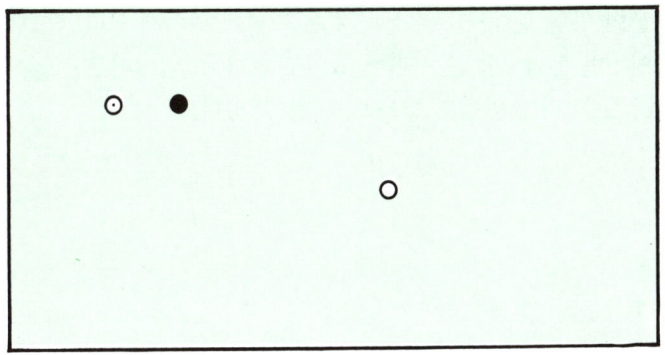

(제3장 그림67 참조)

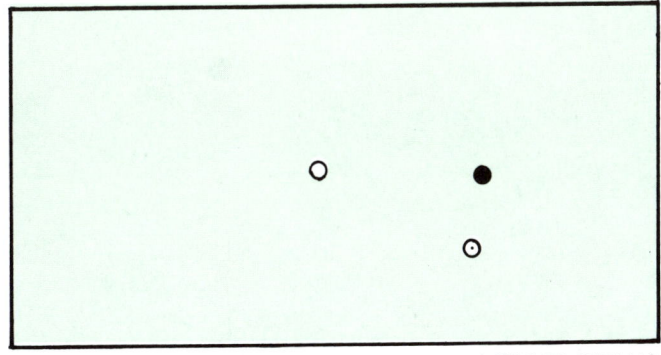

(제3장 그림146 참조)

방법2 상황의 설명

범주 2란 3번 볼이 테이블 중앙에 있고 1번 볼이 2번 볼과 가까이 있는 경우이다. 1번 볼은 2번 볼과 3번 볼의 바로 사이에 있지 않아야 한다. 3개의 모든 볼은 '설명 1'에서와 같이 큰 타원형 내부에 있어야 한다.

테이블 중심 근처에 있는 볼이 위치하는 완벽한 지점은 다른 2개의 볼이 있는 곳으로 좀더 가까운 곳이다. 1번 볼과 2번 볼이 테이블 중심에 더 가까이 갈수록 쉬운 샷을 남기게 될 가능성이 많다. 그림에서 B의 경우가 C의 경우보다 더 좋으며 A의 경우가 다른 두 경우보다 낫다. C의 경우는 타원형 안에 있지 않으므로 부범주인 경우이다.

1번 볼이 양쪽 긴 쿠션으로부터 같은 거리에 위치해 있다면(그림의 점선) 1번 볼이 2번 볼과 3번 볼 사이에 있어도 된다. 그림에서 3번 볼이 6개의 위치(×표) 중 어디에 있어도 좋은 샷을 할 수 있다.

설명 1

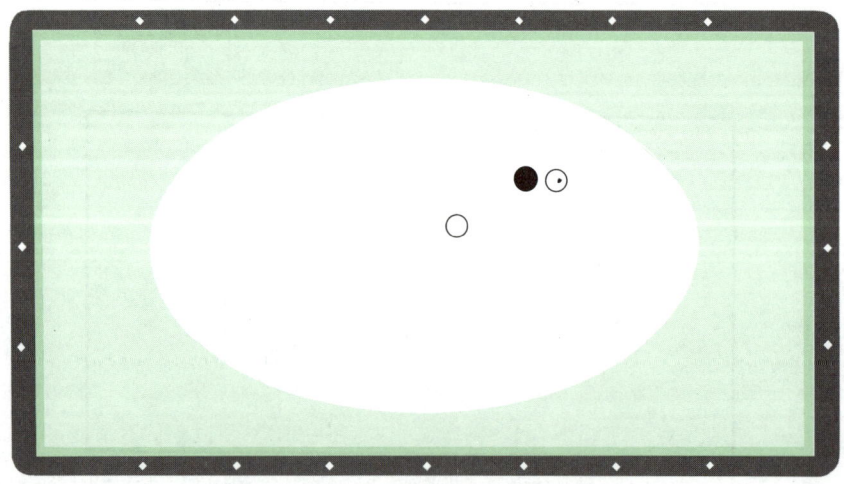

설명 2

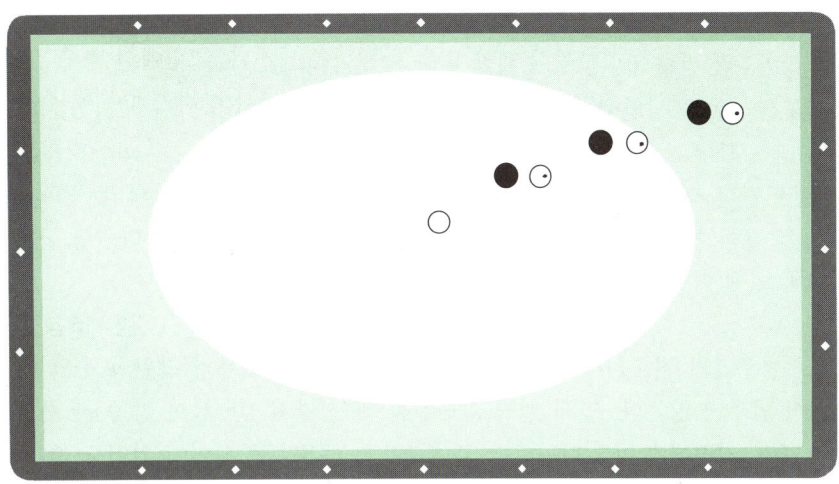

설명 3

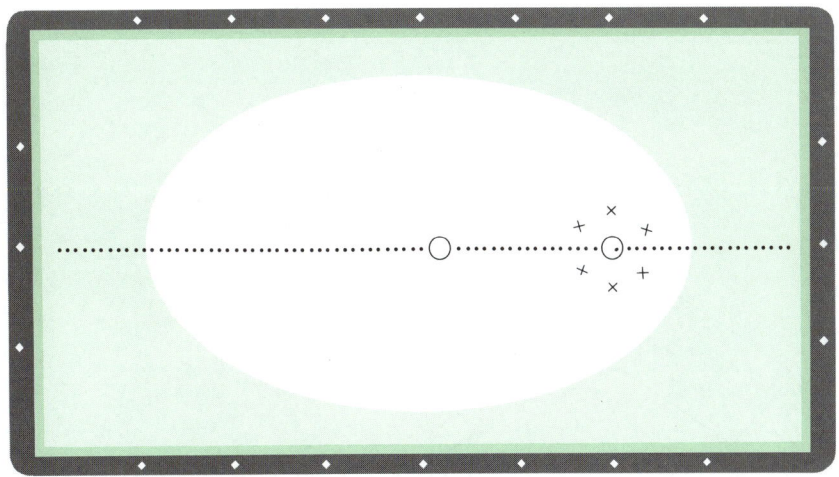

방법2에 의한 포지션 이동의 예

방법 2란 범주 2의 상황이 되게 하는 플레이를 말한다. 그림에서 범주 2의 상황은 ×로 표시되어 있다. 1번 볼은 3번 볼을 뒤에서 맞히기 때문에 수구가 적구 사이로 끼지 않는다. (그림 56 참조)

2번 볼은 테이블 중앙으로 굴러가며 1번 볼은 3번 볼을 약하게 맞기 때문에 두 볼이 가깝게 있게 되는 것을 볼 수 있다. 3개의 모든 볼이 타원형 구역 내에 있게 되므로 비교적 쉬운 샷이 뒤따를 가능성이 높아진다.
(그림 115 참조)

부범주 2의 결과가 나타나는 경우이다. 3개의 볼 모두가 타원형 구역 내에서 멈추지 않는다. 앞의 설명 3에서 본 바와 같이 1번 볼이 양쪽 긴 쿠션의 중심 지점에 놓여 있다면 1번 볼이 2번 볼과 3번 볼 사이에 있어도 좋다. 그렇지만 이 그림에서는 1번 볼이 3번 볼을 두껍게 맞히기 때문에 수구가 2개의 적구 사이로 들어가지 않는다. (그림 382 참조)

예시 1

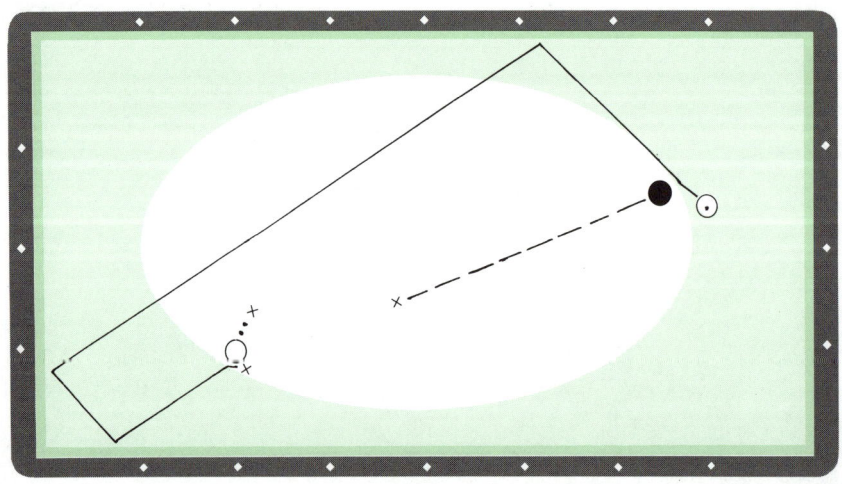

예시 2

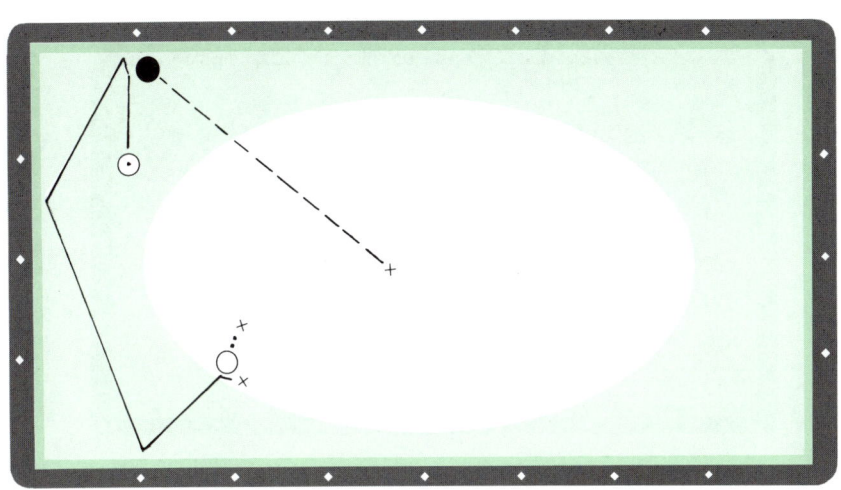

예시 3

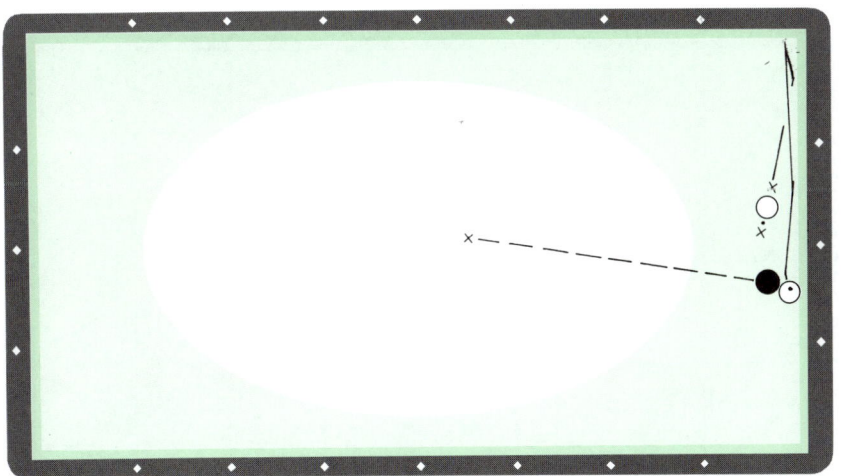

방법2 : 문제와 해답

다음 페이지에는 아래에 주어진 문제에 대한 해답이 있다. 계속해서 문제와 해답이 이어진다. 뒤로 갈수록 더 어려운 문제들이다. 이 장에 주어진 문제들은 범주 2에 관한 것이다. 문제의 그림에서 타구자의 볼에는 검은점이 찍혀 있으며 상대의 수구는 완전한 백색이다.

범주 2를 이용하여 득점하는 방법은? 해답은 다음 페이지에 있다.

문제 1

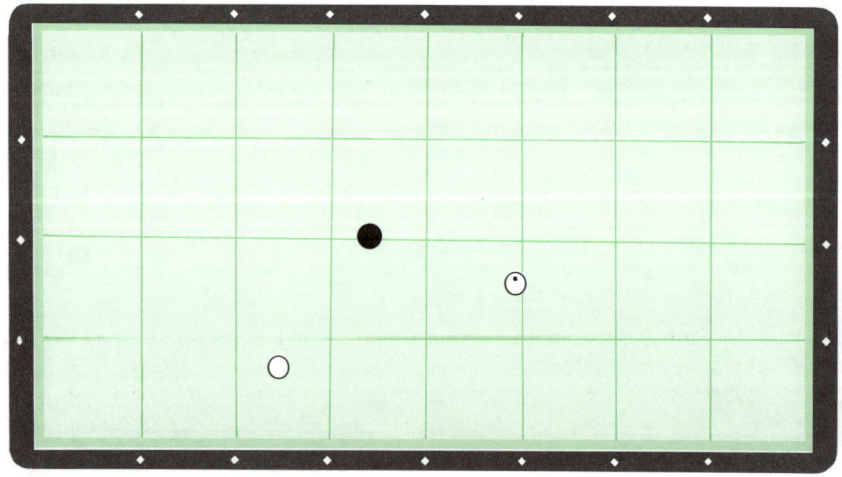

방법2 : 문제와 해답

해답 1

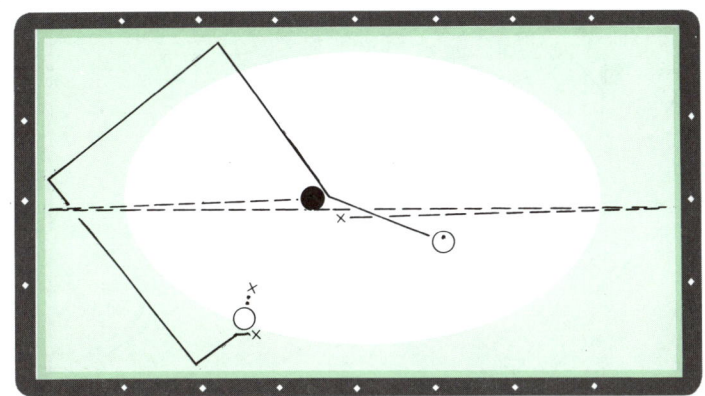

이 답을 못 맞추었다면 아마도 당신은 직접 당구대 위에서 볼을 배열해놓고 풀어보지 않고 그림으로만 풀려고 했을 것이다. 실제로 당구대 위에서 풀어보면 여러 가지 장점이 있다. (그림 82 참조)

이들 문제들은 모두 방법 2로 해결한다는 사실을 잊지 말자.

문제 2

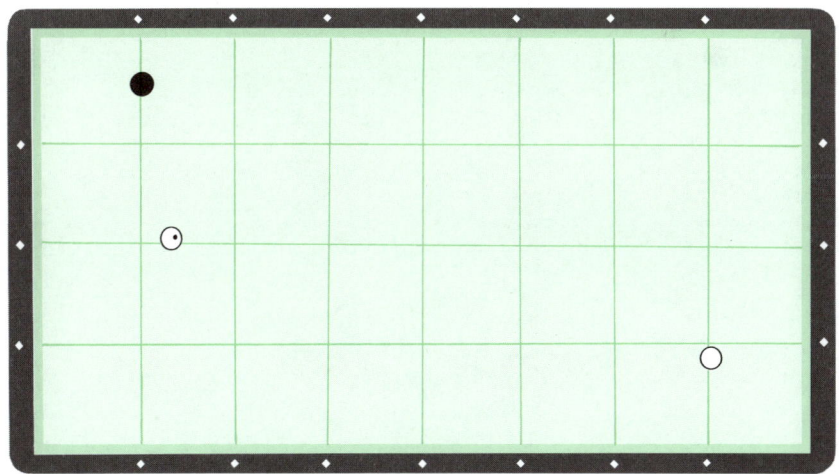

방법2 : 문제와 해답
해답 2

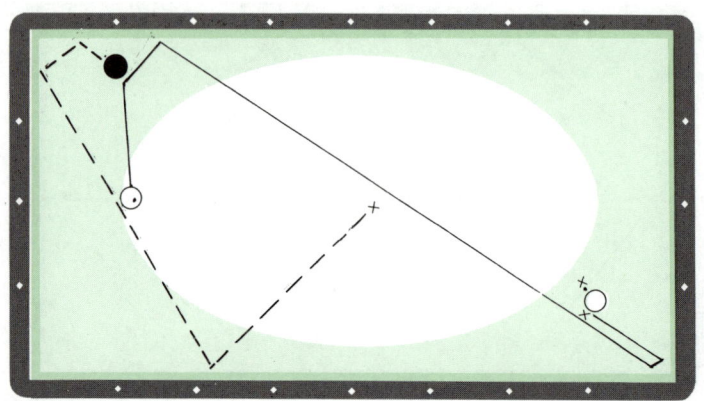

간단하지 않은가? 포지션 플레이는 생각치 않고 현재의 득점에만 신경썼다 하더라도 이 샷에서는 대부분 올바른 샷을 한 결과가 된다. 대개의 경우 포지션 플레이는 그것을 생각하지 않았을 때와 비교하여 스피드와 타격에 약간만 변화를 주면 된다. (그림 200 참조)

이 상황에서 방법 2의 이동법을 알 수 있는가?

문제 3

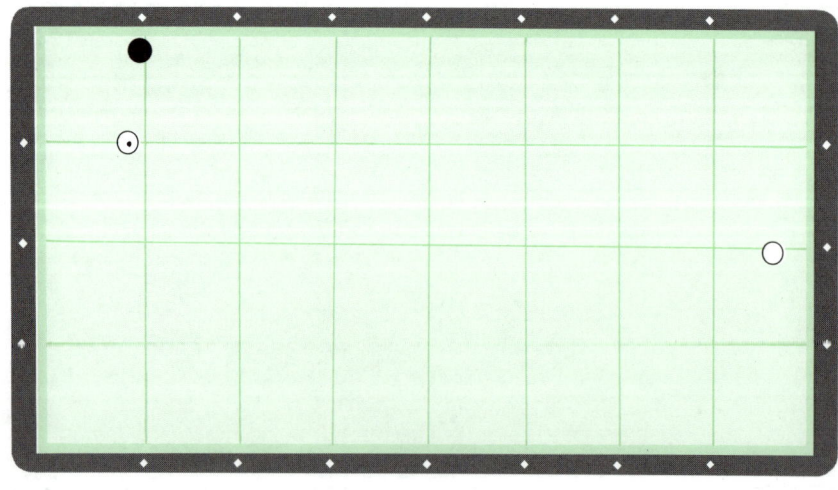

방법2 : 문제와 해답

해답 3

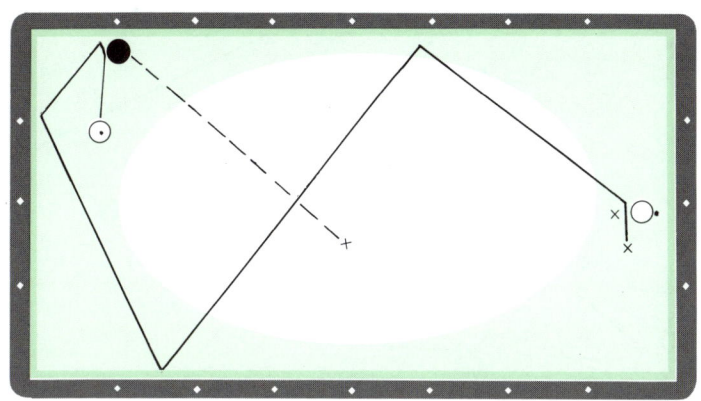

다이아몬드 시스템을 잘 알면 쿠션상의 맞는 위치를 결정하는데 큰 도움이 된다. 예를 들어 이 샷에서는 1번 볼이 각 쿠션의 어디에 맞아야 하는지를 잘 알아야 한다. (그림 116 참조)

방법 2를 이용하여 득점하는 방법은?

이 문제를 맞힌다면 당신은 매우 우수한 단계에 와 있는 셈이다.

문제 4

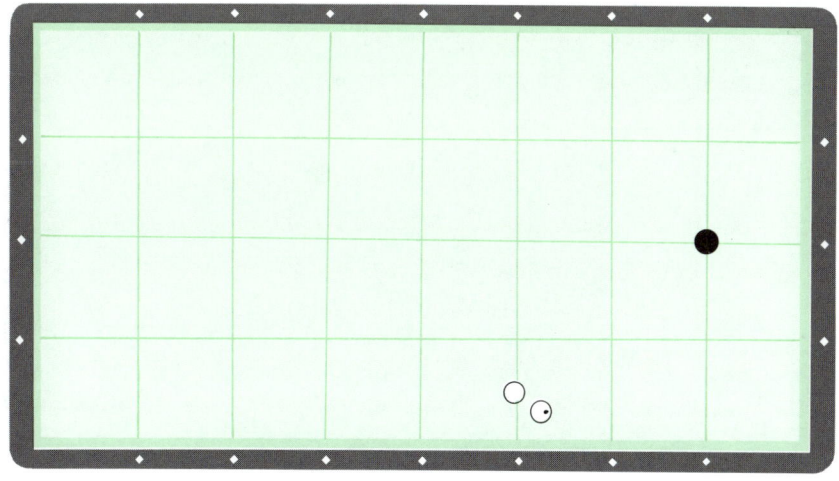

방법2 : 문제와 해답

해답 4

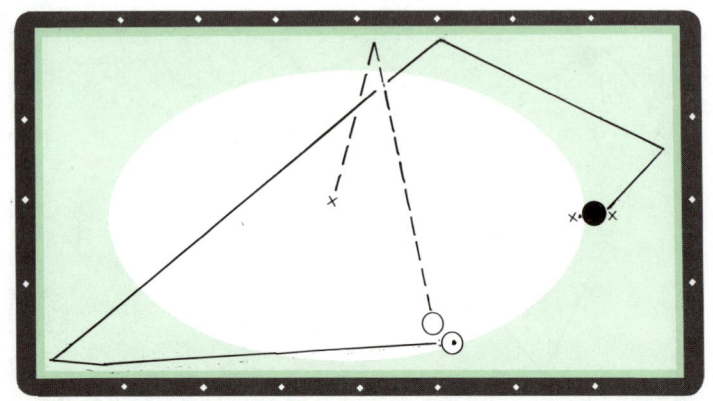

이 샷을 연습하면 당신의 스피드 조절 능력이 많이 좋아질 것이다. 오랜 시간 동안 연습하지 않아도 감이 잡힐 때까지만 연습하면 된다.

(그림 6 참조)

득점을 하면서도 범주 2의 후공을 남기는 방법은 무엇인가?

문제 5

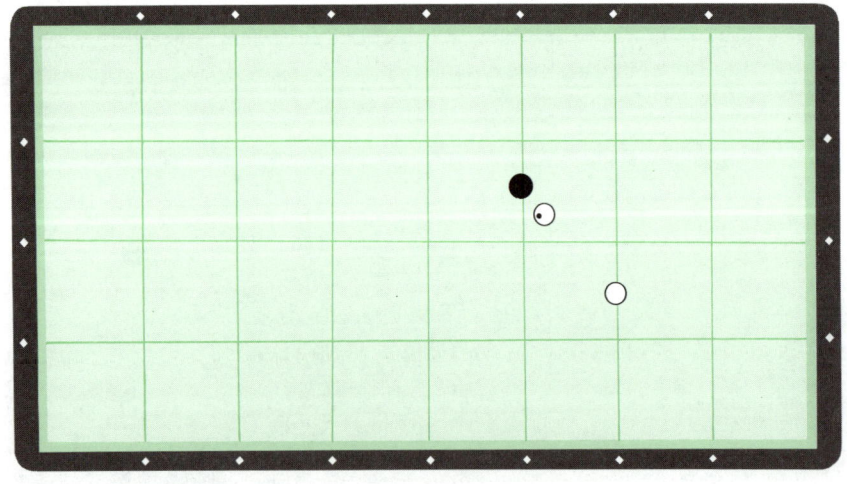

방법2 : 문제와 해답

해답 5

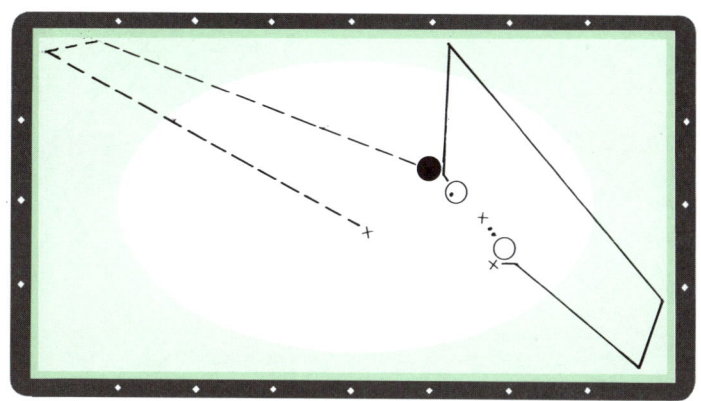

그림에 그려져 있는 2번 볼의 이상적인 배치를 주목하자. 앞에서 설명한 바와 같이 2번 볼의 가장 바람직한 위치는 1번 볼과 3번 볼에 가장 가까운 테이블 중심이라는 사실을 알자. (그림 173 참조)

그림으로만 풀려고 하면 어렵지만 실제로 당구 테이블에서 풀어보면 더 쉽다. 이 상황에서 방법 2를 이용하는 방법은 무엇인가?

문제 6

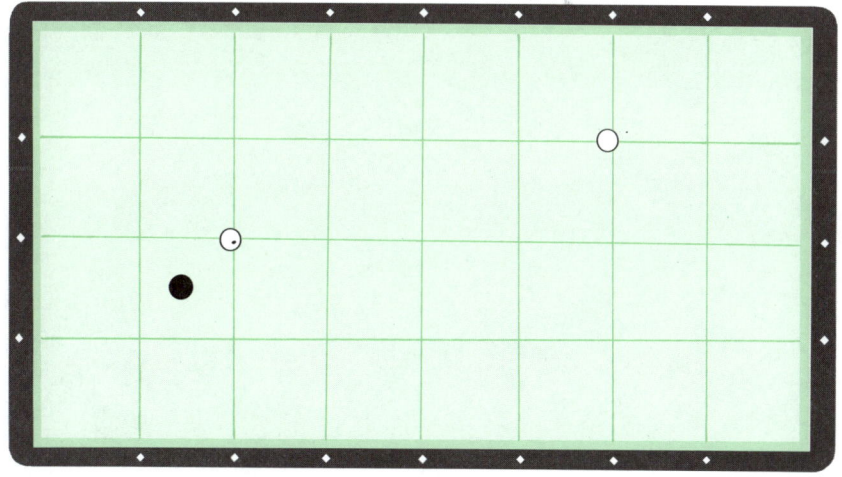

방법2 : 문제와 해답
해답 6

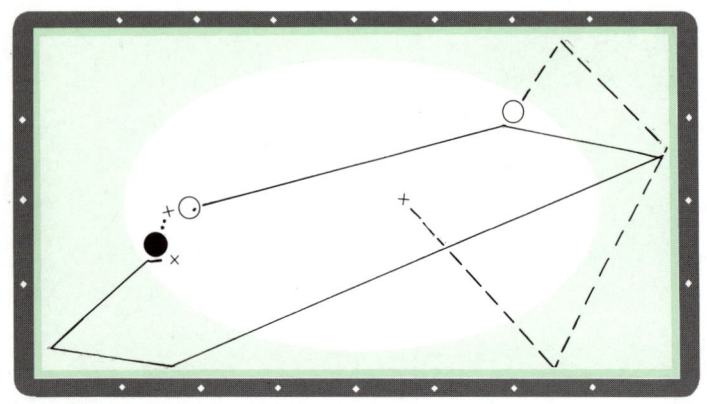

여기서는 2번 볼을 테이블 중심의 가장 좋은 위치에 갖다놓으려고 애쓰지 않는 것이 더 좋다. 어떤 경우에는 그렇게 하는 것이 샷이 너무 어려워지거나 또 어떤 경우에는 그렇게 하기가 불가능해질 수도 있다. (그림 275 참조)

쿠션의 상태뿐만 아니라 당구지가 닳아서 잘 구르지 않을 경우에는 수구(1번 볼)에 스핀을 조금 더 주거나 덜 주어야 한다(샷의 종류에 따라 달라짐).

문제 7

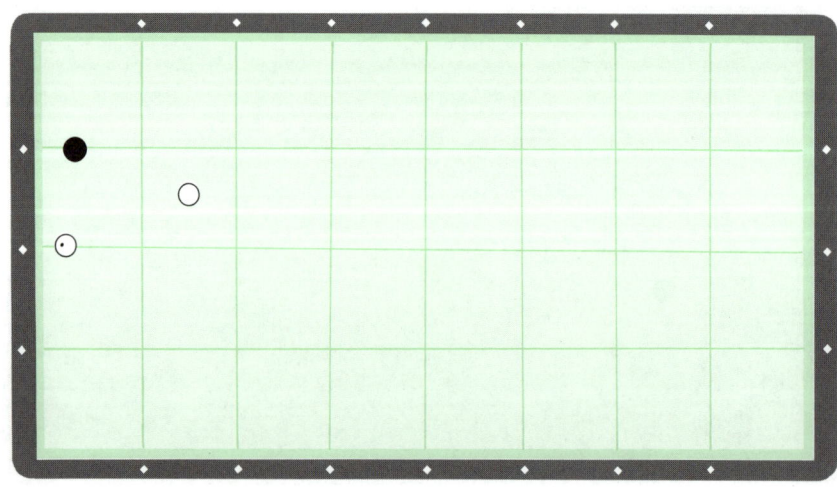

방법2 : 문제와 해답
해답 7

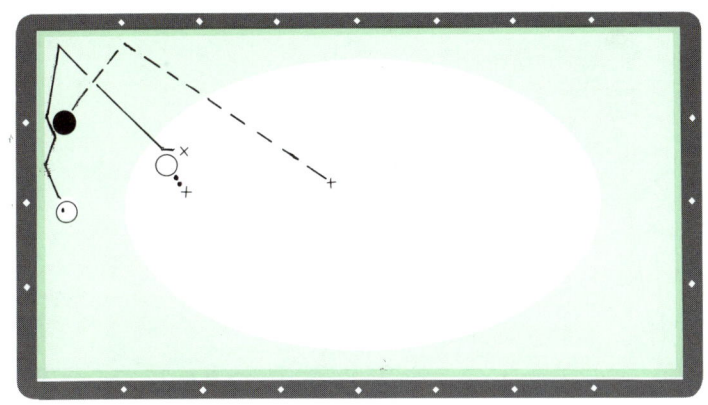

성공했는가? 당신이 연습하는 테이블에서 이 방식으로 이 샷을 할 수 없다면 2번 볼이나 3번 볼의 위치를 약간 바꾸어본다. 볼이 아직 잘 구르는 테이블에서는 보통 이 그림의 볼 배치가 올바른 배치이다.　　(그림 448참조)

이 그림은 지금까지의 8개의 문제 중 마지막이며 아마 가장 어려운 문제일 것이다.

문제 8

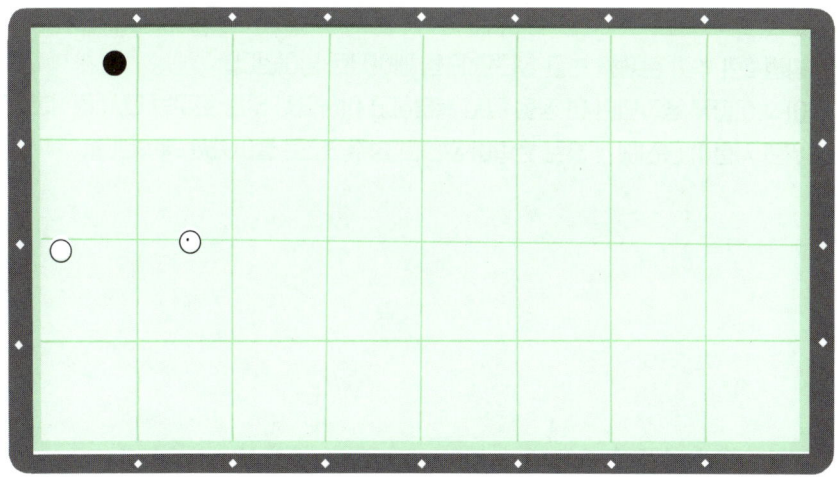

방법2 : 문제와 해답
해답 8

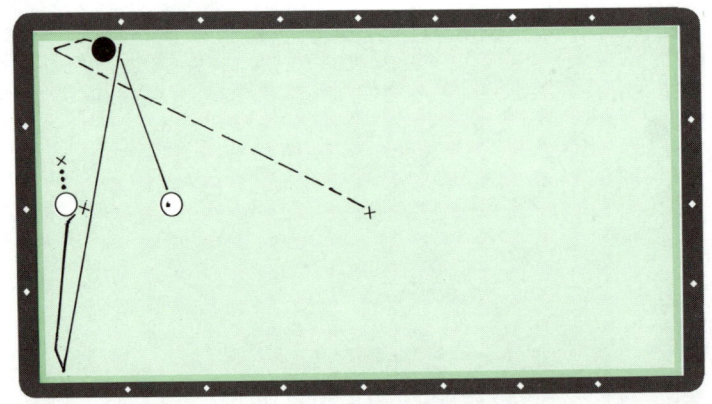

　이 후공은 부범주이기 때문에 어떤 표준적인 범주 2보다도 바람직하지 않다. 범주 1이나 범주 2에서 볼 1개나 그 이상이 타원형 밖에 있게 되면 더 열등한 것이며 따라서 부범주에 놓인다. 이 책에서 설명하는 모든 4개의 범주는 그것들의 부범주보다 나은 것이다. 　　　　　　　　　　(그림 211 참조)

　방법 2의 추가 문제를 보고 싶다면 다음 페이지로 넘어간다.
아직 어렵게 생각되면 이 장을 다시 복습하고 이해되지 않은 문구는 다시 들춰본다.
위의 사항이 당신에게 별로 효력이 없다면 범주 3으로 들어가서 계속한다.

방법 2의 추가 문제

(제3장 그림120 참조)

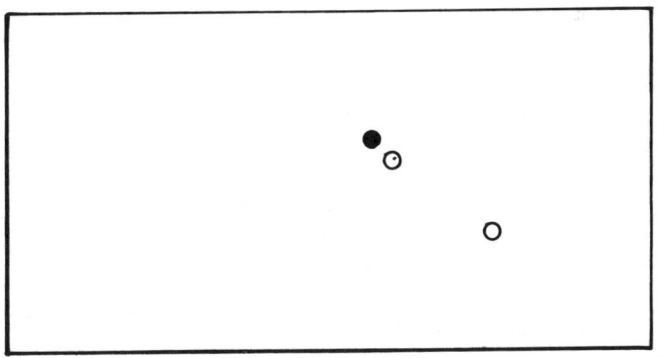

(제3장 그림173 참조)

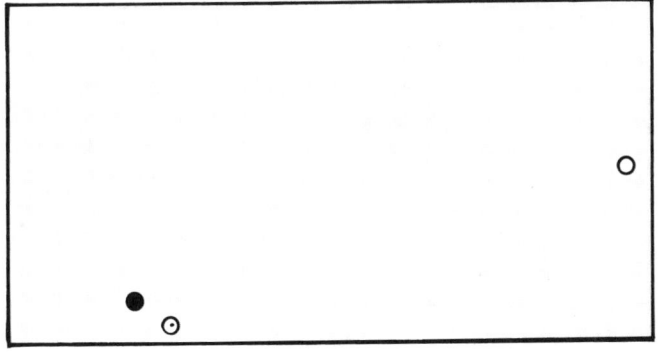

(제3장 그림76 참조)

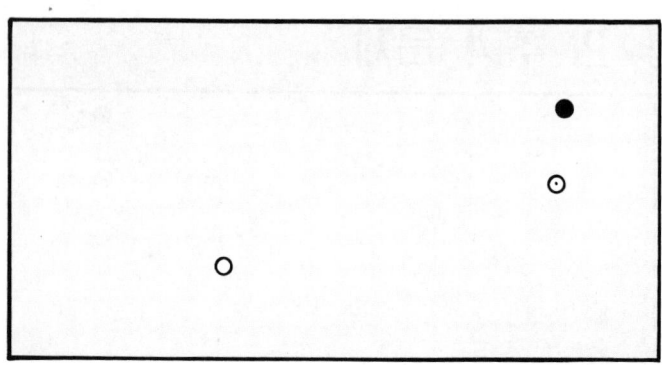

(제3장 그림164 참조)

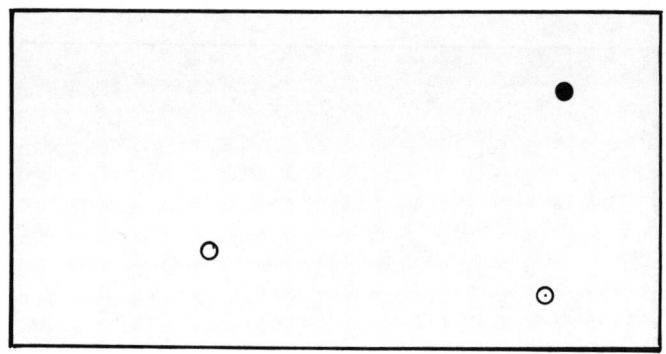

(제3장 그림169 참조)

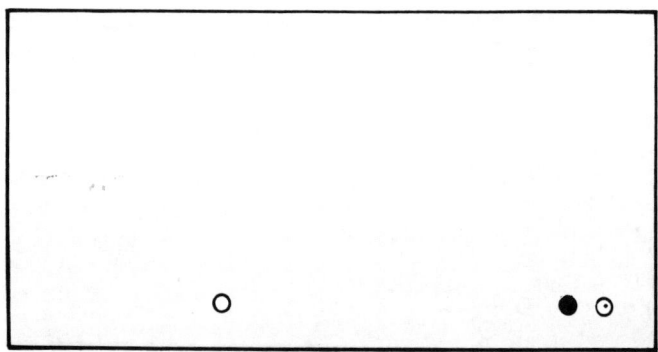

(제3장 그림4 참조)

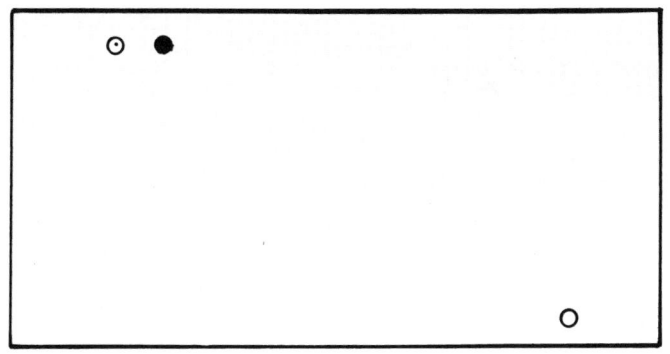

(제3장 그림29 참조)

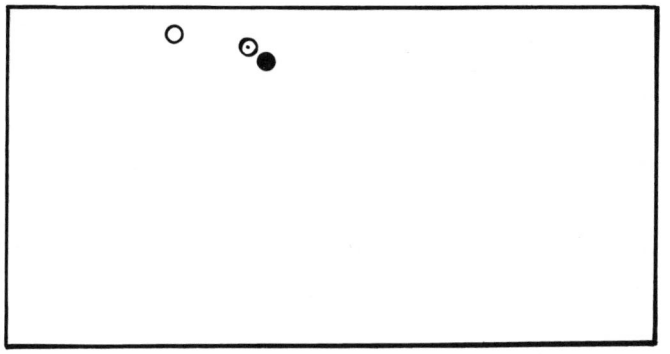

(제3장 그림2 참조)

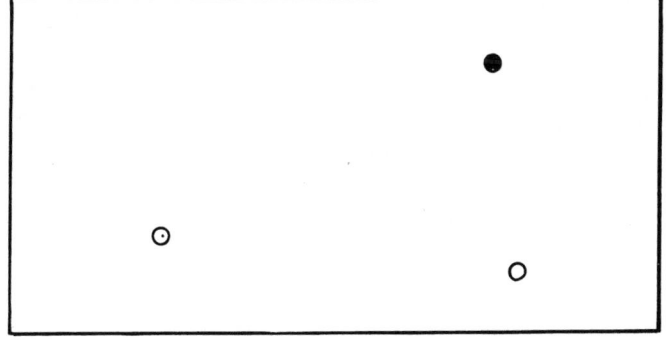

(제3장 그림94 참조)

방법3 상황의 설명

 범주 3이란 그림에서 보듯이 3개의 모든 볼이 긴 직사각형 안에 있으면서 하나의 긴 쿠션 가까이 위치해 있는 경우이다. 어떤 적구도 1번 볼이 다른 하나의 적구에 이르는 길을 방해하지 않아야 한다. 1번 볼은 2번 볼과 3번 볼 사이에 있어야 하며, 그렇지 않을 경우 1번 볼은 2개의 적구 중 하나에 매우 가깝게 있어야 한다. 2번 볼과 3번 볼은 적어도 다이아몬드 3개 이상으로 떨어져 있어야 한다.
 '설명 1'에서와 같이 1번 볼이 2번 볼과 3번 볼 사이에 있지 않아도 된다. 그렇지만 하나의 볼이 1번 볼이 다른 하나의 볼로 이르는 길을 막지 않아야 한다. 여기서는 1번 볼이 하나의 적구 뒤에 있지만 다른 볼에 이르는 길을 가로막고 있지는 않다.
 2번 볼과 3번 볼이 다이아몬드 3개 이상으로 떨어져 있지 않은 경우로서 부범주 3의 상황이다. 만약 1번 볼이 ×표가 있는 곳에 위치한다면 3번 볼로 인해 2번 볼을 볼 수 없게 되므로 이런 위치가 되는 것을 피해야 한다.

설명 1

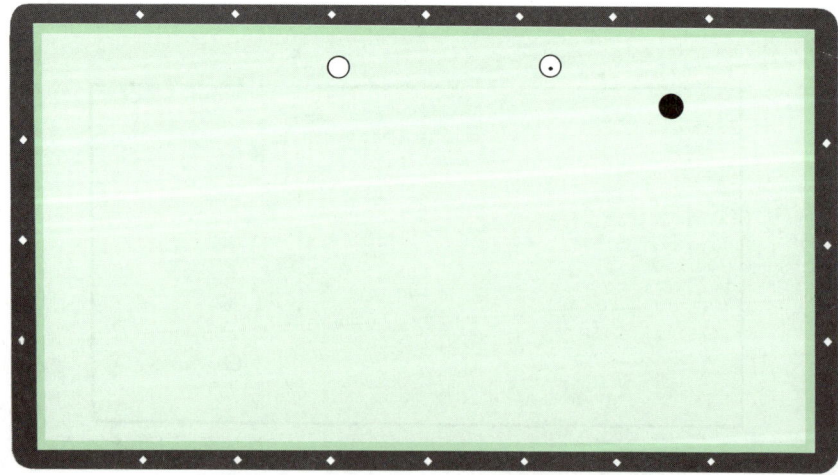

설명 2

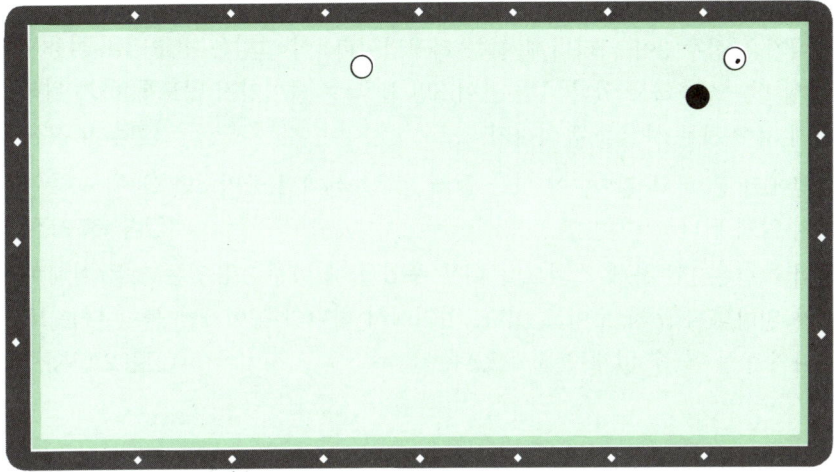

설명 3

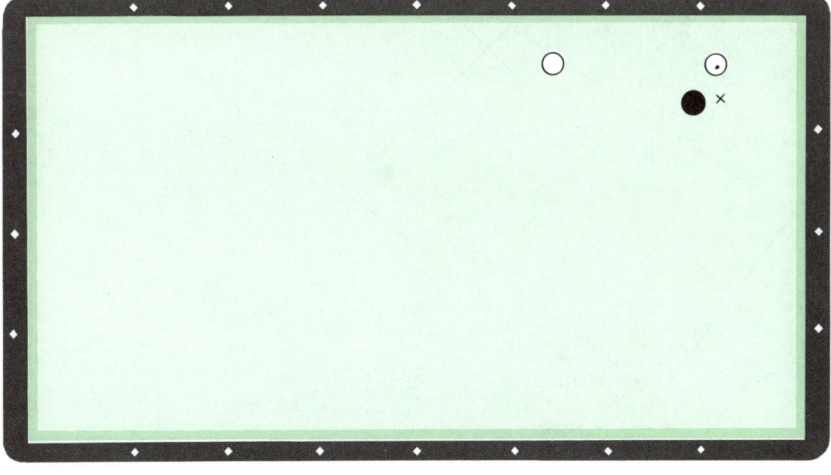

방법3에 의한 포지션 이동의 예

이것은 범주 3이 나타나게 하는 타구법이다. 이 그림은 범주 3을 적용하는 방법을 설명하고 있다. 1번 볼이 3번 볼 뒤로 들어가지 않도록 하기 위해 짧게 쳐야 하는 사실을 유의하자. (그림 34 참조)

앞에서 본 바와 같이, 이 샷을 짧게 함으로써 1번 볼이 3번 볼 뒤로 들어가지 않게 된다. (그림 133 참조)

이 그림은 1번 볼에 스피드를 너무 주었을 때 범주 3을 얻는 것을 실패하기가 얼마나 쉬운지 보이고 있다. 여기에서 하나의 볼이 1번 볼이 다른 또 하나의 볼을 볼 수 없게 만들고 있다. (그림 270 참조)

예시 1

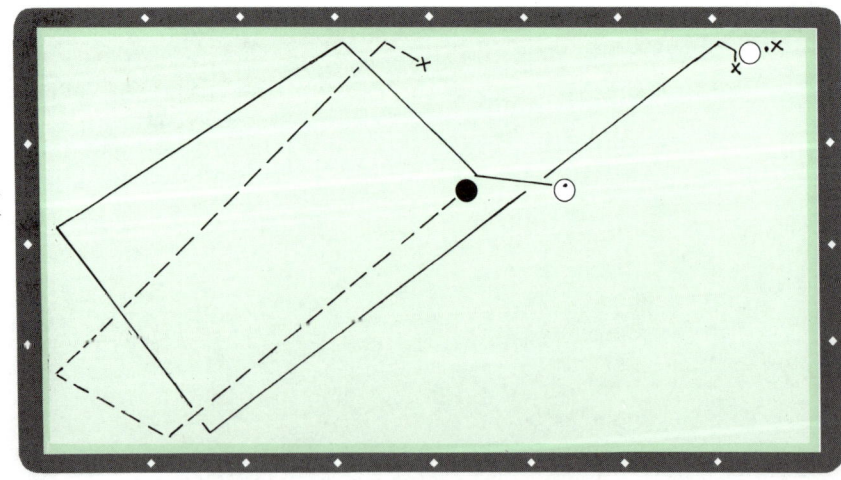

예시 2

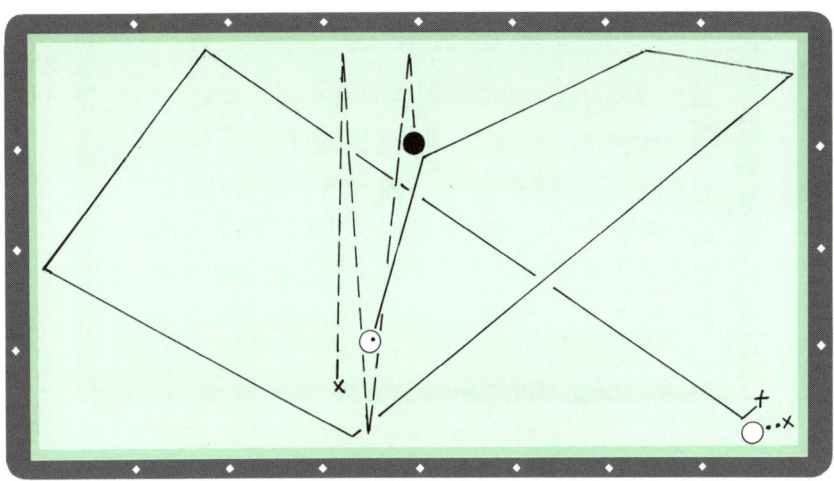

예시 3

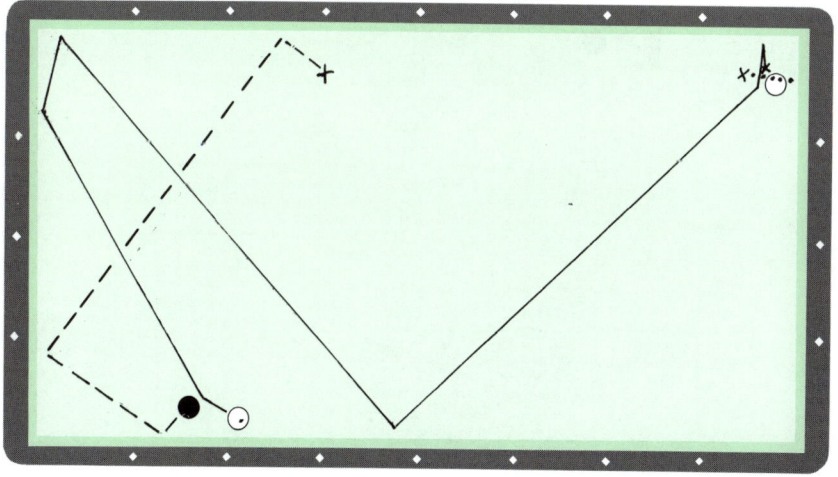

방법 3 : 문제와 해답

다음 페이지는 아래에 주어진 문제에 대한 해답이 있다. 계속해서 문제와 해답이 이어진다. 뒤로 갈수록 더 어려운 문제들이다. 이 장에 주어진 문제들은 범주 3에 관한 것이다. 문제의 그림에서 타구자의 볼에는 검은점이 찍혀 있으며 상대의 수구는 완전한 백색이다.

득점을 하면서 동시에 범주 3의 포지션이 나타나게 하는 방법은 무엇일까?

문제 1

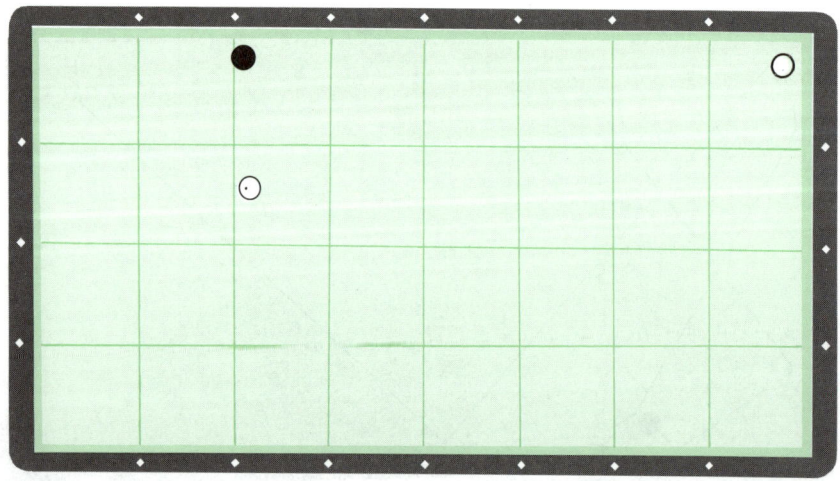

방법3 : 문제와 해답

해답 1

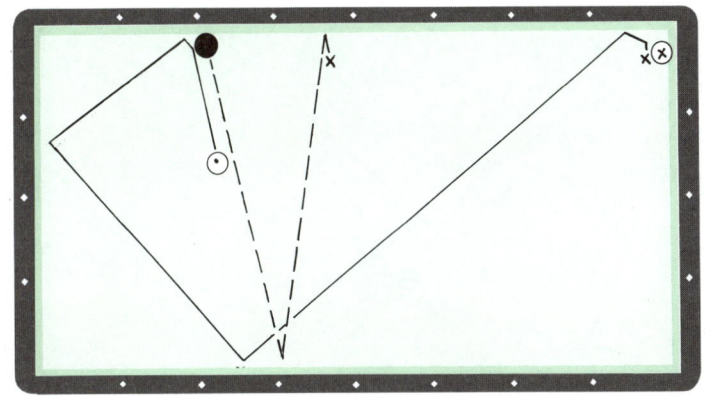

득점을 하면서도 다음 샷을 위해 범주 3의 상황이 나타나게 하는 방식을 설명하고 있다. (그림 125 참조)

여기에서 방법 3을 적용한다는 사실을 망각하지 말자. 거의 자동적으로 알 수 있어야 한다.

문제 2

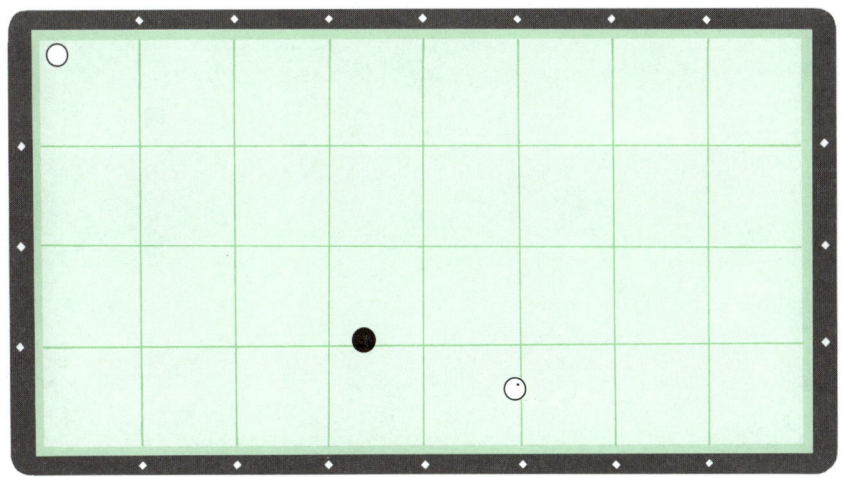

방법3 : 문제와 해답
해답 2

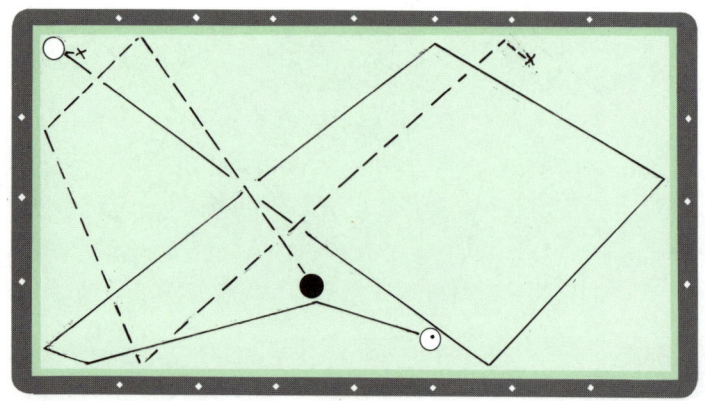

1번 볼이 5개의 쿠션을 여행한 후에 테이블 중심에 당도했을 때 2번 볼과 충돌하게 될 가능성이 있다. 2번 볼에 속도를 줌으로써 2번 볼이 수구보다 빨리 교차점을 지나게 할 수 있다. 이때 1번 볼은 속도가 더 떨어지기 때문에 득점이 이루어진 후에 3번 볼 가까이 있게 된다.　　　(그림 228 참조)

방법 3으로 해결하는 또 하나의 상황이다.

문제 3

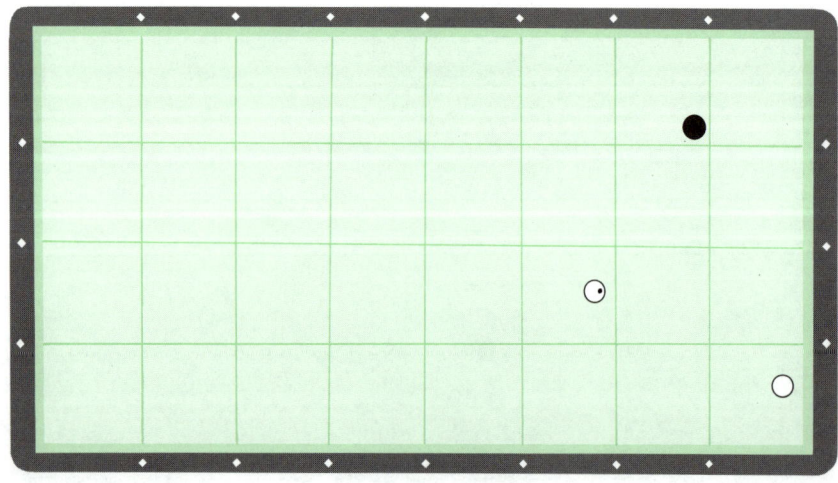

방법3 : 문제와 해답
해답 3

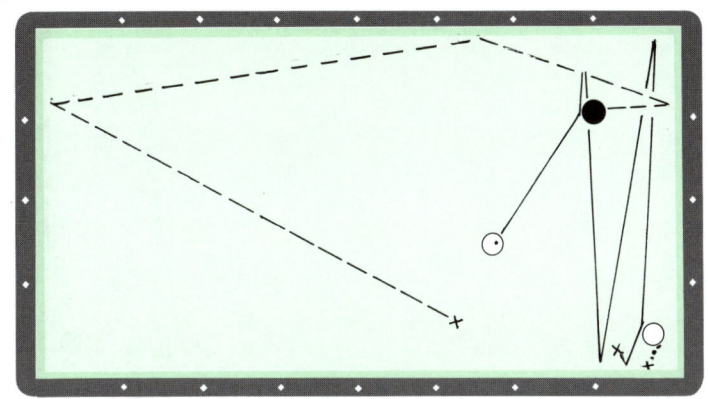

이 방법과 다른 방법과의 차이는 항상 1번 볼이 3번 볼에 가까스로 닿게끔 스피드를 줄 필요가 없다는 점이다. 다른 방법에서는 보통 타구자는 1번 볼이 3번 볼 근처에 머물게 하려고 노력한다. 경우에 따라 현재의 3번 볼이 다음 샷에서는 2번 볼이 될 수 있다. 이 경우에 1번 볼이 2번 볼에 가까이 있 짧은 거리에서 좀더 정확한 타구를 할 수 있으므로 이 점이 생긴다.

문제 4

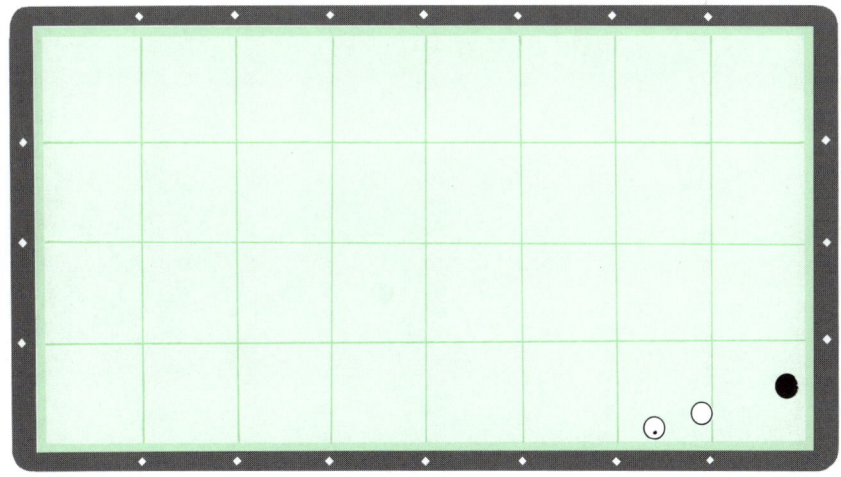

방법3 : 문제와 해답

해답 4

범주 3을 이용하여 이 샷을 하는 방법을 알아냈다면 매우 잘 해내고 있는 셈이다. 너무 세게 치는 수가 있으니 주의하자. 이런 상황은 자주 발생하기 때문에 이 샷의 스피드를 마스터하는데 수분을 소요했다면 값진 투자를 한 셈이다.   (그림 493 참조)

자주 발생하는 상황이다.

문제 5

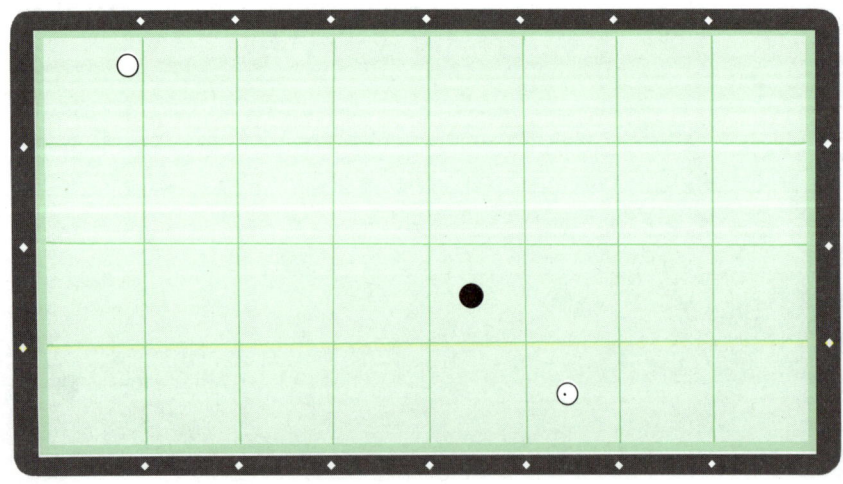

방법3 : 문제와 해답
해답 5

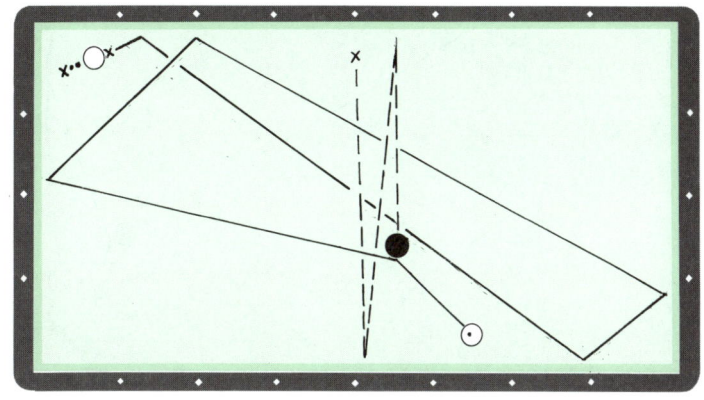

범주 2로 해결할 수도 있지만 그럴 경우 표준적인 범주 2보다는 부범주 2의 후공이 나타날 가능성이 많다. 1번 볼에 스핀을 더 주어 보완하면서 2번 볼을 더 두껍게 치면 2번 볼이 더 이동하여 테이블 중심으로 가서 부범주 2의 상황이 된다. 어떤 경우든지 '범주'가 '부범주'보다 나으므로 여기서는 범주 3이 부방식 2인 옵션보다 더 좋다. (그림 323 참조)

문제 6

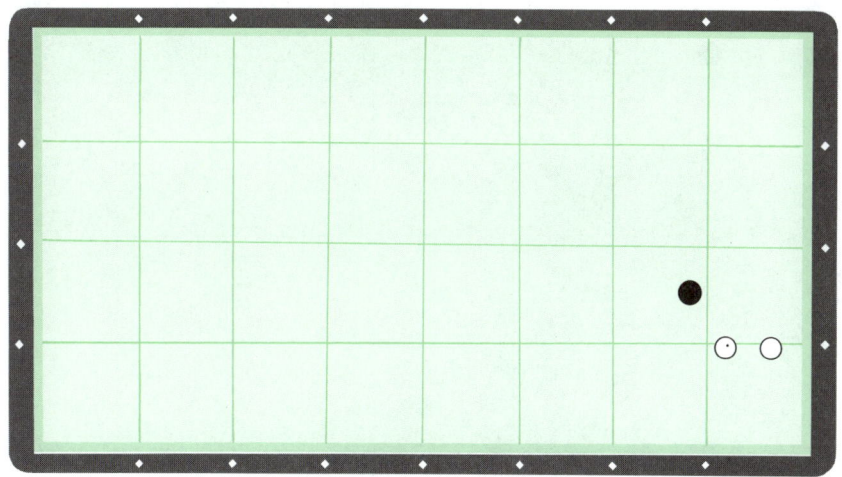

방법3 : 문제와 해답

해답 6

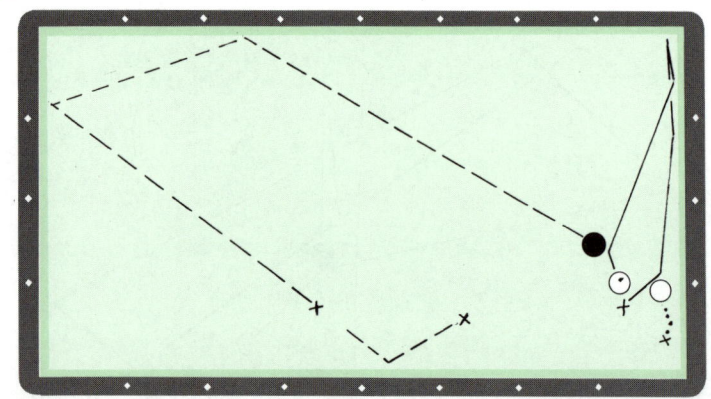

만약 가능하다면 2번 볼이 첫번째 ×가 표시된 곳까지만 가게 한다. 그렇게 하면 후공이 더 좋아지기 때문이다. 첫번째 ×는 3번 볼의 예정된 위치로부터의 최소 요구 거리인 다이아몬드 3개의 거리가 되지만 두 번째 ×는 그렇지 않다. 즉 첫번째 ×는 표준적인 범주 3의 후공이 되지만 두 번째 ×는 부범주 3의 결과가 된다. (그림 385 참조)

여기서는 두 가지로 샷할 수 있다.

문제 7

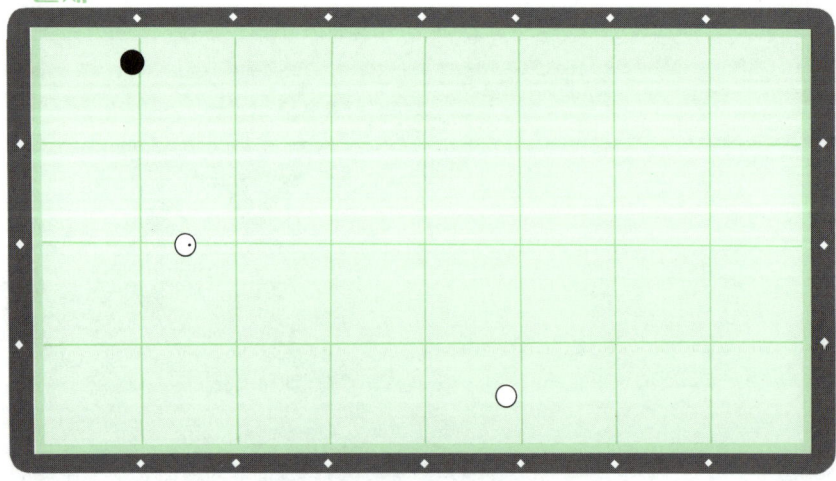

방법3 : 문제와 해답
해답 7

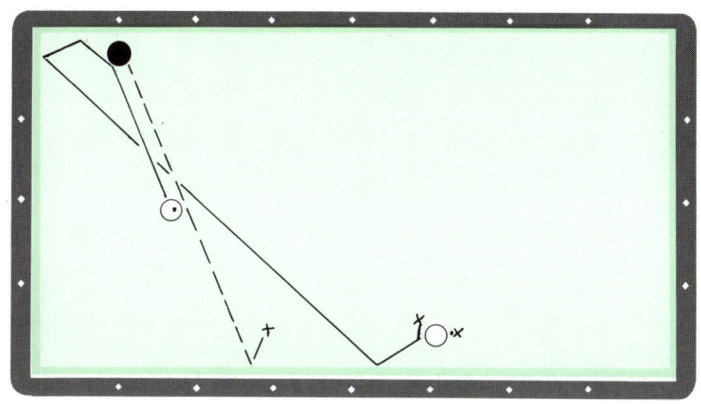

여기서는 범주 3을 이용하면 부범주 3의 후공이 된다. 2번 볼과 3번 볼 사이가 필요한 거리보다 짧아지기 때문이다. 그렇지만 이 그림의 문제 상황은 다른 더 나은 옵션을 제시하지 않고 있다. (그림 118 참조)

득점을 하면서도 포지션 플레이가 되게 해야 한다.

문제 8

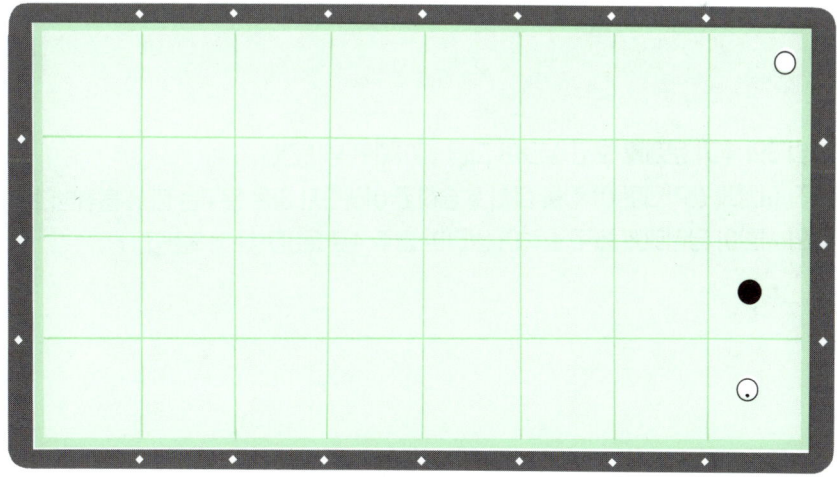

방법3 : 문제와 해답
해답 8

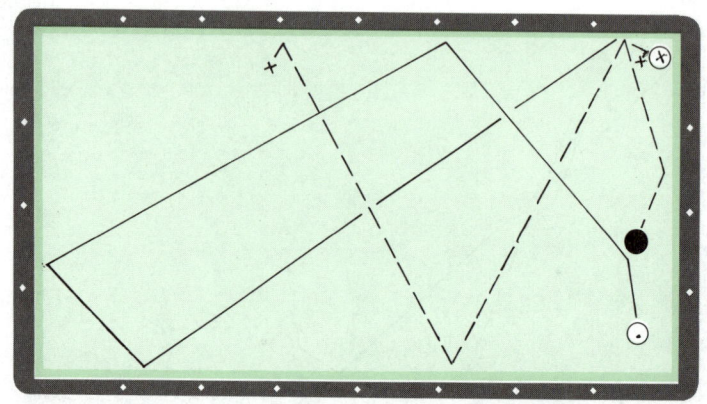

이 샷은 세가지 이유로 인해 짧게 해야 한다. 첫째, 짧게 해야 1번 볼이 3번 볼 뒤로 들어가지 않는다. 둘째, 짧게 해야 1번 볼이 3번 볼을 코너 쪽으로 더 몰아넣을 가능성을 없애게 된다.(3번 볼이 코너에서 약간의 거리만큼 떨어져 있어야 다음에 샷을 길게 할 것인지 짧게 할 것인지 선택할 수 있다.) 셋째, 짧게 쳐야 1번 볼이 긴 쿠션에서 가까이 있게 될 가능성이 많아진다. 이때 2번 볼이 긴 쿠션에 완전히 붙어 있다 하더라도 1번 볼이 긴 쿠션에 매우 가까이 있기만 한다면 꽤 좋은 샷을 할 수 있다. (그림 154참조)

방법 3의 추가 문제를 보고 싶다면 다음 페이지로 넘어간다.
아직 어렵게 생각되면 이 장을 다시 복습하고 이해되지 않은 문구는 다시 들춰본다.
위의 사항이 당신에게 별로 효력이 없다면 범주 4로 들어가서 계속한다.

방법 3의 추가 문제

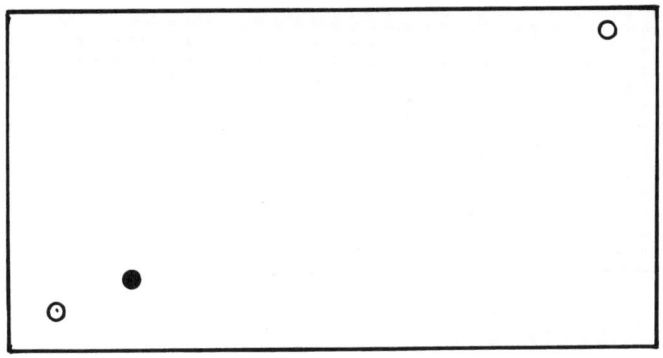

(제3장 그림27 참조)

(제3장 그림33 참조)

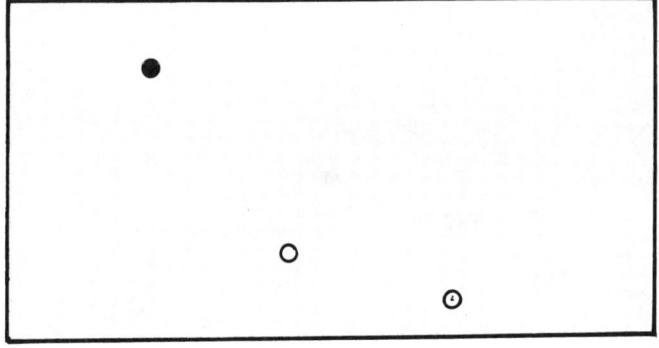

(제3장 그림47 참조)

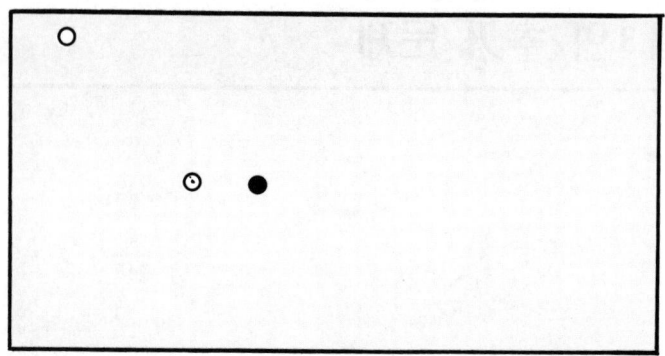

(제3장 그림53 참조)

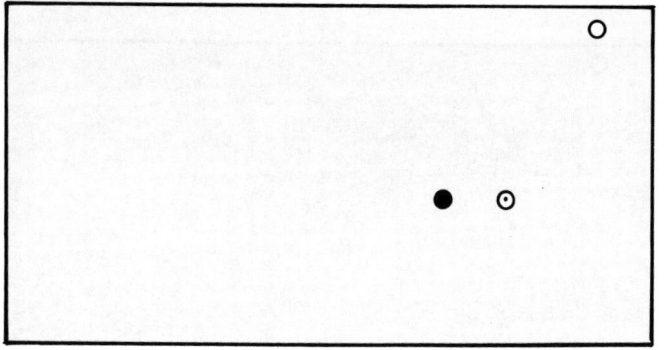

(제3장 그림35 참조)

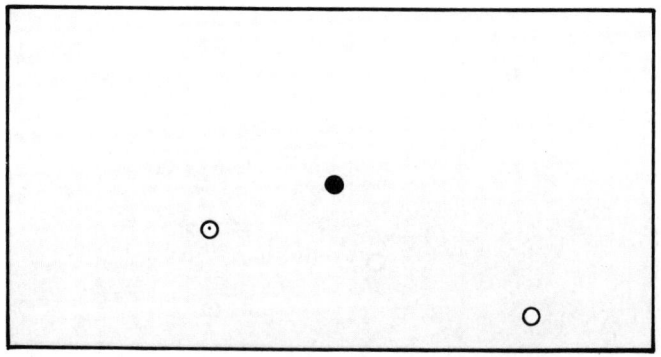

(제3장 그림60 참조)

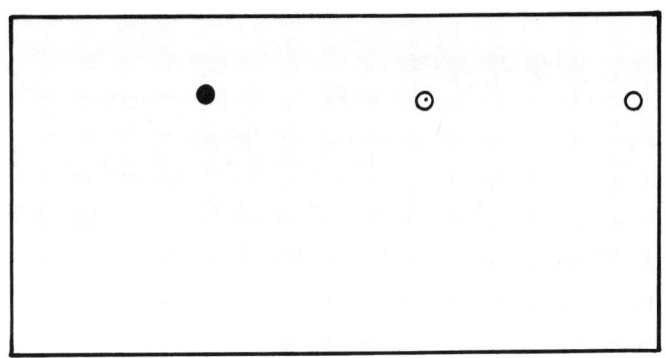

(제3장 그림63 참조)

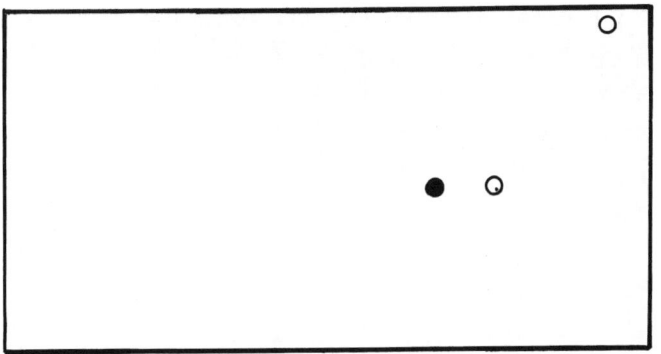

(제3장 그림77 참조)

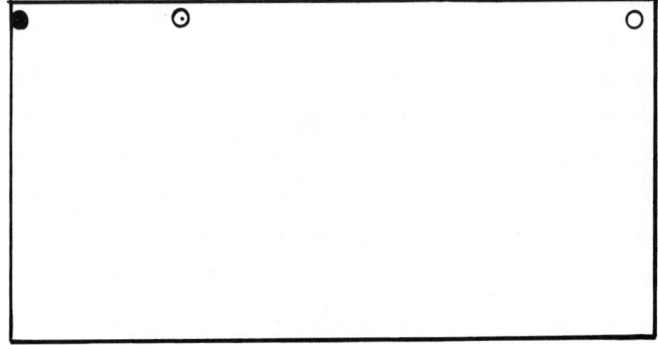

(제3장 그림75 참조)

방법4 상황의 설명

범주 4란 1번 볼과 2번 볼이 서로 가까이 있고 3번 볼은 코너에 가까이 위치해 있는 상황이다. 이 그림이 그러한 한 가지 예이다. 이러한 범주 4의 상황에서 3번 볼은 득점으로 이어지는 타게트가 커진다.

색다른 '범주'들이 서로 혼합되어 때때로 매우 유사하게 되는 경우가 있다. 예를 들어 여기에서 1번 볼과 2번 볼이 서로 바뀐다면 범주 3의 상황이 된다.

이 그림을 보면 1번 볼과 2번 볼이 타원형 안에 들어 있지 않다. 이것이 부범주 4의 상황의 한 예이다. 다른 범주에서와 마찬가지로 부범주는 표준적인 범주보다 쉬운 샷을 하게 될 가능성이 조금 줄어든다.

설명 1

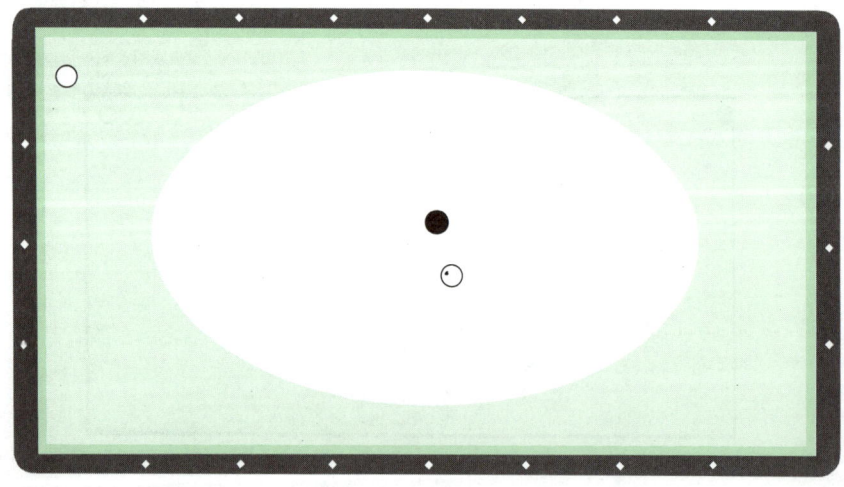

설명 2

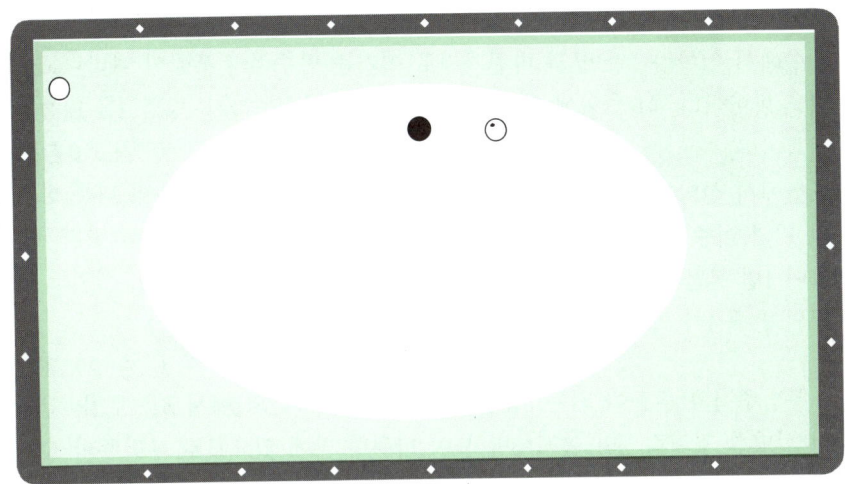

설명 3

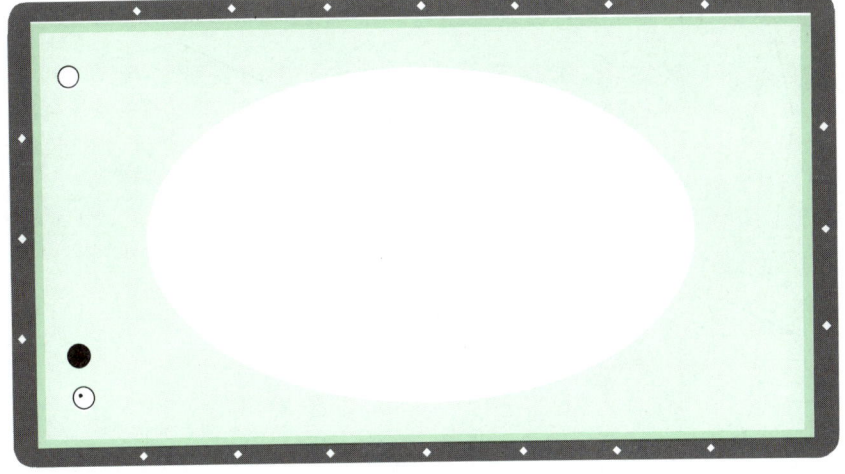

방법4에 의한 포지션 이동의 예

앞에서 설명한 '방법'과 마찬가지로 여기는 범주 4의 후공이 나타나도록 치는 방법이다. 이 그림에 있는 범주 4의 상황을 주목하자. 방법 4를 이용한 결과이다. (그림 310 참조)

앞에서 설명한 바와 같이(이 그림 참조) 이 '방법'을 이용하면 다른 방법의 것과 아주 유사한 포지션이 나타나는 수가 있다. 이 그림에서 만약 3번 볼이 1번 볼을 막고 있지 않다면 범주 3의 상황이 존재하게 된다. 적어도 하나의 범주 4가 되게 하려면 2번 볼을 코너까지 가게 해야 한다.

(그림 99 참조)

부범주 4의 후공이 되는, 방법 4를 이용한 예시 2와 예시 3을 보자. 앞에서 설명한 것처럼 2번 볼과 3번 볼이 타원형 밖에 있으므로 부범주의 상황이 나타난다. (그림 223 참조)

예시 1

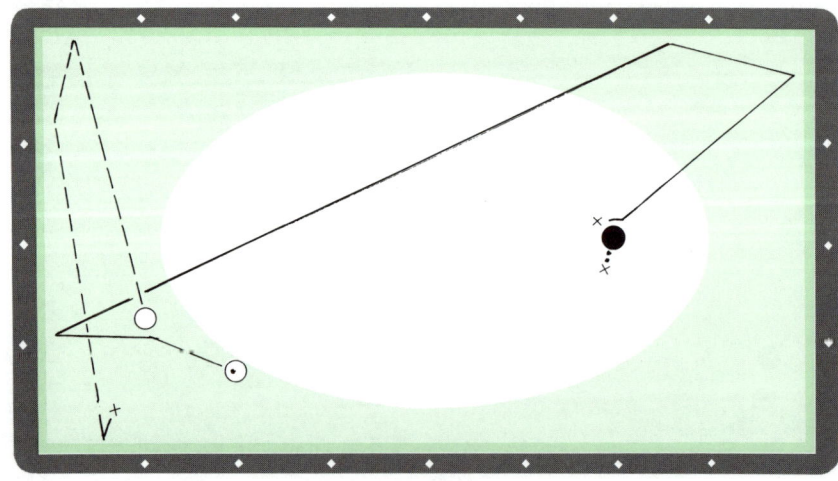

예시 2

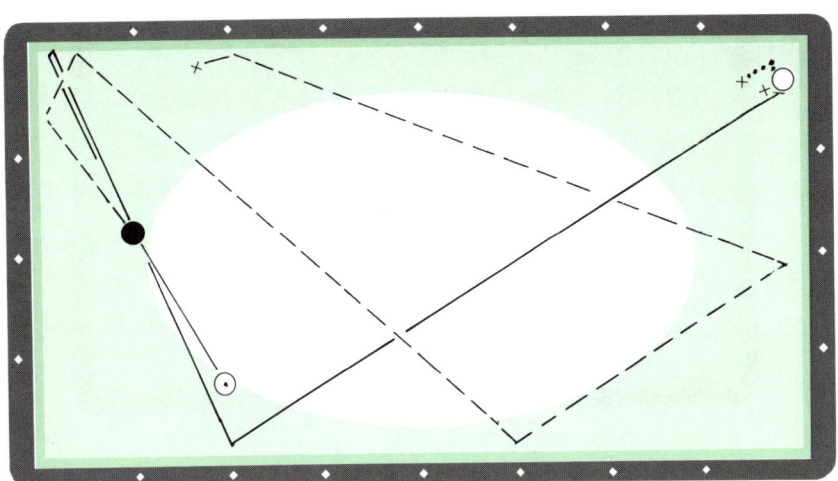

예시 3

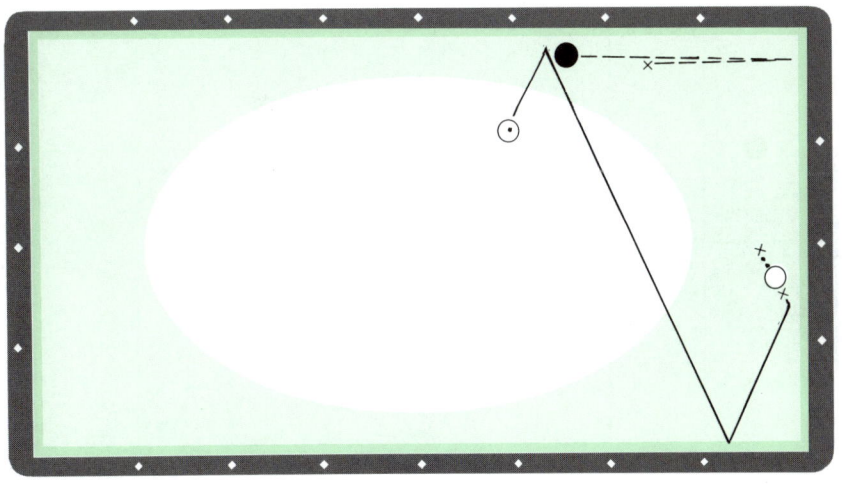

방법4 : 문제와 해답

다음 페이지에는 아래에 주어진 문제에 대한 해답이 있다. 계속해서 문제와 해답이 이어진다. 뒤로 갈수록 더 어려운 문제들이다. 이 장에 주어진 문제들은 방법 4에 관한 것이다. 문제의 그림에서 타구자의 볼에는 검은점이 찍혀 있으며 상대의 수구는 완전한 백색이다.

득점을 하면서 범주 4의 포지션이 나타나게 하는 방법은 무엇인가?

문제 1

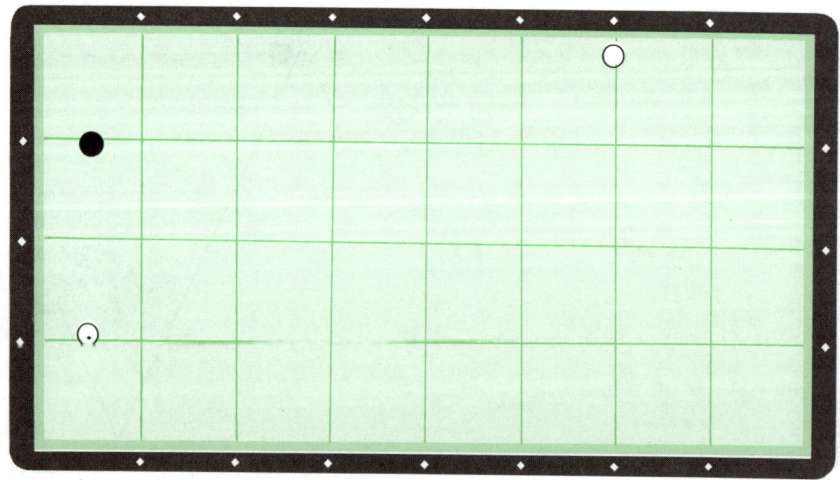

방법4 : 문제와 해답
해답 1

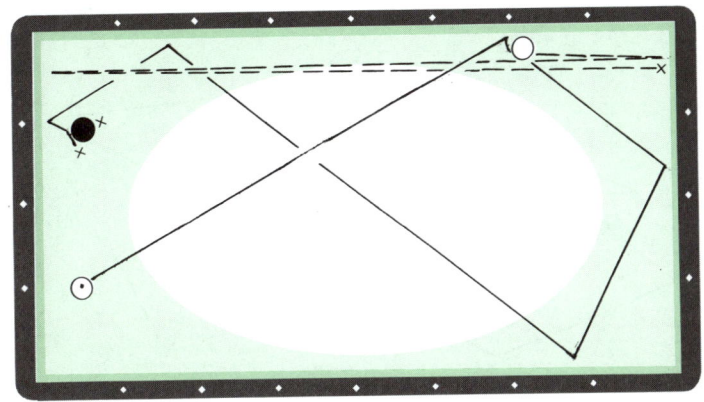

이런 특이한 샷에서는 2번 볼을 잘 조준해서 샷해야 한다. (그림 87 참조)

방법 4를 이용하는 평범한 샷이다.

문제 2

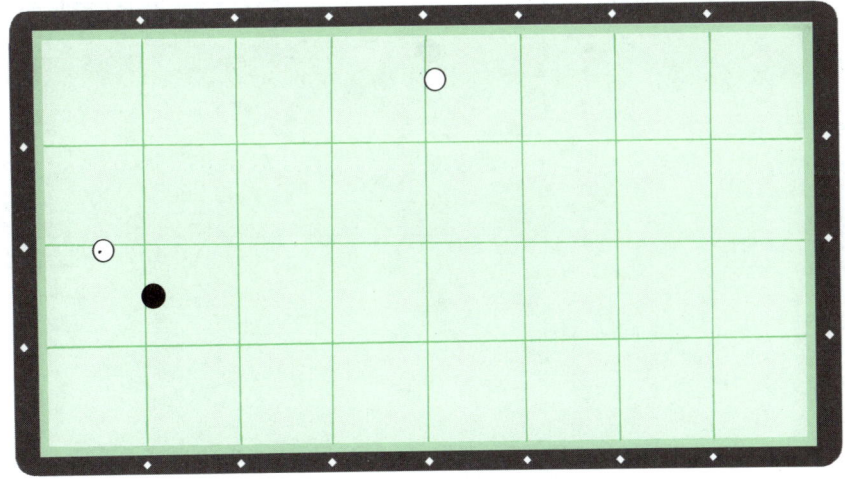

방법4 : 문제와 해답
해답 2

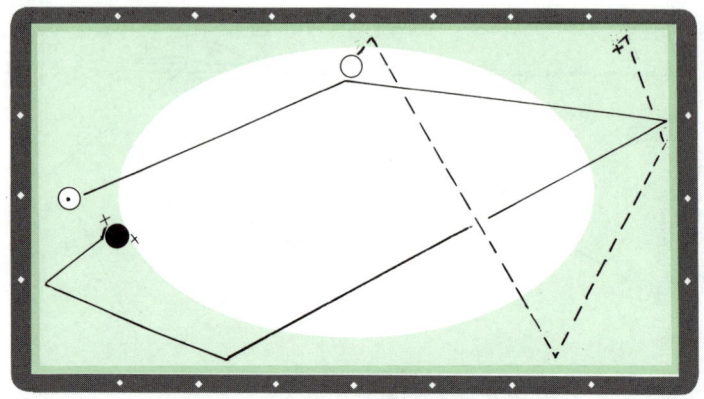

밑쪽의 테이블 그림에 다이아몬드 연결한 선이 그어진 이유는 실제로 테이블에서 정확하게 볼을 배열할 수 있도록 하기 위함이다. 그렇게 함으로써 올바른 해답을 얻을 확률이 높아진다. (그림 249 참조)

실제로 테이블에 볼을 배열하지 않는다면 정답을 찾기가 어려울 것으로 생각한다.

문제 3

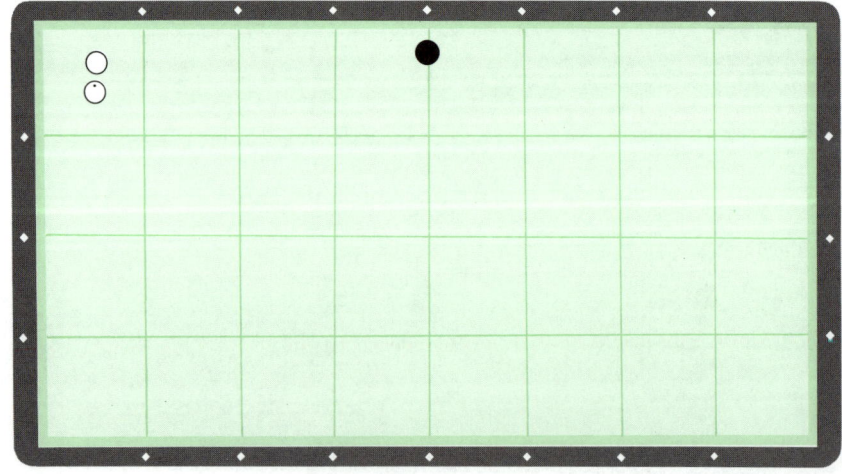

방법4 : 문제와 해답
해답 3

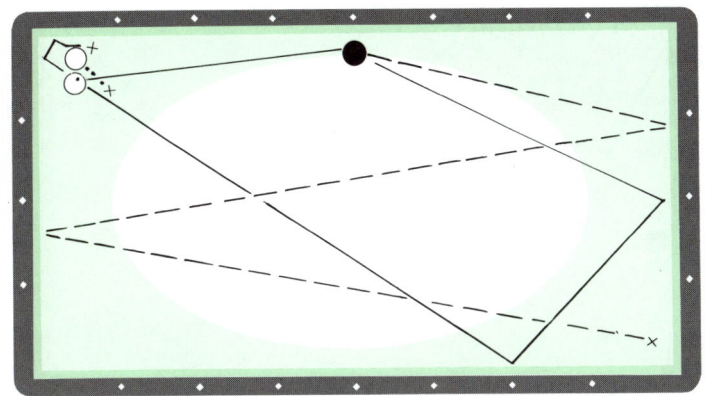

만약 2번 볼이 두번째 쿠션을 짧은 쿠션이 아닌 긴 쿠션(화살표)을 칠 수 있다면 범주 3의 상황이 나타나게 된다. 그렇게 할 수 없을 때에만 여기에 있는 이동법을 이용해야 한다. 키스(쫑)가 발생되는 위험 때문에 이동 방법을 바꾸게 되는 경우가 자주 생긴다. (그림 79 참조)

이 책에서 독자들을 가장 당혹스럽게 하는 것 중의 하나이다.

문제 4

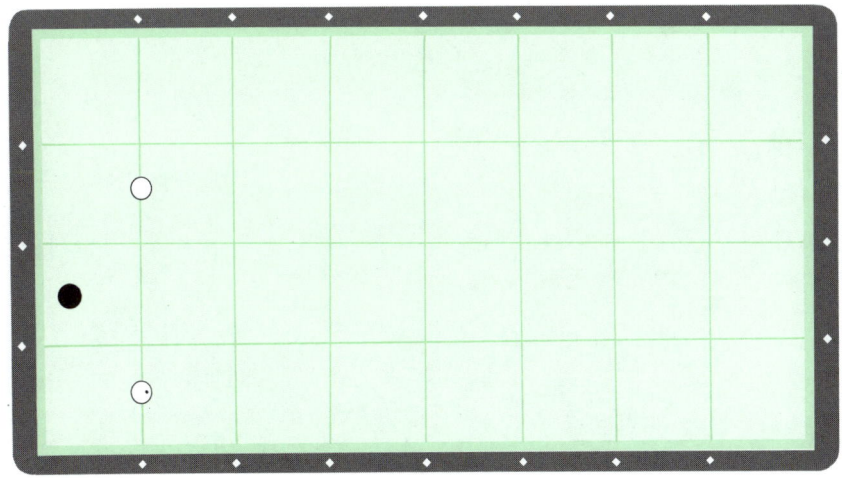

방법4 : 문제와 해답
해답 4

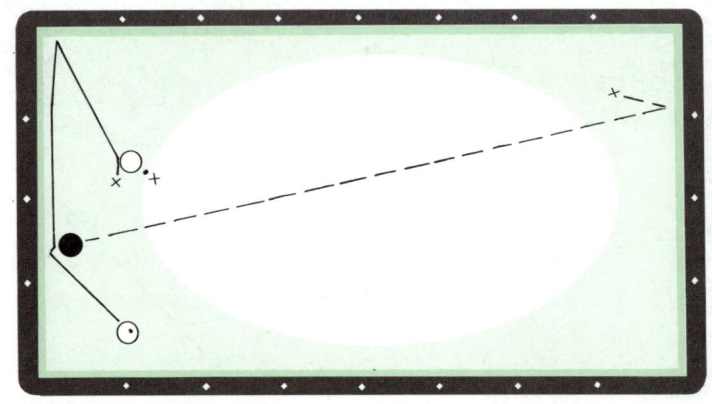

이 샷은 너무 세게 치는 경우가 많다. 몇 번 연습하면 1번 볼이 3번 볼 가까이에 멈추게 할 수 있다. (그림 450 참조)

여기서는 선택의 여지가 없다.

문제 5

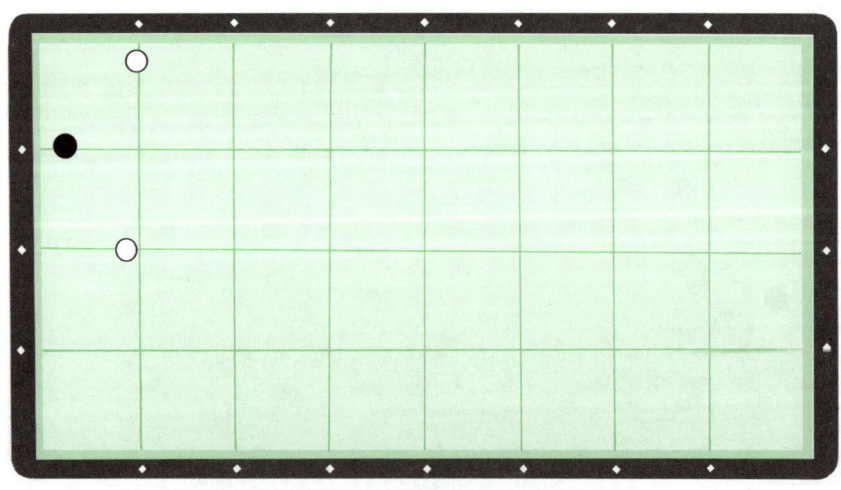

방법4 : 문제와 해답
해답 5

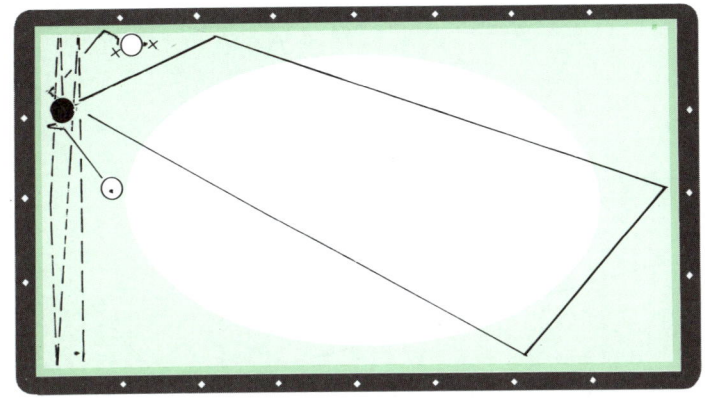

올바로 샷한다면 90퍼센트는 좋은 후공을 만들 수 있다. 그렇지만 너무 빠른 스피드로 3번 볼에 접근한다면 어떤 결과를 얻게 될 지 뻔하다.

(그림 334 참조)

문제 6

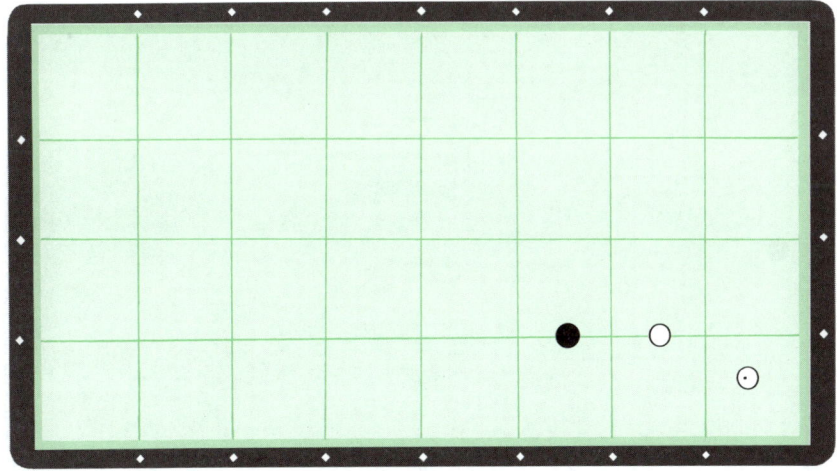

방법4 : 문제와 해답

해답 6

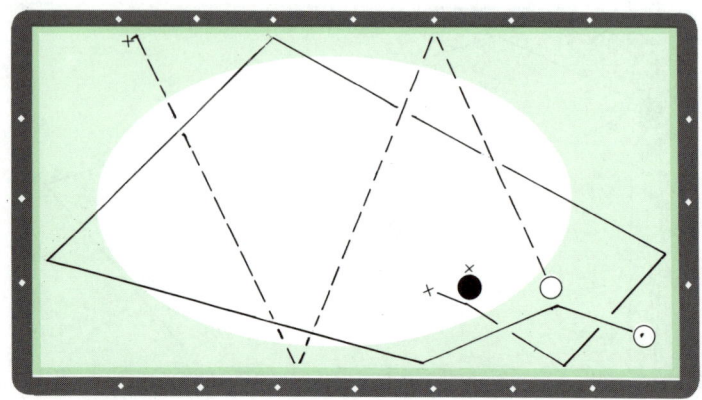

자주 나타나는 포지션이다. 이 그림과 같은 방법4의 이동법은 수비의 이점 때문에 이용하게 되는 수가 많다. (그림 16 참조)

좋은 이동 방법과 쉬운 샷을 동시에 찾는다는 사실을 명심하자.

문제 7

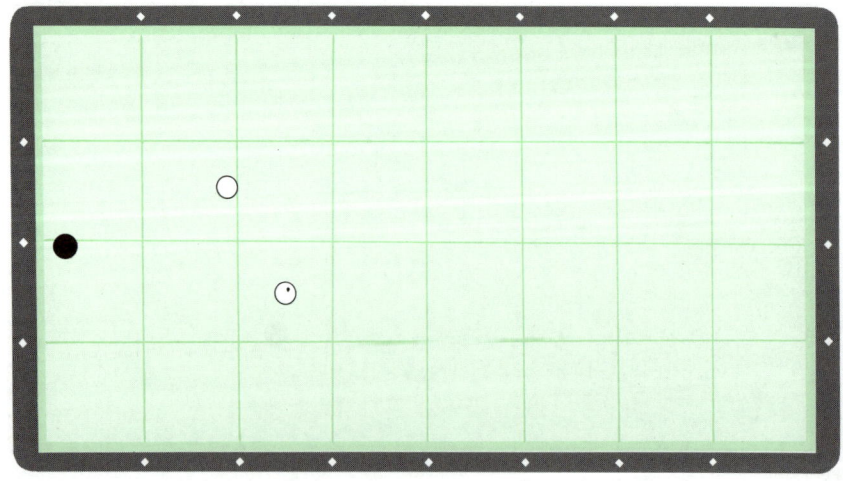

방법4 : 문제와 해답
해답 7

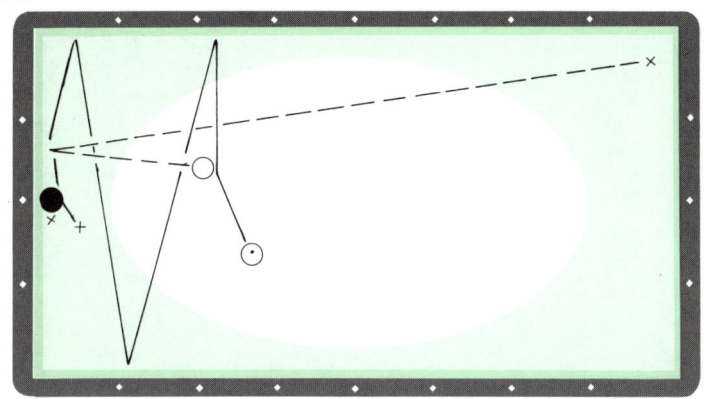

매우 평범한 테이블 횡단 샷이다. 이러한 테이블 횡단 샷이 많이 이용되는 이유는 주로 디펜스 때문이다. 그렇지만 이 그림에서는 선택의 여지가 적다. (그림 229참조)

이 책을 두 번째 읽어간다면 명백한 해답을 찾을 수 있을 것이다.

문제 8

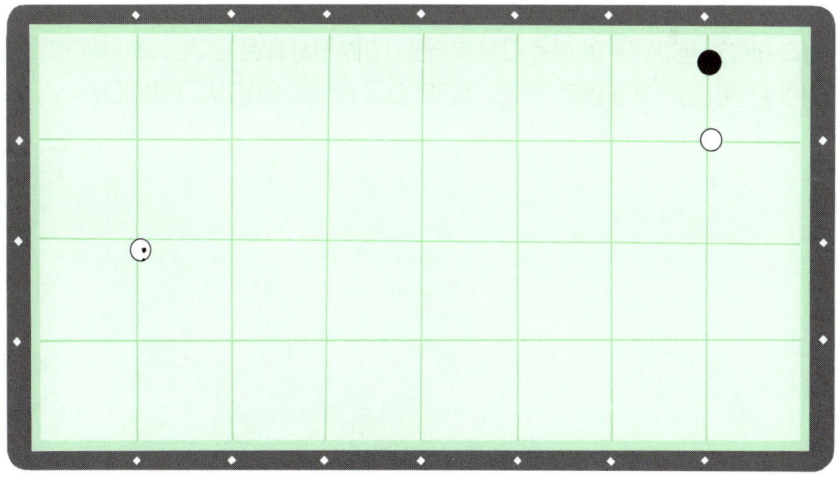

방법4 : 문제와 해답
해답 8

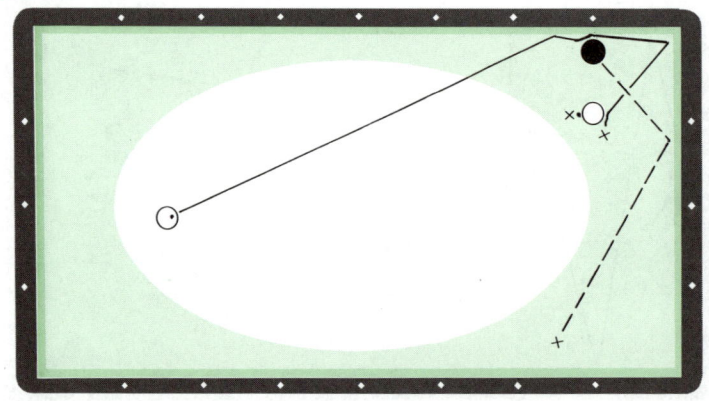

 이 샷을 망치는 한 가지 방법은 1번 볼을 너무 약하게 쳐서 3번 볼과 거의 붙게 하는 것이다. 그러나 그때에도 꽤 좋은 샷을 찾을 수 있다.

(그림 409 참조)

방법 4의 추가 문제를 보고 싶다면 다음 페이지로 넘어간다.
아직 어렵게 생각되면 이 장을 다시 복습하고 이해되지 않은 문구는 다시 들춰본다.
위의 사항이 당신에게 별로 효력이 없다면 다음 항으로 들어가서 계속한다.

방법 4의 추가 문제

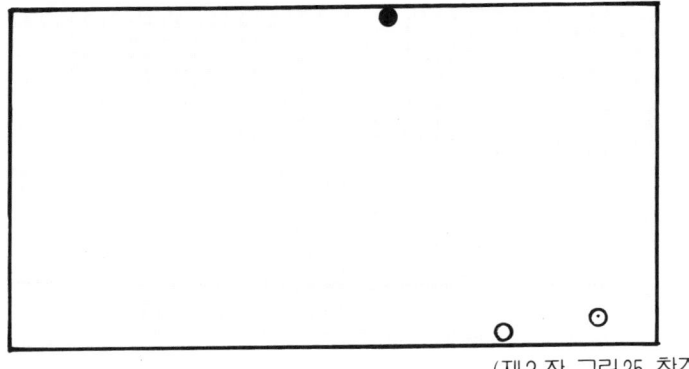

(제3장 그림25 참조)

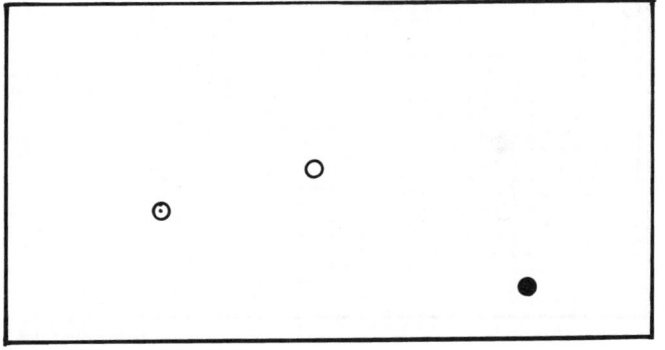

(제3장 그림60 참조)

(제3장 그림51 참조)

(제3장 그림301 참조)

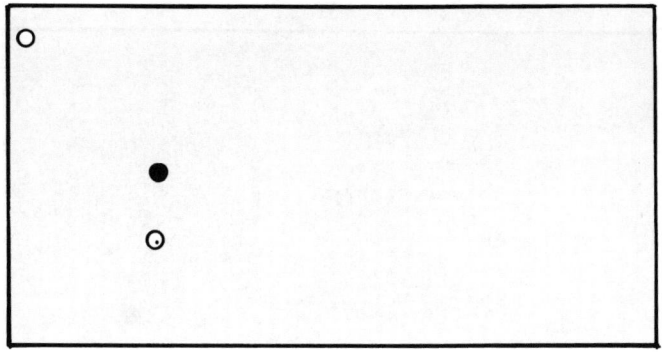

(제3장 그림324 참조)

(제3장 그림5 참조)

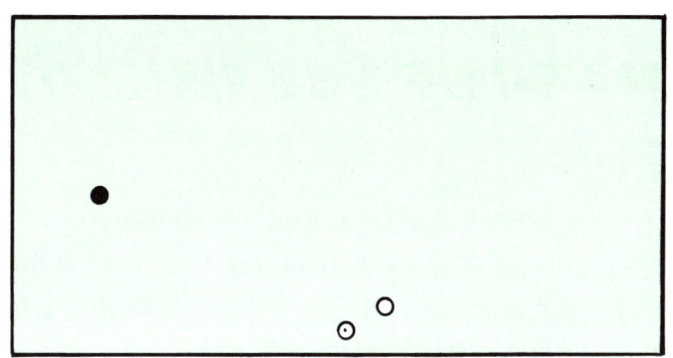

(제3장 그림9 참조)

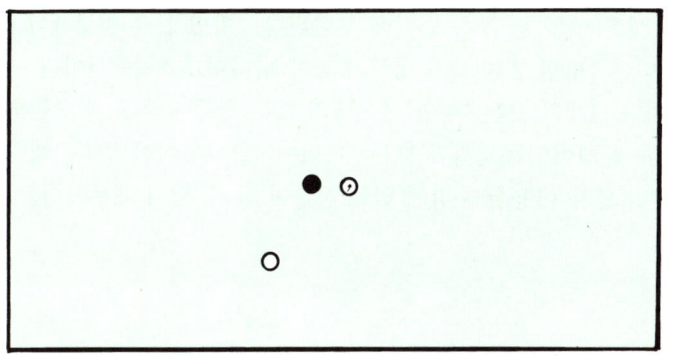

(제3장 그림62 참조)

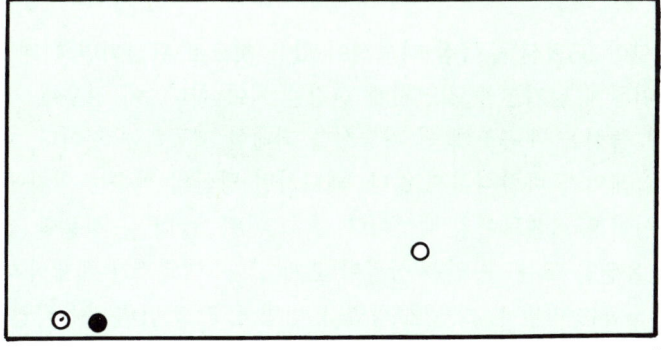

(제3장 그림32 참조)

2. 왜 4가지 범주 방법을 이용하는가

치기 쉬운 모든 샷은 득점하는데 도움되는 한 가지 또는 그 이상의 특성을 갖고 있다. 범주 1의 주요 특성은 3개의 볼을 서로 가까이 위치하게 하는 것인데 이렇게 함으로써 여러 가지 샷을 선택할 수 있게 된다. 테이블 중심에 3번 볼을 위치시키는 것이 범주 2의 주요 특성이다. 3번 볼이 테이블 중심 근처에 있기 때문에 어느 각도에서든지 접근할 수 있다. 범주 3과 범주 4에서도 득점에 도움되는 특성이 있다. 쿠션을 먼저 치는 샷을 제외하고는 모든 쉬운 샷은 이들 범주 중 하나에 포함된다. '방법 1'은 범주 1이 나타나게 하는 샷이며 '방법 2'는 범주 2의 후공이 나타나게 하는 샷이다. 나머지도 마찬가지다. 4개의 모든 '방법'은 4개의 모든 범주에 이르게 하는데 필요한 것들이다. 플레이어는 4개의 모든 '방법'을 알아두어야 한다. 왜냐하면 한 가지 '방법'만을 이용할 수밖에 없는 상황이 올 수 있기 때문이다.

3. 어떤 방법을 이용할 것인가

어떤 샷이 95퍼센트 득점 가능성이 있을 것으로 판단되면 디펜스보다는 후공을 어떻게 남겨놓을 것인지에 신경을 써야 한다. 이 경우에 가장 좋은 후공이란 득점을 계속하게 될 가능성을 최대 제공하는 것이다. 이때에는 디펜스 플레이가 바람직하지 않다. 왜냐하면 당신의 적수는 의자에서 편히 쉴 가능성이 95퍼센트이기 때문이다. 흔히 어떤 '방법'을 사용할 것인지 여러 가지 옵션을 고를 수 있는 상황이 오게 된다. 디펜스가 개제되지 않는다면 선호 순위는 방법 1, 방법 2, 방법 3, 방법 4, 각 방법의 부차적인 것 순이다.

어떤 샷이 방법 1을 이용하기가 어려워질 것 같으면 방법 2를 이용한다. 위에 설명한 우선 순위는 그것이 득점 가능성을 줄이지 않을때만 유효하다.

어쩔 수 없이 어려운 샷을 시도해야 할 경우에는 전략을 바꾸어야 한다. 즉 가장 효과적인 디펜스가 되는 '방법'을 이용한다. 가장 결정하기가 어려운 경우는 득점할 가능성과 실수할 가능성이 대충 동일한 때이다. 그런 경우에는 최선의 디펜스뿐만 아니라 최선의 포지션 플레이가 되게 하는 샷을 선택한다.

4. 바람직한 볼의 속도

1번 볼이 3번 볼을 약하게 쳐서 두 볼이 가까이 있도록 하는 것이 항상 필요하지는 않다. 이 그림에서는 1번 볼의 속도가 아직 죽지 않은 상태에서 3번 볼에 맞더라도 두 볼이 가까이 있게 된다. 정확하게 힘만 전달한다면 1번 볼이 3번 볼을 얼마나 두껍게 맞히든, 그리고 어느 쪽을 맞히든간에 두 볼이 서로 가까이 위치하게 되어 있다.

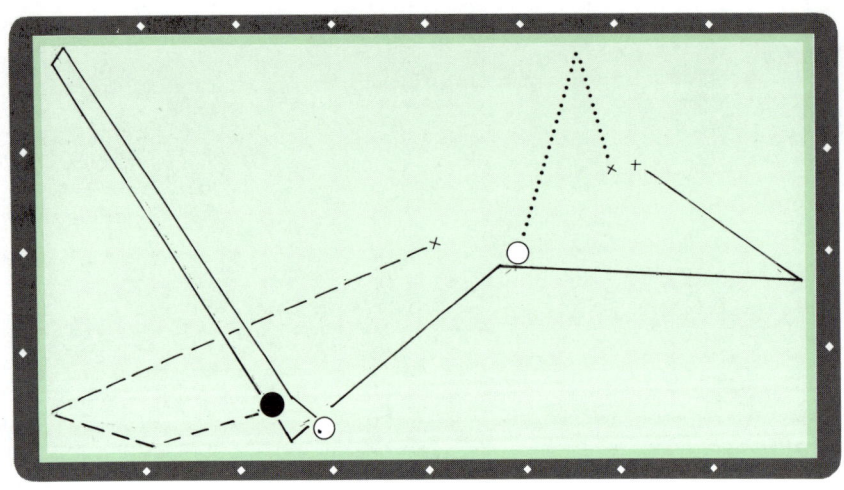

여기서는 2번 볼 근처에 표시된 ×로 알 수 있듯이 1번 볼이 위치할 수 있는 여러 지점이 있다. 1번 볼이 2번 볼에 가까이 있을수록 더 쉬운 샷을 하게 될 가능성이 높아진다. 1번 볼의 가능한 위치는 2번 볼에 가까울수록 더 쉬운 샷을 할 수 있다는 점을 설명하고 있다. 그렇지만 1번 볼이 2번 볼에 거의 붙어 있을 경우에는 1번 볼의 이동 옵션은 줄어든다.

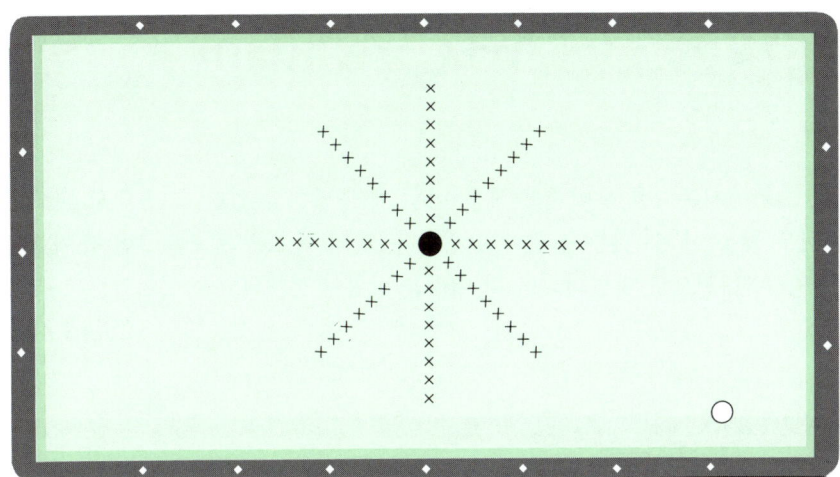

 범주 3의 상황에서 1번 볼과 2번 볼의 사이가 더 떨어져야 하는 이유가 그림에 설명되어 있다. 여기서도 ×는 1번 볼의 가능한 위치를 표시한 것이다. 범주 3에서 좀더 쉬운 샷이 되게 하기 위해서는 1번 볼과 2번 볼이 긴 쿠션을 따라 평행을 이루게 하는 것이 보통 가장 좋은 때가 많다. 볼들이 긴 쿠션에서 완전히 같은 거리만큼 떨어져 있지 않은 한 1번 볼과 2번 볼이 가까울수록 더 평행을 이루지 않게 된다. 따라서 제 3 방식에서는 두 볼이 적어도 다이아몬드 3개 이상 떨어지게 하는 것이 좋다.

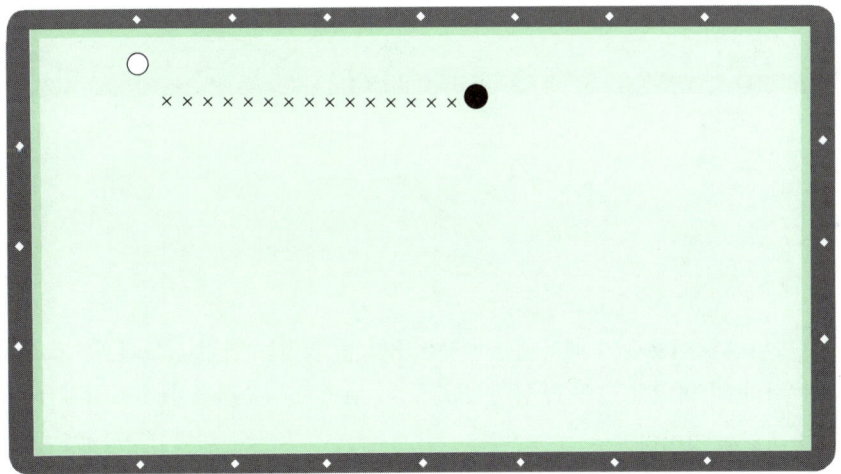

5. 방법을 이용한 연속 득점법 1

그림에서는 1번 볼이 3번 볼을 너무 세게 맞히고 있다. 그런데도 비교적 쉬운 샷을 할 수 있는 상황이 발생했다. 만약 똑같은 힘으로 1번 볼이 3번 볼을 반대편으로 맞혔더라면 더 어려운 상황이 전개되었을 것이다.

(그림 9 참조)

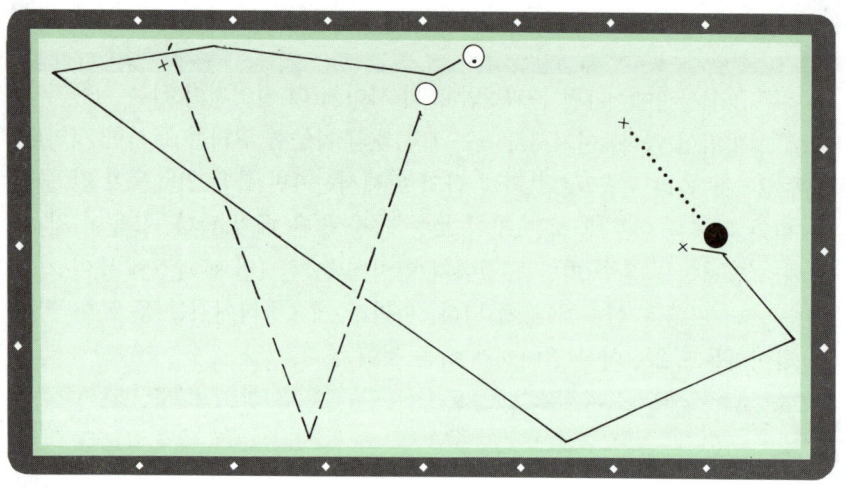

방법 3을 이용했기 때문에 1번 볼이 3번 볼을 치는 힘의 정도가 덜 중요하게 된다. 만약 2번 볼이 쿠션에서 조금 더 떨어져 멈춘다면 득점하기가 훨씬 더 쉬워질 것이다.

(그림 172 참조)

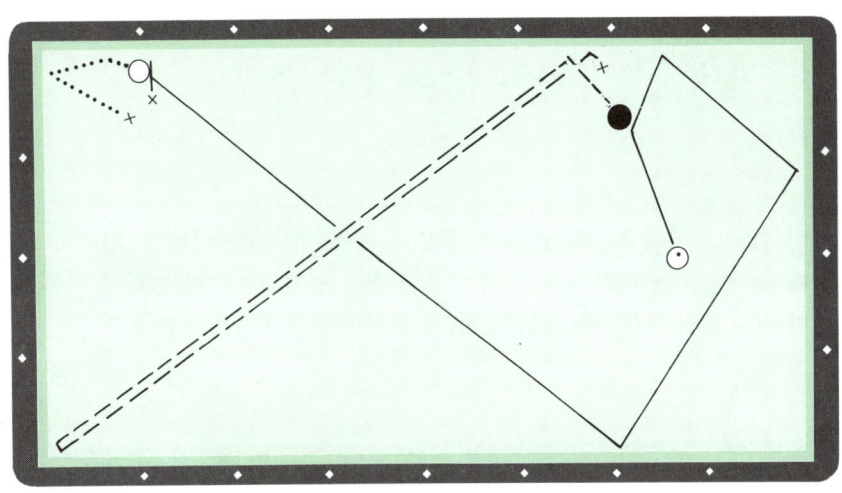

앞의 샷을 잘 하기는 했지만 결과는 이런 어색한 후공이 되어버렸다. 1번 볼의 힘이 완전히 줄어들기 전에 3번 볼을 치기는 했지만 가까이서 멈추었다. 이 그림의 샷에서 스핀, 타구, 큐를 드는 각도, 브리지 길이, 볼 위치의 변동 등에 대해서는 참조 그림을 보자. (그림 439 참조)

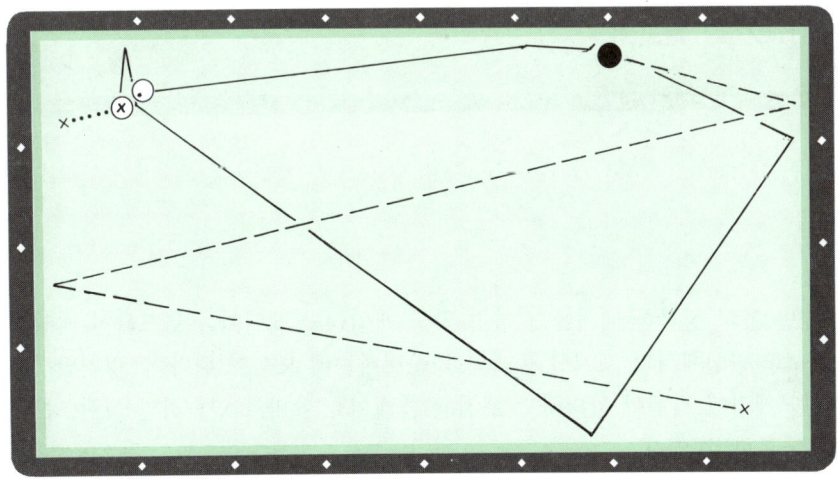

방법을 이용한 연속 득점법 2

이 샷은 잘했다 하더라도 매번 좋은 후공을 남기지는 않는다. 얼마나 타구를 잘 했는가에 따라서 이 샷이 쉬운 후공을 남기게 될 가능성이 변한다는 의미이다. 따라서 이 책의 많은 그림이 최상의 후공보다는 못한 후공을 보이고 있다.

(그림 290 참조)

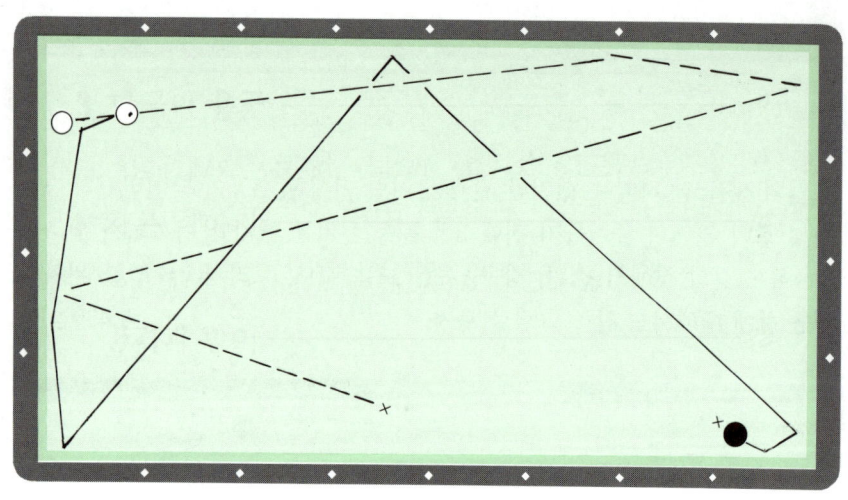

2번 볼의 정확한 배치를 요하는 당구 게임(4구 게임이나 보크라인 게임)은 스리구션에서의 포지션 플레이를 준비하는데 도움이 된다. 그렇지만 그러한 게임에 경험이 없더라도 포지션 플레이를 올바로 연습하면 그런 약점을 극복할 수 있다.

(그림 345 참조)

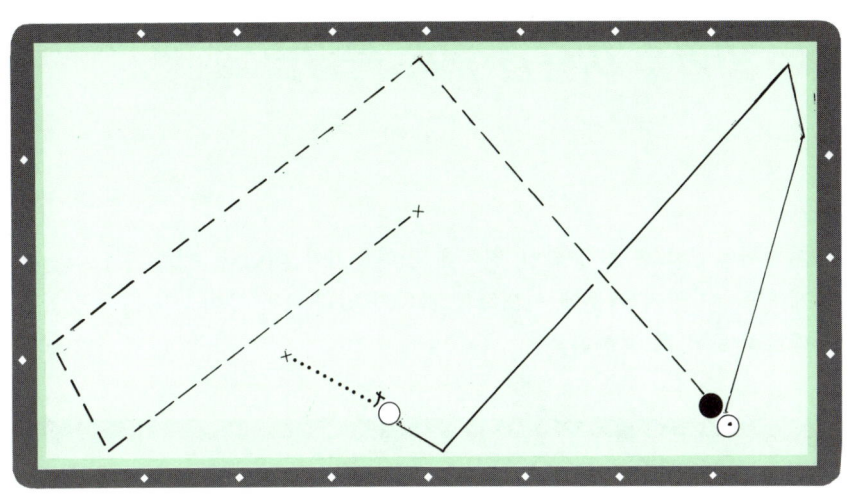

　지금까지 연속 득점하는데 있어서의 포지션 샷에서 이 그림과 같은 범주 1의 상황을 달성하는데까지 6점을 득점해야 했다. 여기서와 같은 후공을 남기는 것이 이상적인 포지션 플레이이며, 이를 달성할 때까지의 샷 수가 적어질수록 더 바람직하다.　　　　　　　　　　　　　　　　(그림 84 참조)

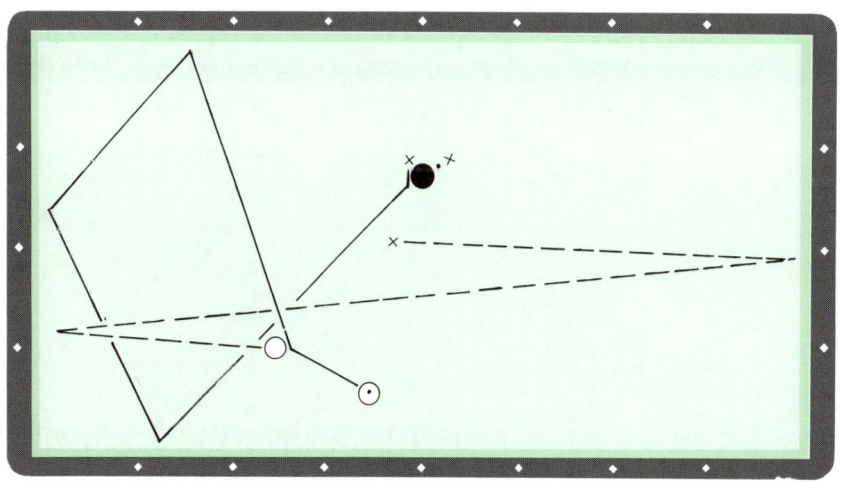

방법을 이용한 연속 득점법 3

여기서는 2번 볼을 정확한 위치에 갖다놓기가 어렵다. 범주 2를 어렵지 않게 만들 수 있기 때문에 시도해볼 가치가 있다. 1번 볼이 2번 볼을 정확한 두께로 맞도록 해야 한다.
(그림 413 참조)

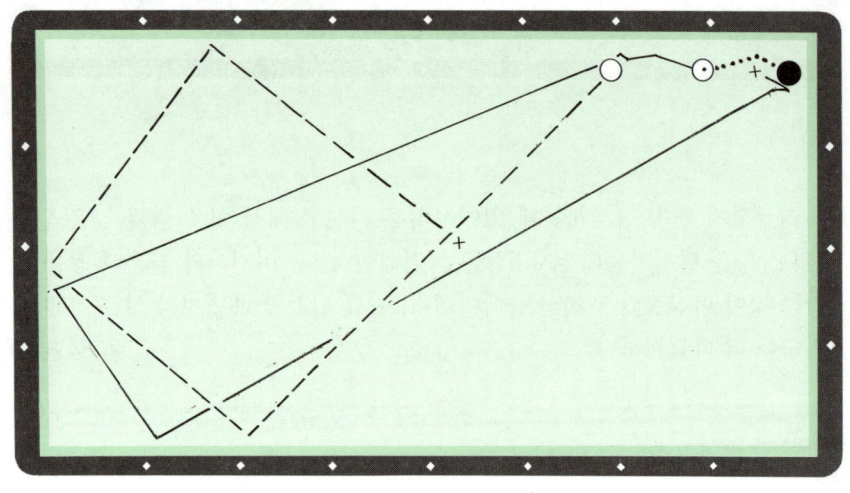

1번 볼이 3번 볼을 잘못 맞아 다음 샷이 어렵게 될 수 있다. (그림 32 참조)

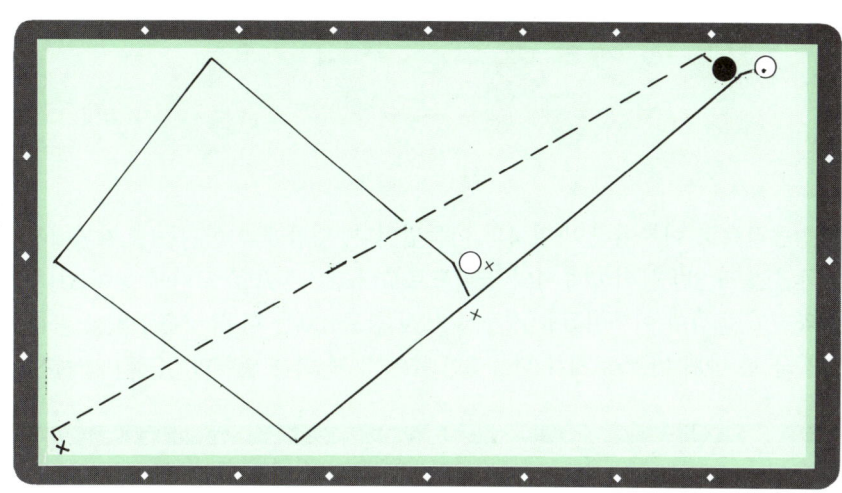

1번 볼이 3번 볼을 너무 세게 맞혀 좋은 포지션이 되지 못한다. 그렇지만 적어도 득점은 되었다. 득점을 하지 못했더라면 빠른 스피드로 인해 상대방은 좋은 샷을 할 수 있을 것이다. (그림 329참조)

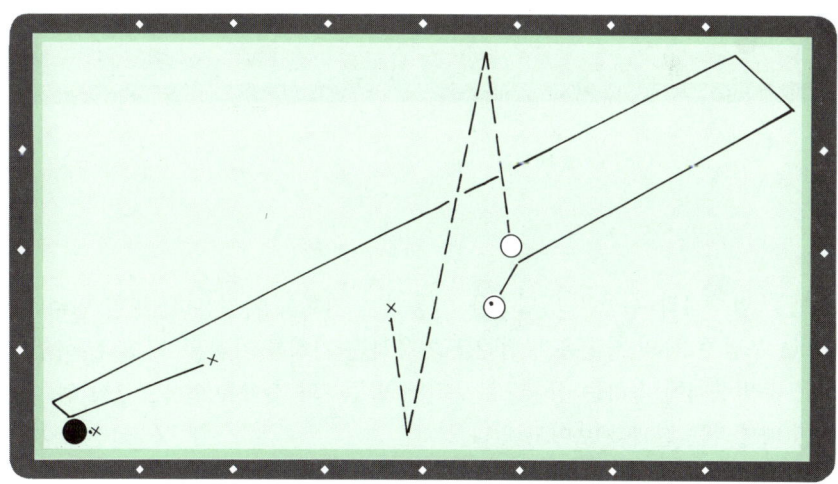

방법을 이용한 연속 득점법 4

성공적으로 이루어진 방법 4의 이동법이다. 다음에 이어지는 포지션에서는 1번 볼과 2번 볼이 범주 4의 구역으로부터 대각적으로 코너에 놓여 있다. 이와같이 득점이 이루어졌을 경우(×표시 참조) 보통 다음 샷은 1번 볼을 테이블을 한 바퀴 반 가로지른 다음 3번 볼에 맞게 하는 것이다. (그림 21 참조)

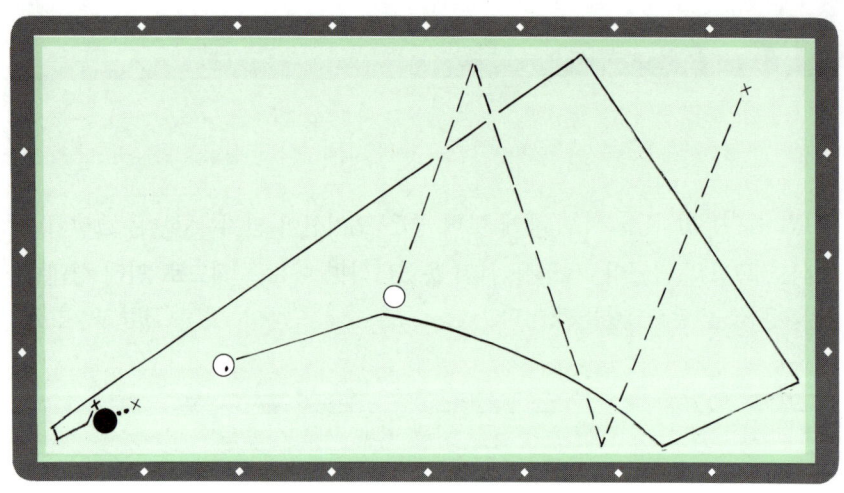

보통 범주 4의 후공은 방법 3을 이용하는 기회를 가져온다. 또한 범주 3 (또는 부범주 3)의 상황은 방법 2를 이용하는 기회를 가져올 수 있다. 이 그림은 부범주 4에 속하는 상황으로부터 부범주 2의 후공을 얻음으로써 한 단계를 빠뜨리는 결과를 보이고 있다. (그림 29 참조)

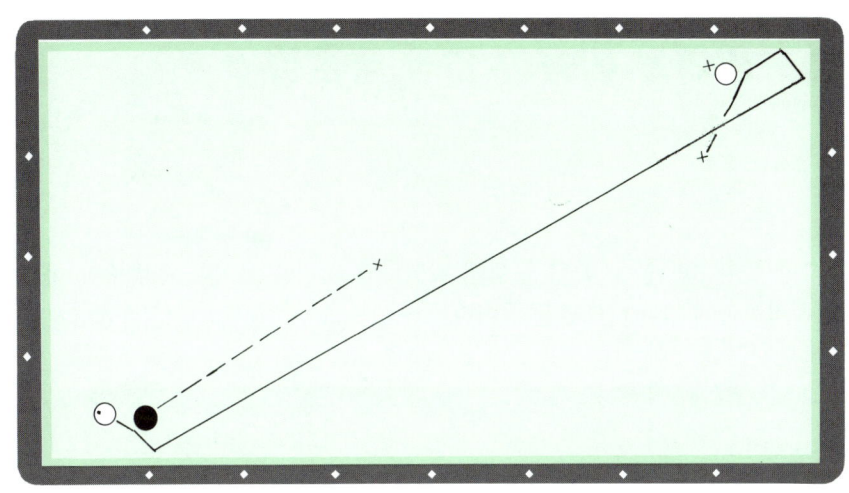

하나의 범주에서 다른 범주로 이동되는 방식을 설명하고 있다. 부범주 2의 상황으로부터 방법 1을 어떻게 사용하는지를 보자. 범주 1의 상황이 방법 1을 이용하는 기회를 주지 못할 경우 거의 모든 경우에 방법 4를 이용할 수 있다. (그림 132 참조)

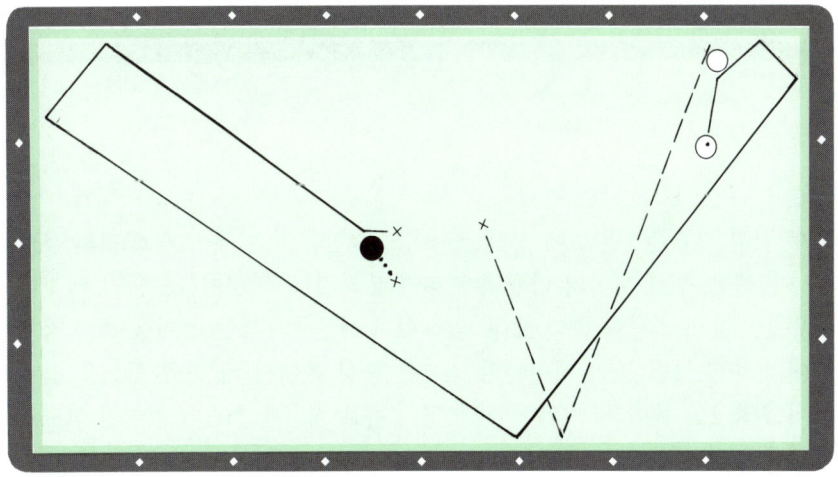

방법을 이용한 연속 득점법 5

1번 볼이 3번 볼을 좀더 두껍게 맞혔다면 여기에 보이는 부범주가 아닌 표준적인 범주 3이 나타났을 것이다. (그림 428 참조)

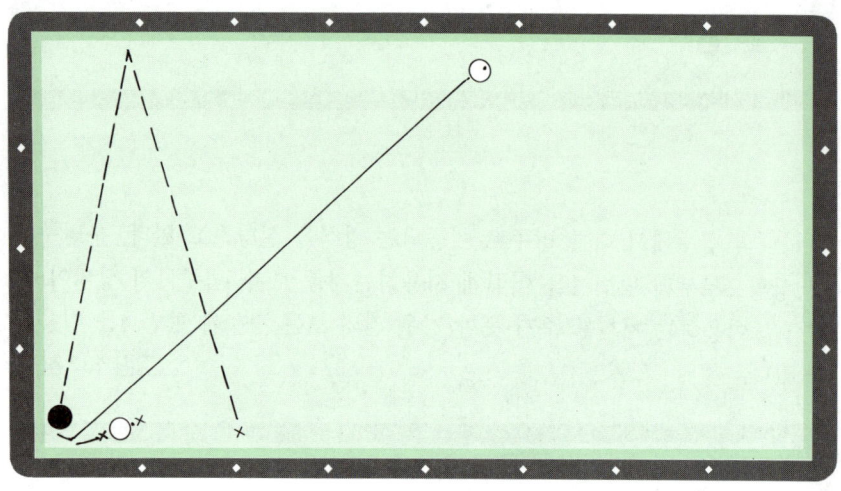

이 샷의 비결은 1번 볼에 적절한 사이드 스핀을 주는 것이다. 그것의 정도는 1번 볼과 쿠션 사이의 마찰력에 따라 달라진다. 당구지(라사)가 새것이라면 1번 볼의 스핀이 좀더 오래 남아 있기 때문에 이때는 스핀을 좀더 적게 주어야 한다. 1번 볼이 테이블의 최대한 숭심 쪽에서 네 번째 쿠션을 맞게 하기 위해 1번 볼이 세 번째 쿠션에 닿기 바로 직전에 스핀이 없어질 정도로 스핀을 주어야 한다. (그림 52 참조)

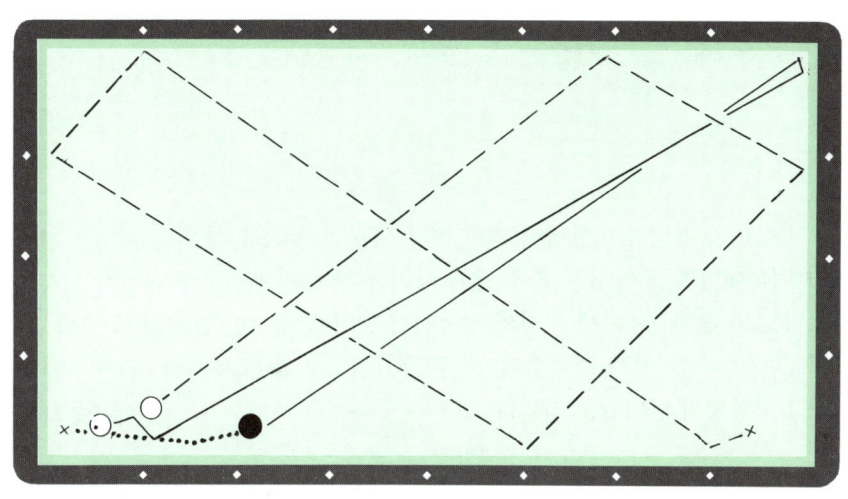

이 상황에서는 2번 볼이 1번 볼보다 긴 쿠션에 약간 더 가까이 있다. 만약 1번 볼이 2번 볼보다 적어도 같은 거리만큼 긴 쿠션에 있었다면 이 샷은 그림 78과 같은 방식으로 해야 했을 것이다. (그림 81 참조)

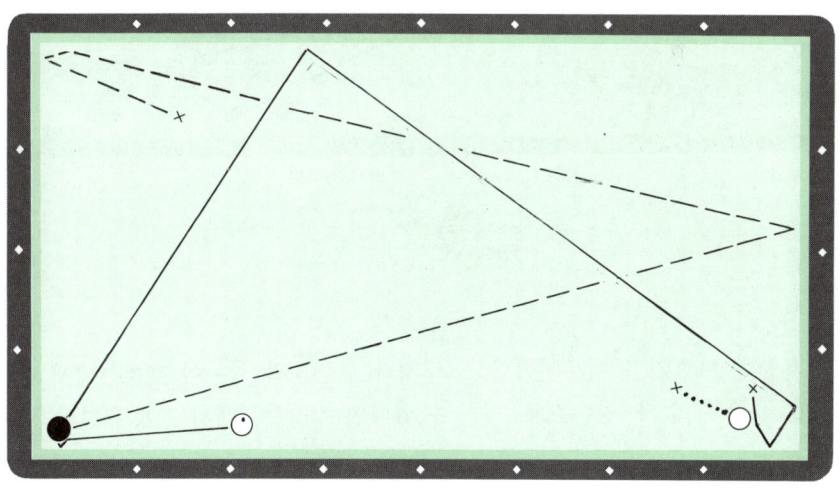

방법을 이용한 연속 득점법 6

이것은 방법 2의 이동법에 의한 매우 평범한 샷이다. 스피드 조절을 잘했기 때문에 1번 볼이 3번 볼을 얇게 맞기는 했지만 3번 볼에 가까이 머물러 있다. 2번 볼은 두 번째 쿠션의 접촉점이 코너에 가까이 있게 해야 한다. 만약 2번 볼의 두 번째 접촉점이 긴 쿠션이 아니고 짧은 쿠션이 될 경우 부범주 1의 상황이 나타났을 것이다. (그림 68 참조)

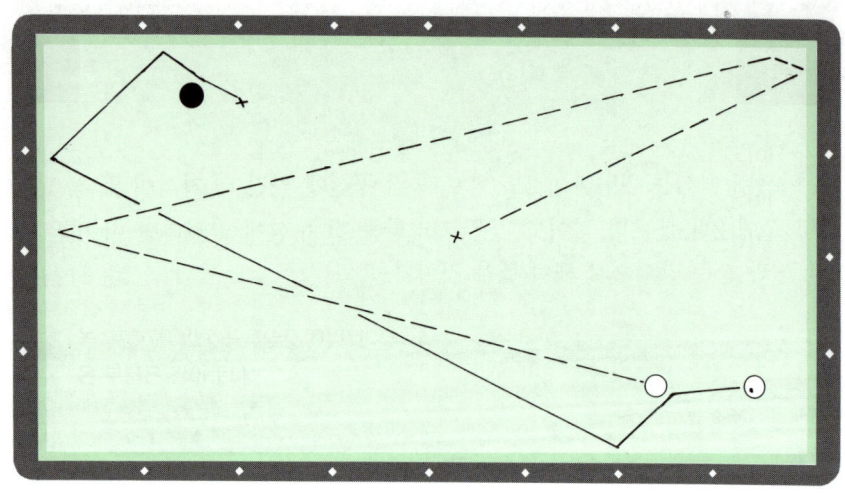

훌륭한 보으기가 이루어졌다. 그렇지만 오른손잡이는 이 포지션에서 제대로 샷할 수 없다. 양손으로 샷할 수 있다면 스리쿠션에서 크게 유리하다.

(그림 66 참조)

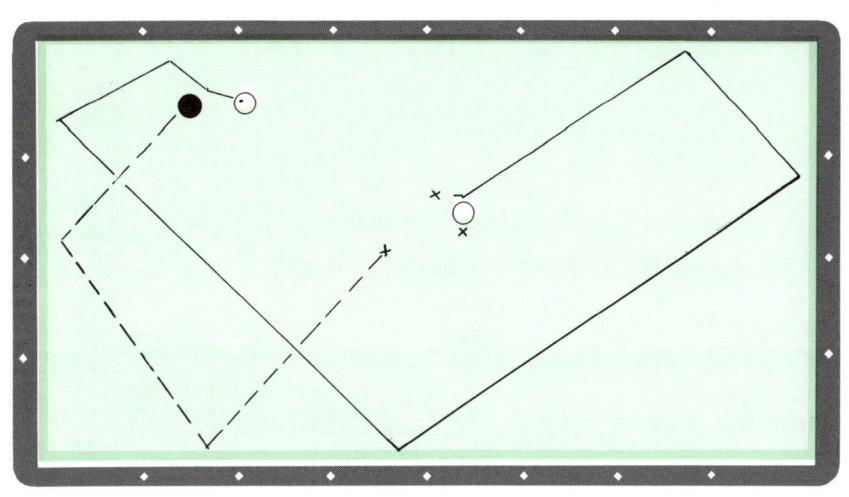

1번 볼에 과도한 힘을 주었을 경우 만약 3번 볼이 더 얇게 맞았다면 모으기가 이루어질 수 없었을 것이다. (그림 162 참조)

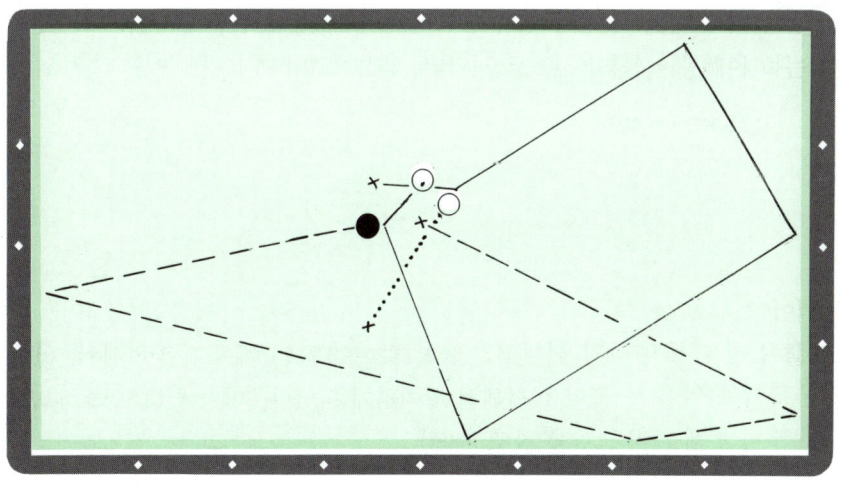

방법을 이용한 연속 득점법 7

2번 볼을 두껍게 쳤더라면 테이블 중심에서 모아치기가 이루어졌을 것이다. 그렇지만 여하튼 여기서는 좋은 후공이 남게 되었다. (그림 146, 147 참조)

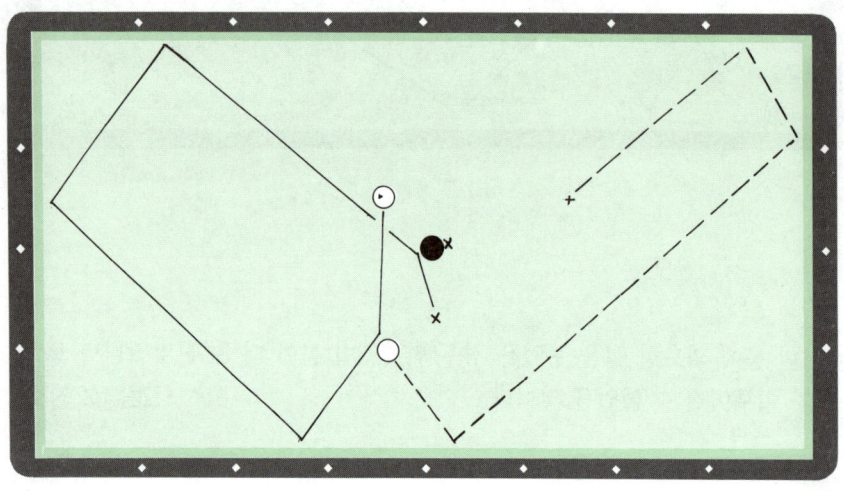

1번 볼의 속도가 죽기 전에 3번 볼을 맞혀야 하는 예이다. 1번 볼이 3번 볼을 강하게 맞아 두 볼이 근접해서 위치하게 되었다. (여기에 대한 추가 예시로서 아래 세 가지 그림을 참조하자.) (그림 13, 31, 149 참조)

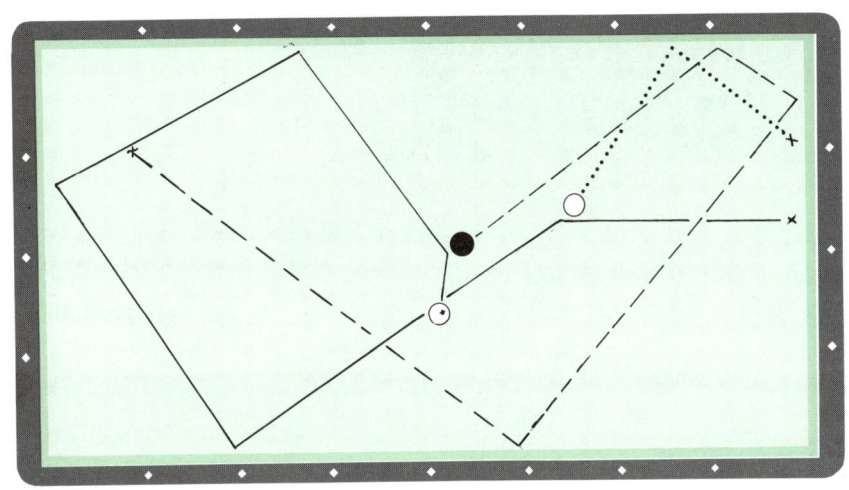

1번 볼이 2번 볼을 절반 이상으로 두껍게 쳤기 때문에 힘을 잃게 된다. 따라서 1번 볼은 스핀을 이루면서 천천히 테이블을 굴러간다. 두껍게 쳤기 때문에 앞으로 나가는 힘은 빠지지만 스핀은 그대로 줄지 않고 남아 있다.

(그림 462 참조)

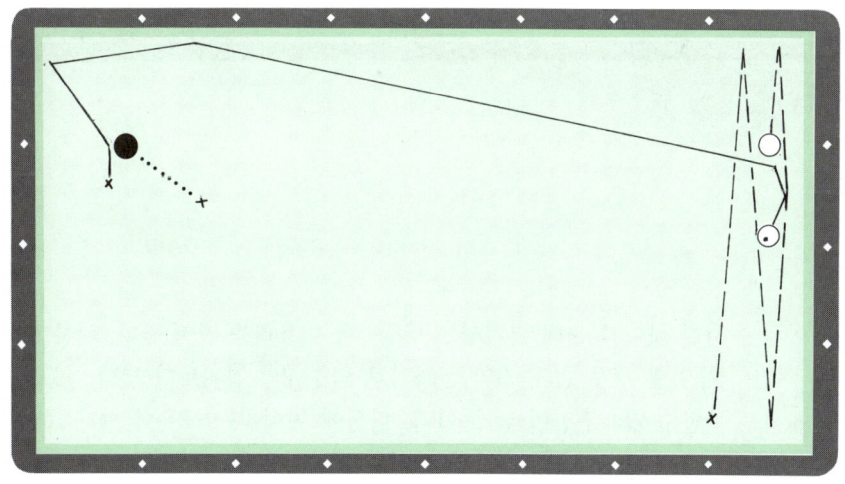

방법을 이용한 연속 득점법 8

2번 볼이 약간 얇게 맞아버렸다. 좀더 두껍게 맞았더라면 다른 볼들로부터 좀더 멀리 떨어질 수 있을 것이다. 후공이 특별히 바람직하지는 않지만 계속 득점하는데는 무리가 없다. (그림 22 참조)

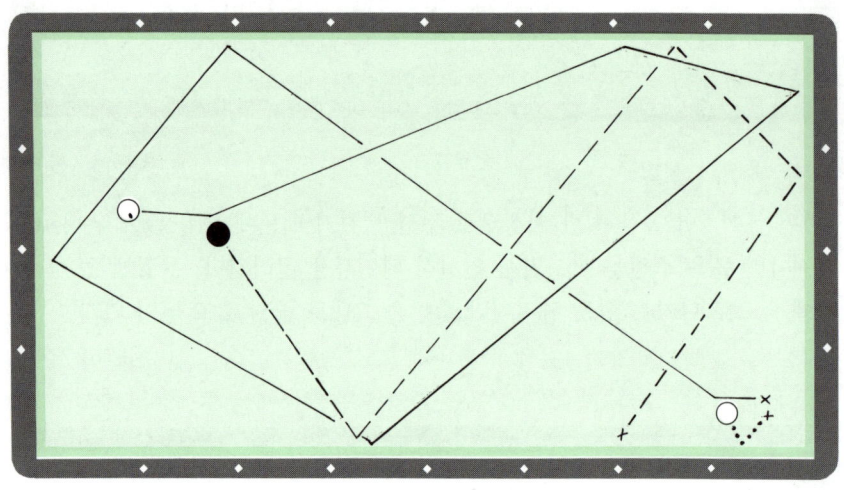

이와 유사한 샷이 있는데 거기서는 방법 3을 이용하는 것이 좋다. 다른 모는 여건이 동일할 경우, 범주 3의 결과가 부범주 2의 결과보다 낫다. 이 그림에서는 부범주 2의 후공이 남게 된다. 다음에 이어지는 샷은 쉽지가 않지만 그럼에도 좋은 후공을 남길 수 있는 기회를 가져온다. (그림 253 참조)

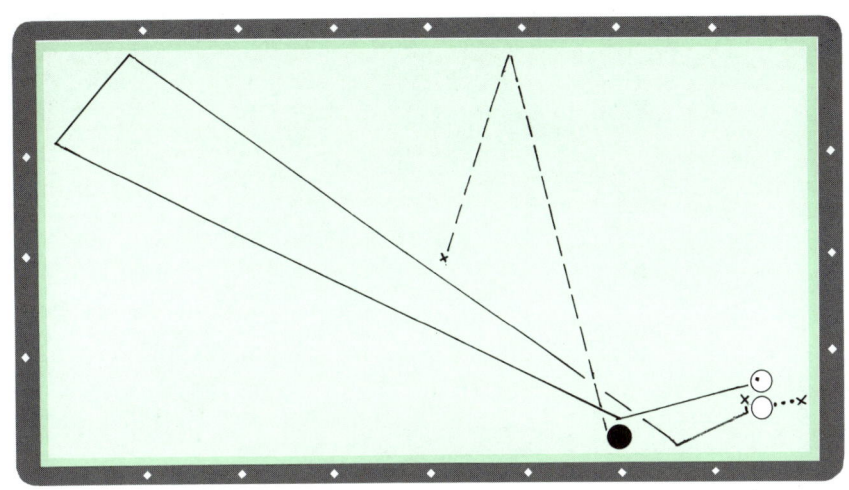

완벽하게 샷하여 마무리를 훌륭하게 장식했다. 여기에 있는 일련의 샷은 하나의 '방법'에서 다른 '방법'으로 어떻게 이어지는지를 보이기 위한 것이다.   (그림 282 참조)

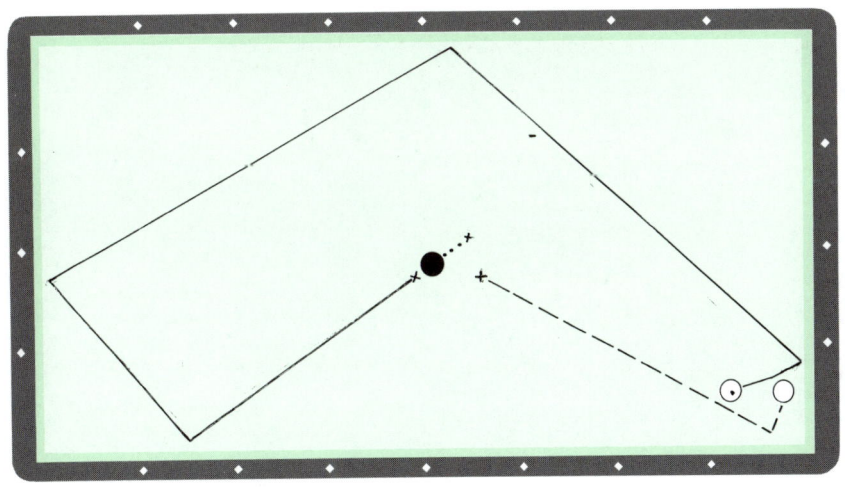

③

Three-Cushion Billiards

53가지 스리쿠션 샷

③ 531가지 스리쿠션 샷
Three Cushion Billiards

1. 531가지 스리쿠션 치기

 이제 531가지 방법에 달하는 샷을 그려 보인다. 여기에 있는 것만 전부 마스터하더라도 이제 스리쿠션만큼은 남들 앞에서 떳떳이 자랑할 수 있을 것이다.
 여기에 있는 샷이 포지션 플레이를 그려놓았지만 실제로 득점 가능성도 가장 높은 것이기 때문에 스리쿠션의 기본적인 샷을 배우는데 부족함이 없다.
 테이블 그림 위에는 브리지하는 방법, 수구를 치는 당점, 1번 볼을 치는 두께, 큐를 들어주는 각도 등이 자세히 그려져 있으므로 잘 참조하도록 하자. 샷 그림에서 볼의 진로는 볼의 중심이 지나는 진로를 그렸기 때문에 이 선이 쿠션이나 다른 볼에 닿지 않도록 되어 있다. 그렇게 함으로써 볼들의 정확한 진로를 그릴 수 있기 때문이다.

그림 1

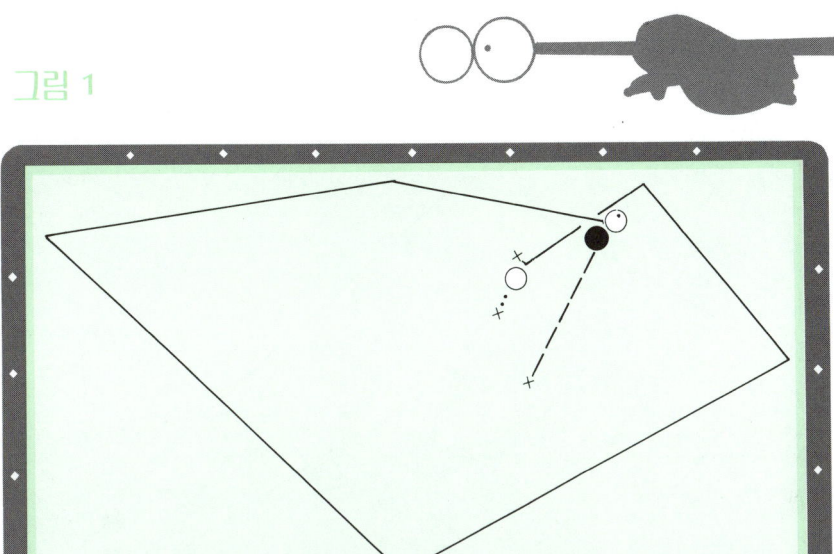

그림 2

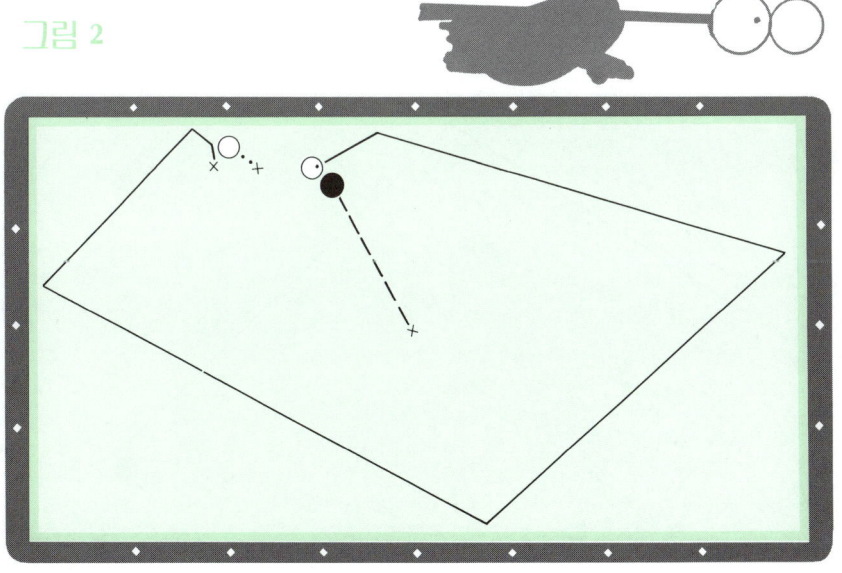

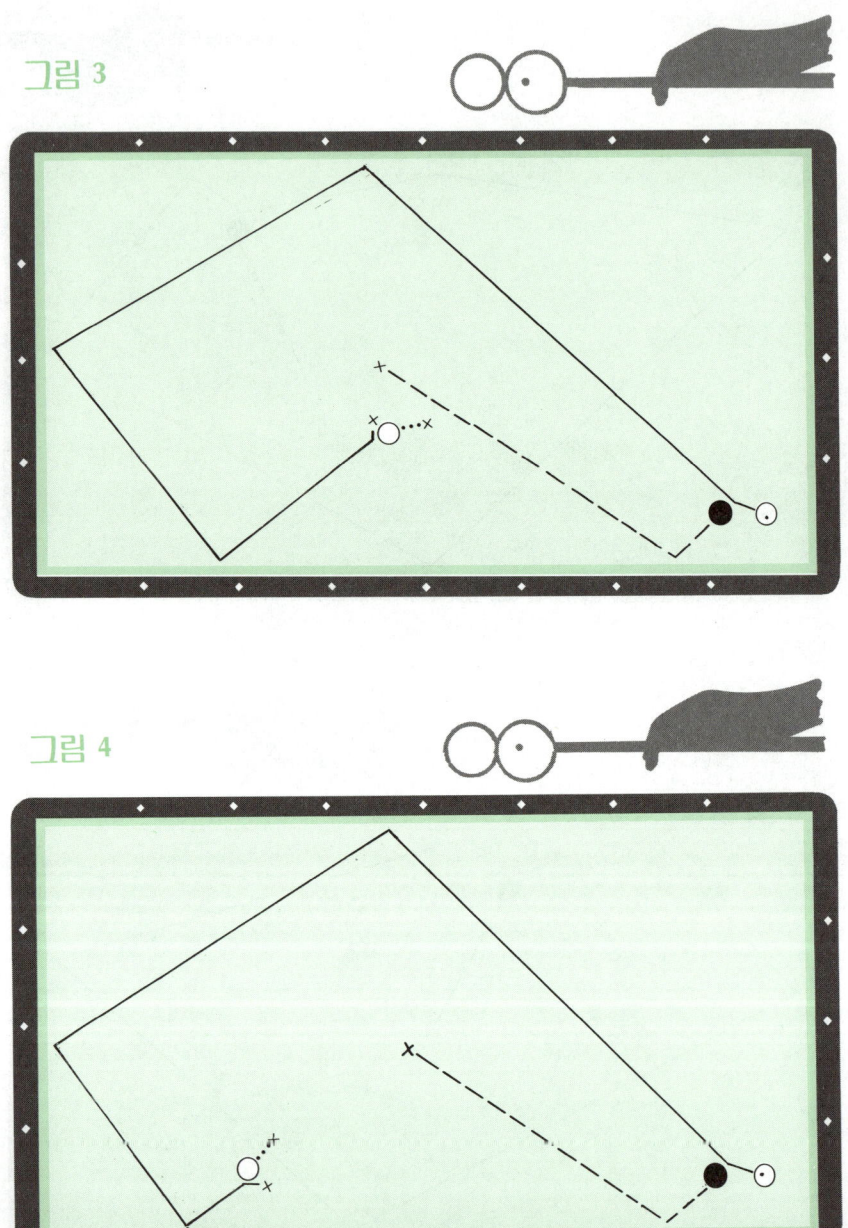

그림 5

그림 6

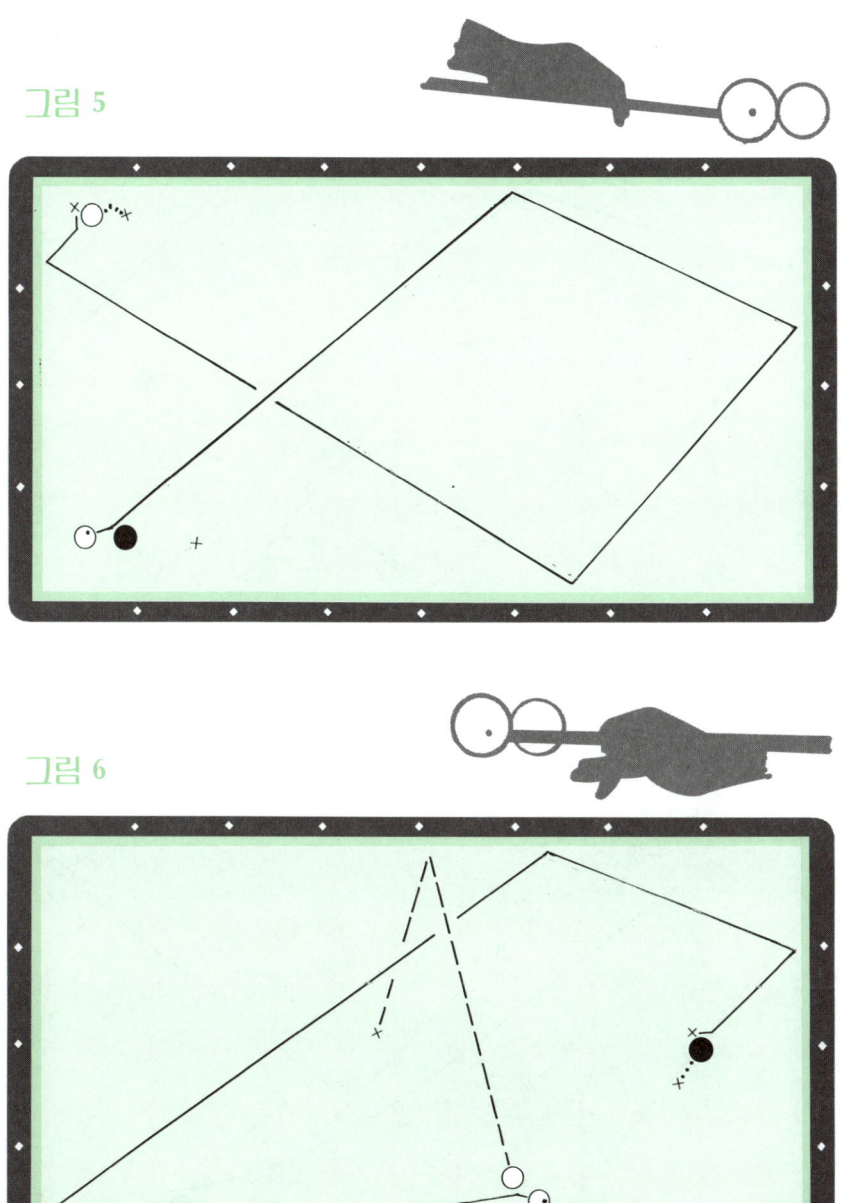

그림 7

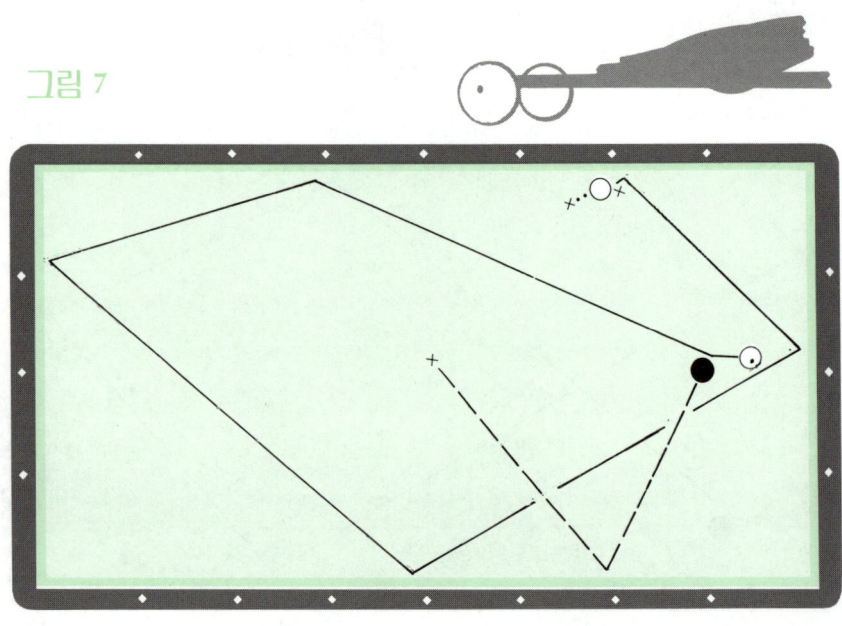

그림 8

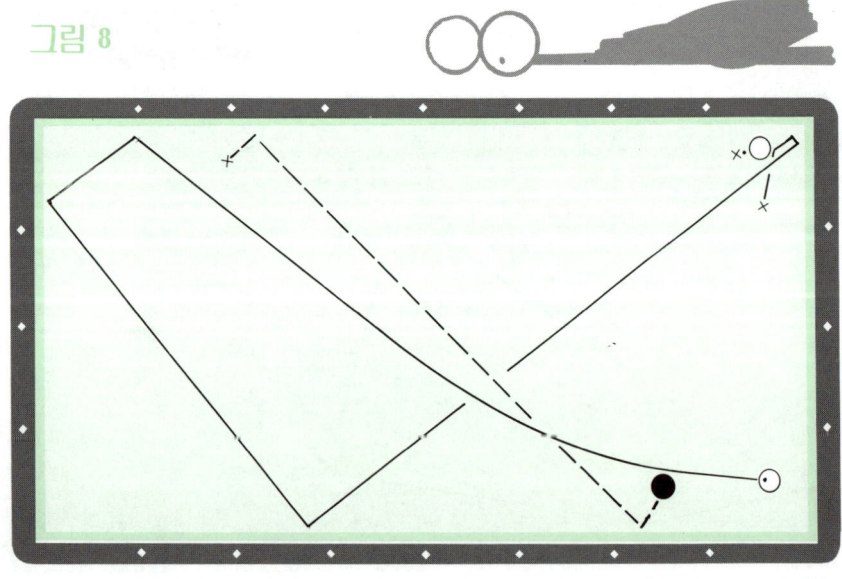

그림 9

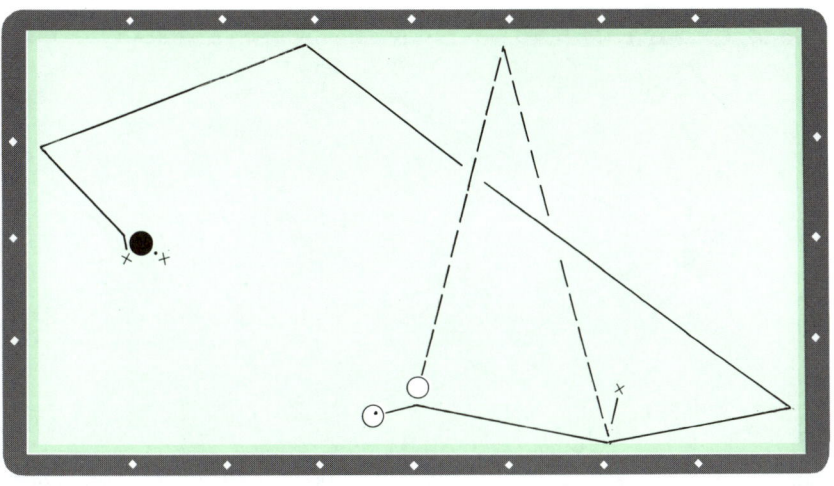

그림 10

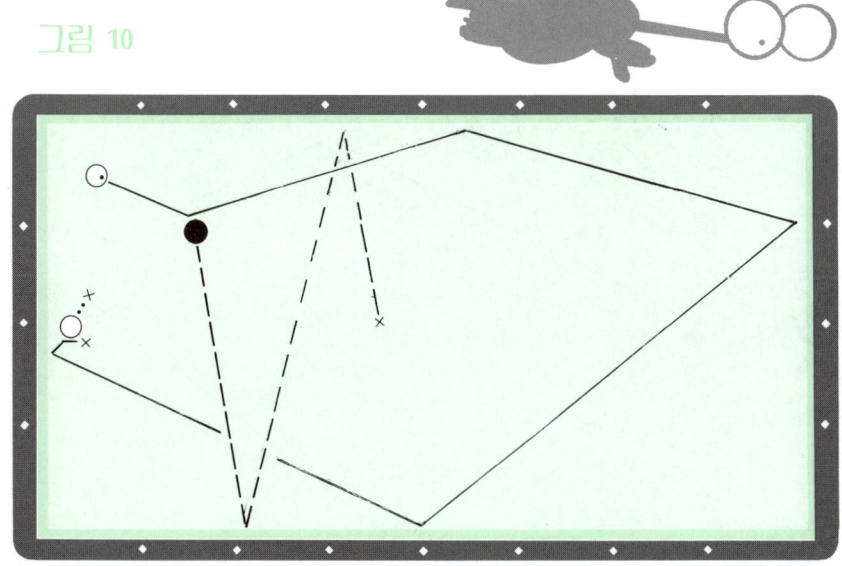

그림 11

그림 12

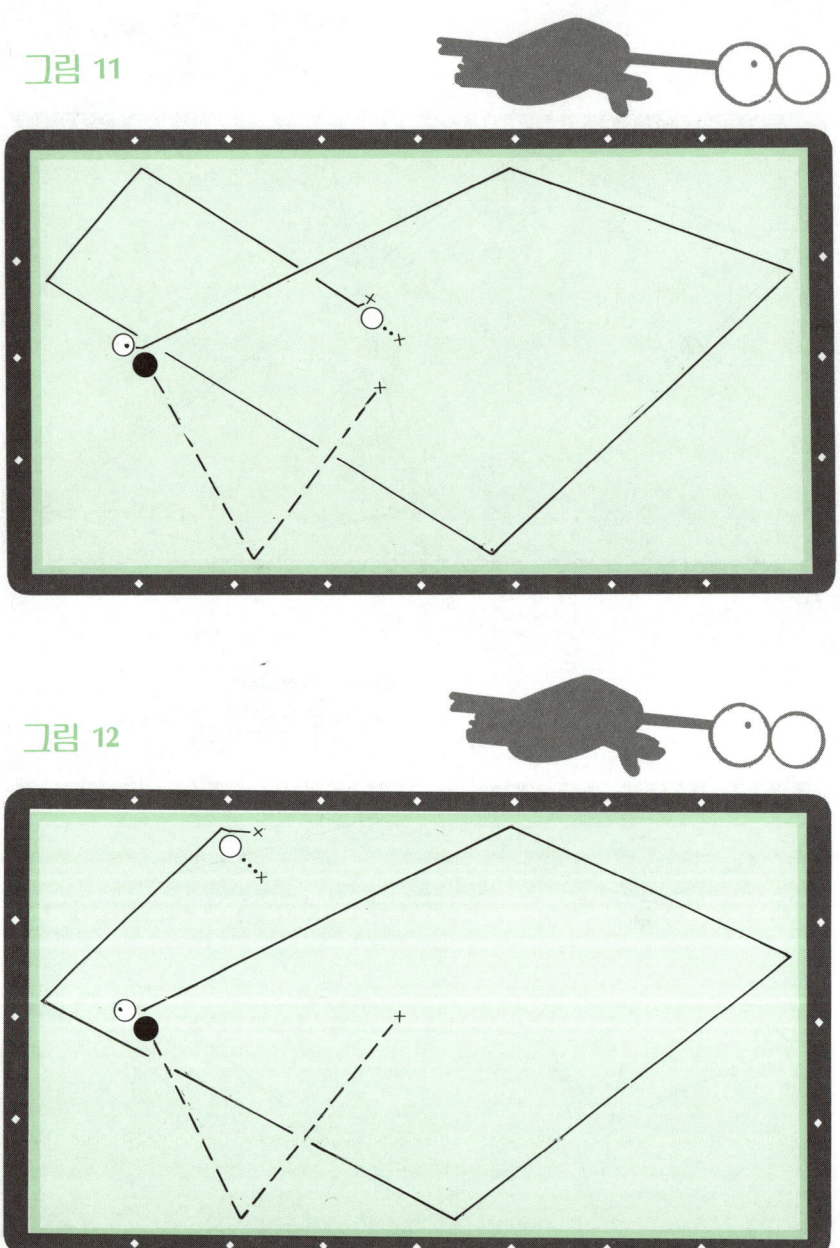

그림 13

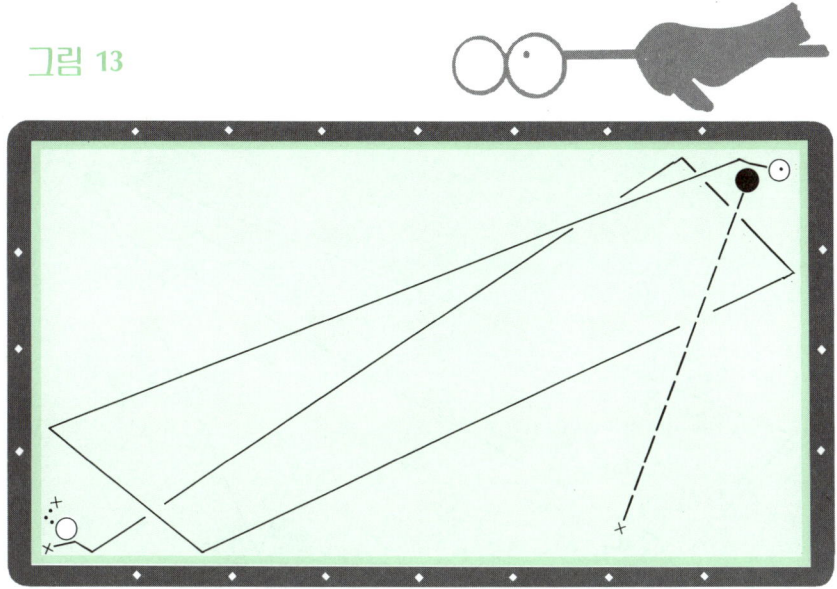

그림 14

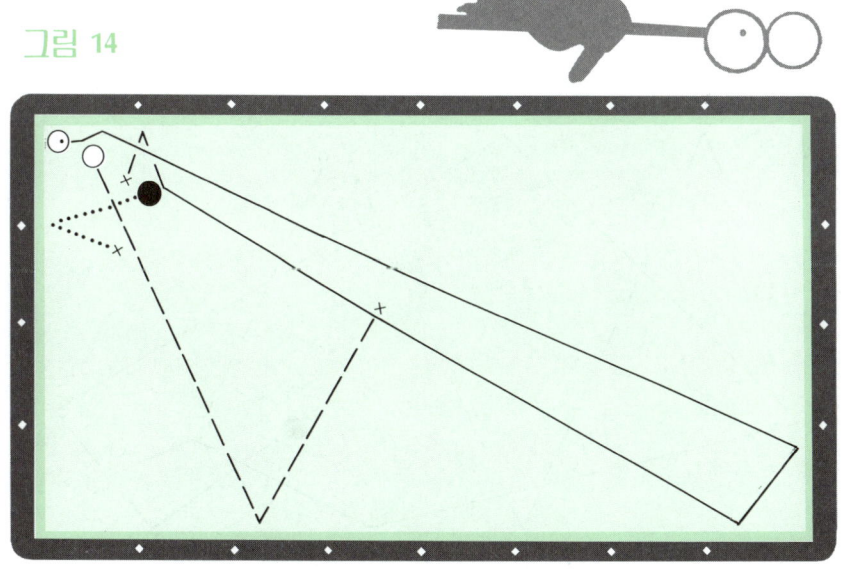

그림 15

그림 16

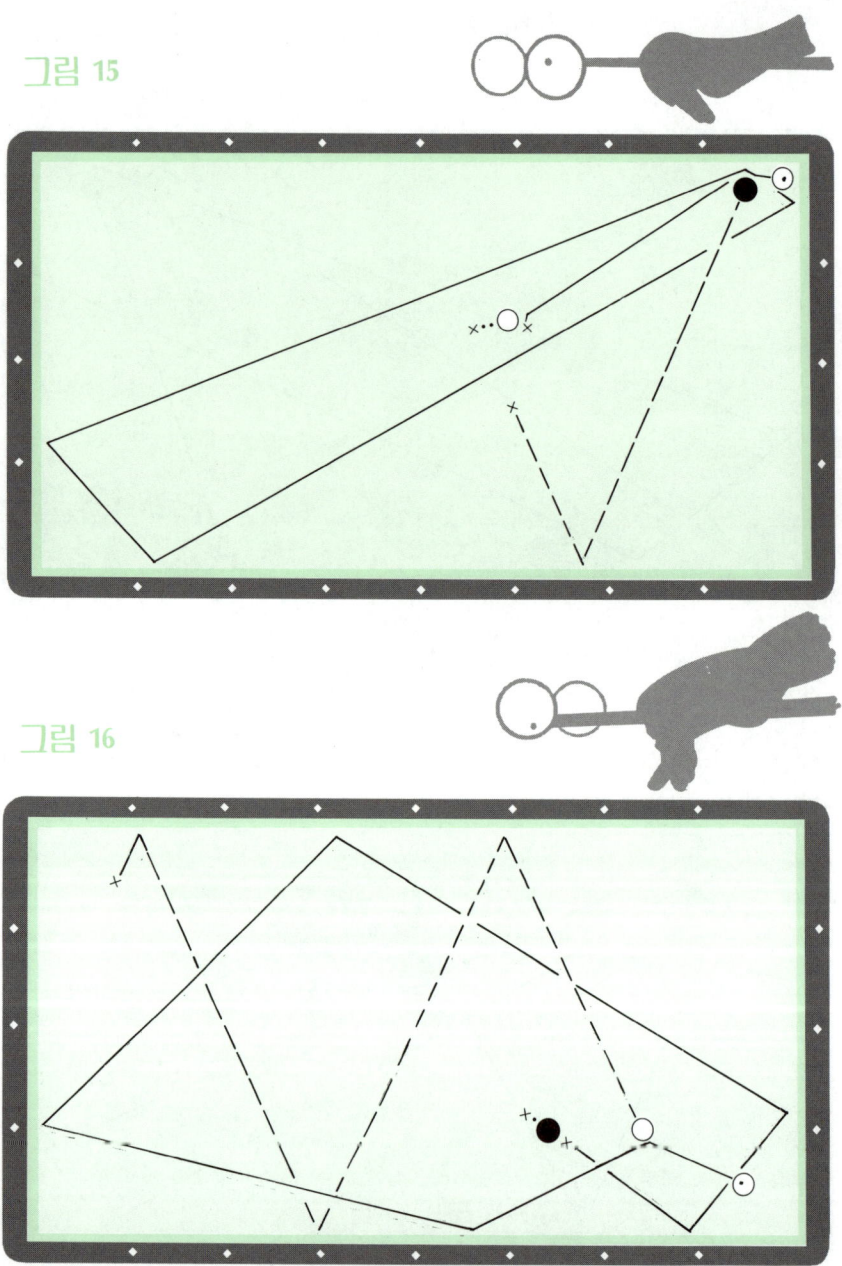

그림 17

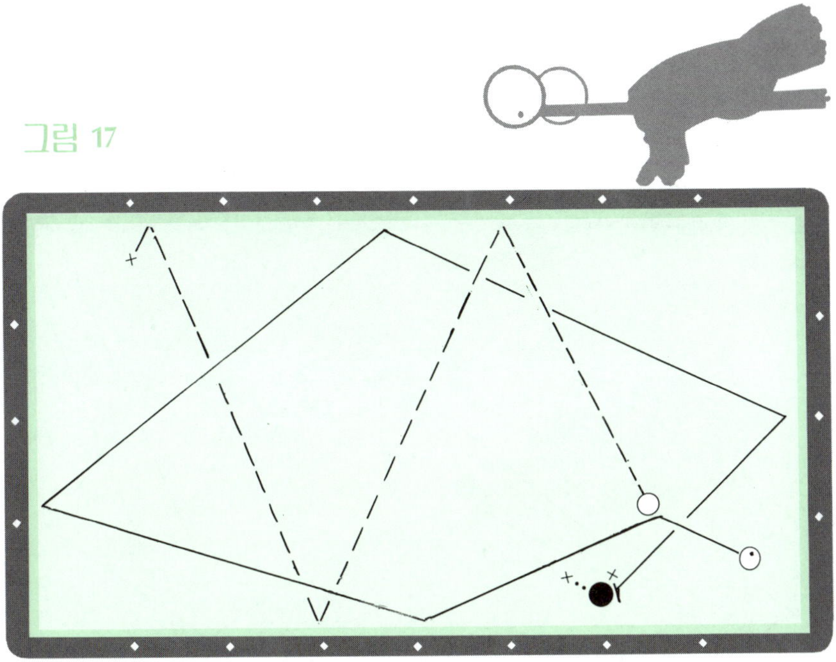

그림 18

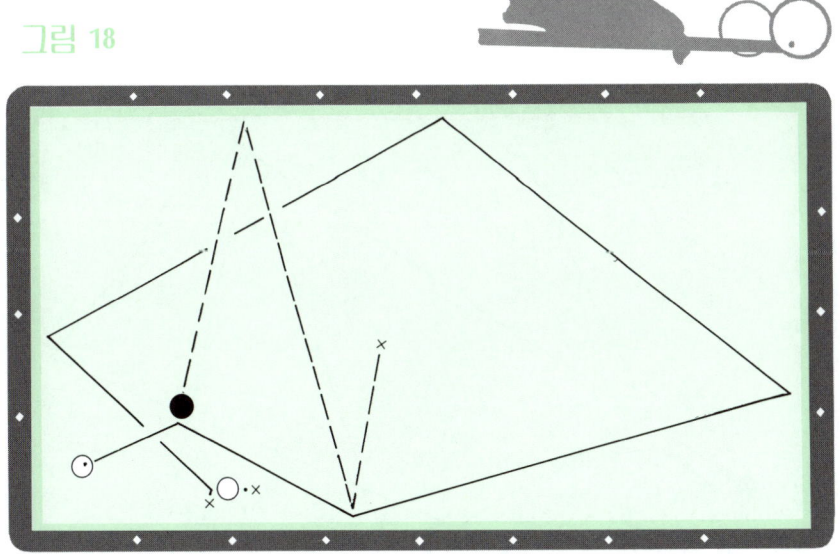

그림 19

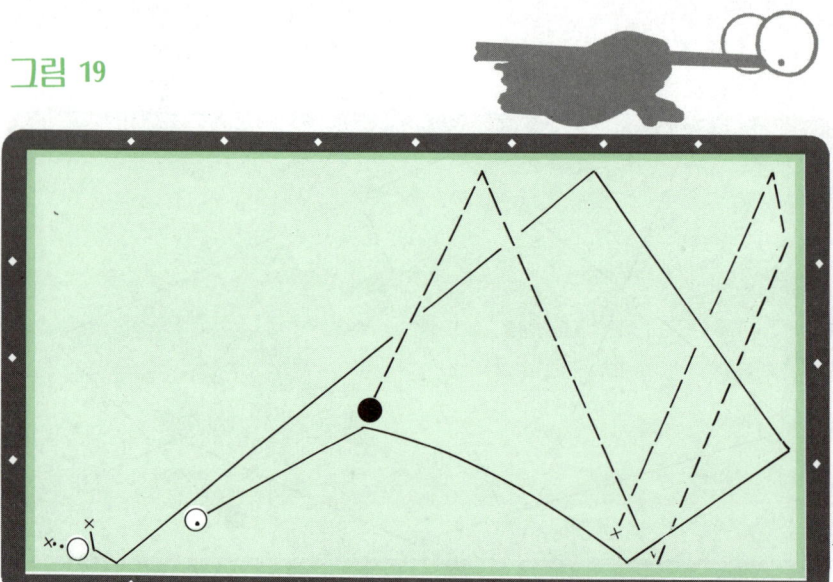

그림 20

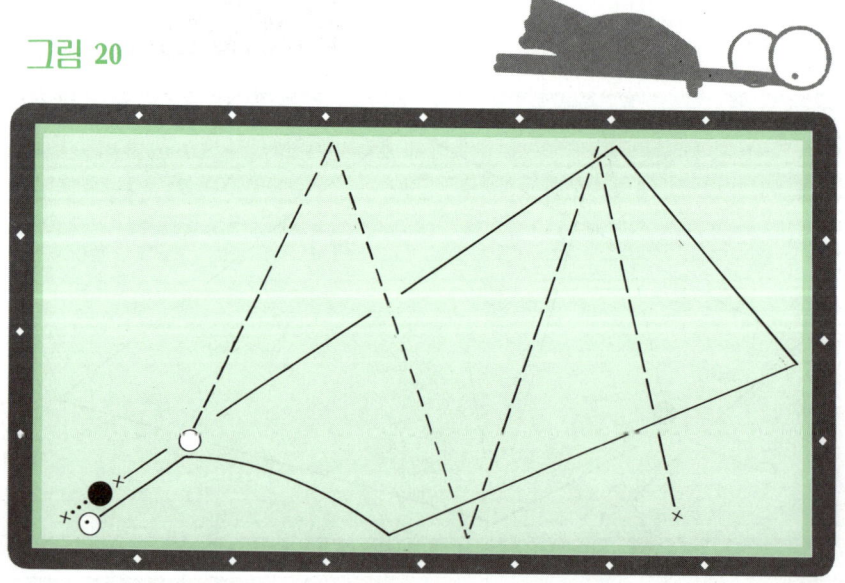

그림 21

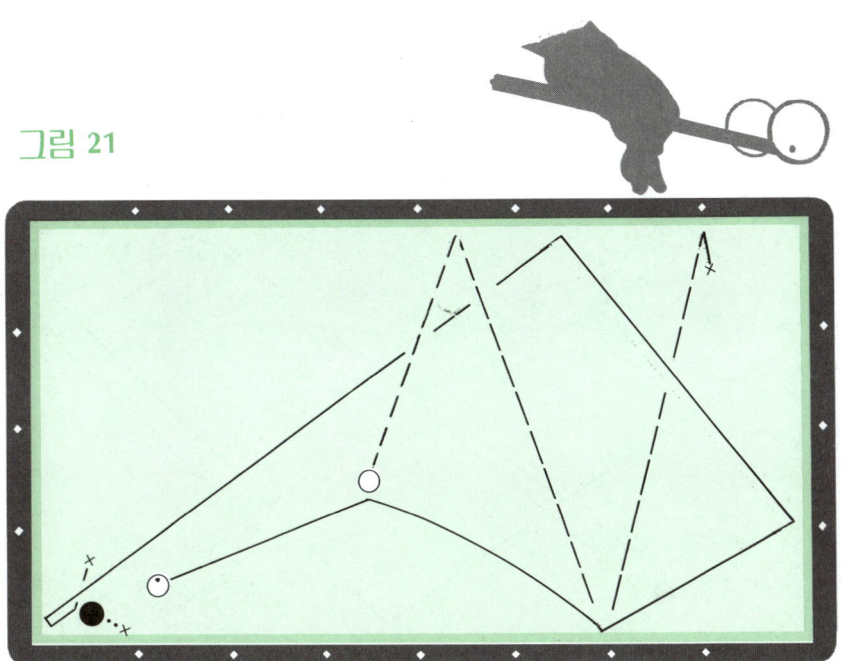

그림 22

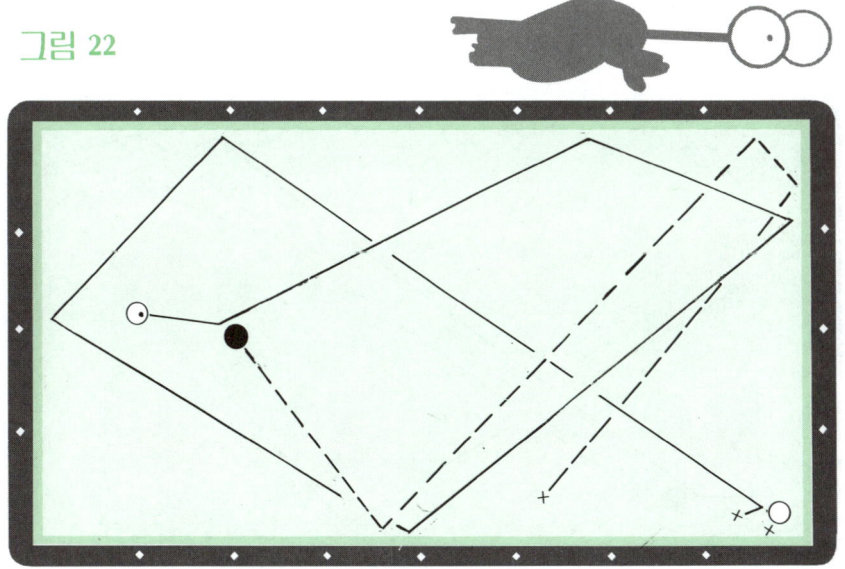

그림 23

그림 24

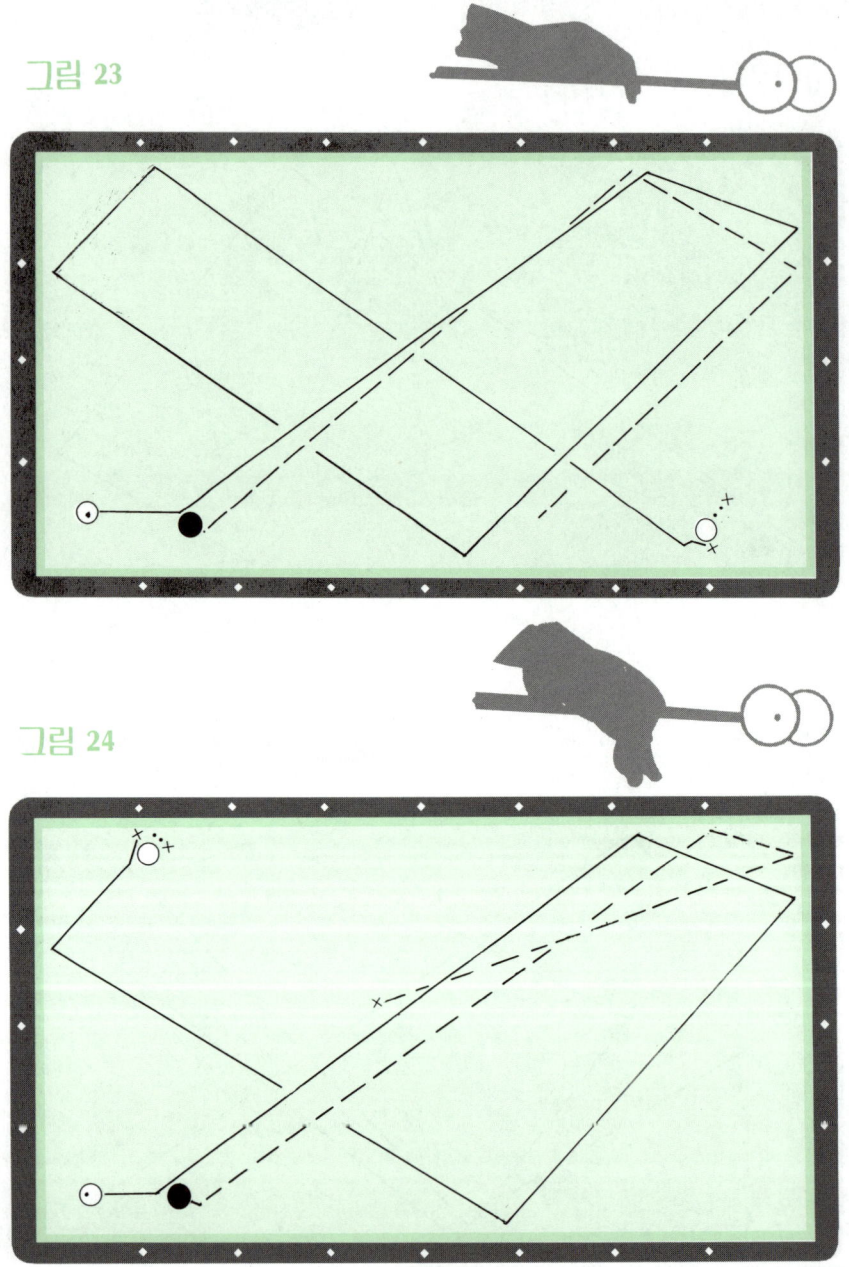

그림 25

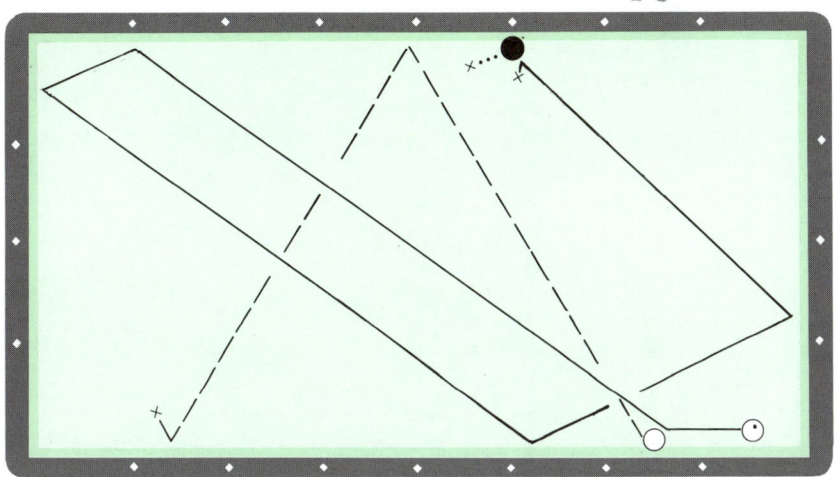

그림 26

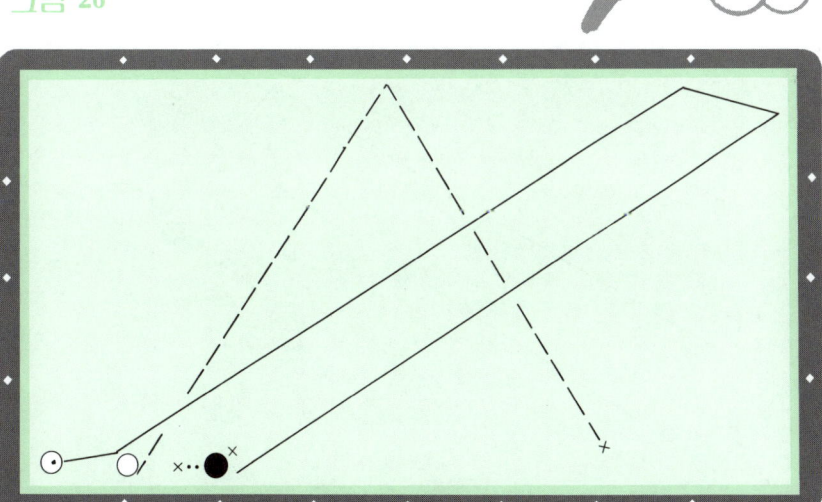

그림 27

그림 28

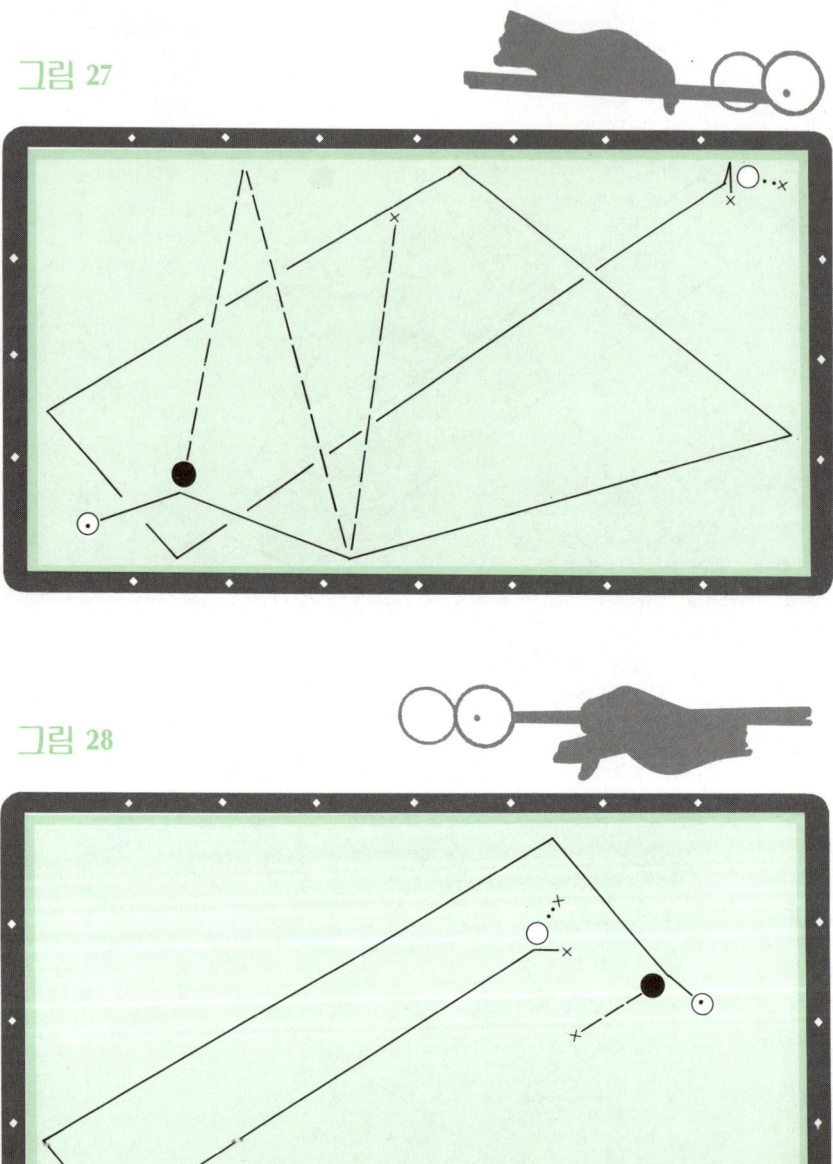

그림 29

그림 30

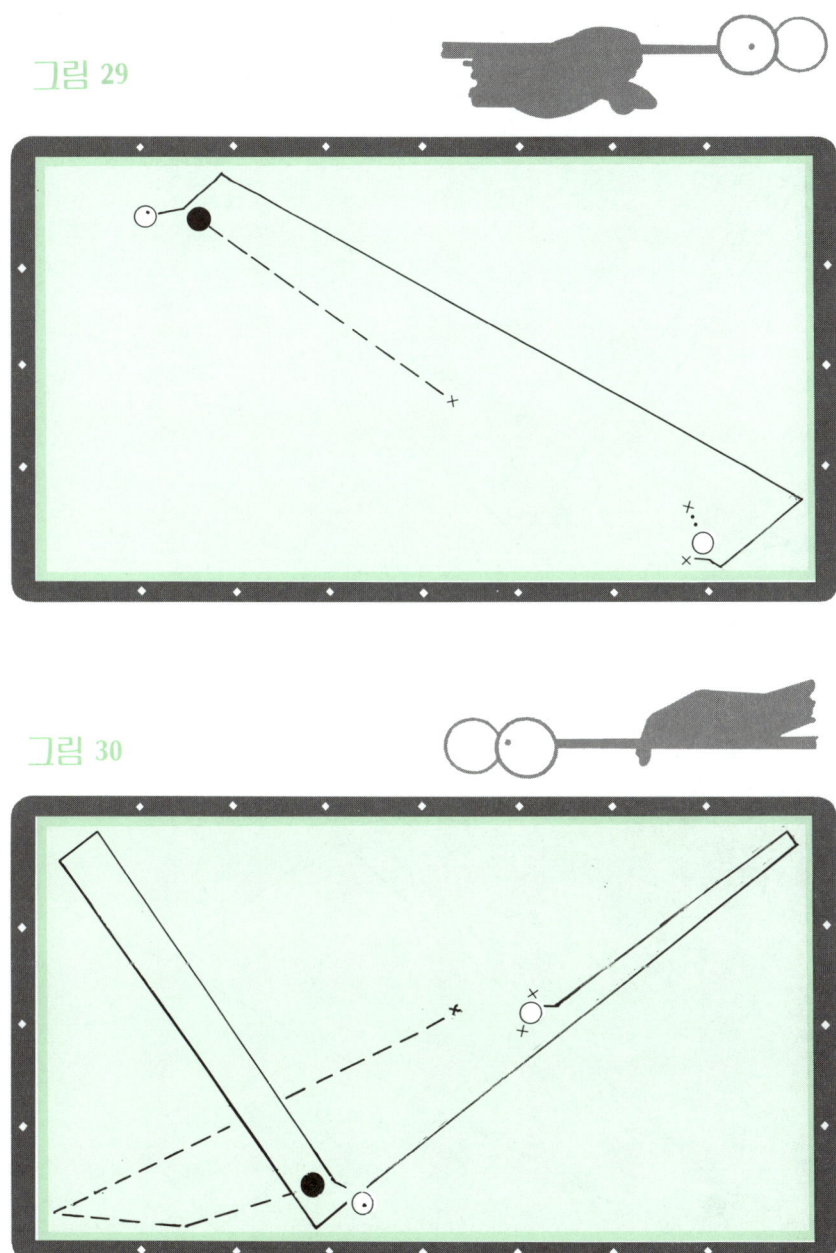

그림 31

그림 32

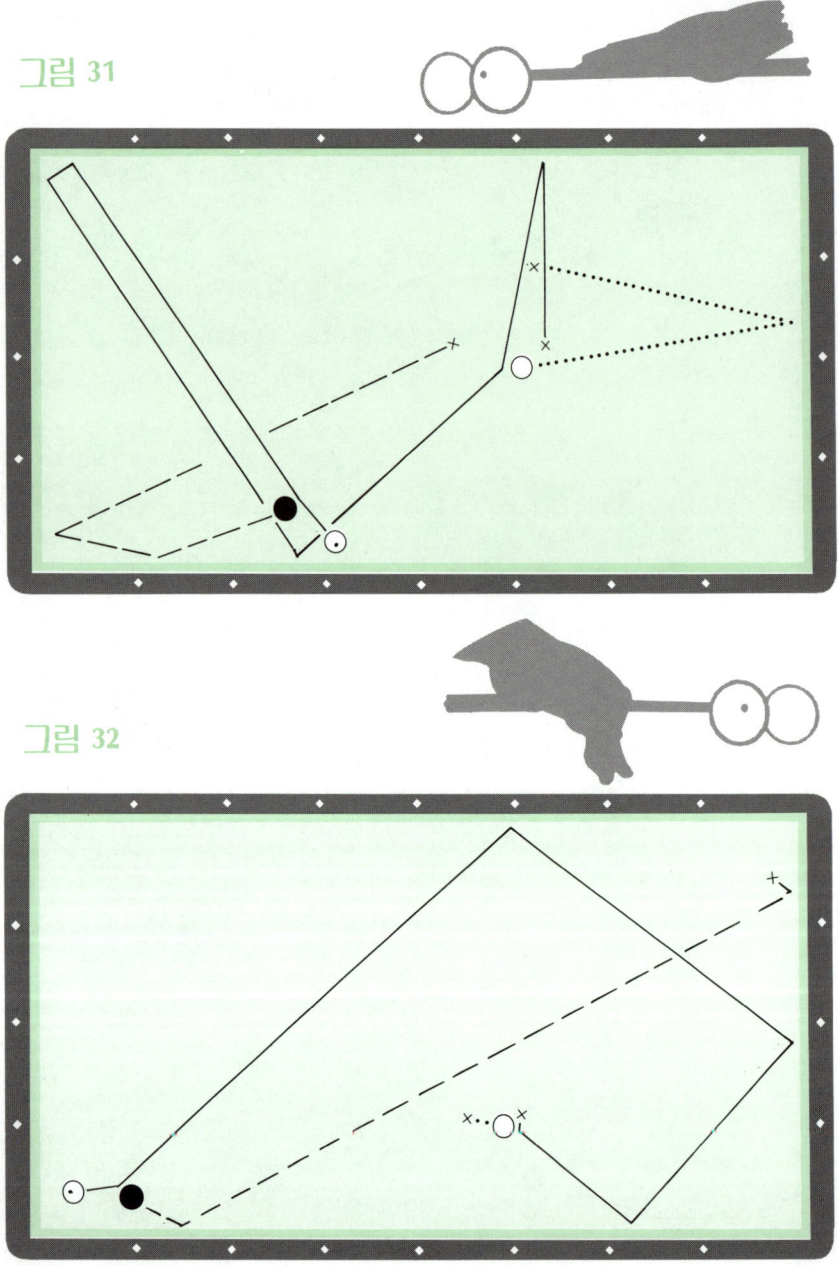

그림 33

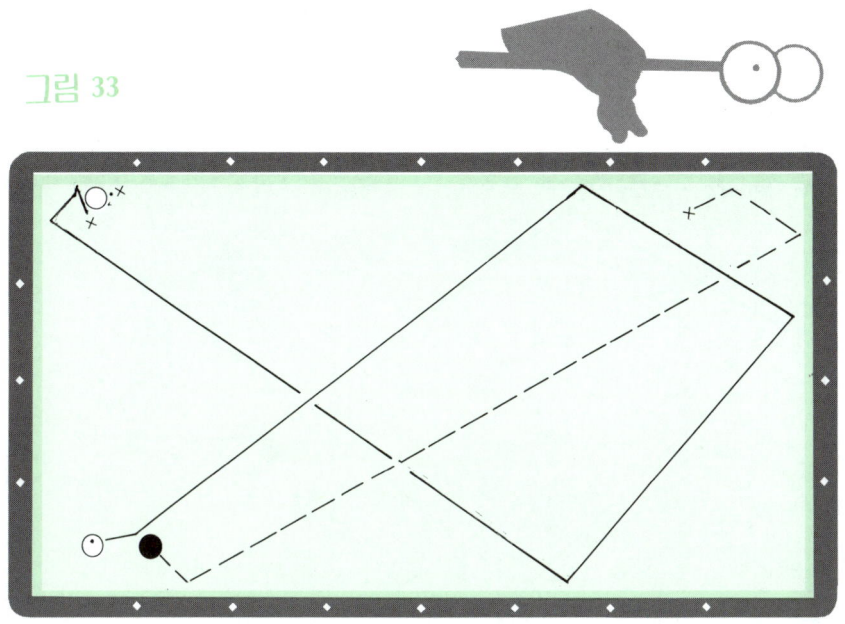

그림 34

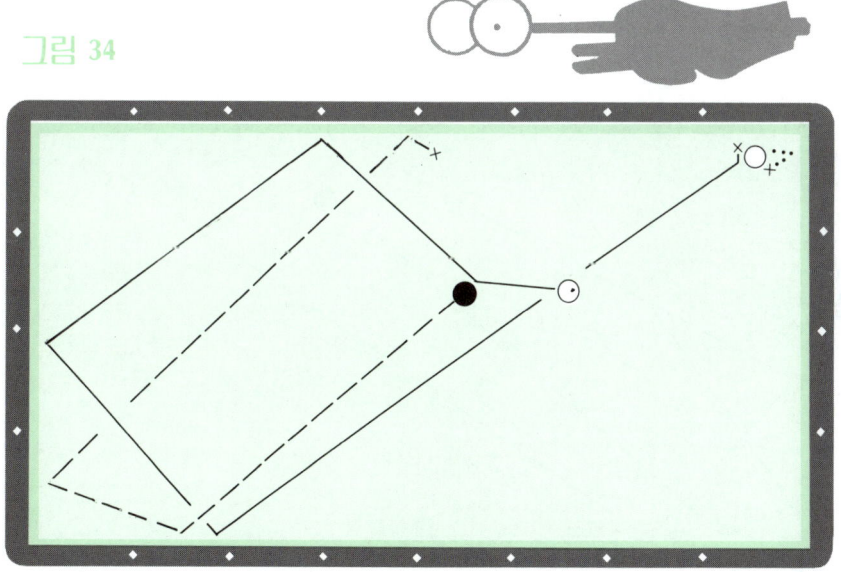

그림 35

그림 36

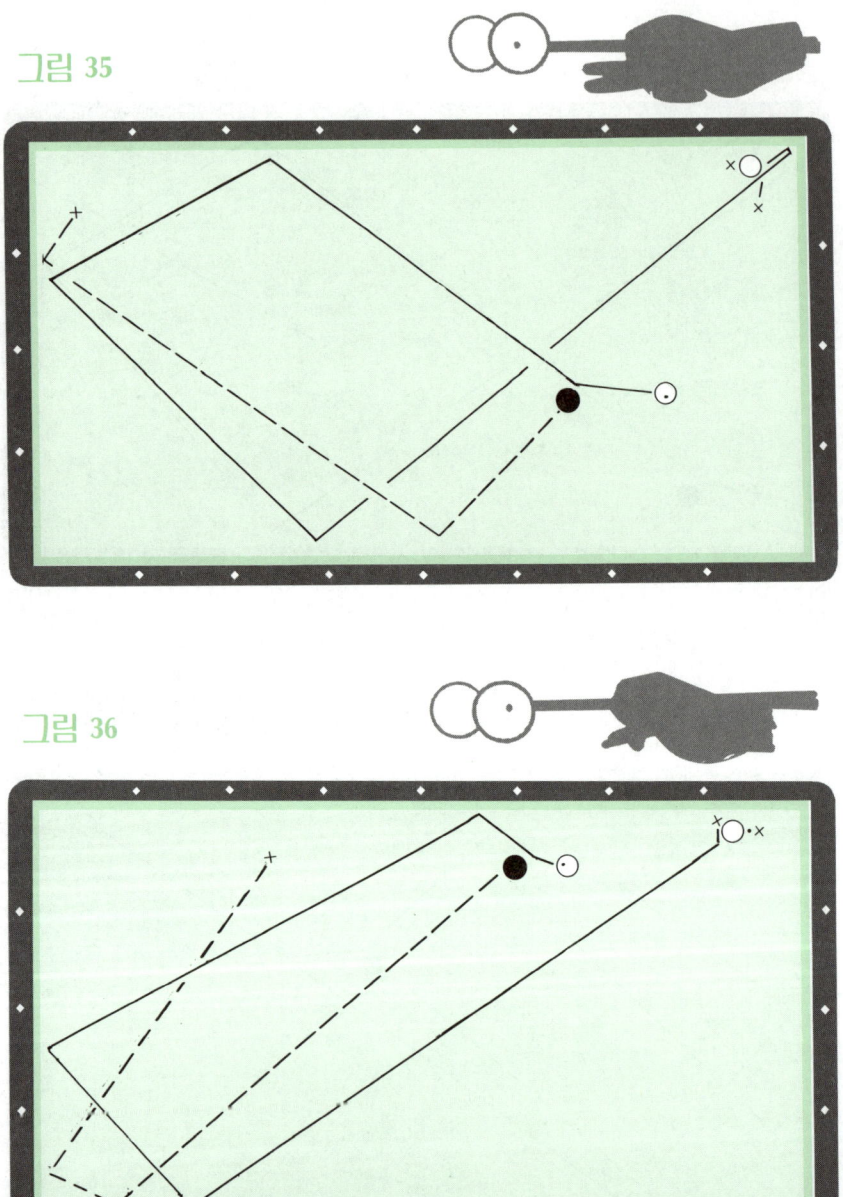

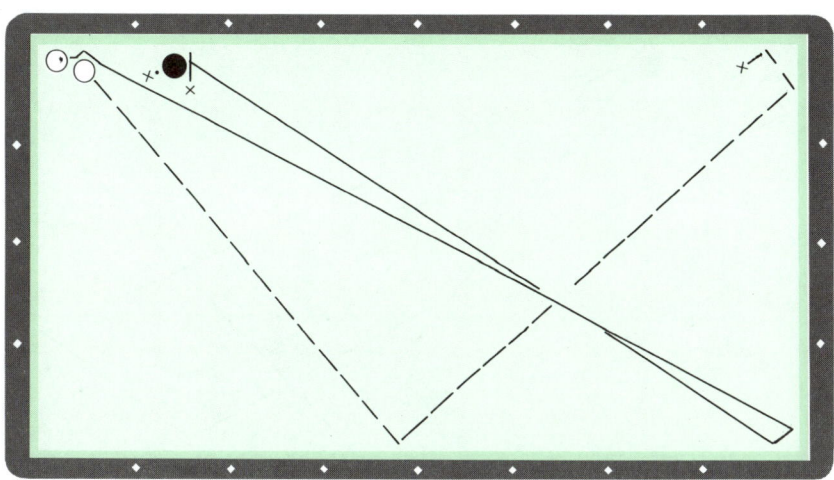

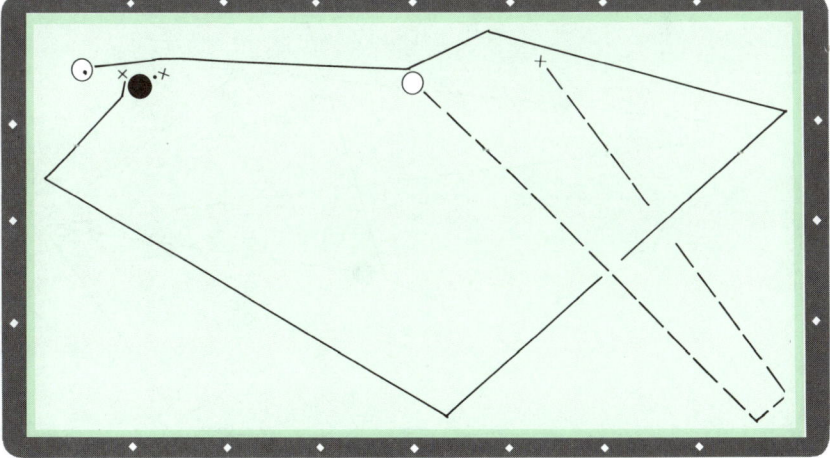

그림 39

그림 40

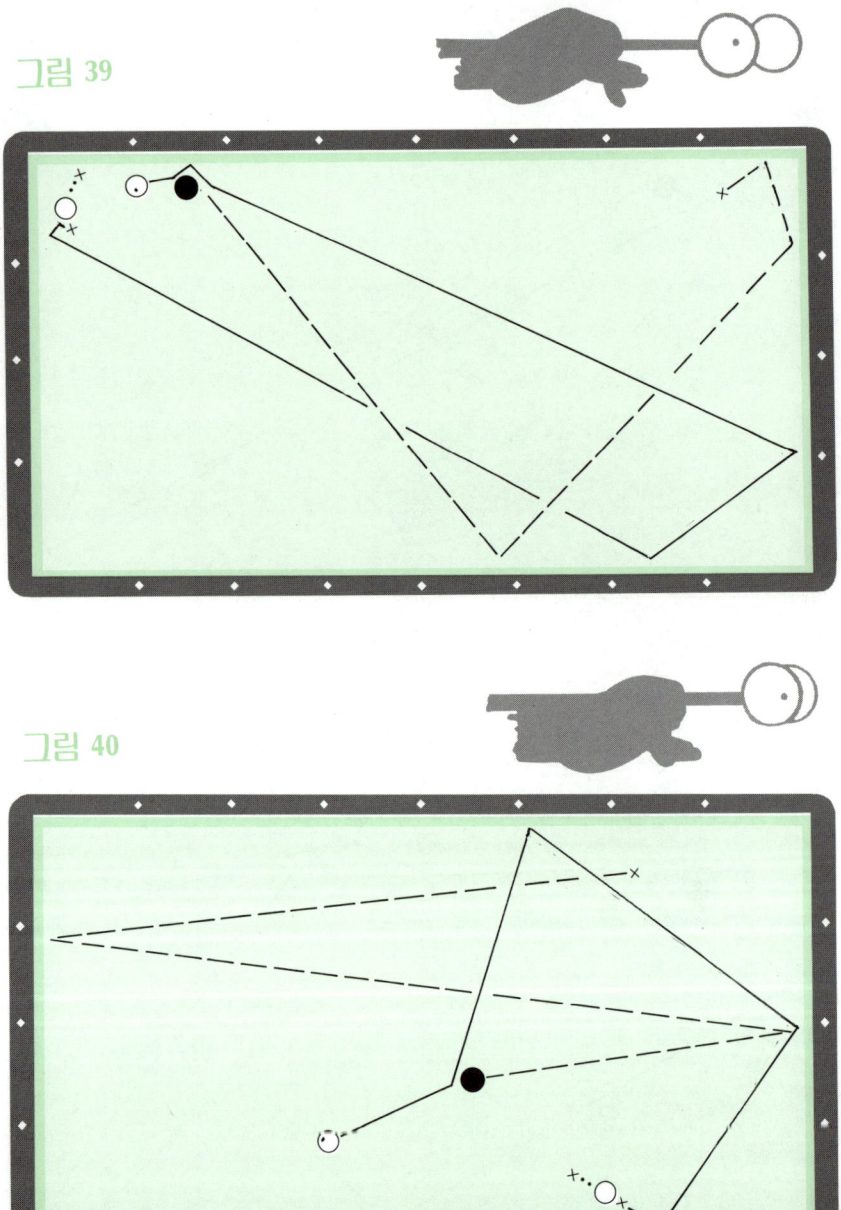

그림 41

그림 42

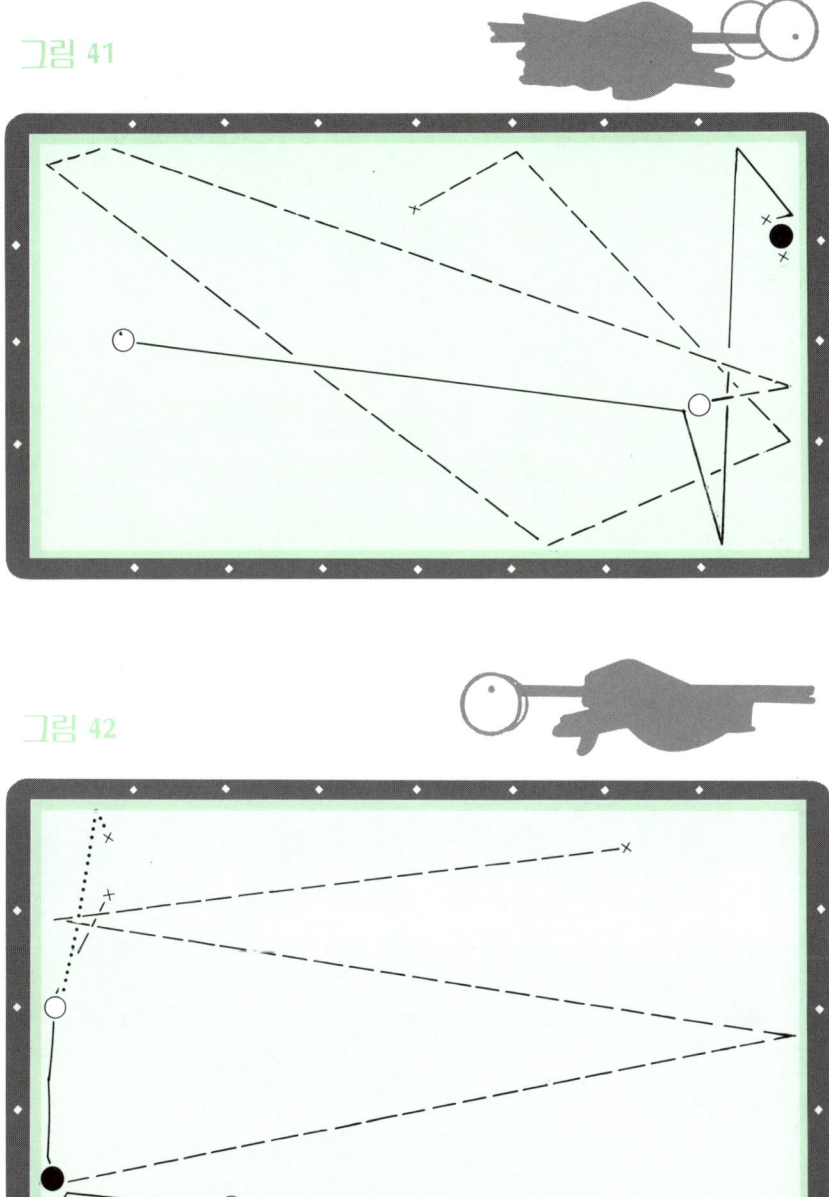

그림 43

그림 44

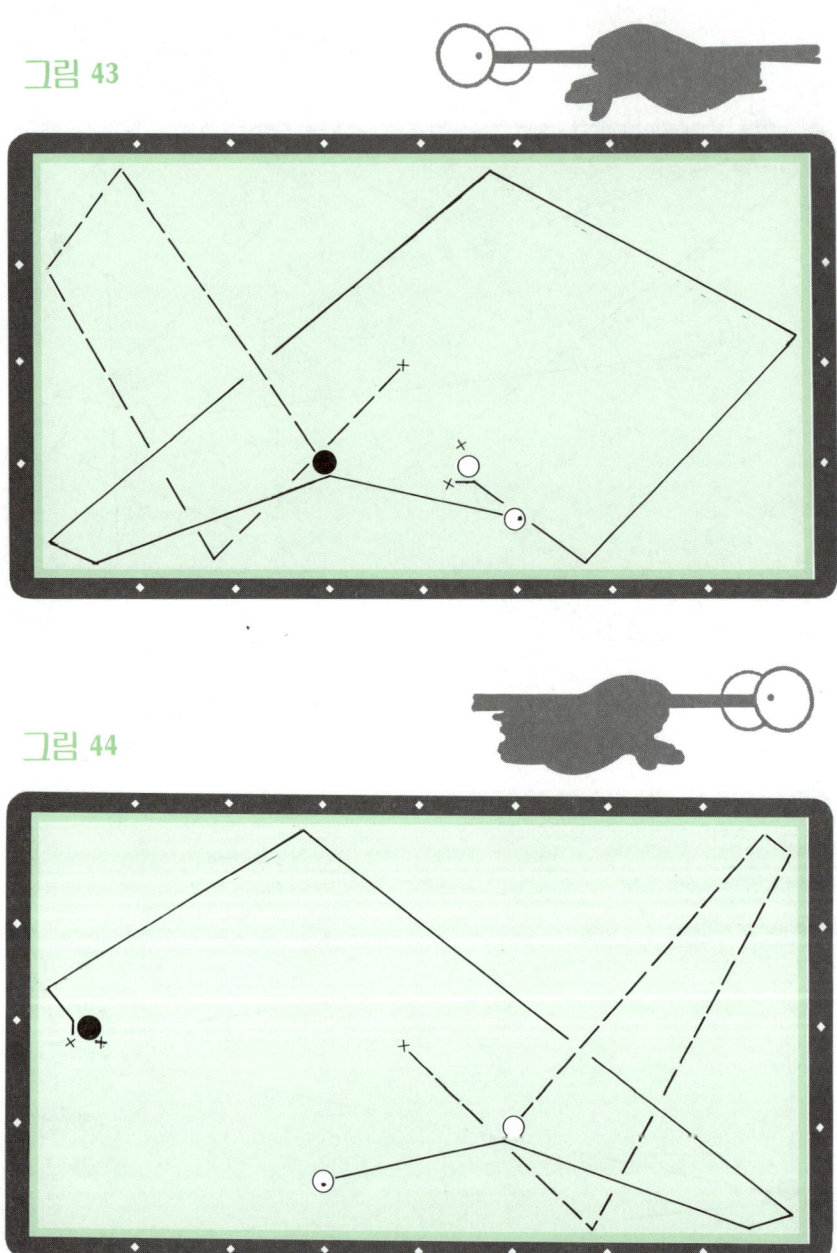

그림 45

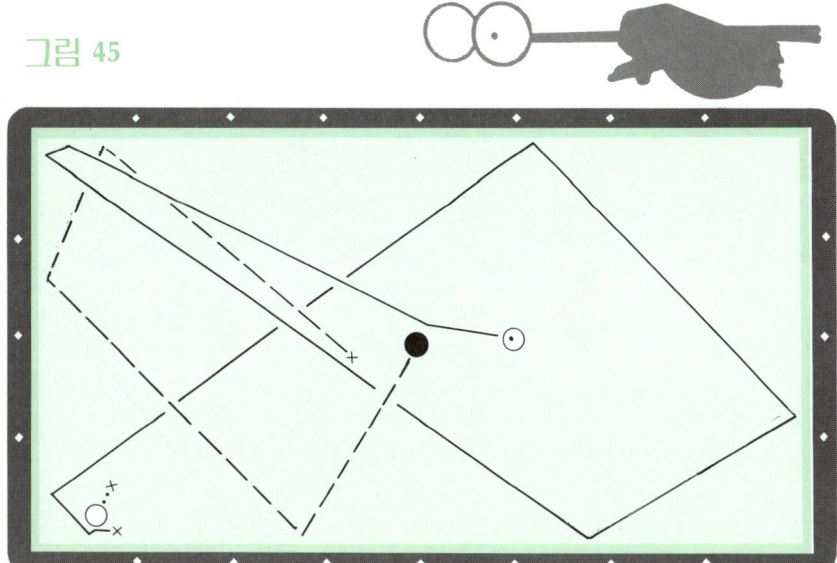

그림 46

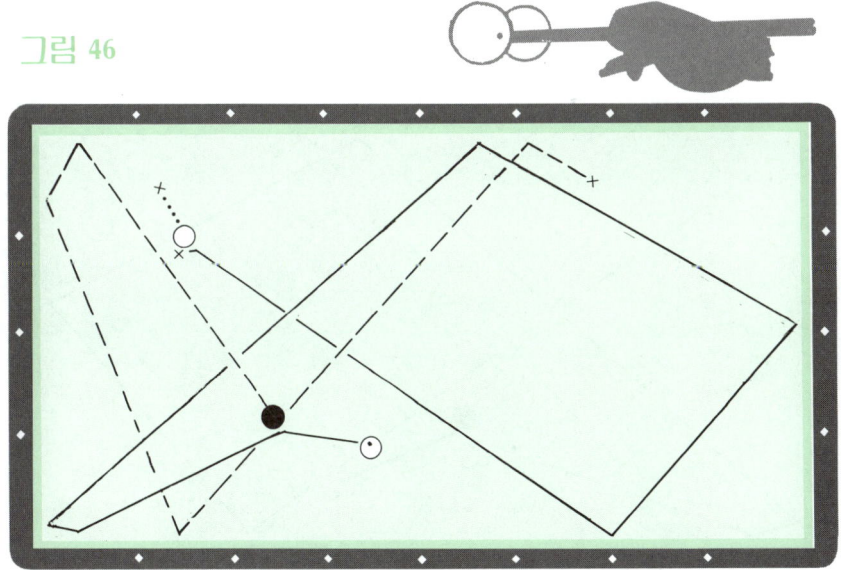

그림 47

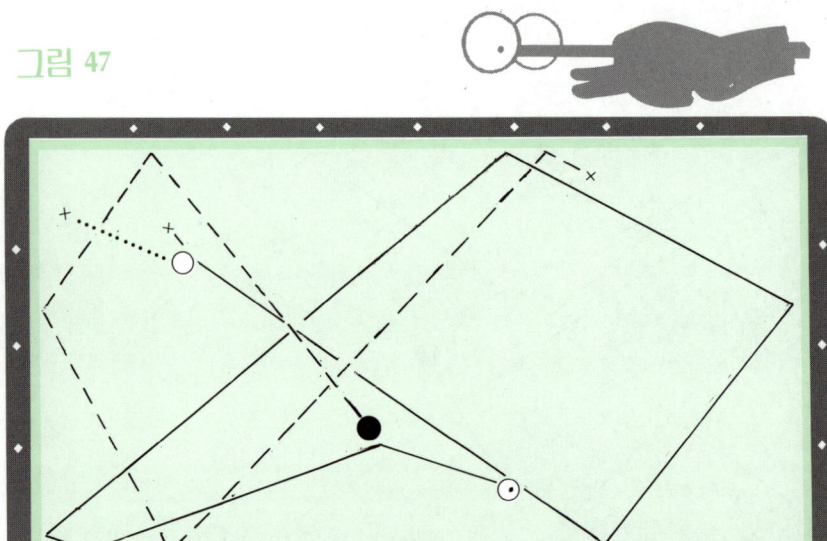

그림 48

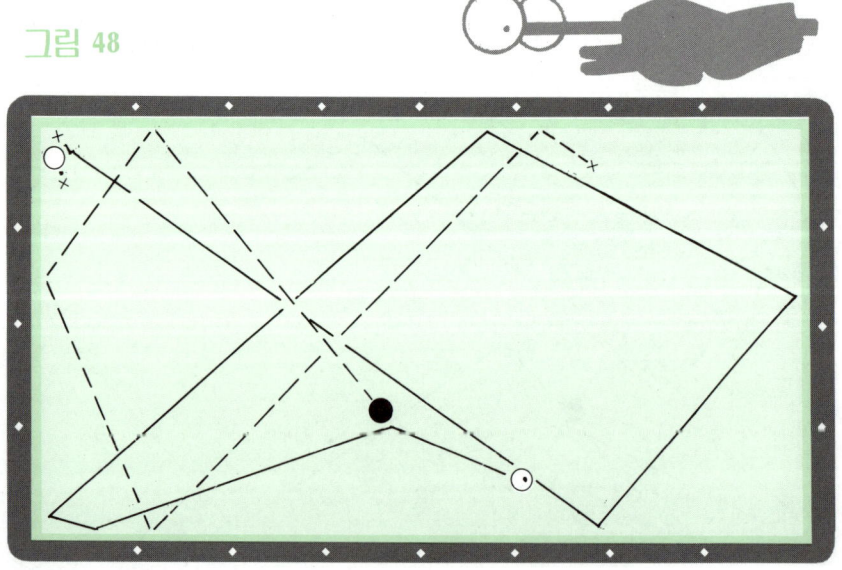

그림 49

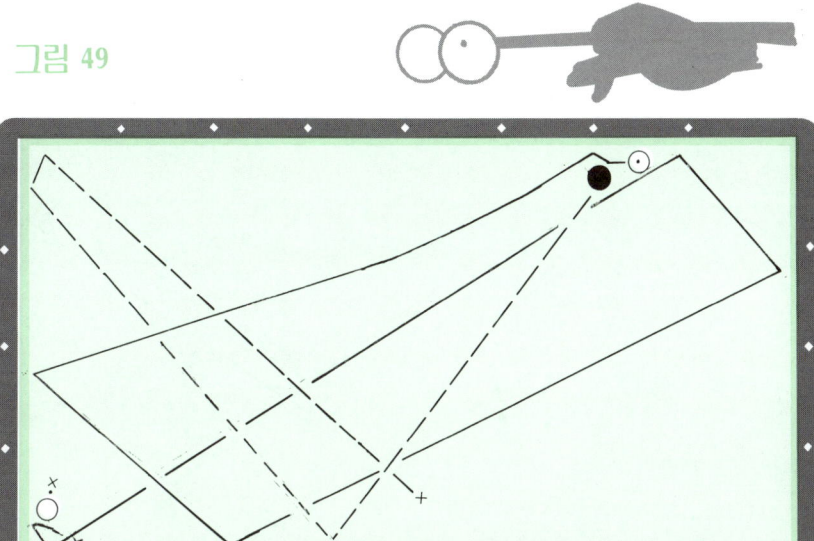

그림 50

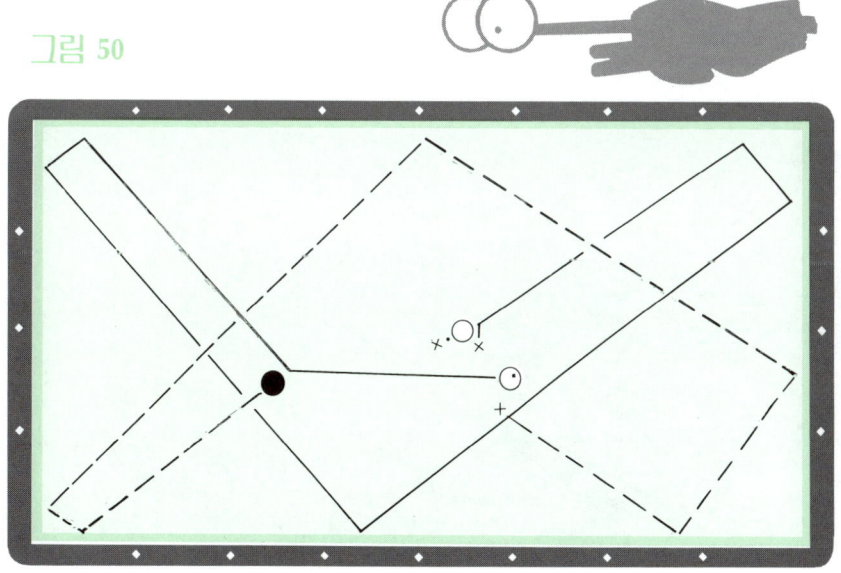

그림 51

그림 52

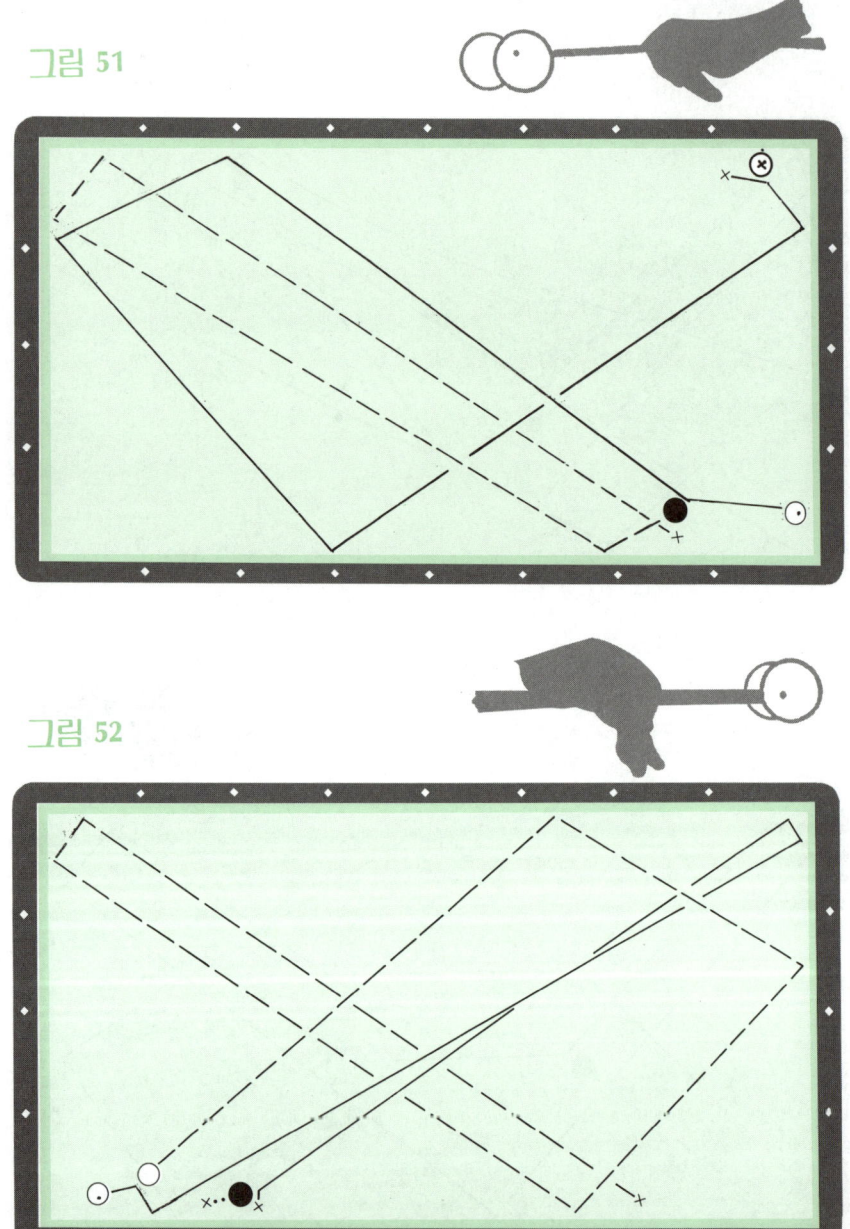

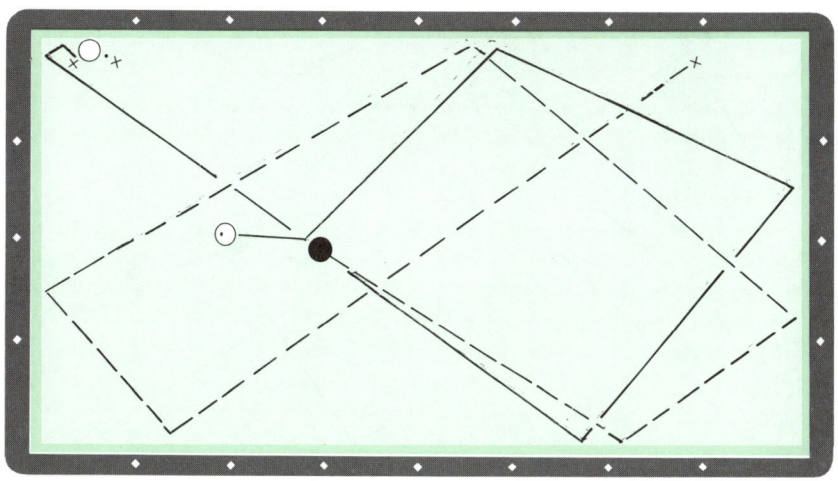

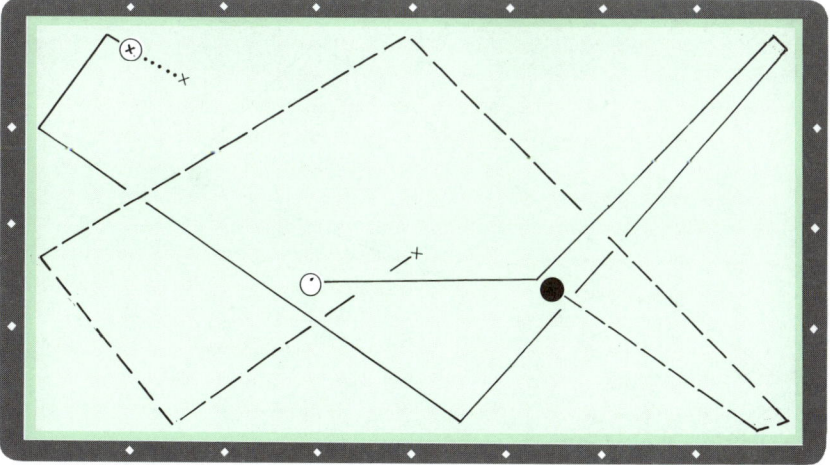

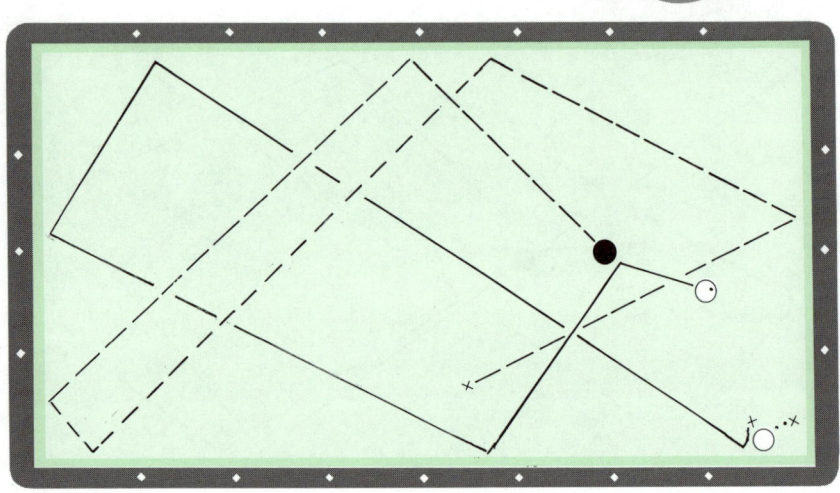

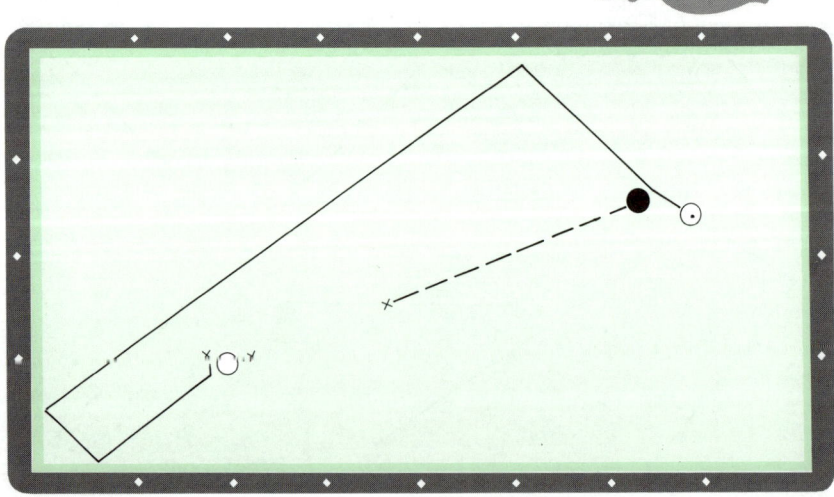

그림 57

그림 58

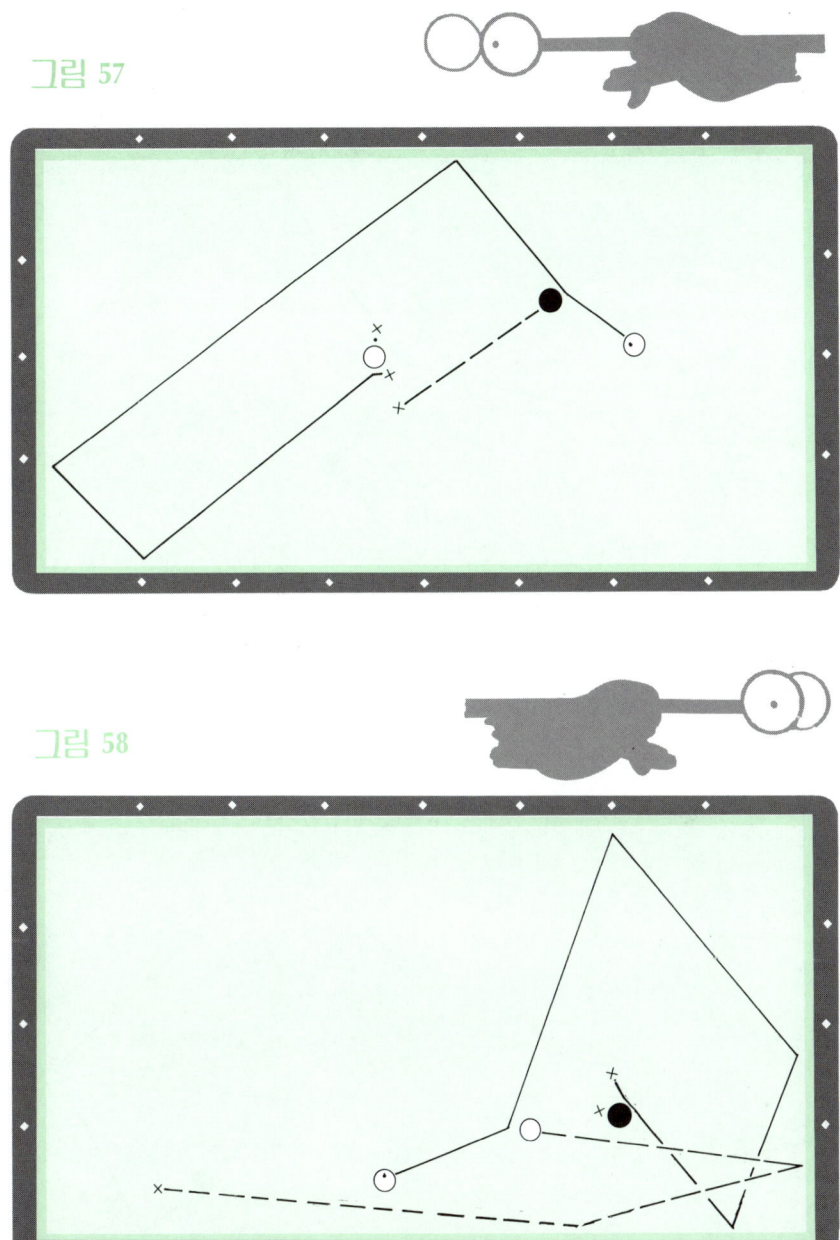

그림 59

그림 60

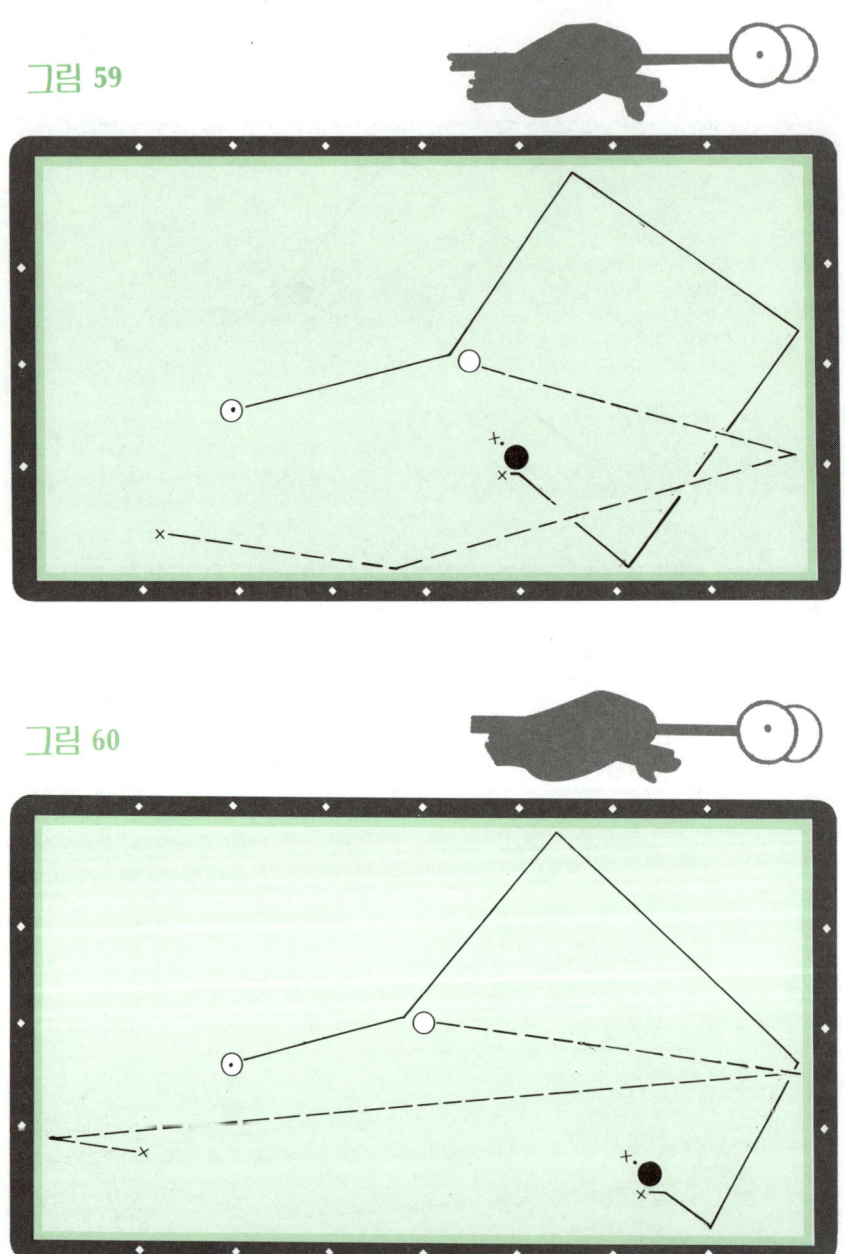

그림 61

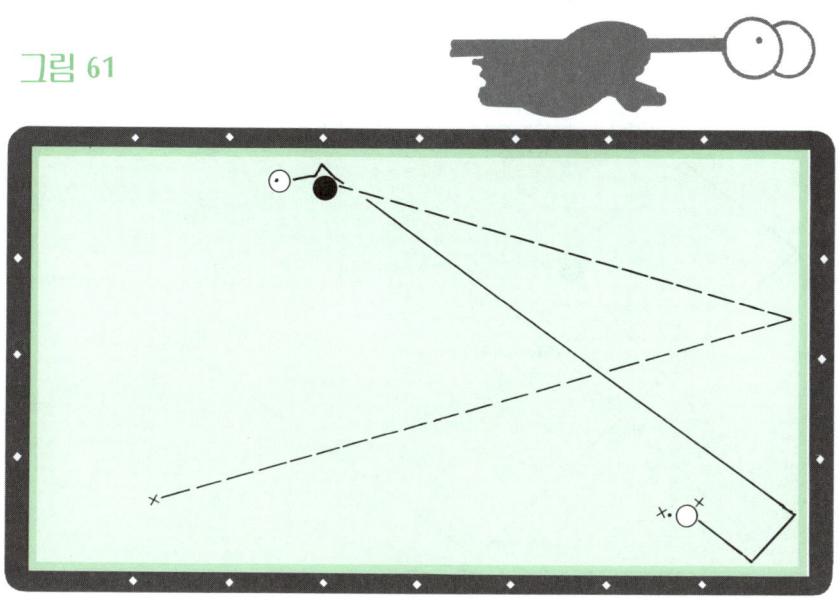

그림 62

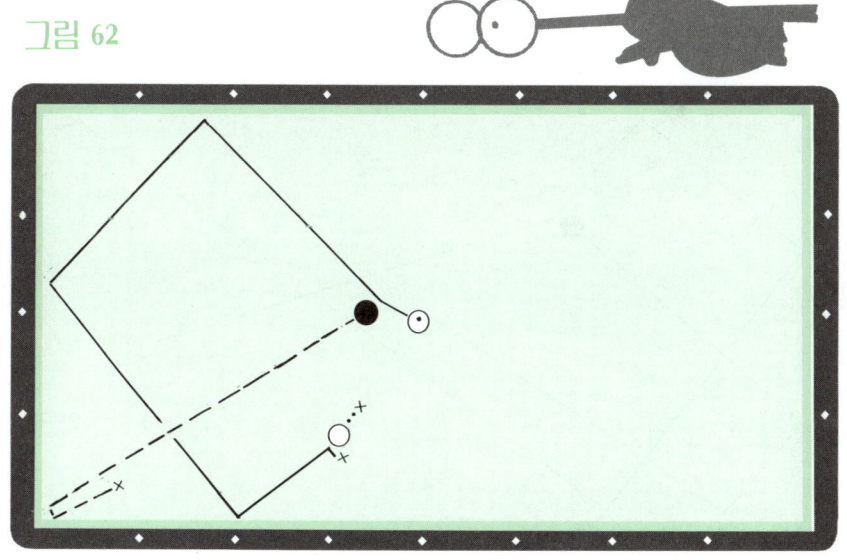

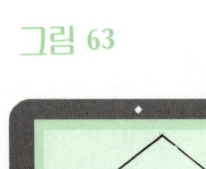

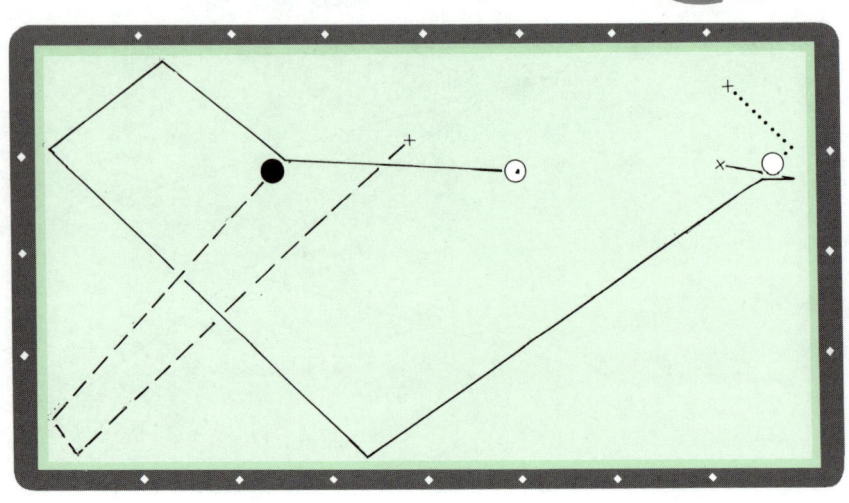

그림 63

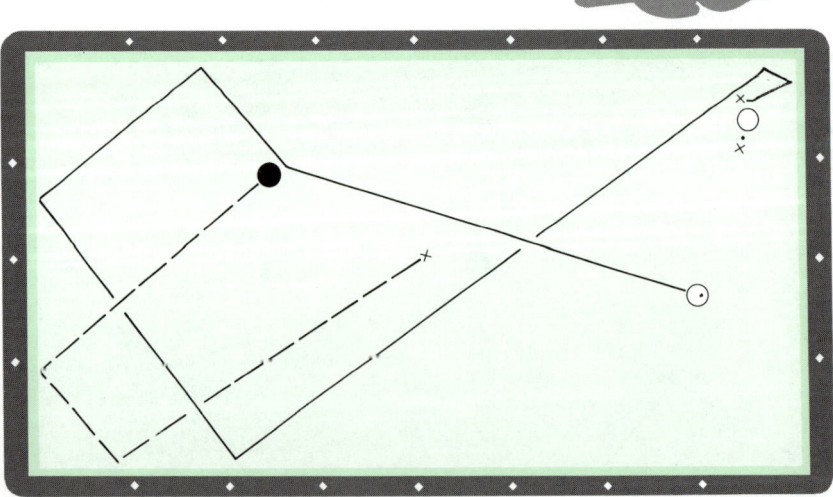

그림 64

그림 65

그림 66

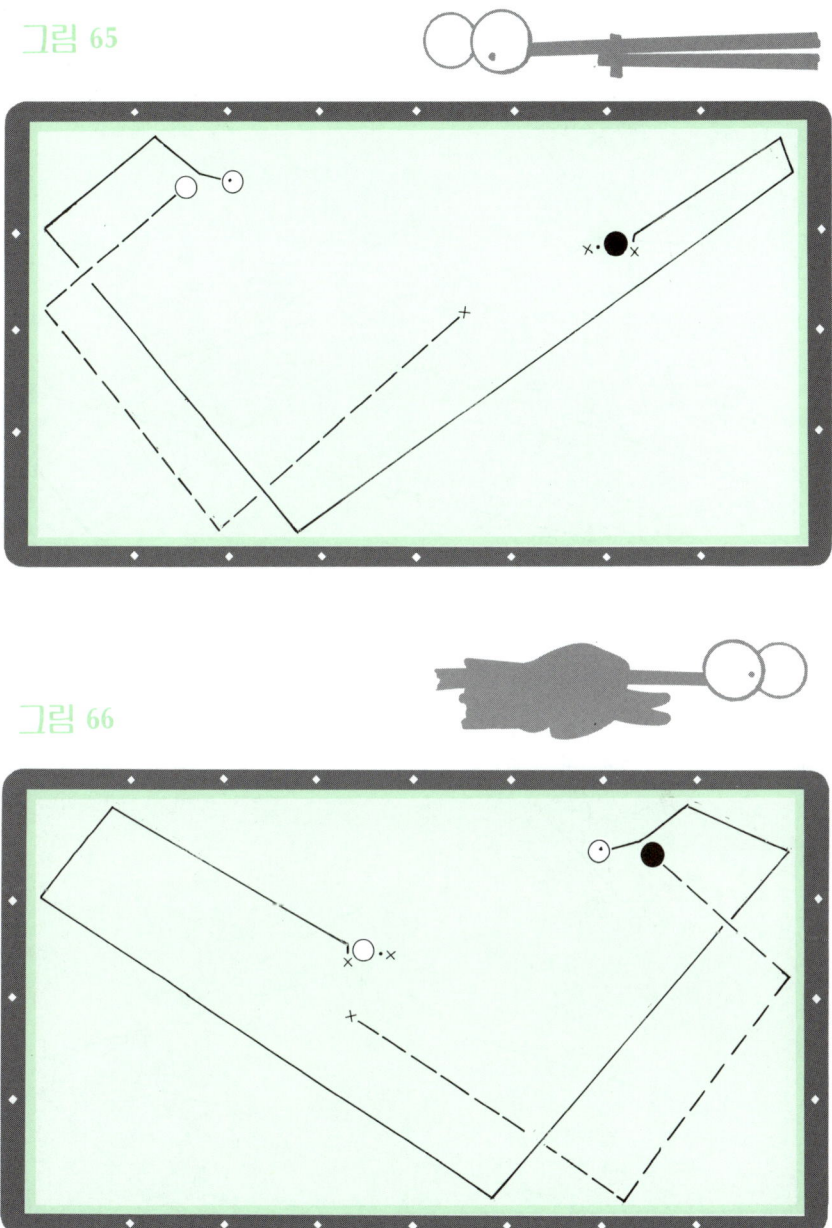

그림 67

그림 68

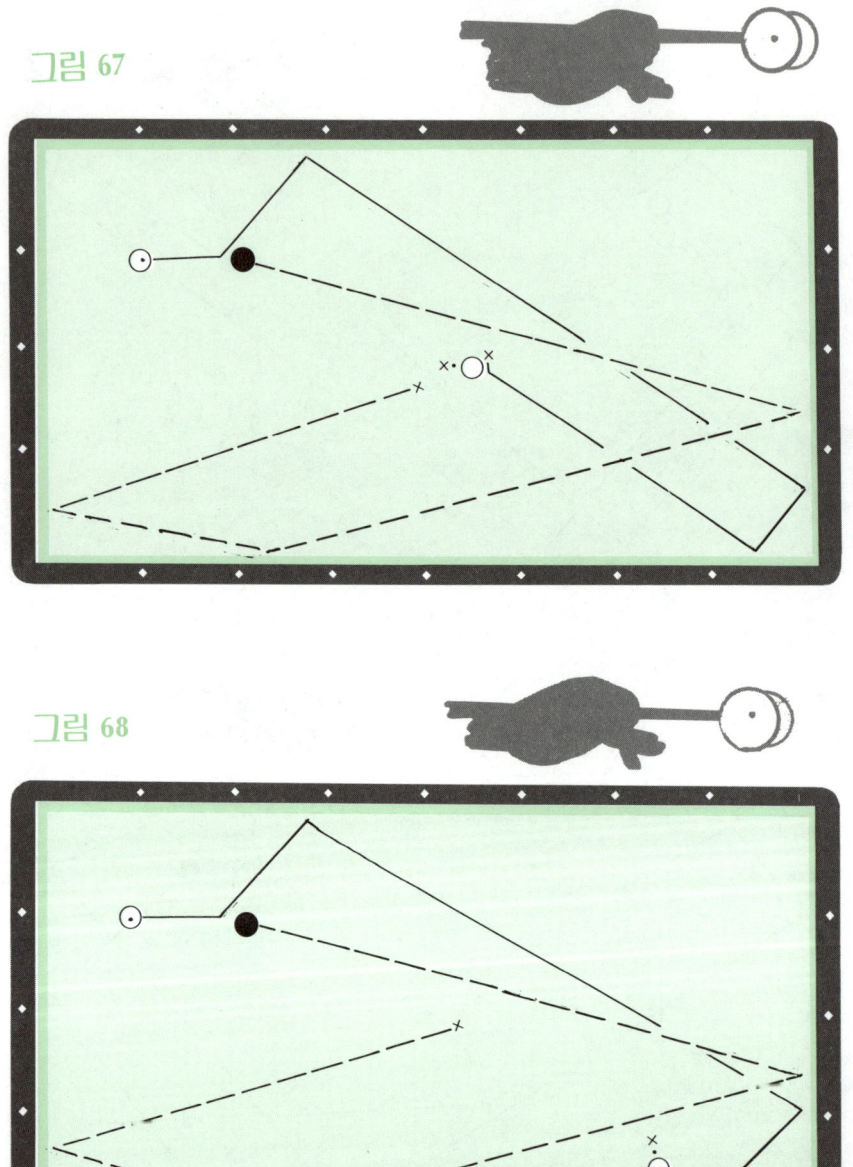

그림 69

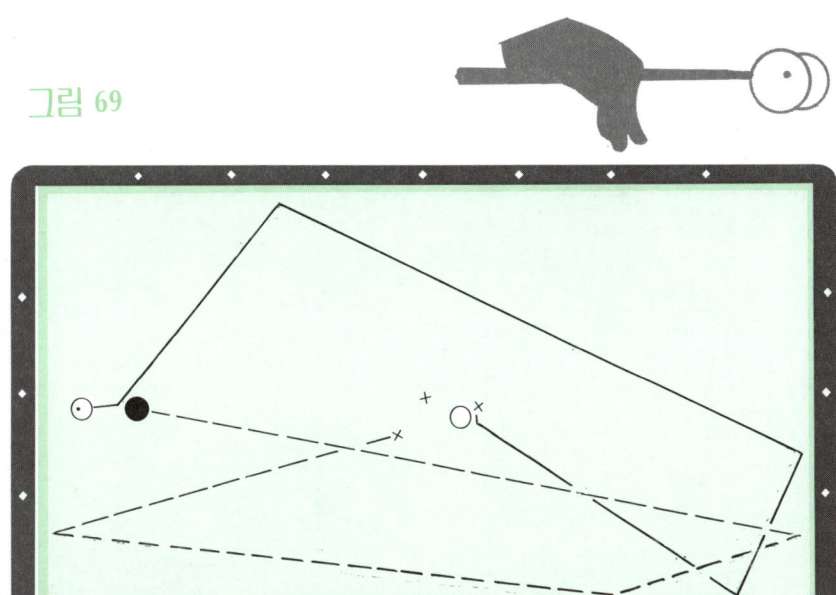

그림 70

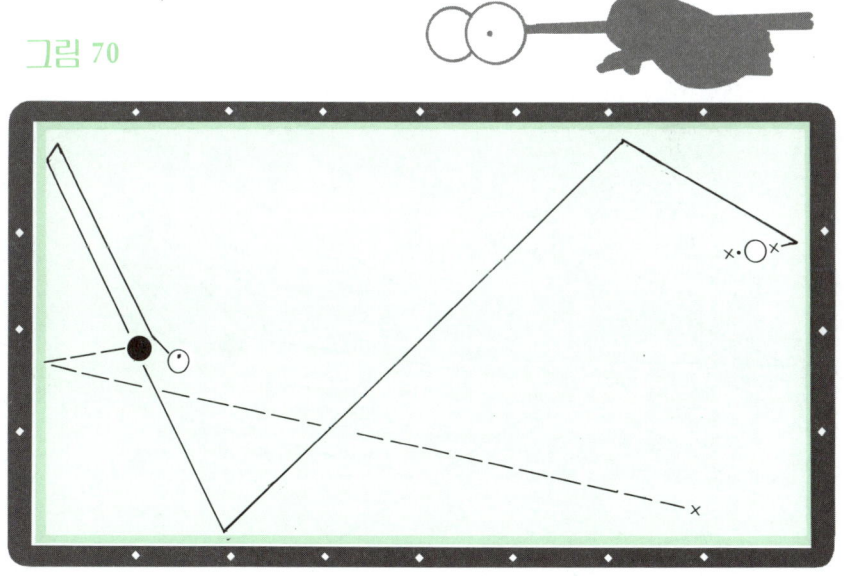

그림 71

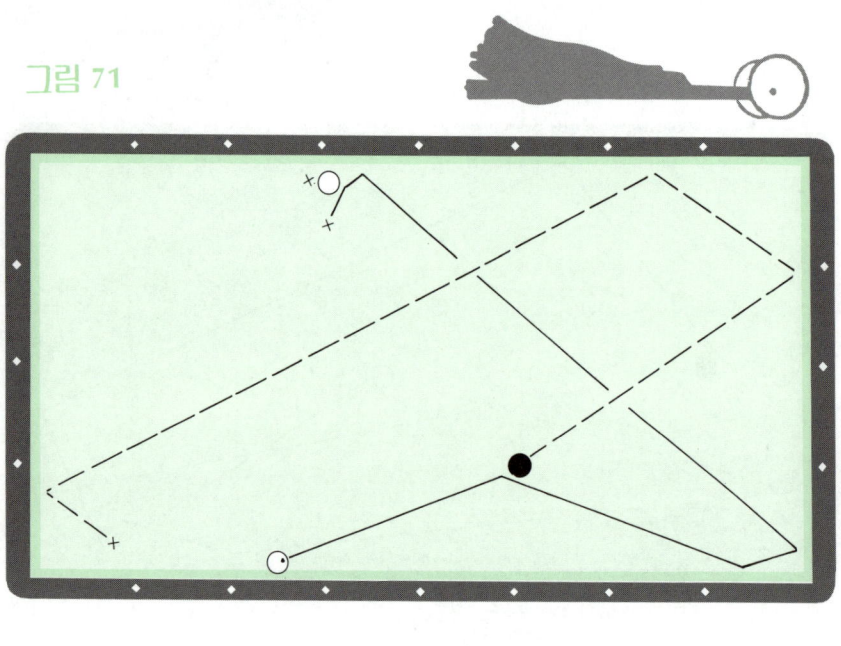

그림 72

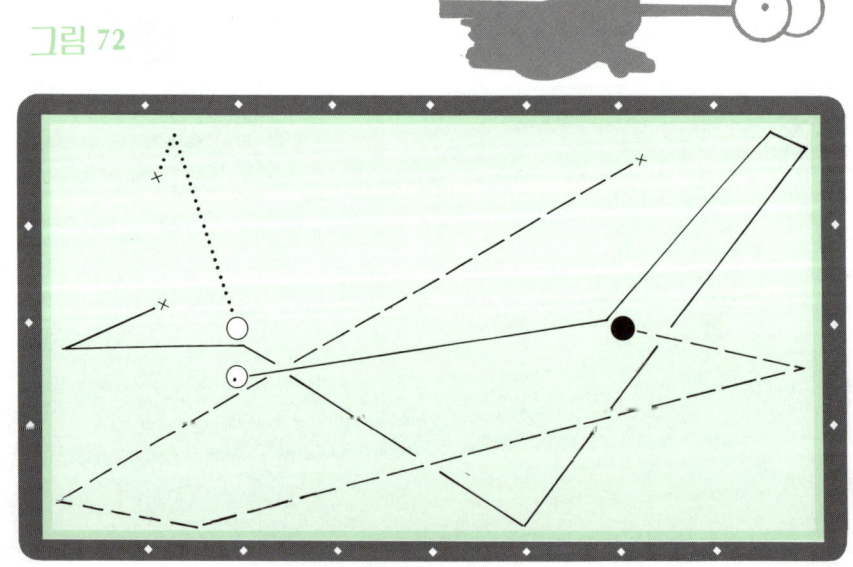

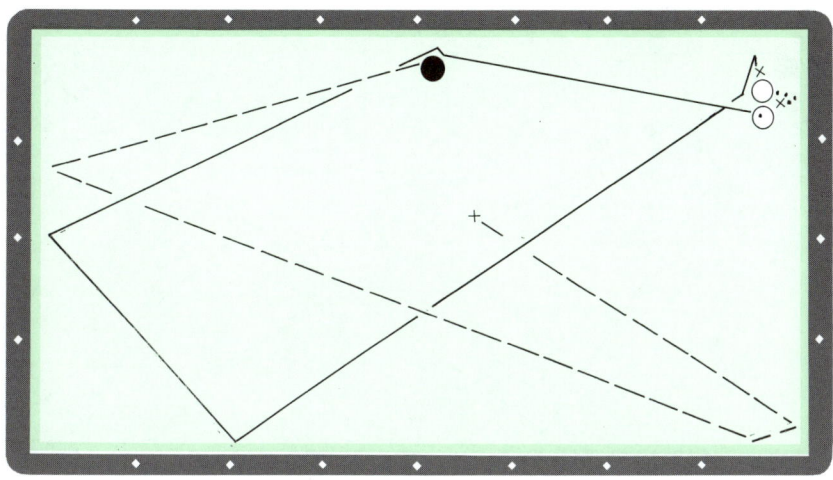

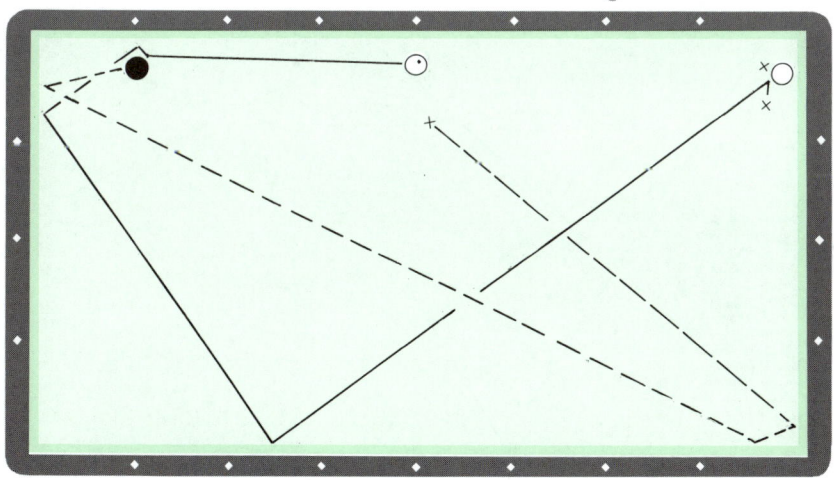

그림 75

그림 76

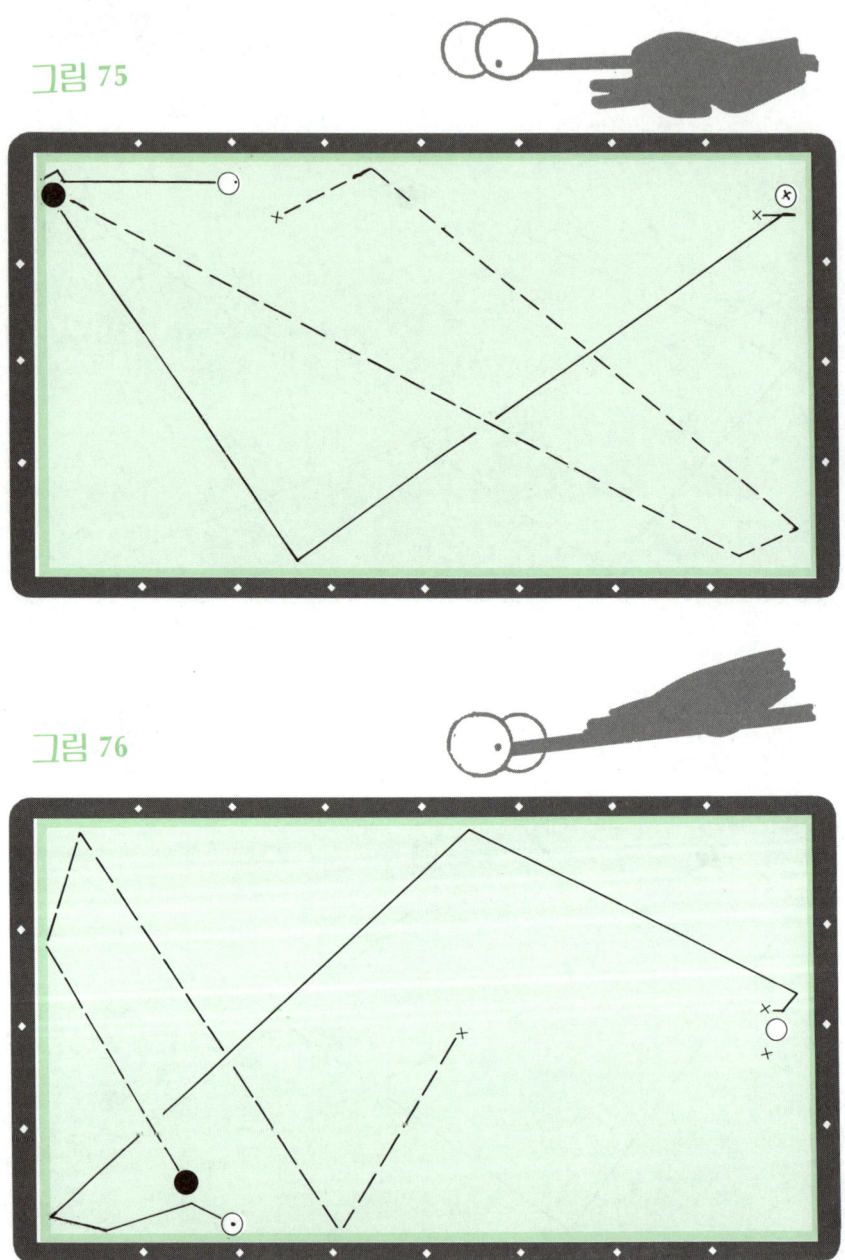

그림 77

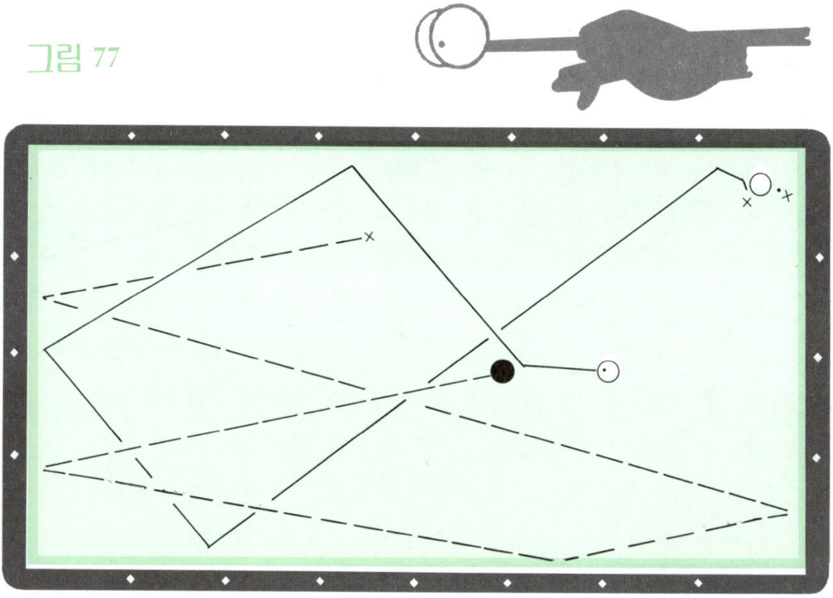

그림 78

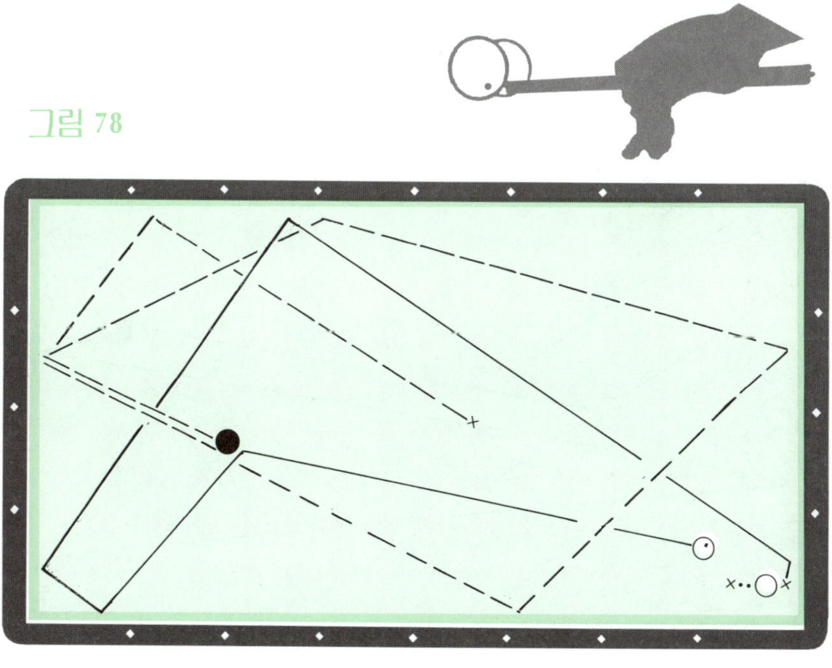

• 155 •

그림 79

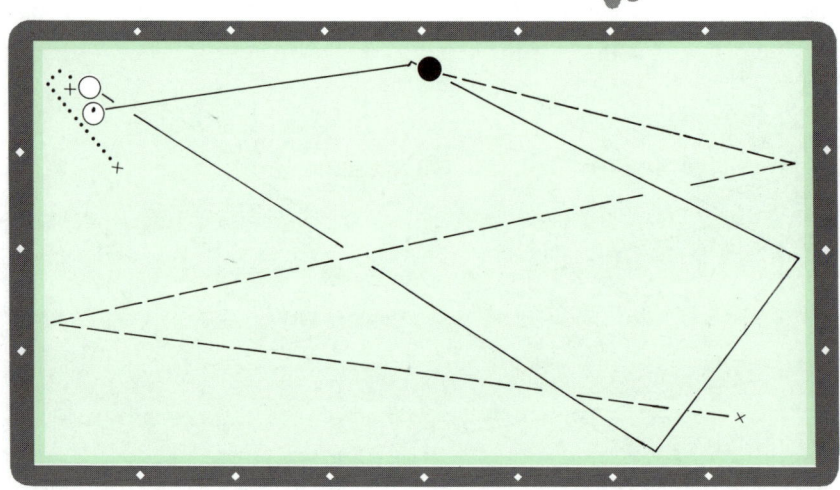

그림 80

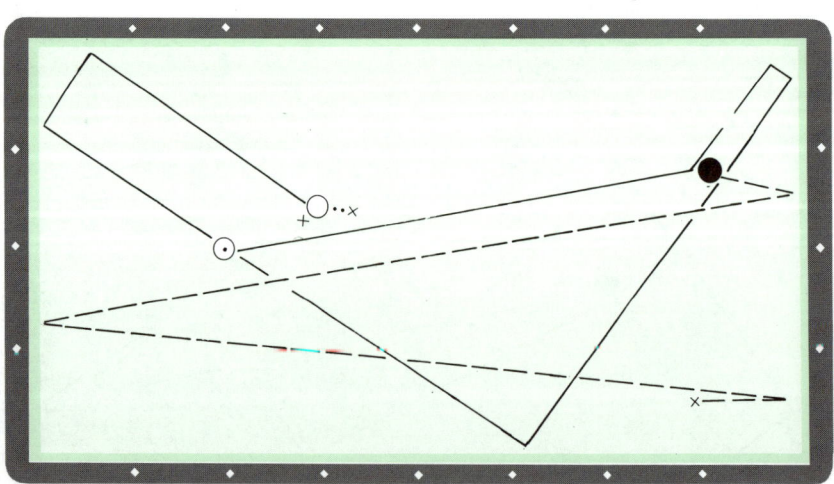

그림 81

그림 82

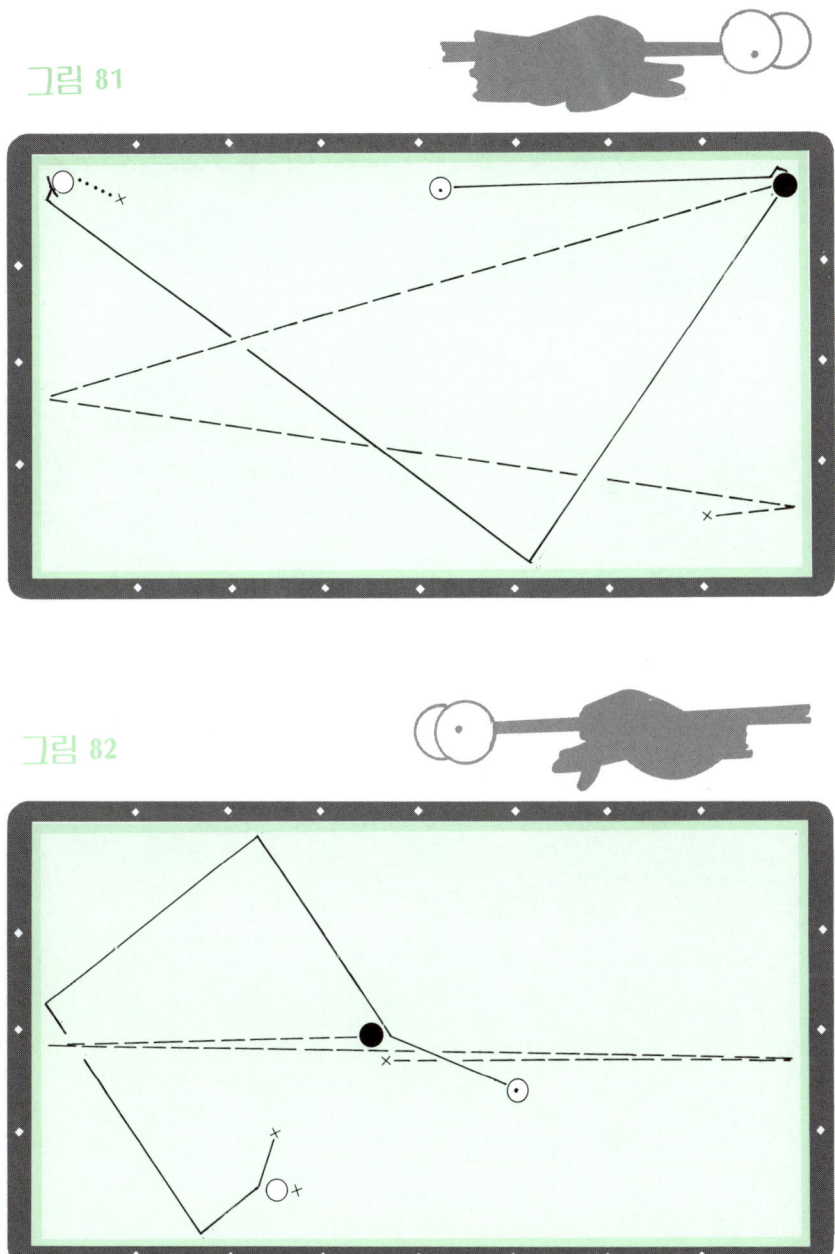

그림 83

그림 84

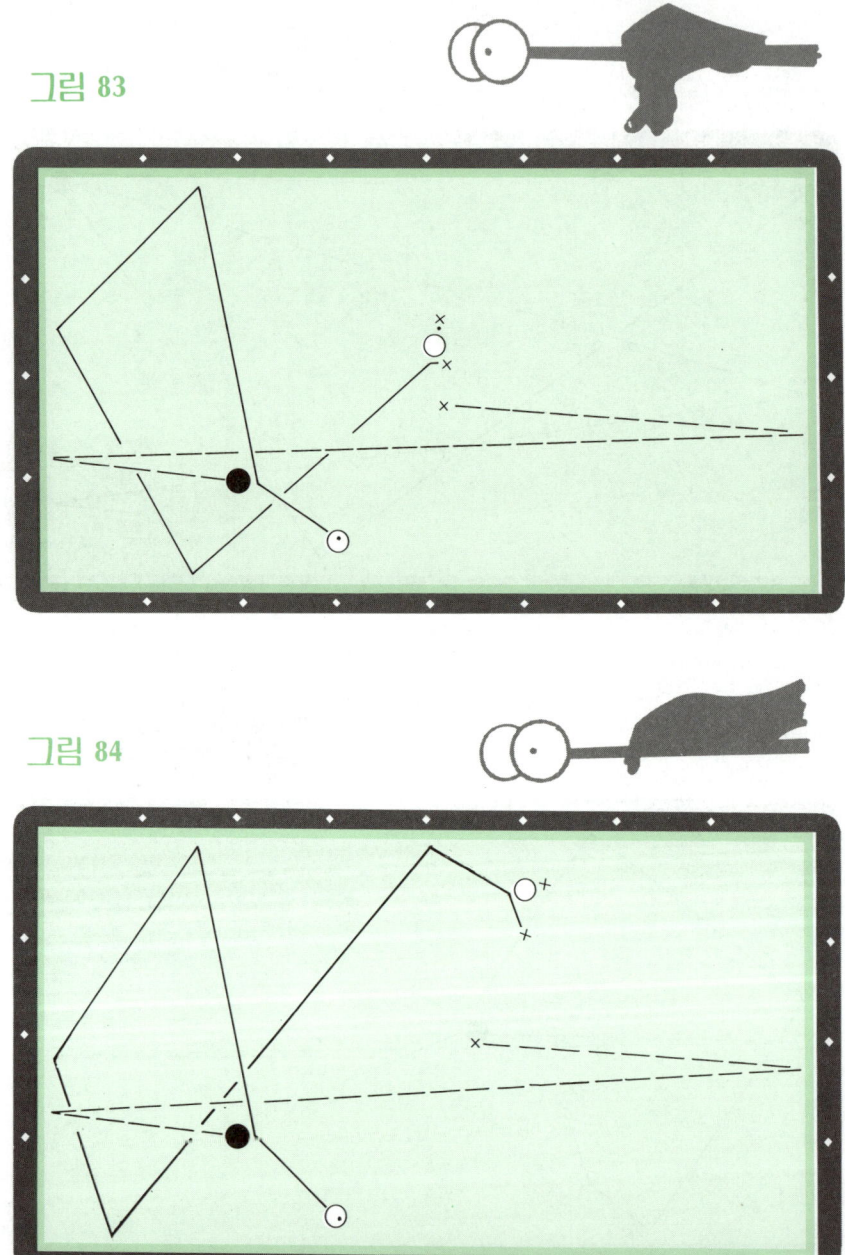

그림 85

그림 86

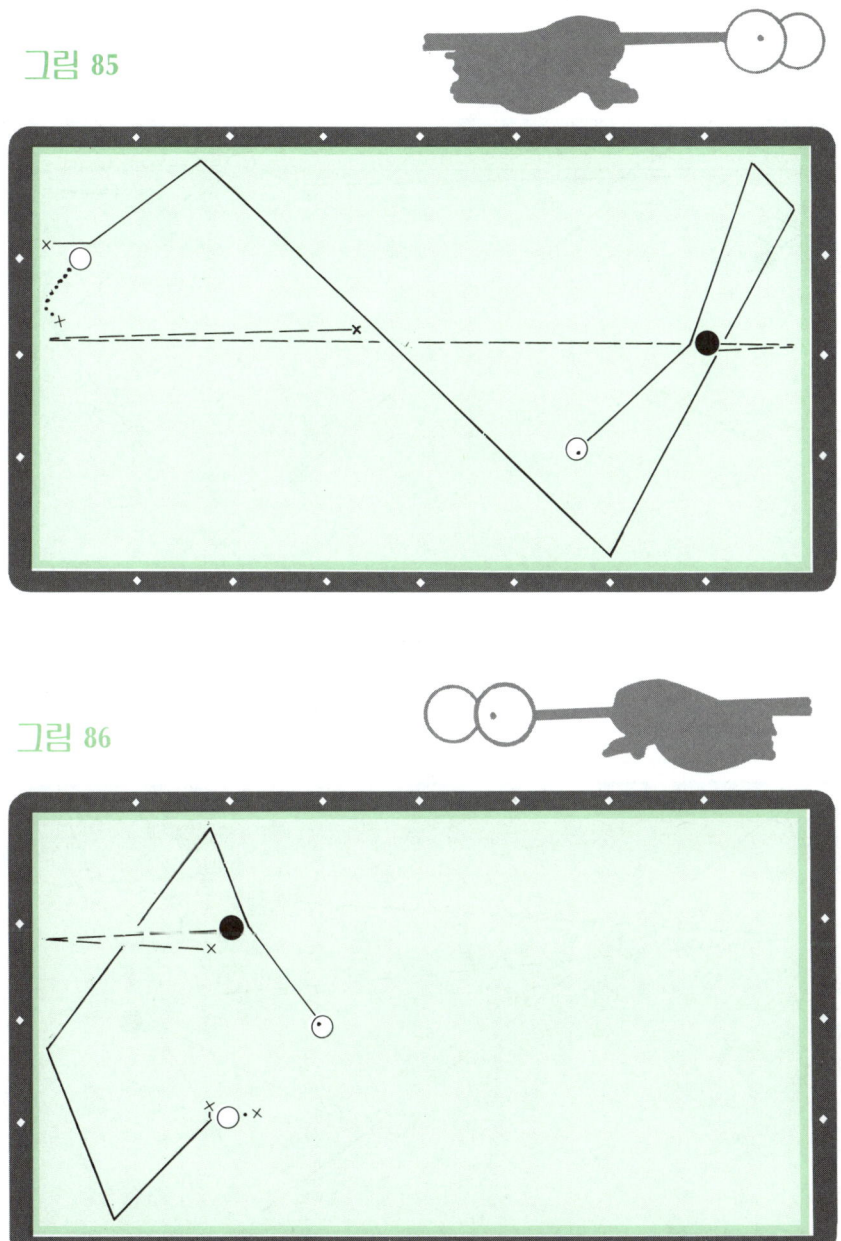

그림 87

그림 88

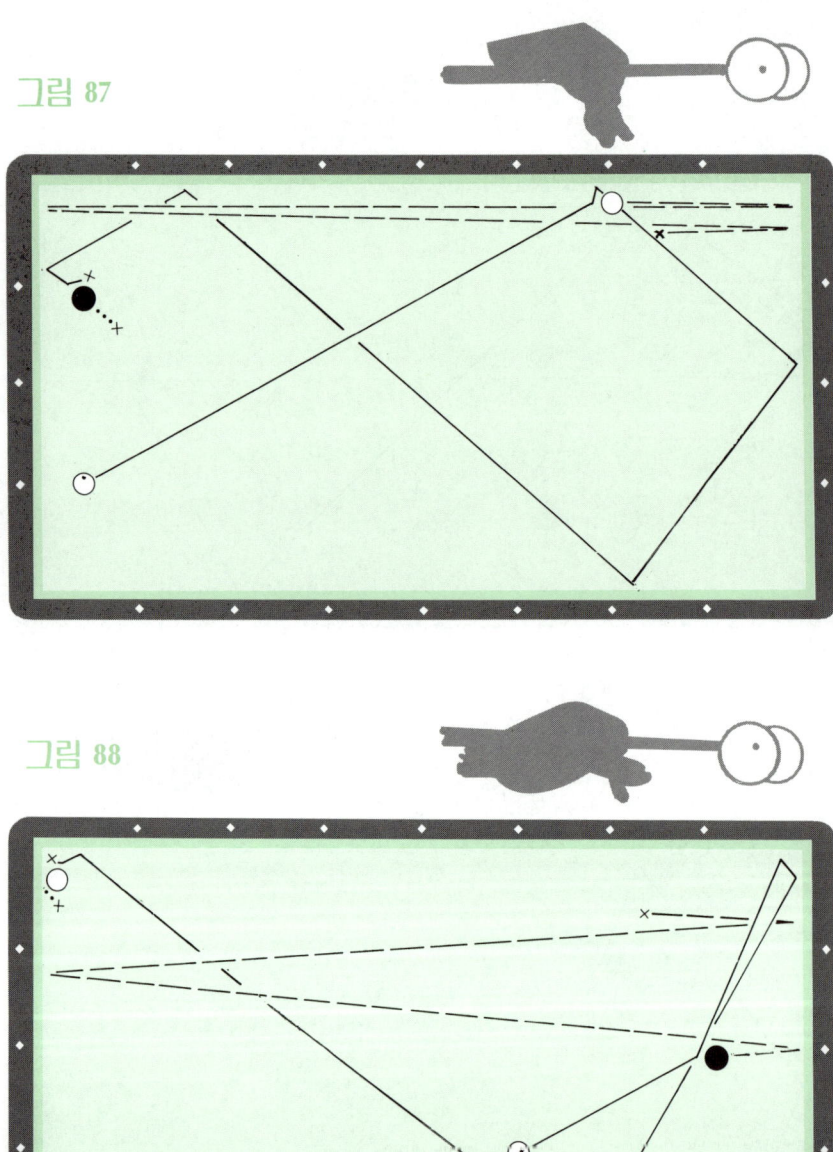

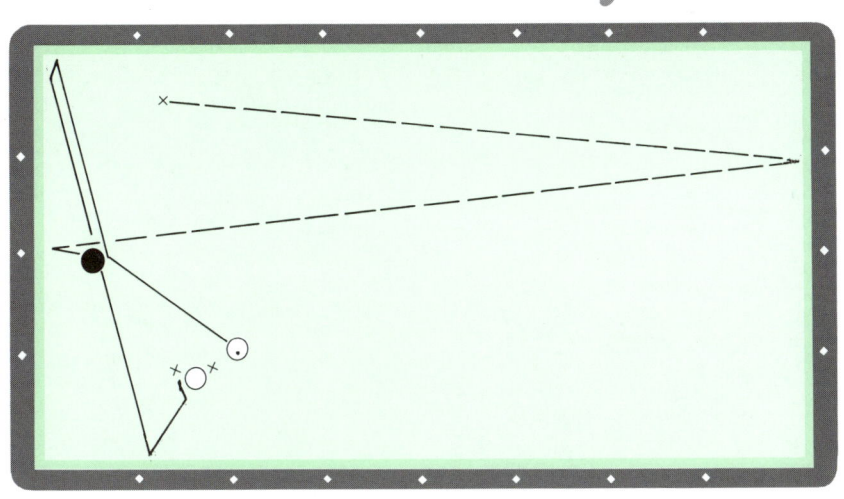

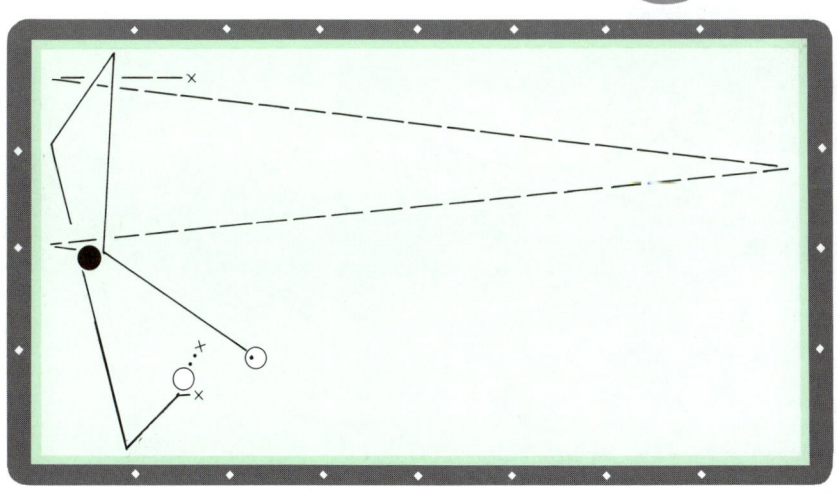

그림 91

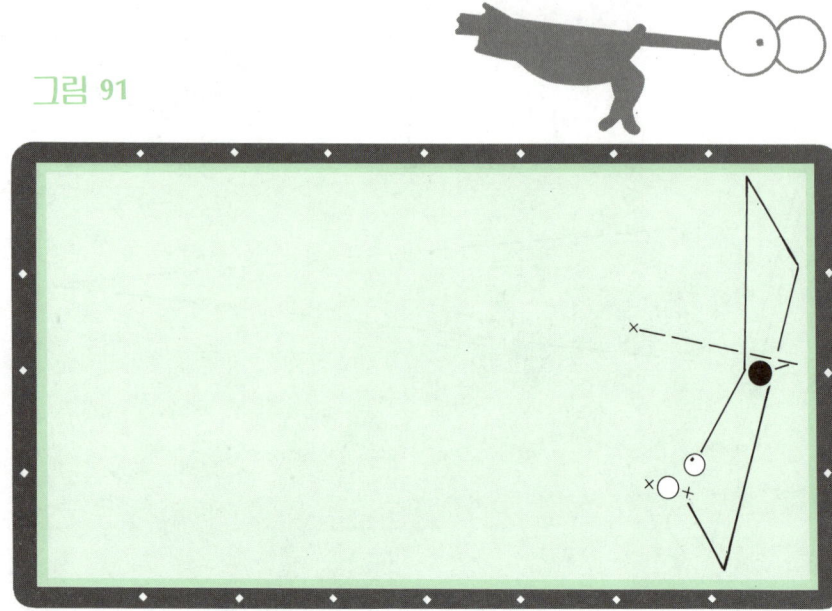

그림 92

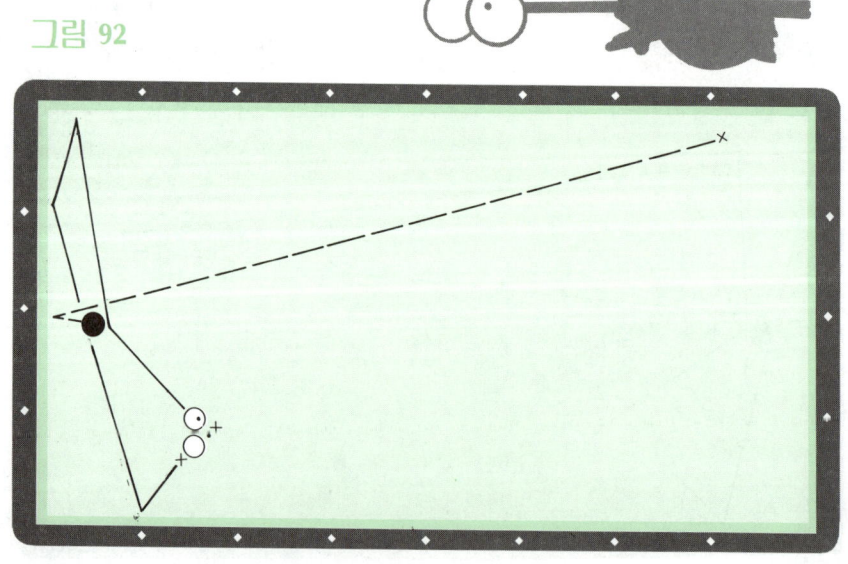

그림 93

그림 94

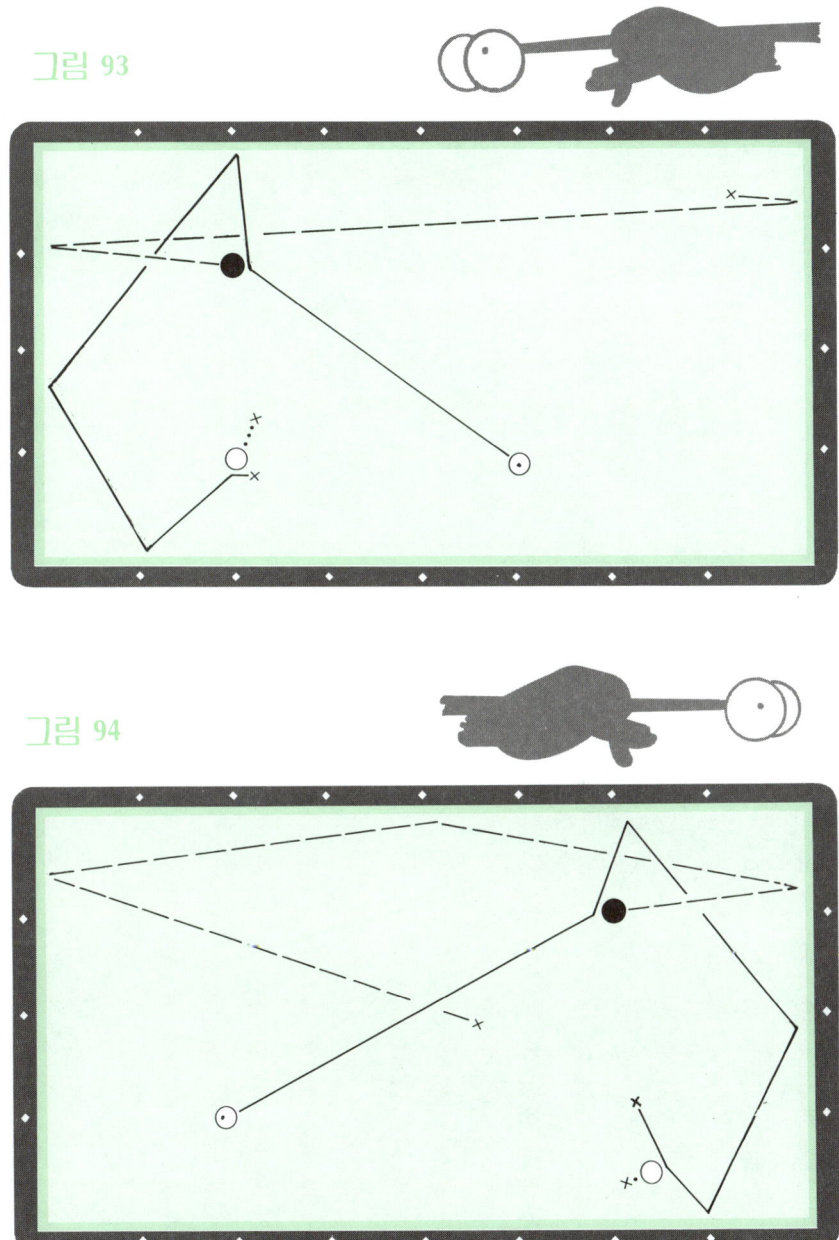

그림 95

그림 96

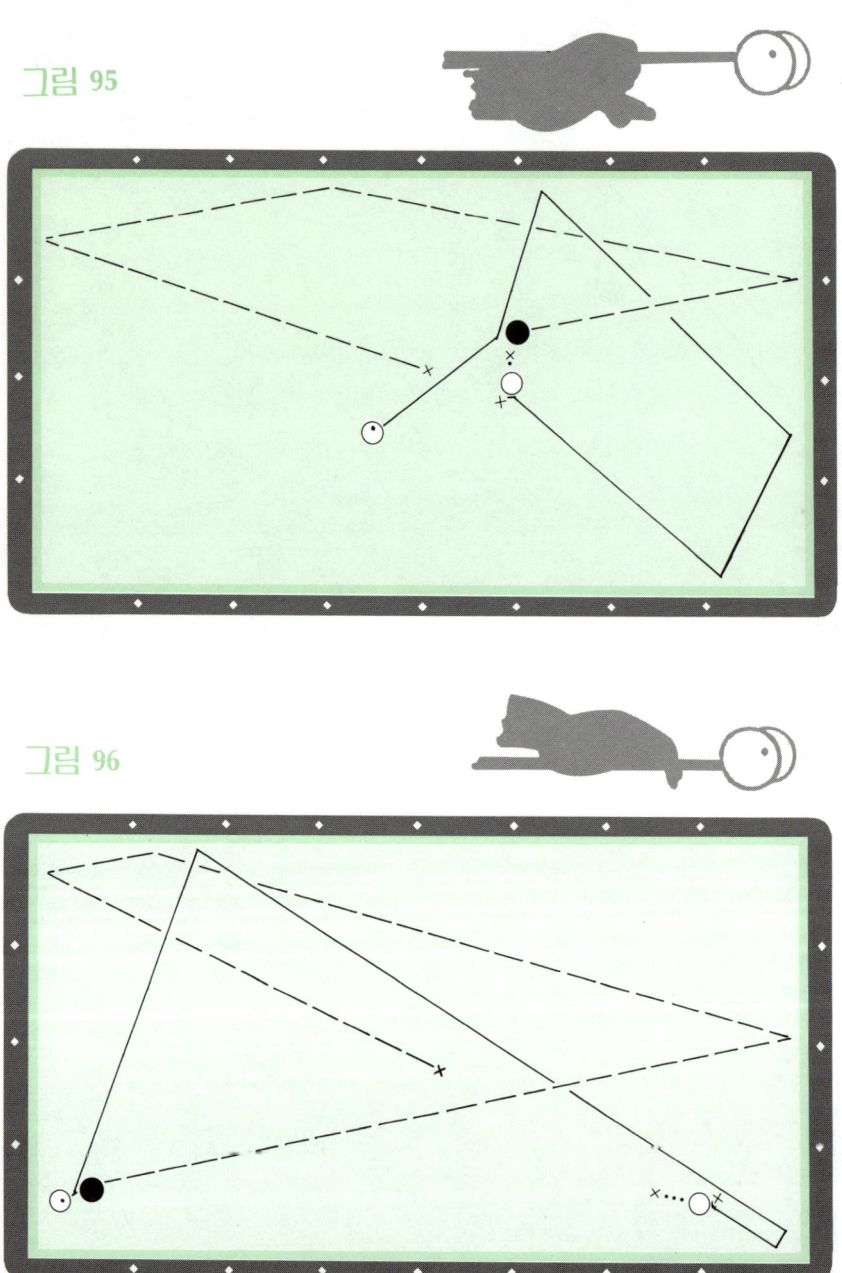

그림 97

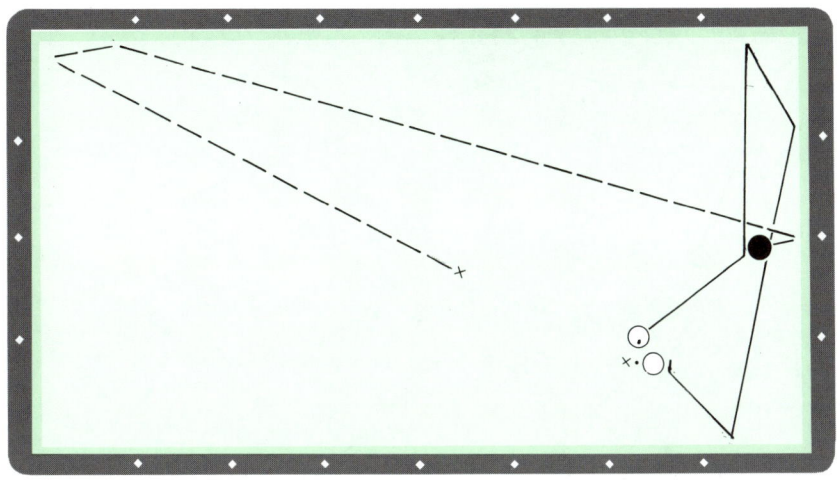

그림 98

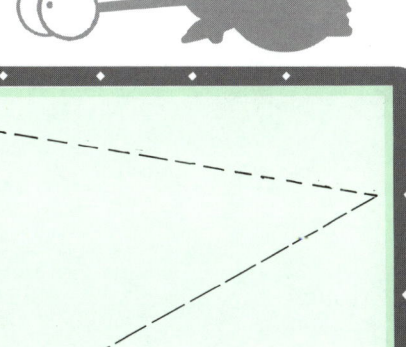

그림 99

그림 100

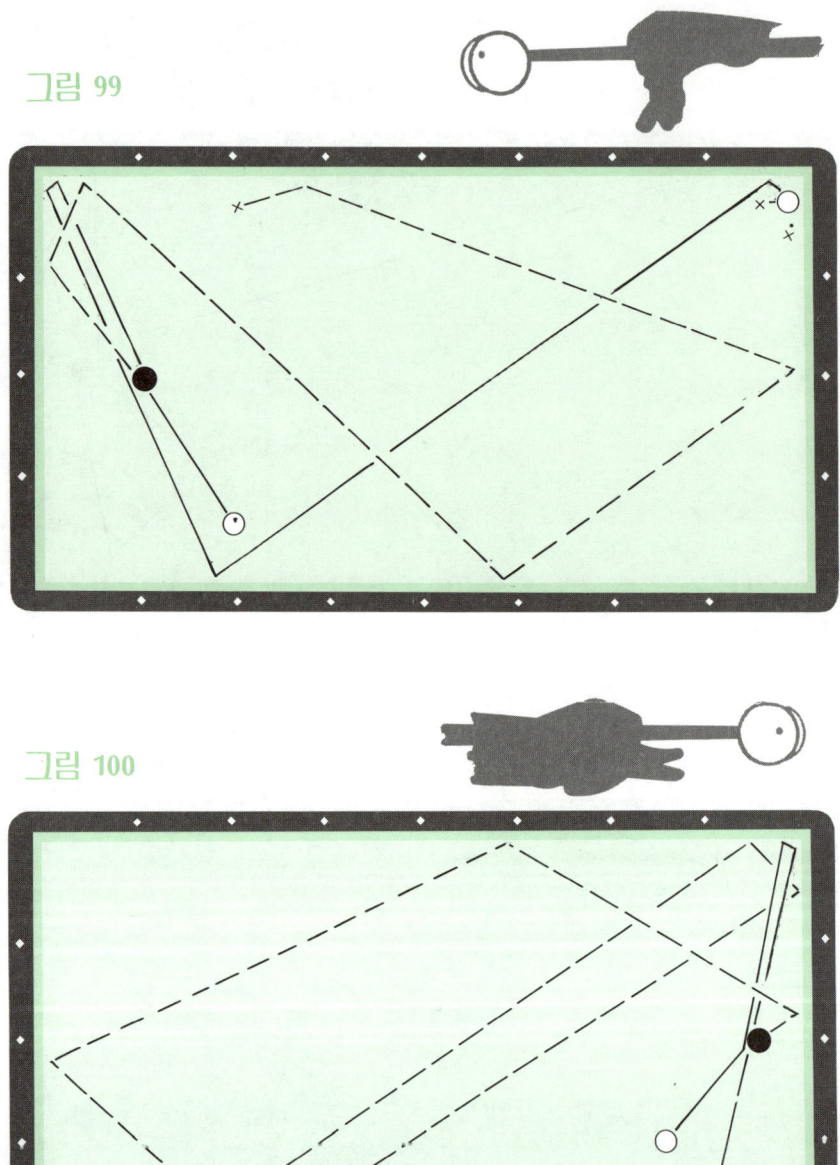

그림 101

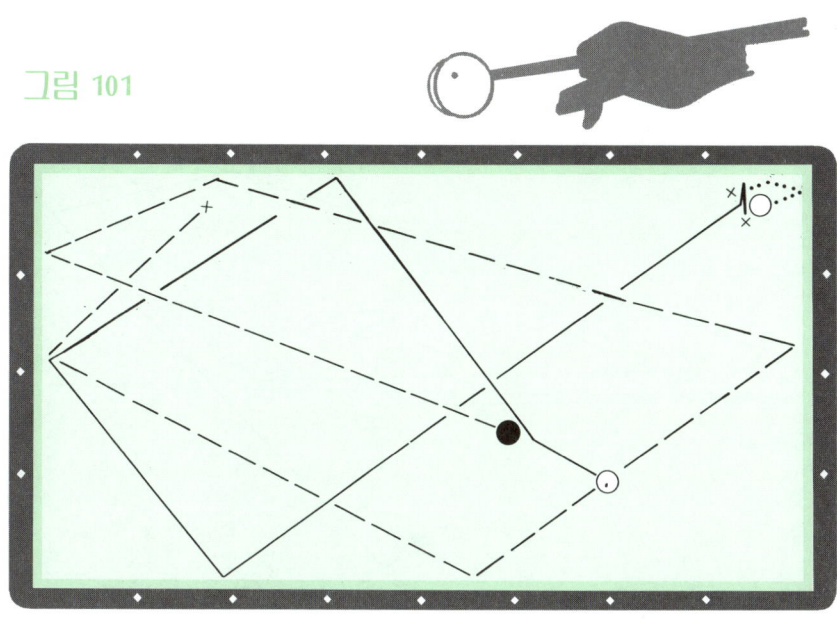

그림 102

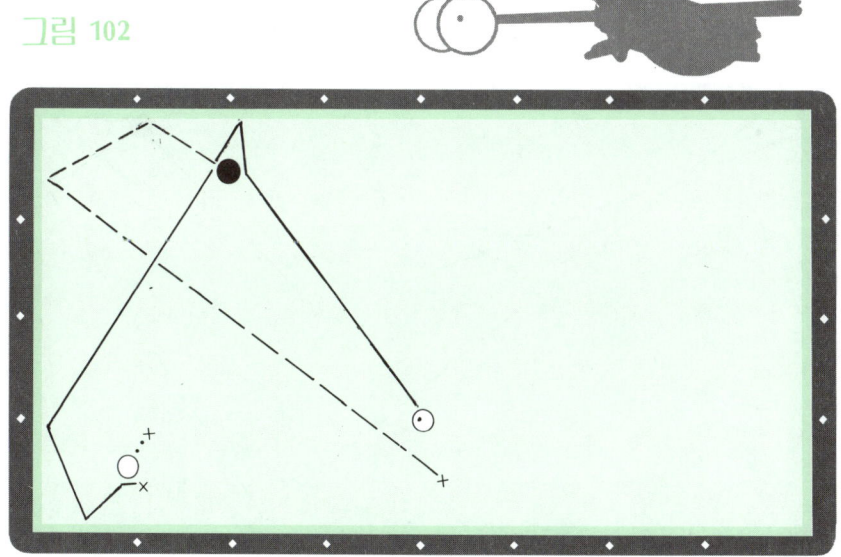

그림 103

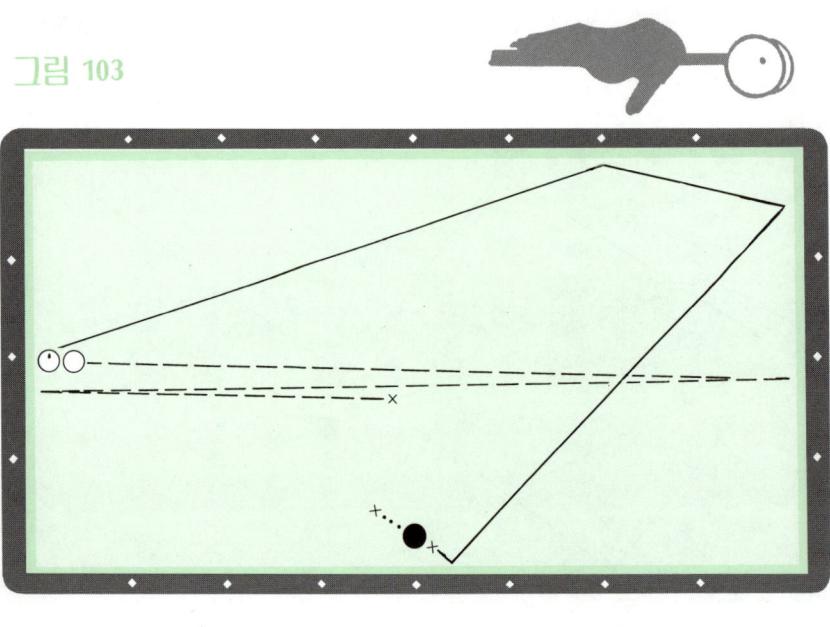

그림 104

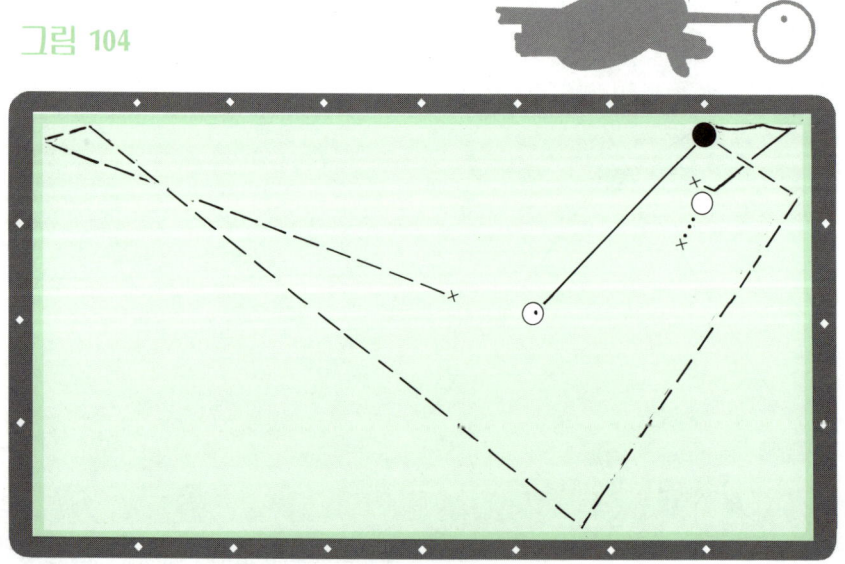

그림 105

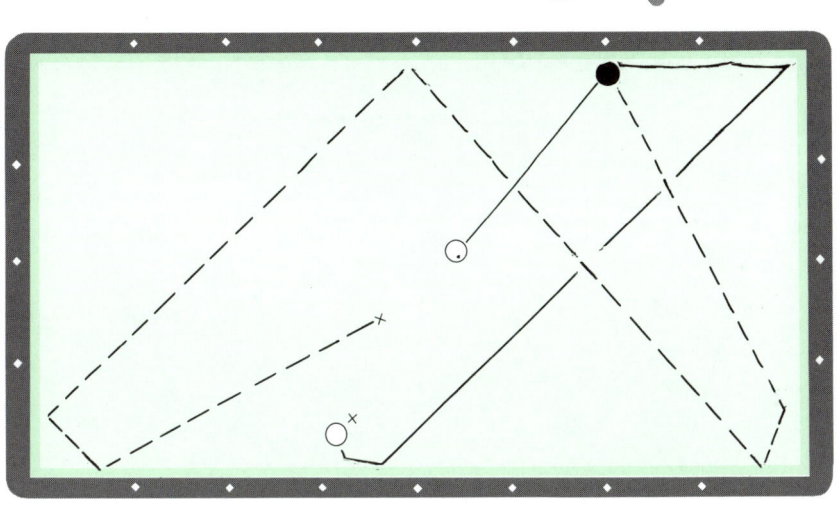

그림 106

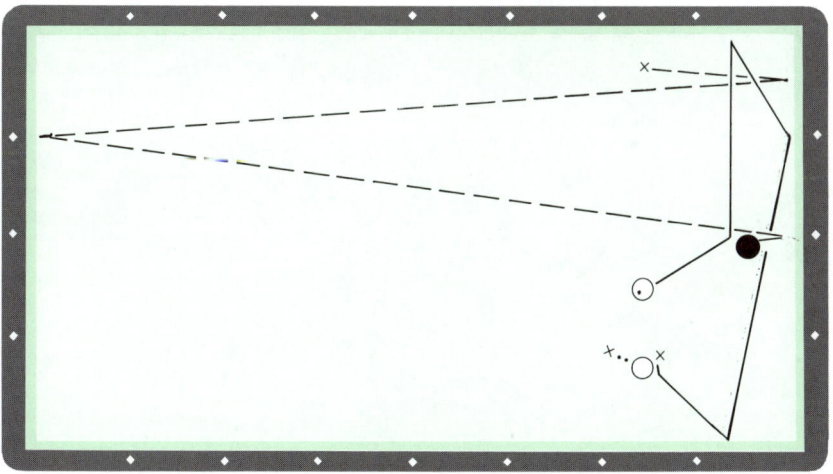

그림 107

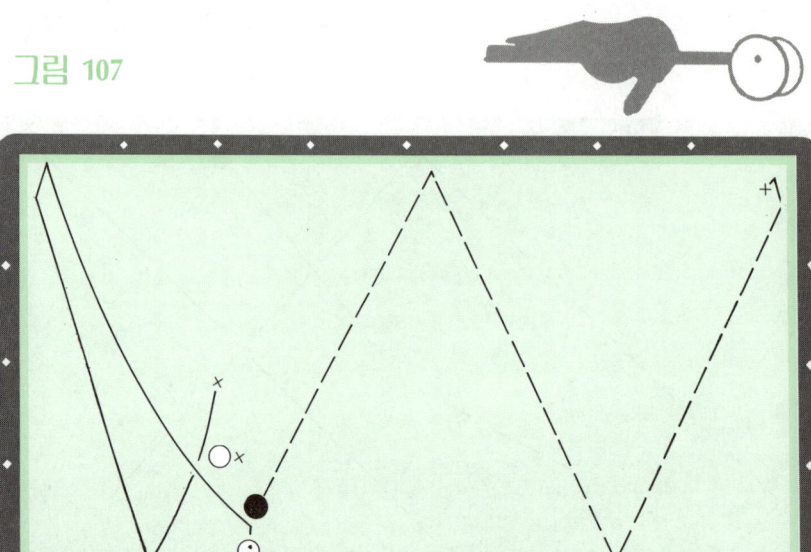

그림 108

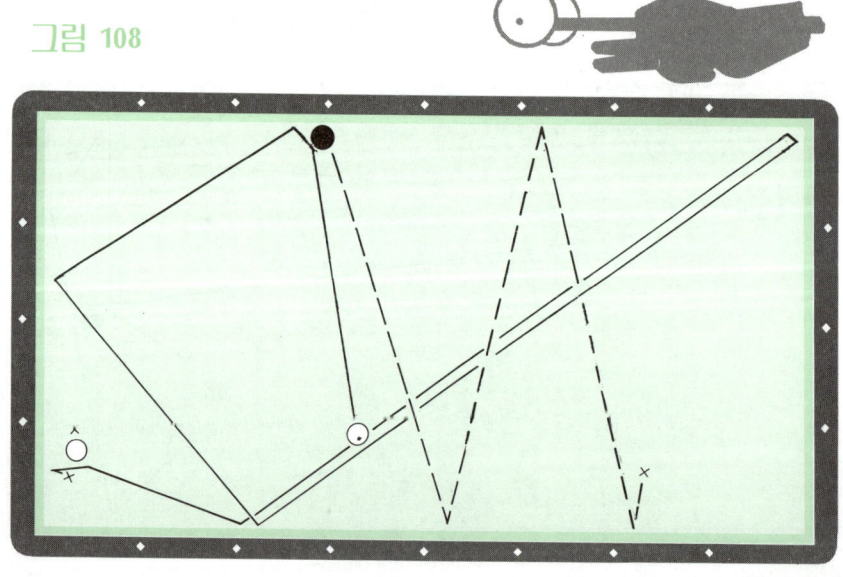

그림 109

그림 110

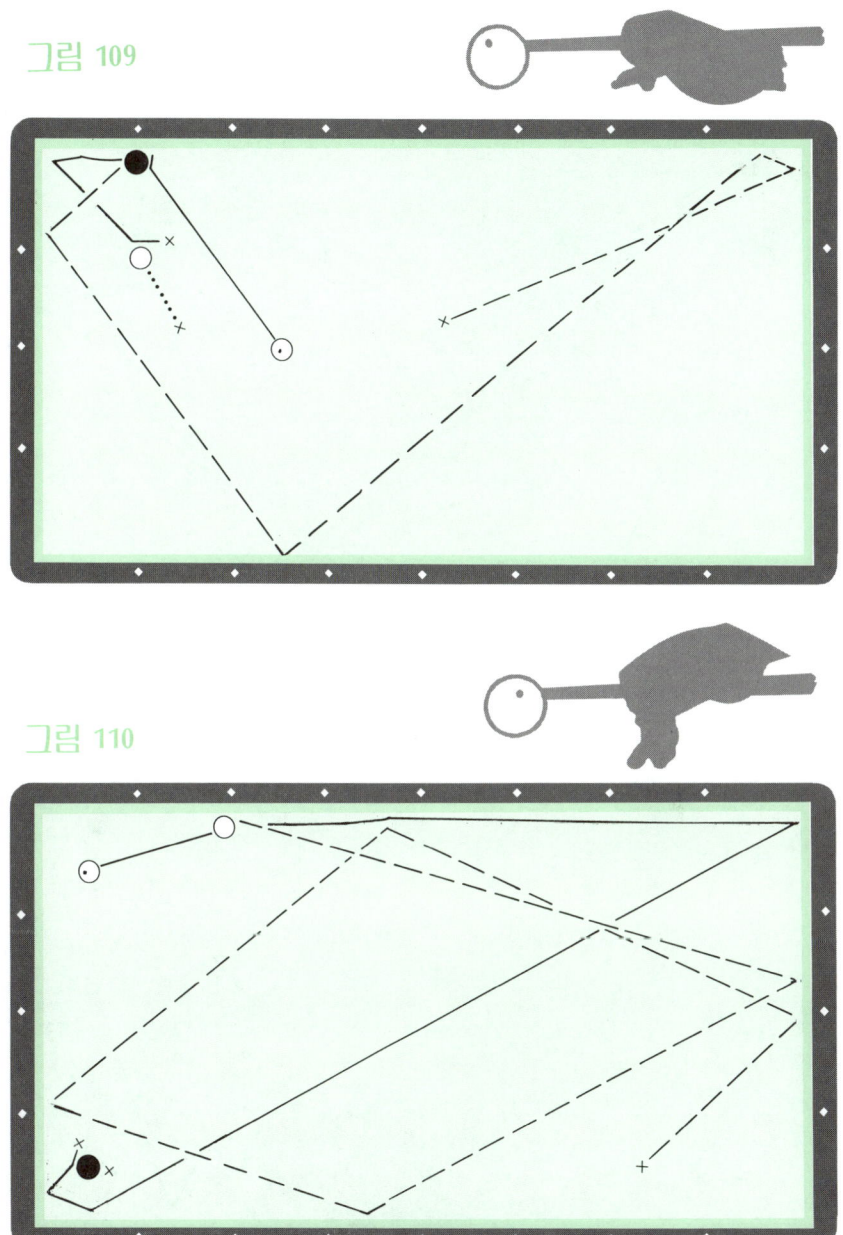

그림 111

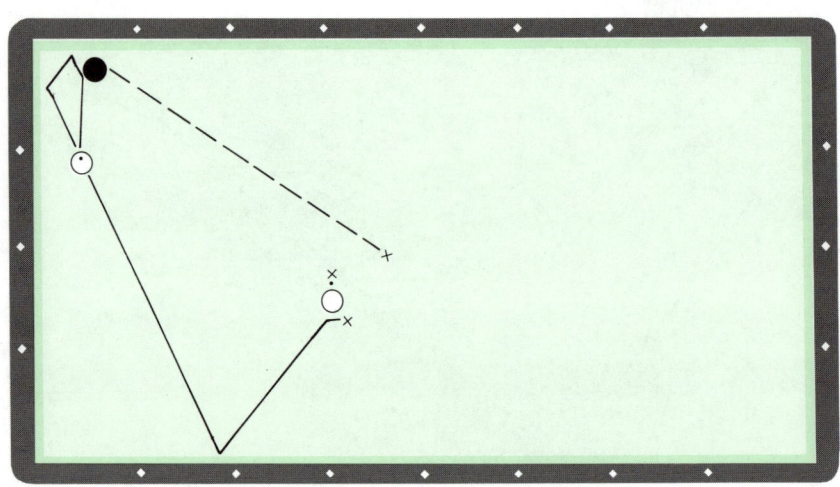

그림 112
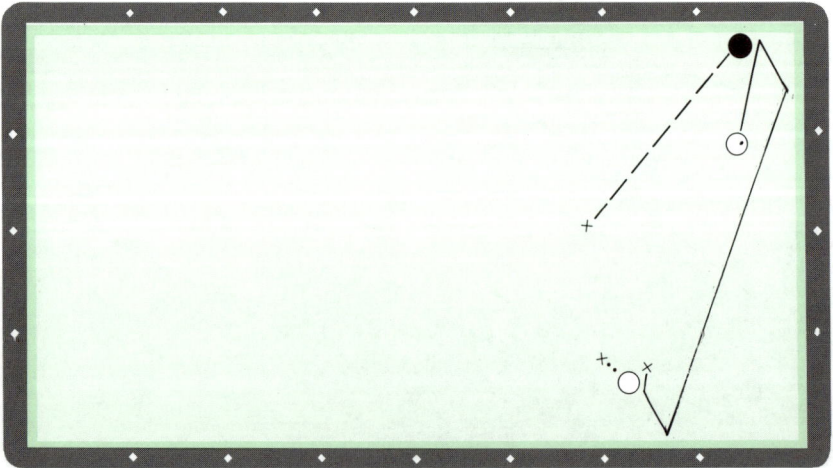

그림 113

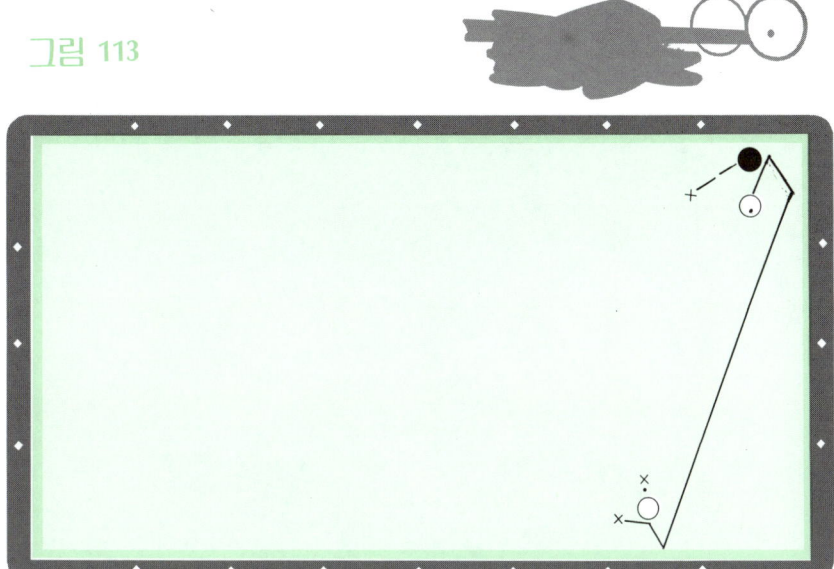

그림 114

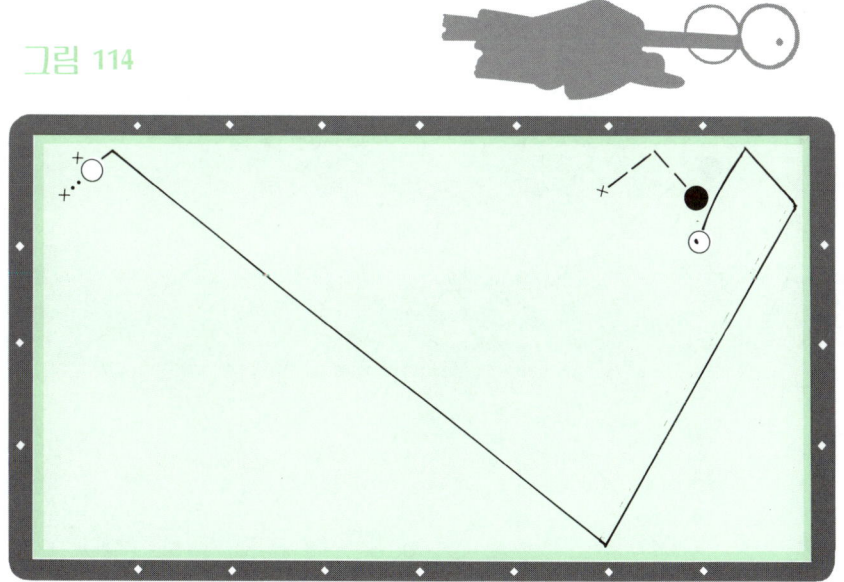

그림 115

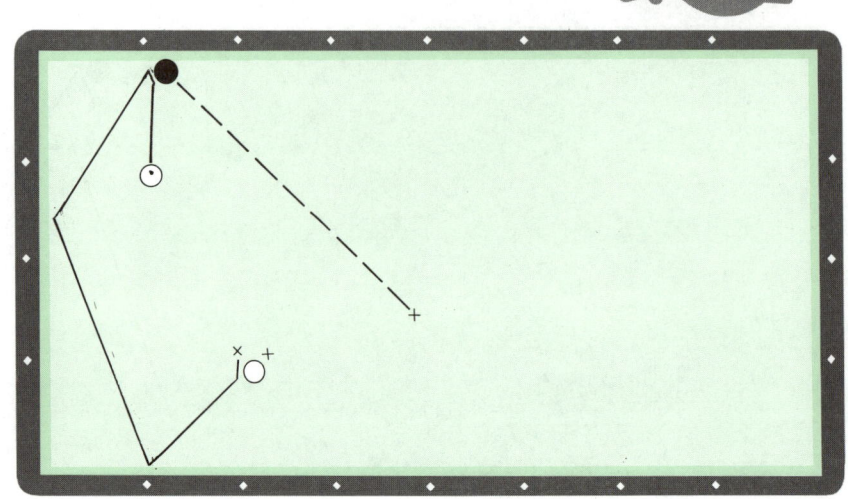

그림 116

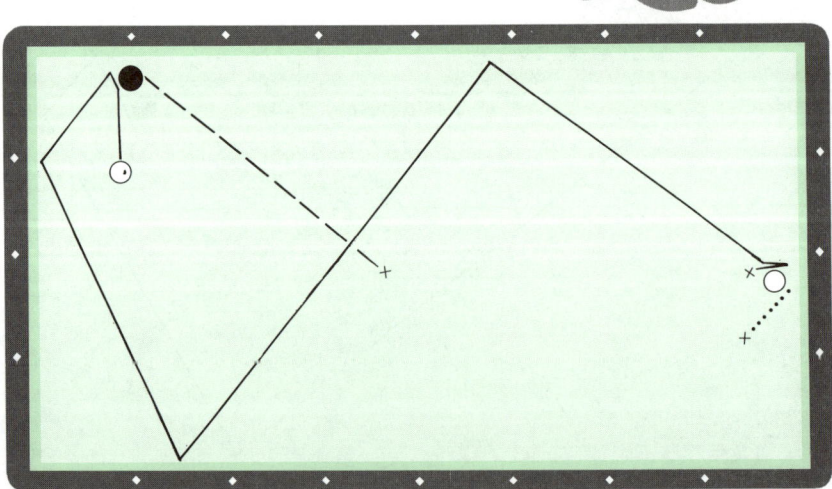

그림 117

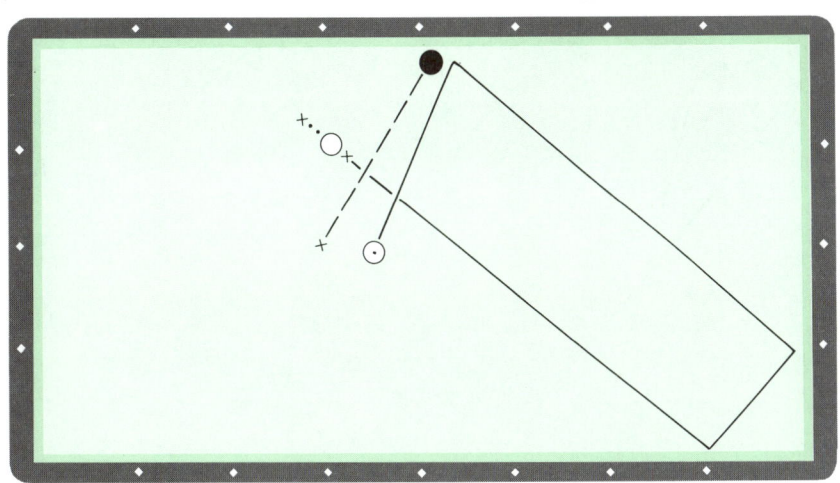

그림 118

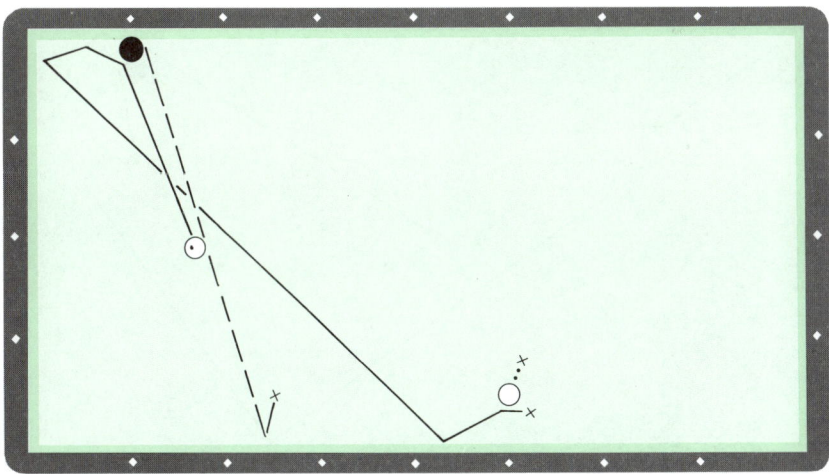

그림 119

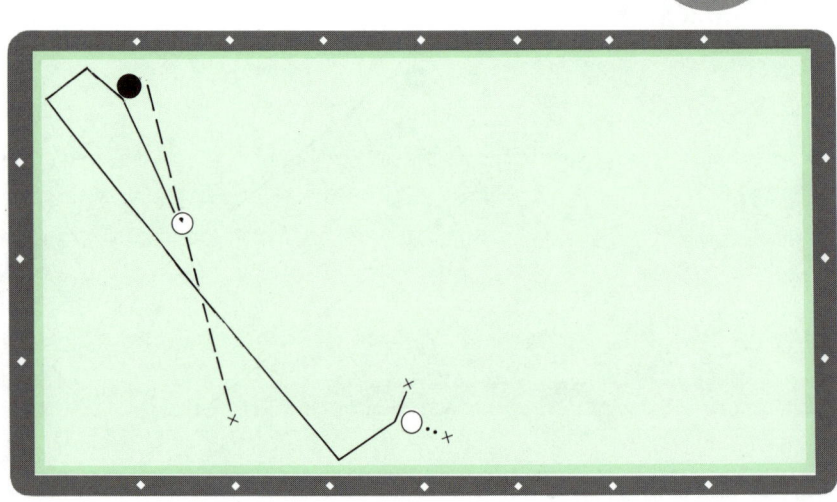

그림 120

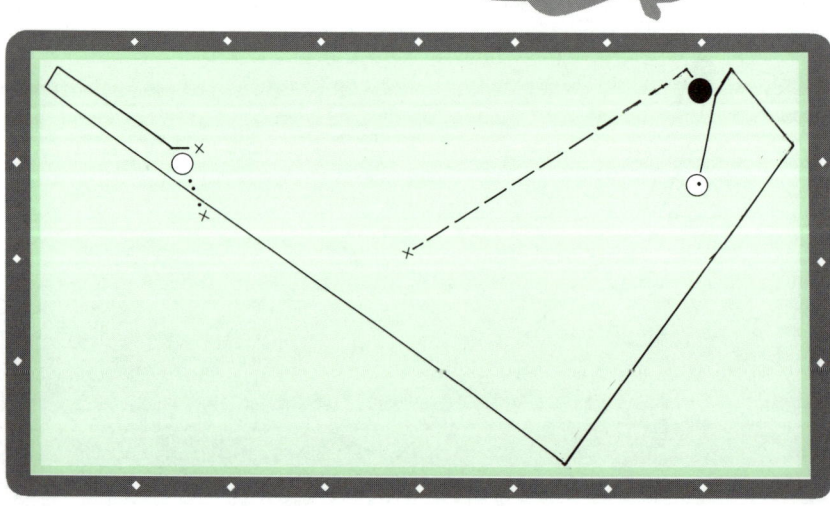

그림 121

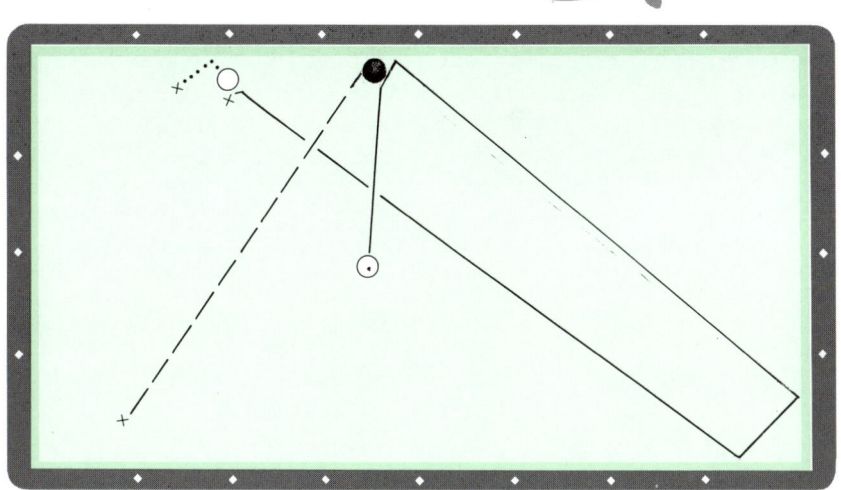

그림 122

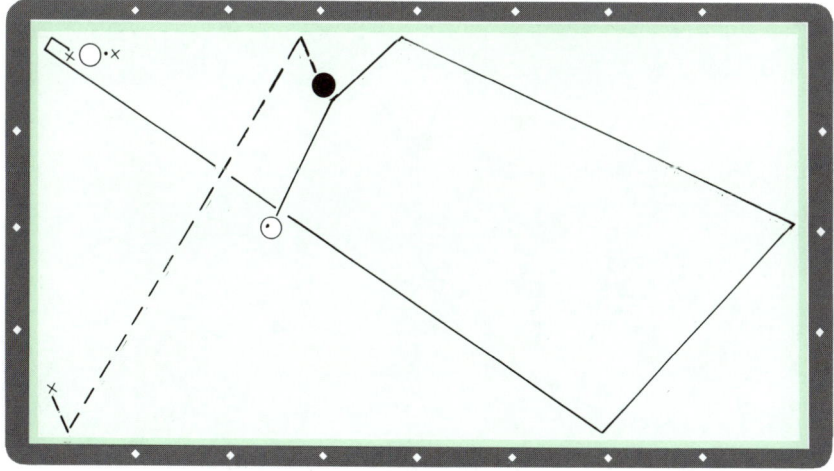

그림 123

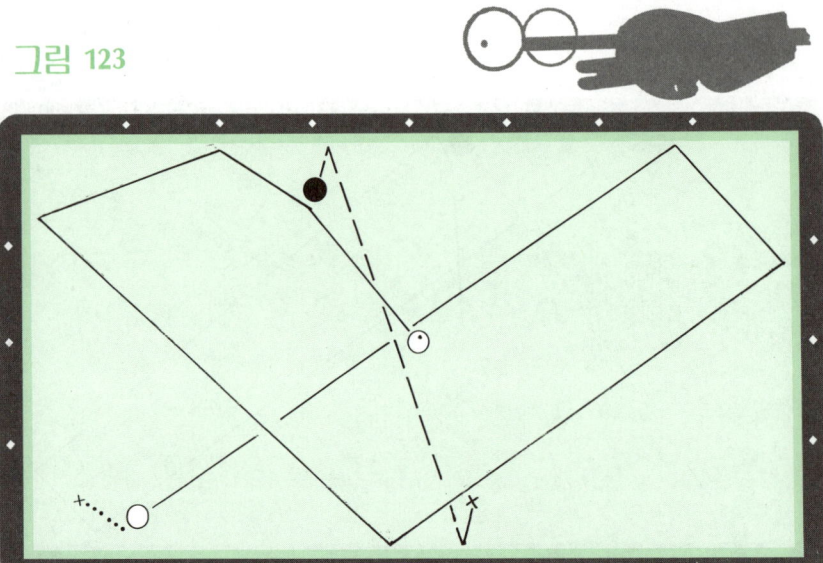

그림 124

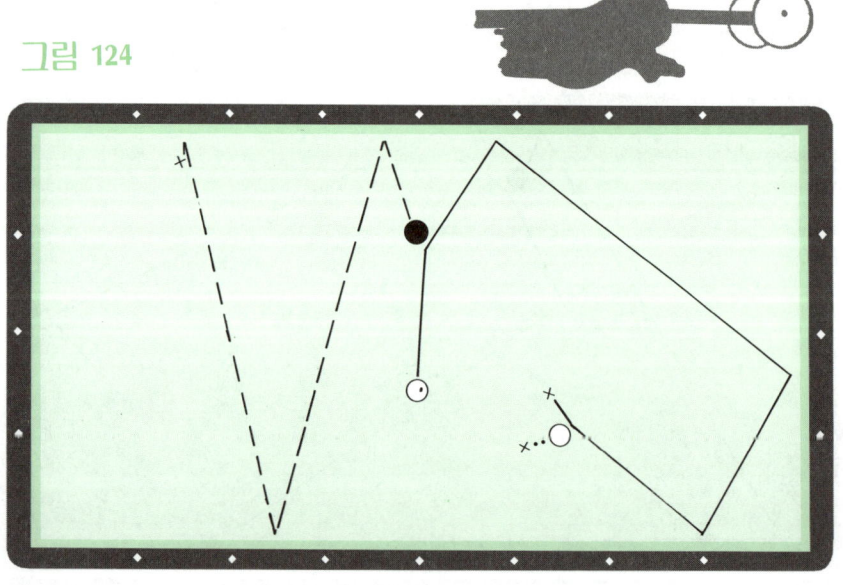

그림 125

그림 126

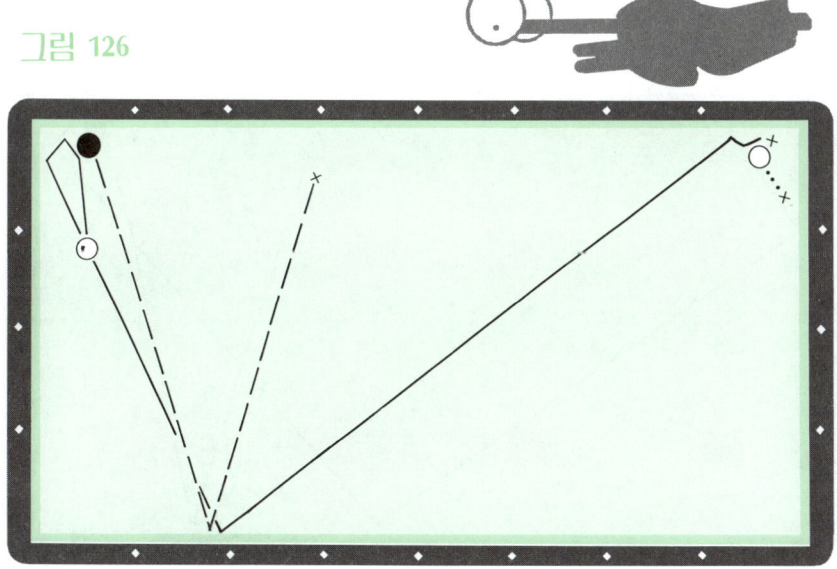

그림 127

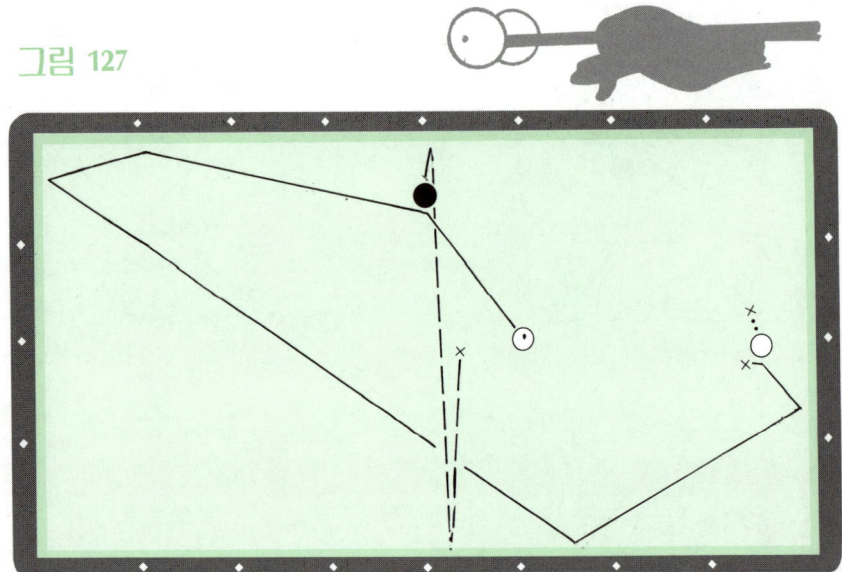

그림 128

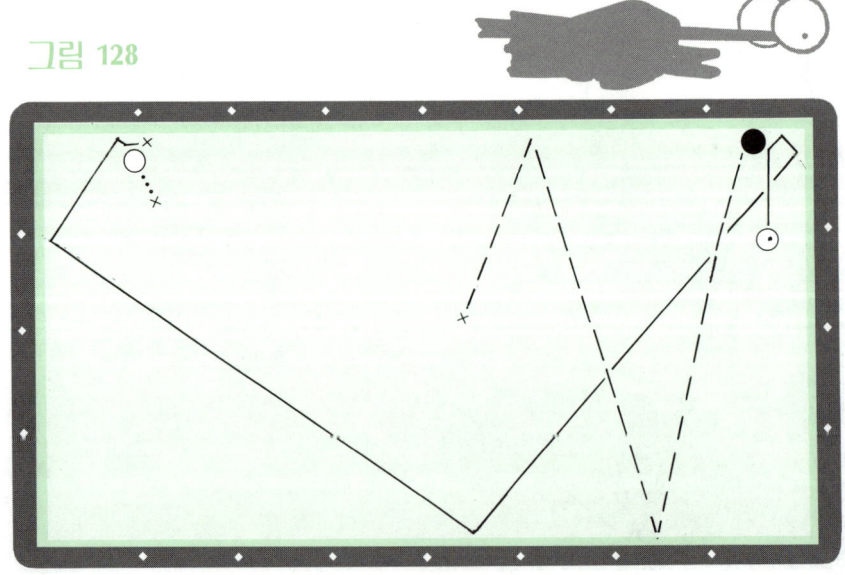

그림 129

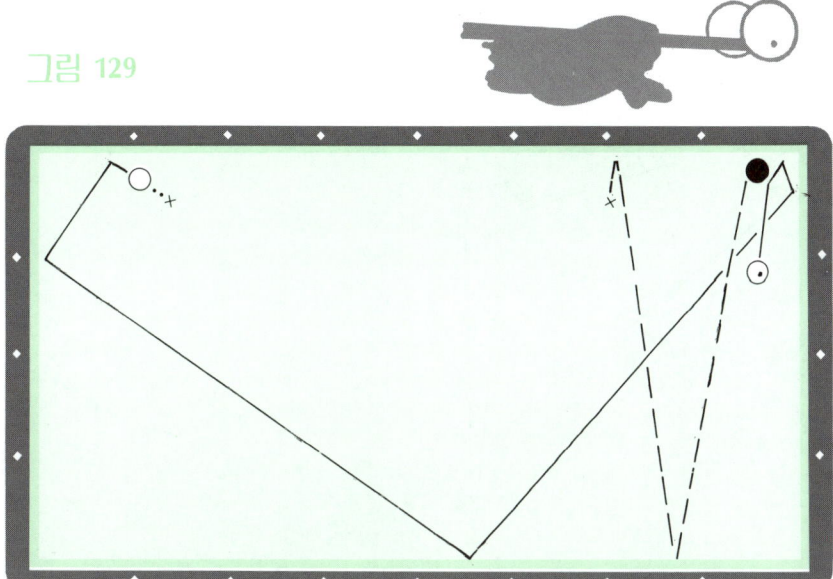

그림 130

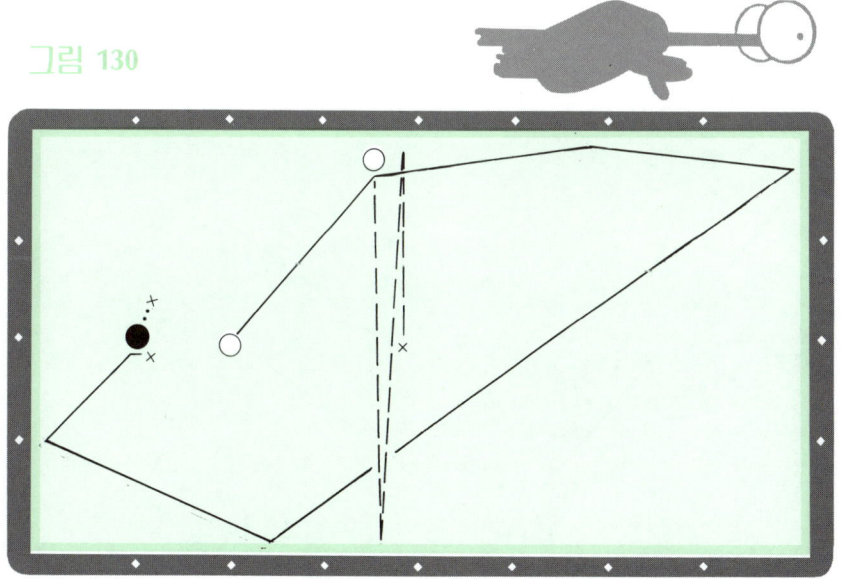

그림 131

그림 132

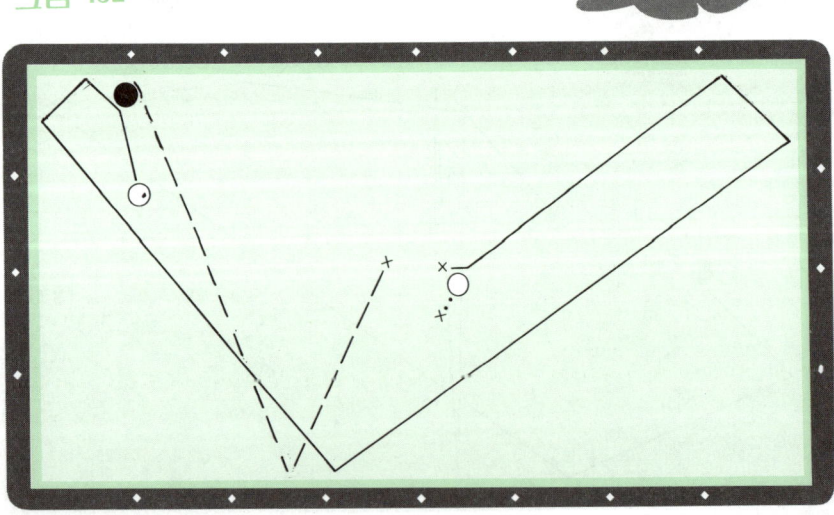

그림 133

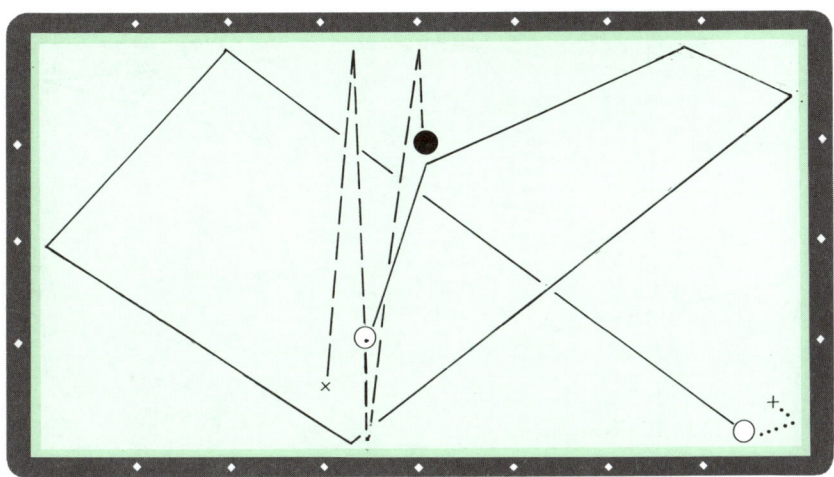

그림 134

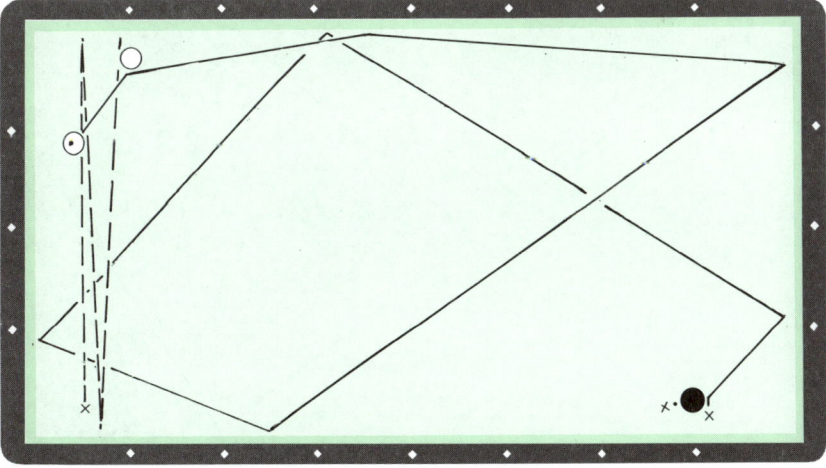

그림 135

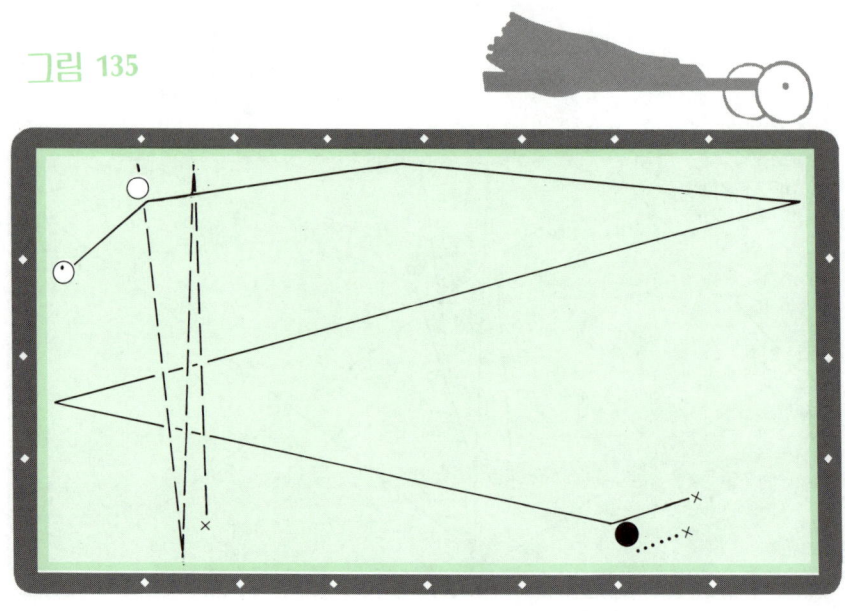

그림 136

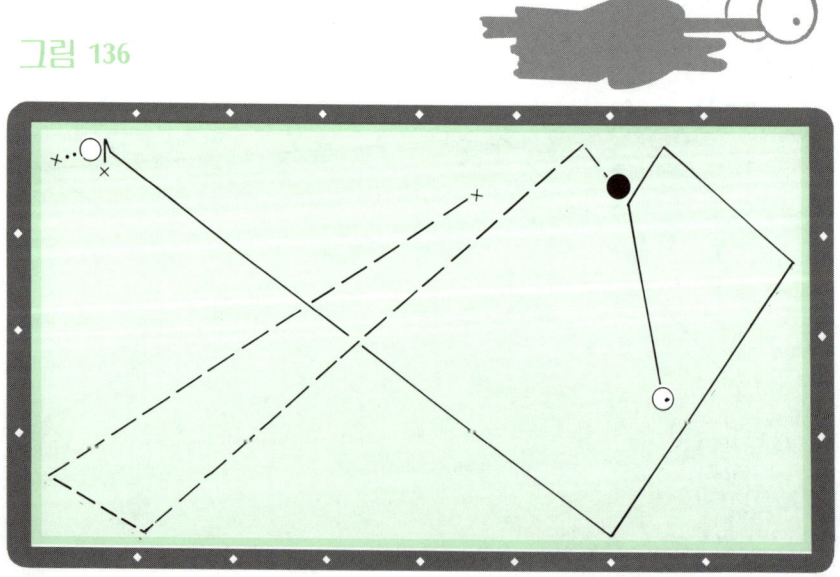

그림 137

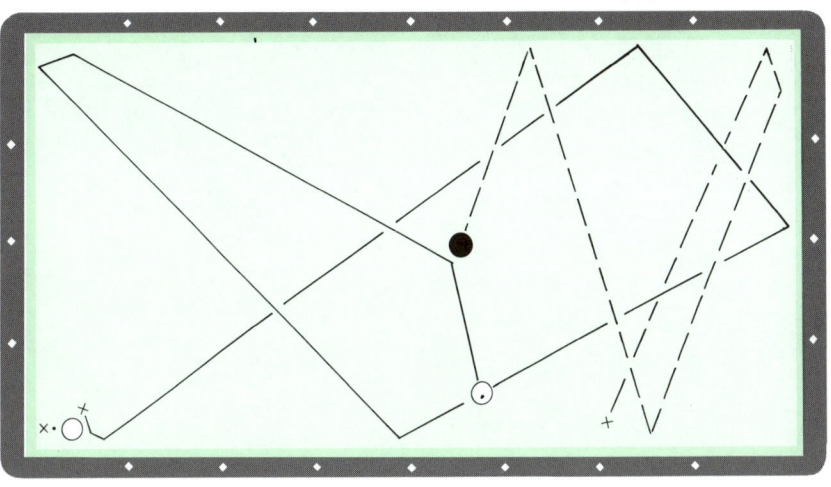

그림 138

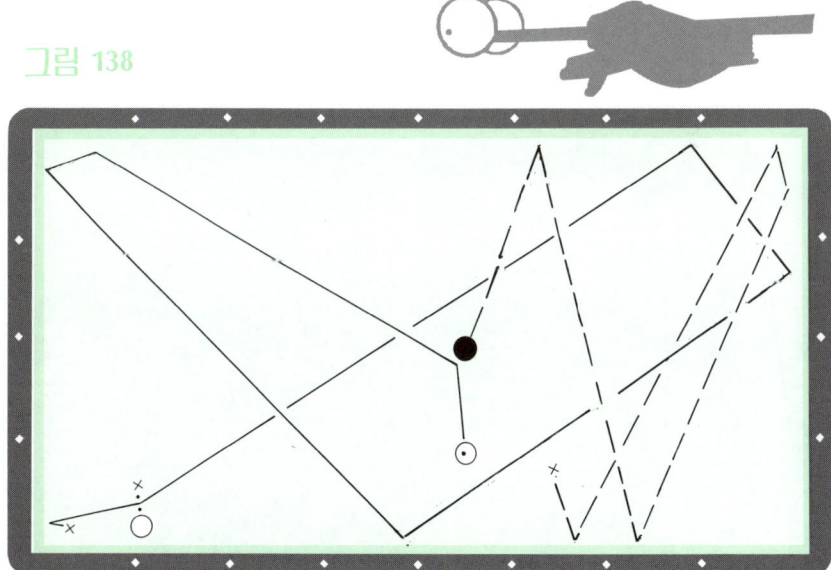

그림 139

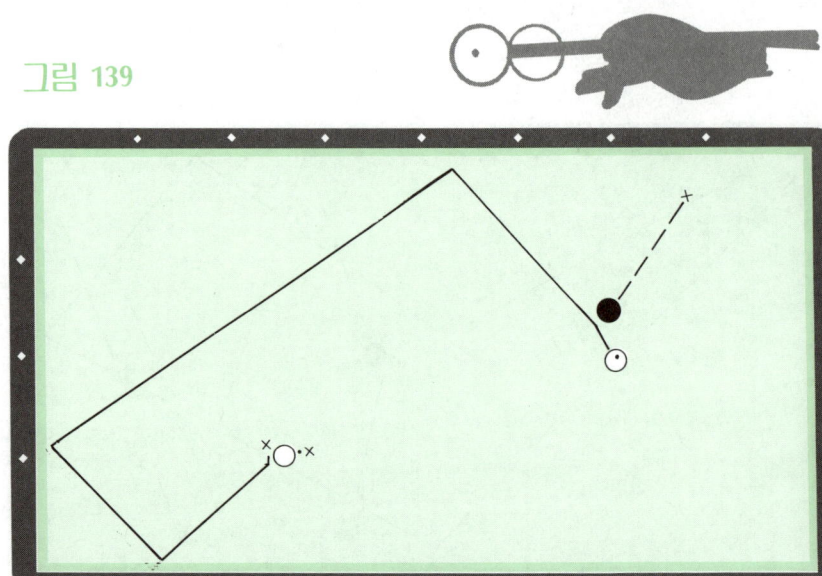

그림 140

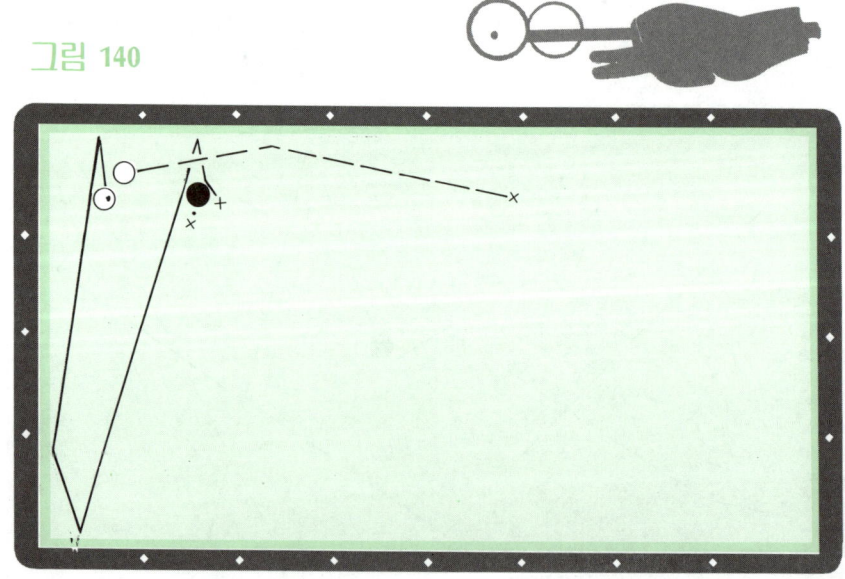

그림 141

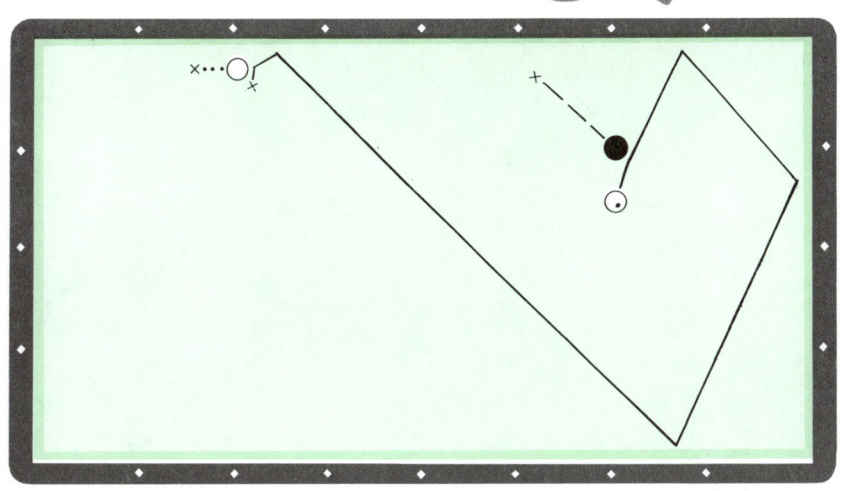

그림 142

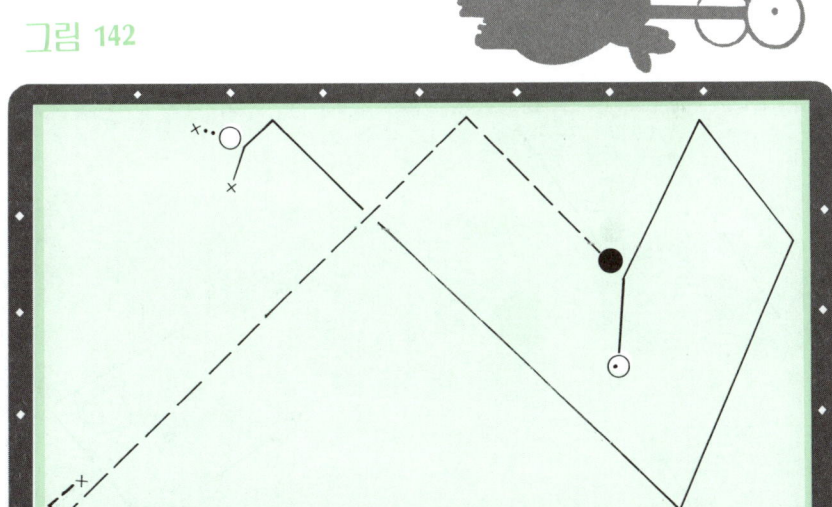

 그림 143

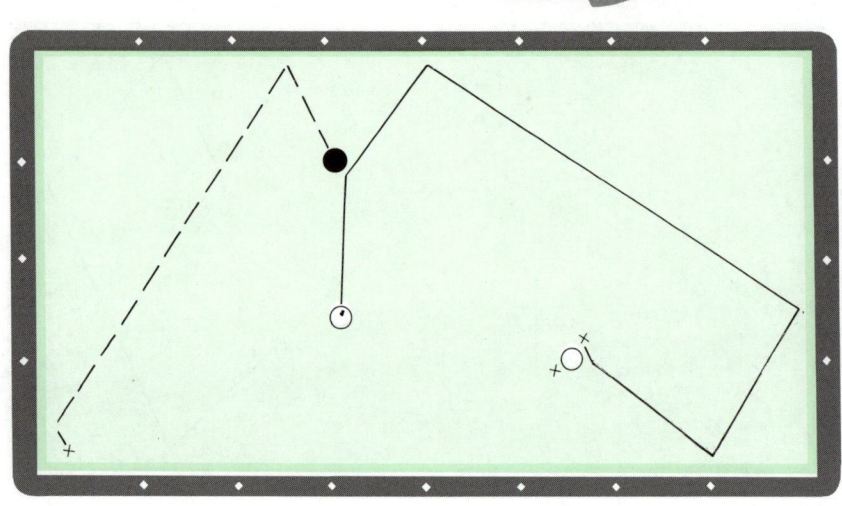

그림 144

그림 145

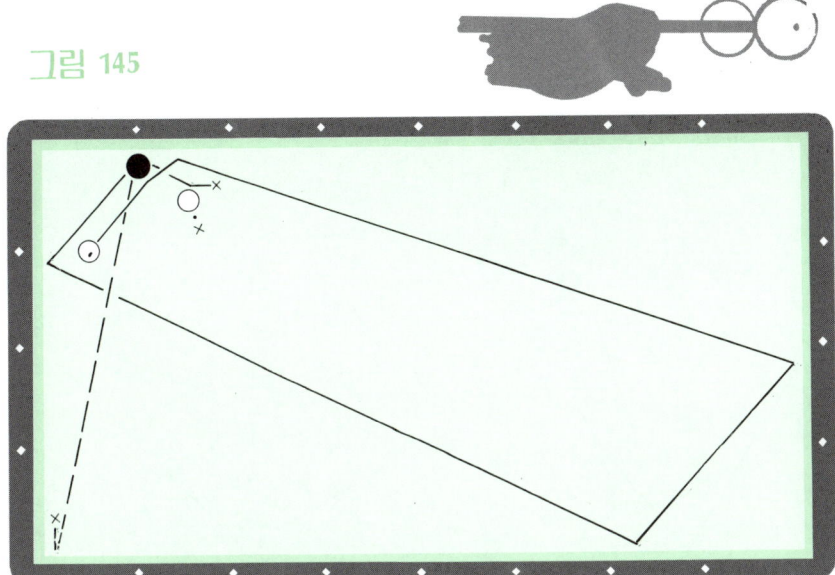

그림 146

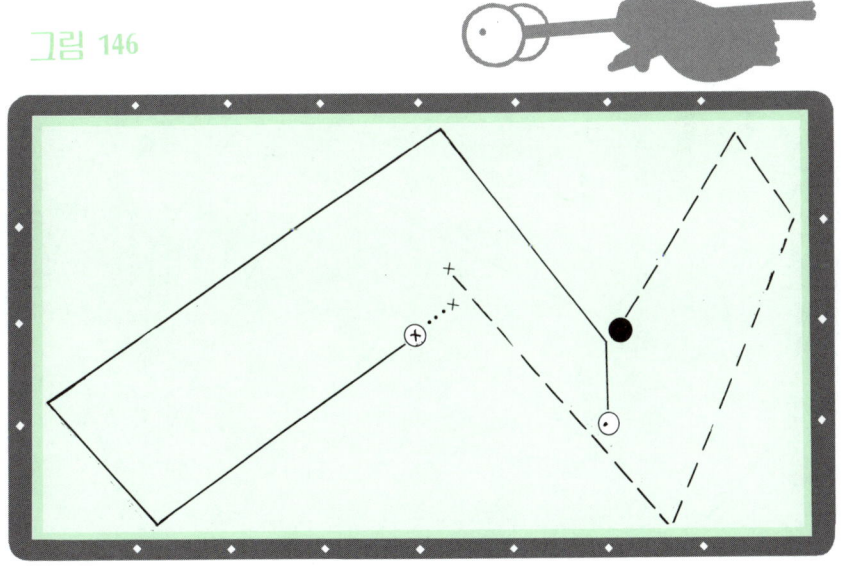

그림 147

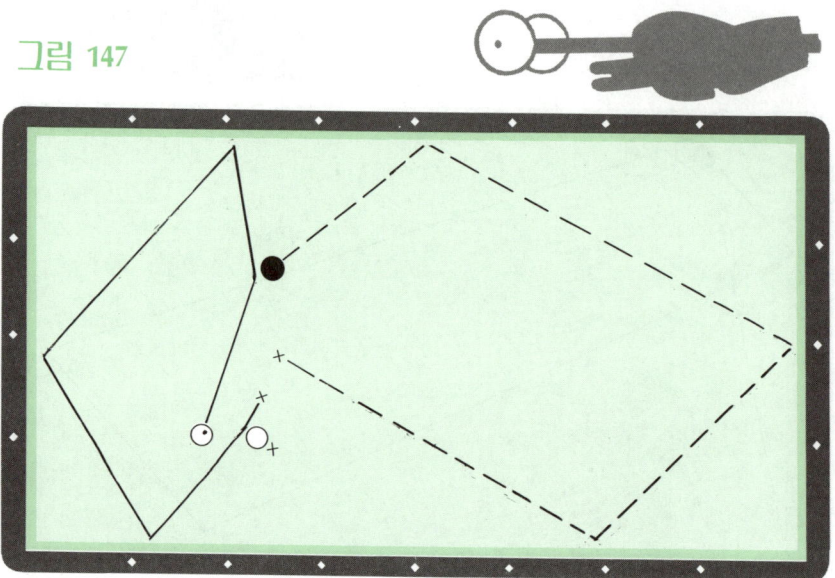

그림 148

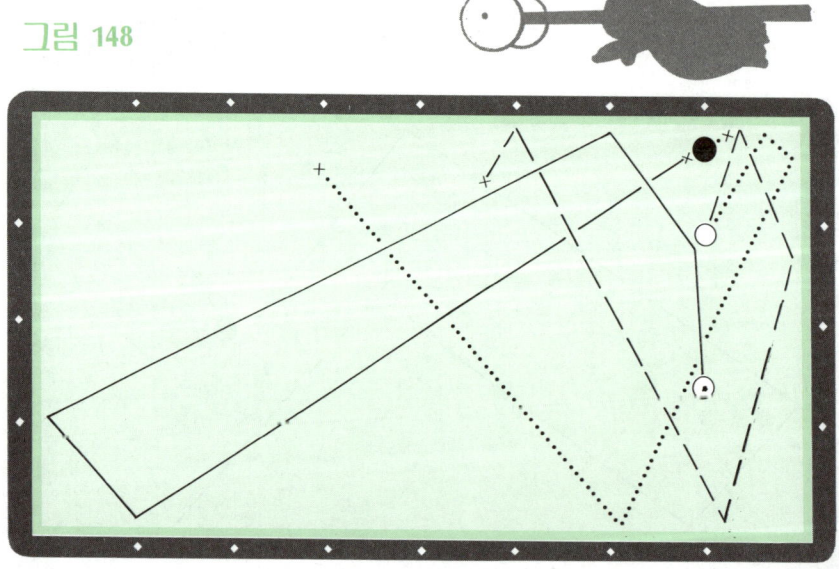

그림 149

그림 150

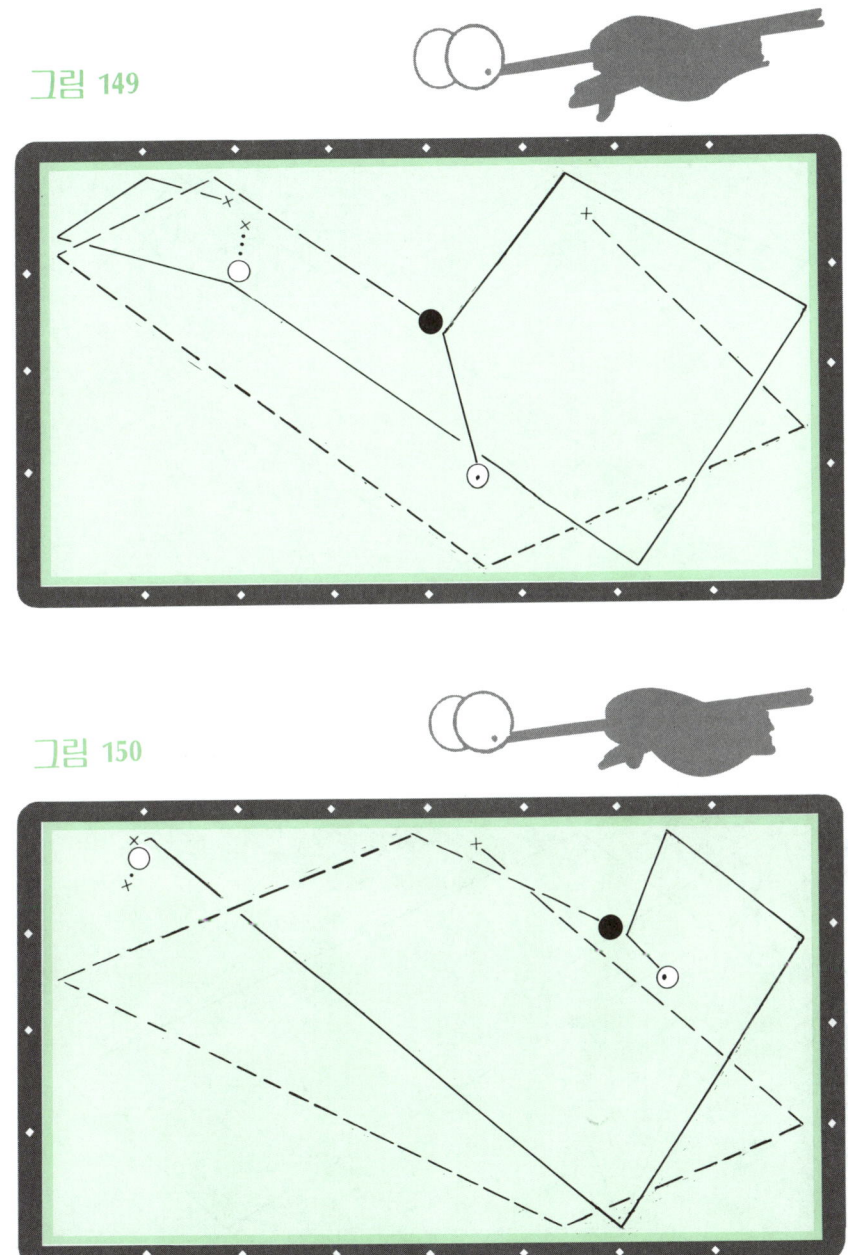

그림 151

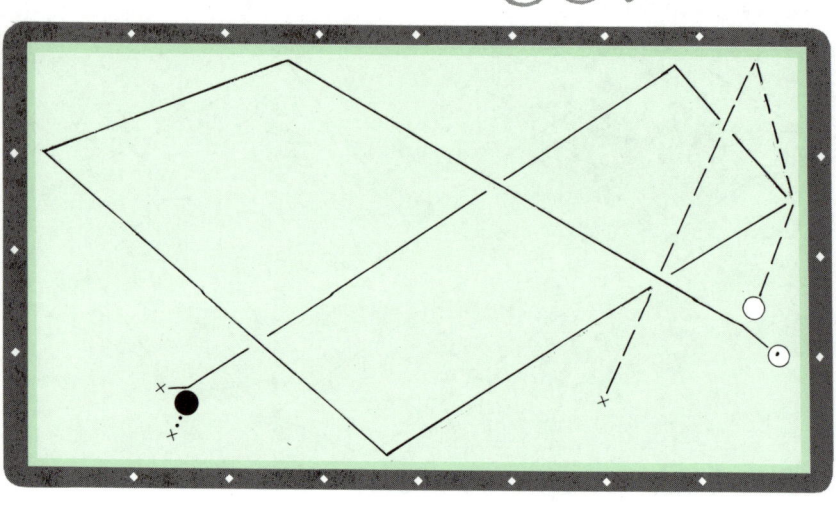

그림 152

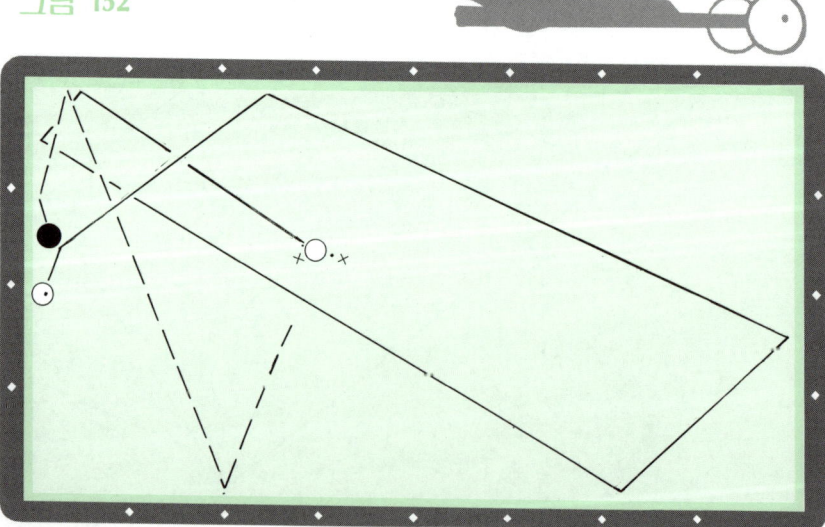

그림 153

그림 154

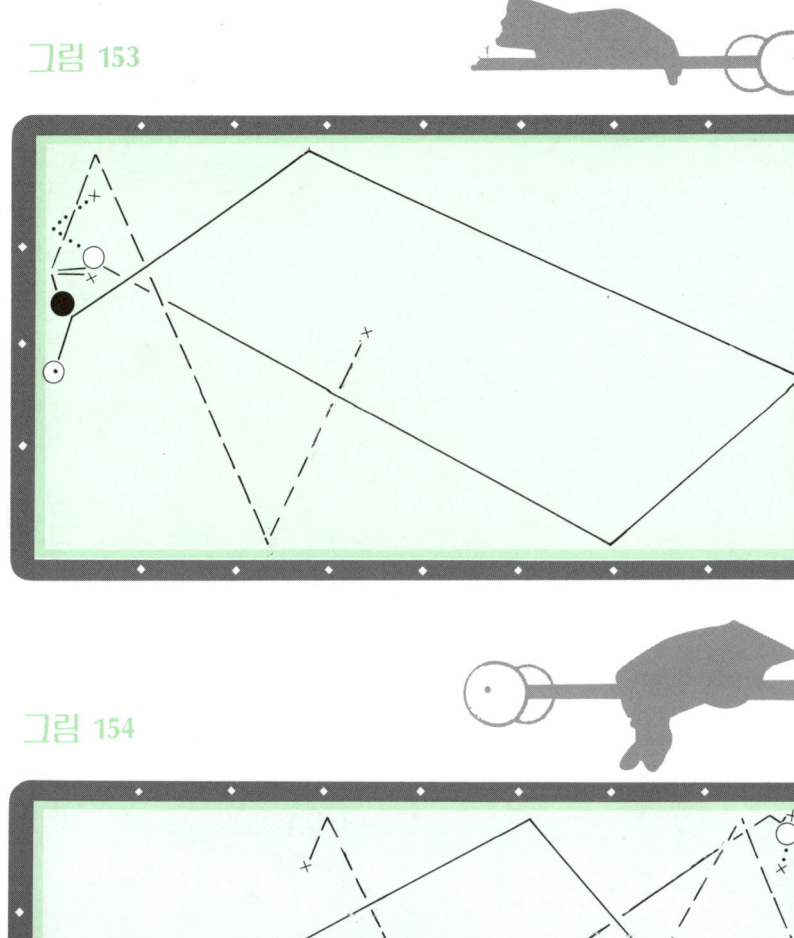

그림 155

그림 156

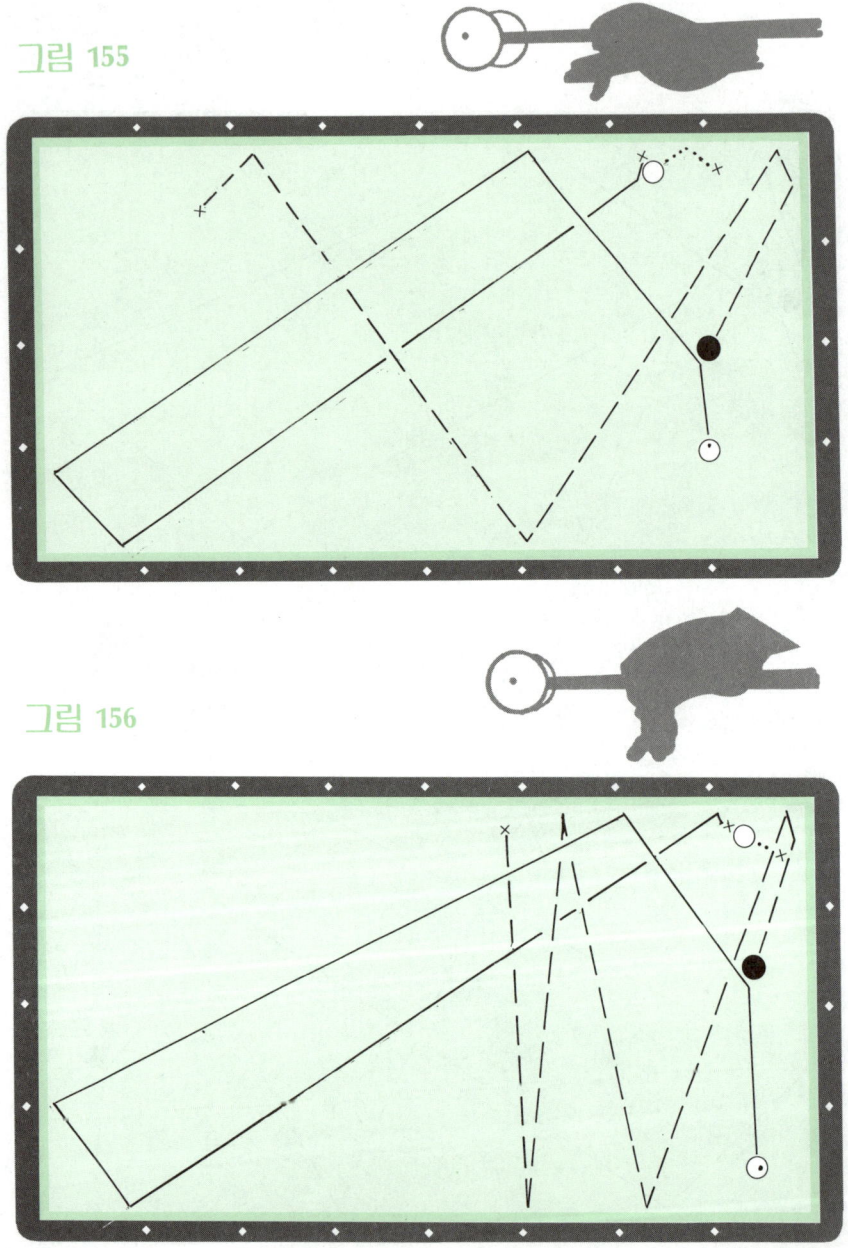

그림 157

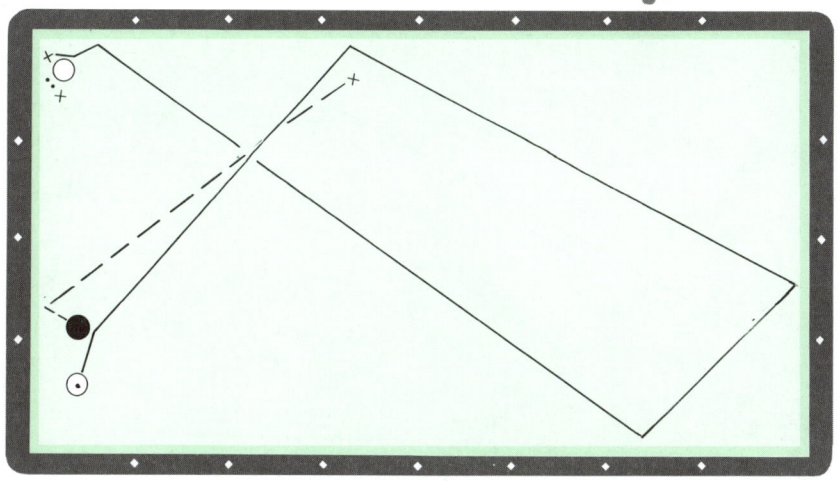

그림 158

그림 159

그림 160

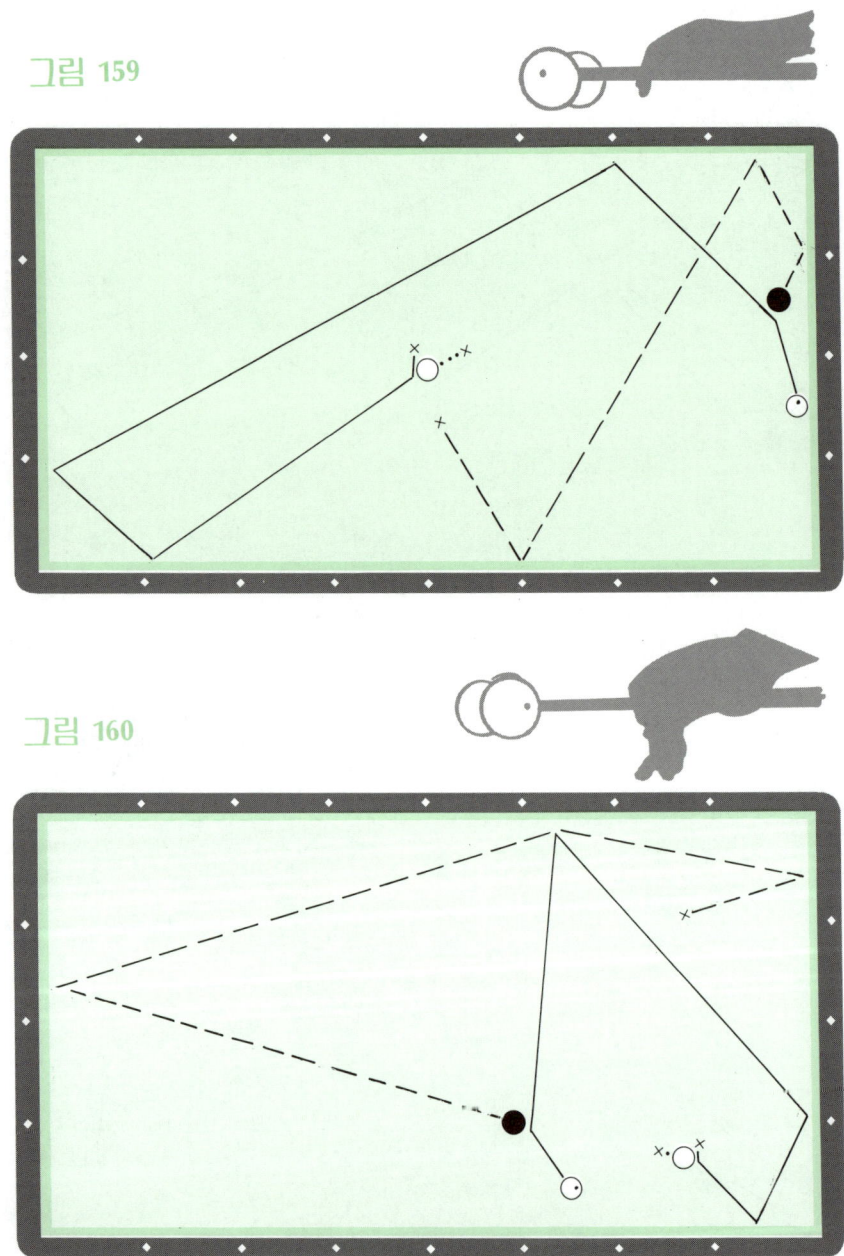

그림 161

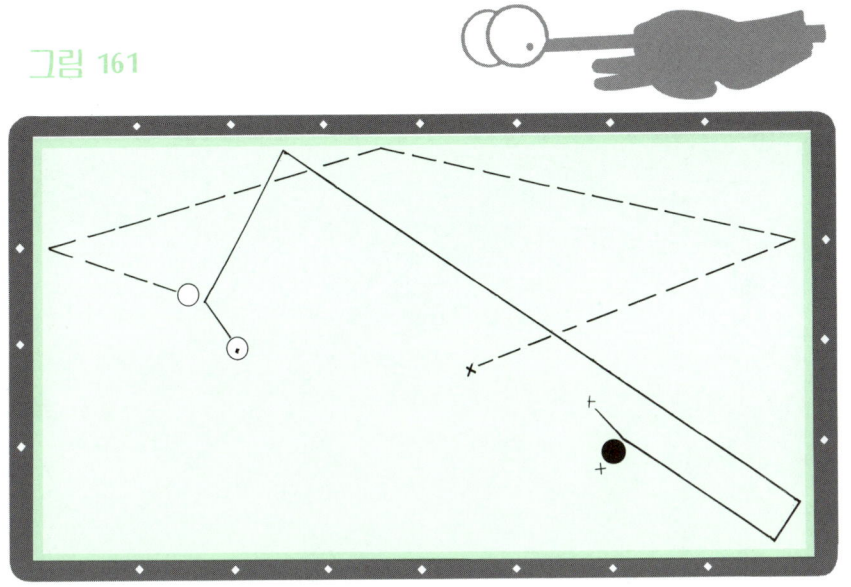

그림 162

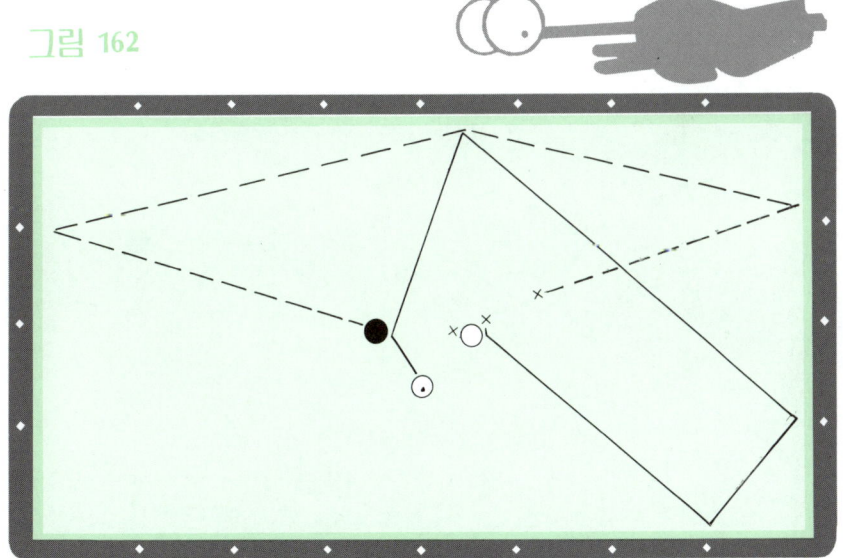

그림 163

그림 164

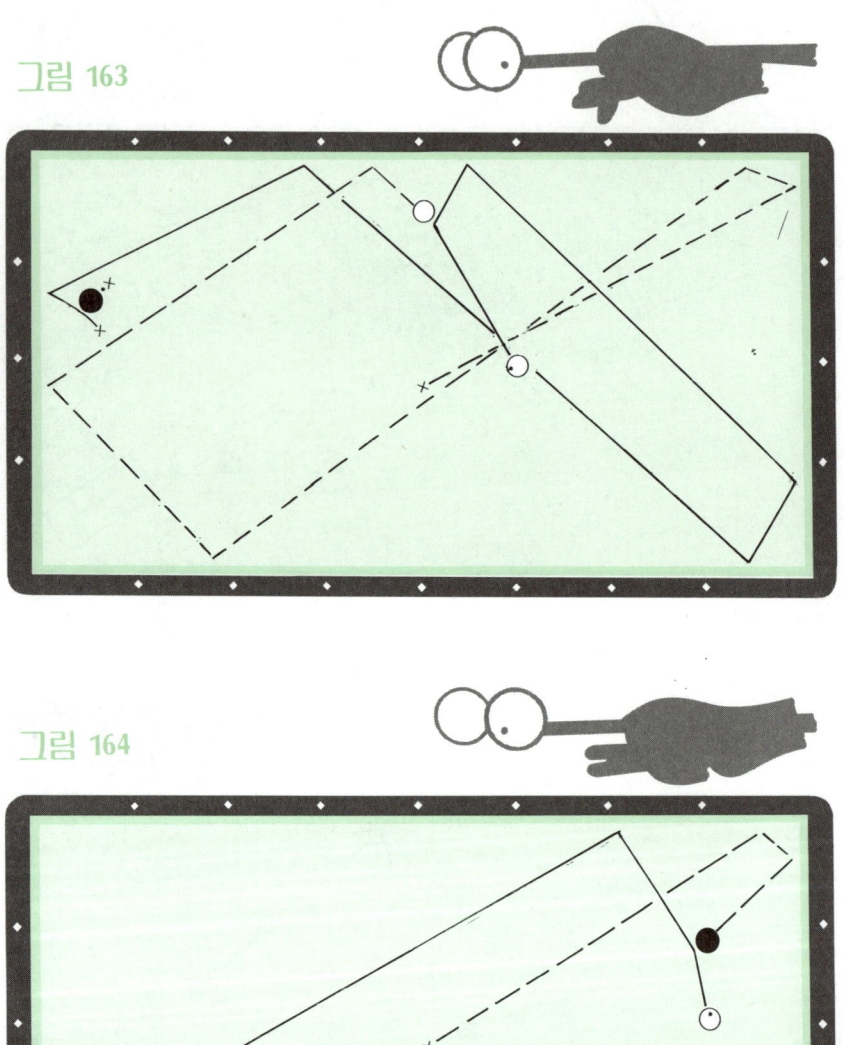

그림 165

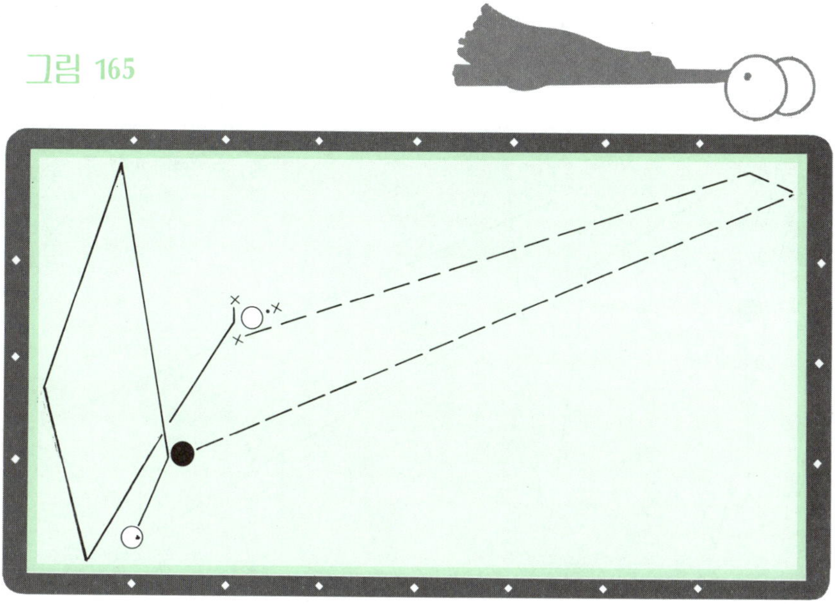

그림 166

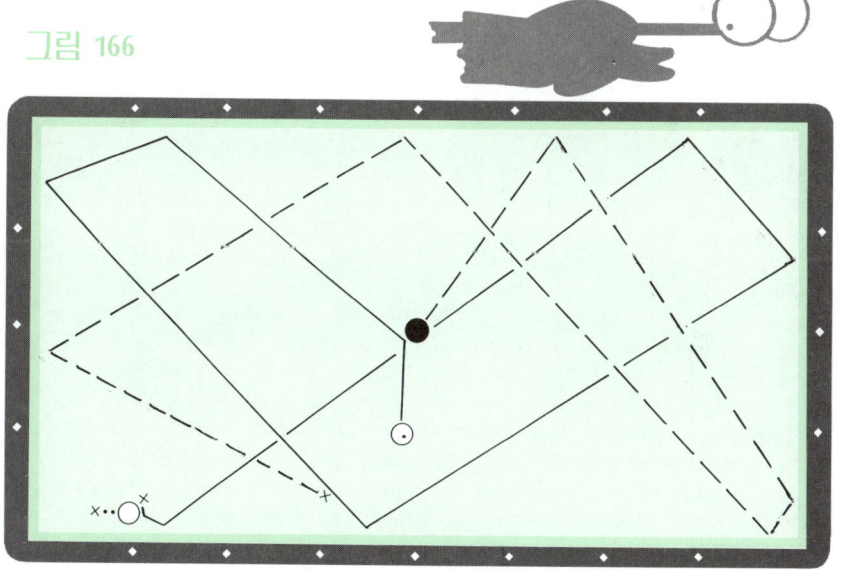

그림 167

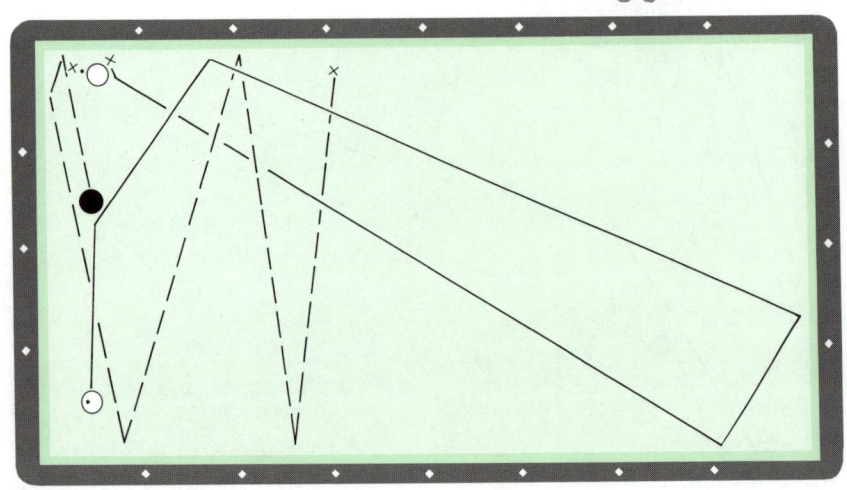

그림 168

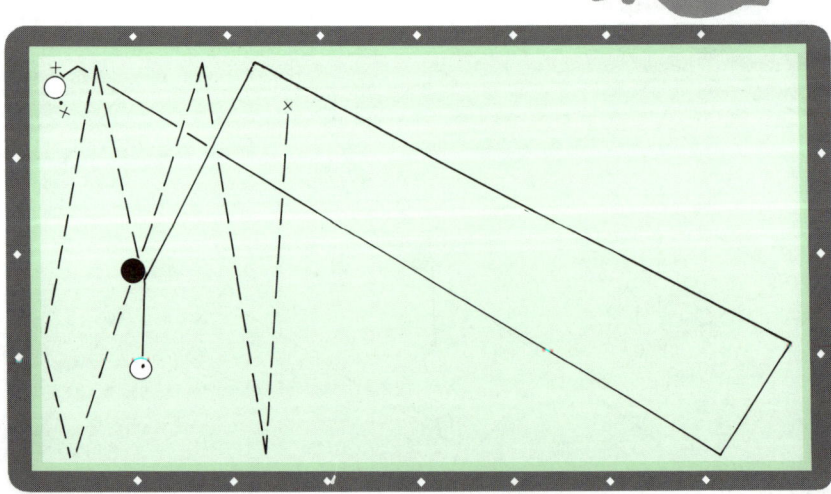

그림 169

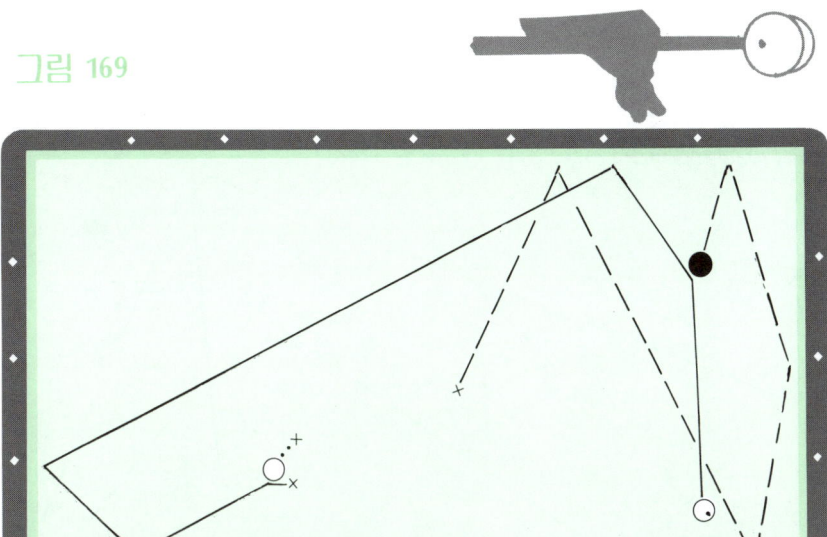

그림 170

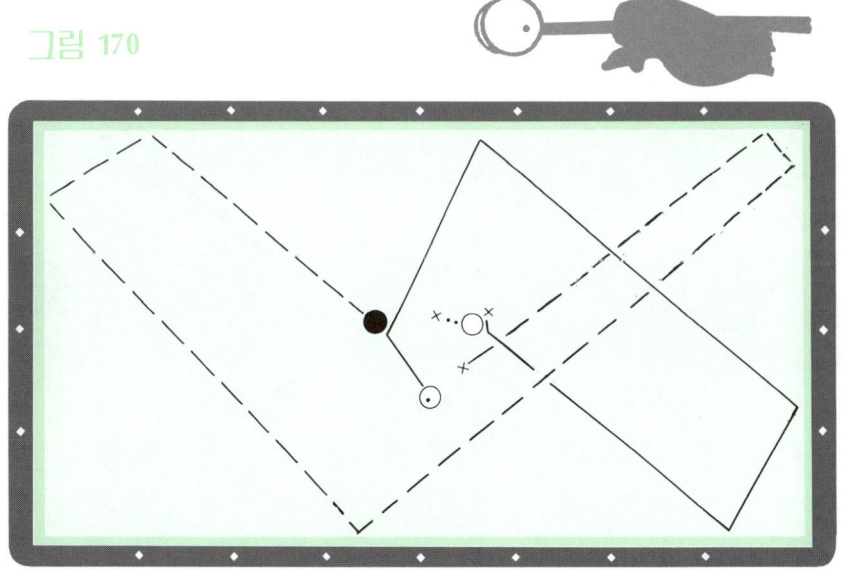

그림 171

그림 172

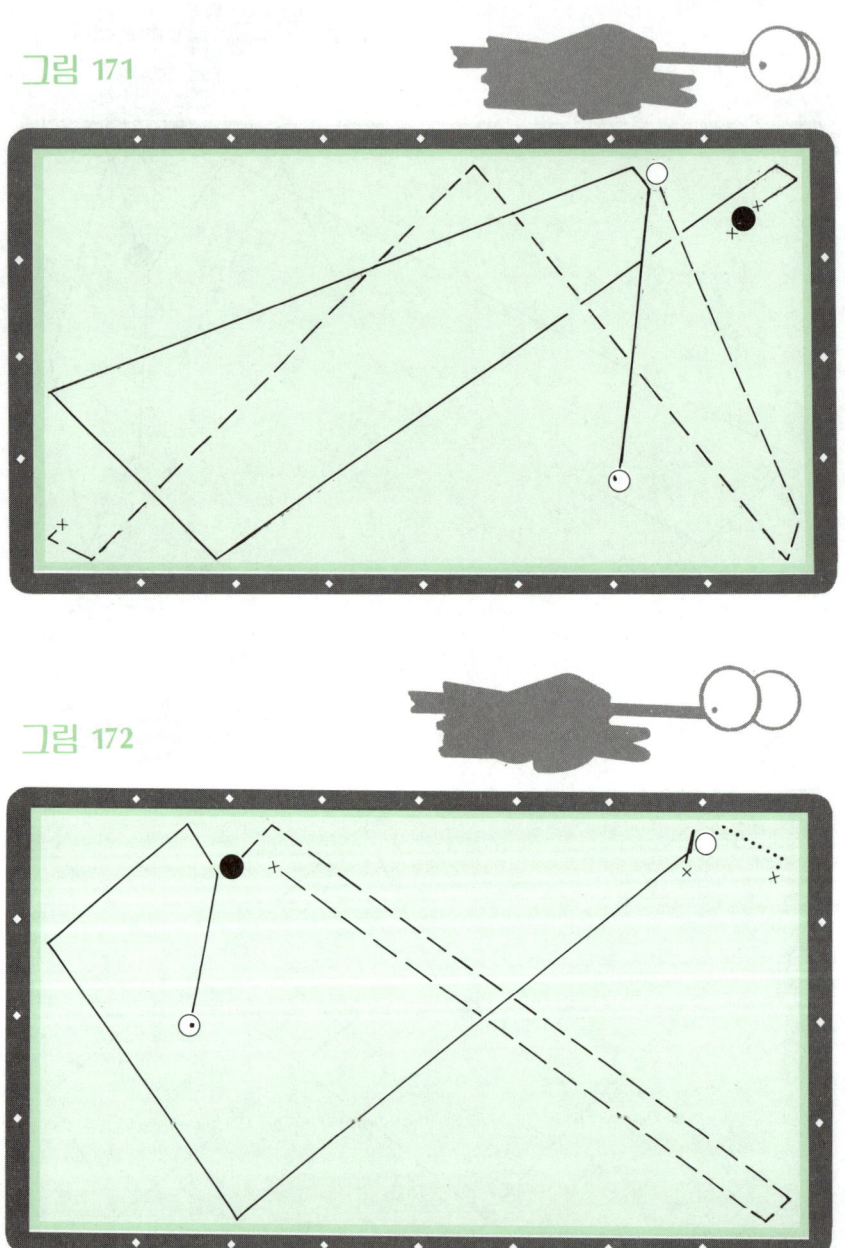

그림 173

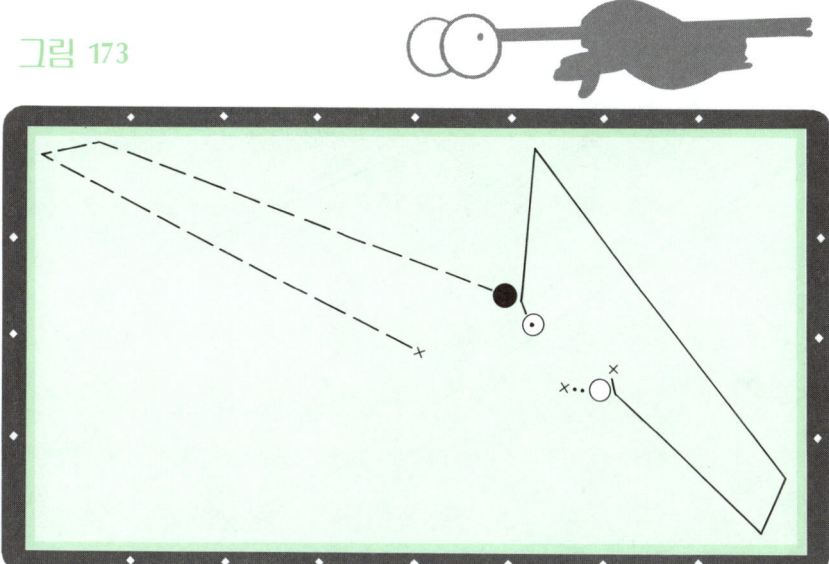

그림 174

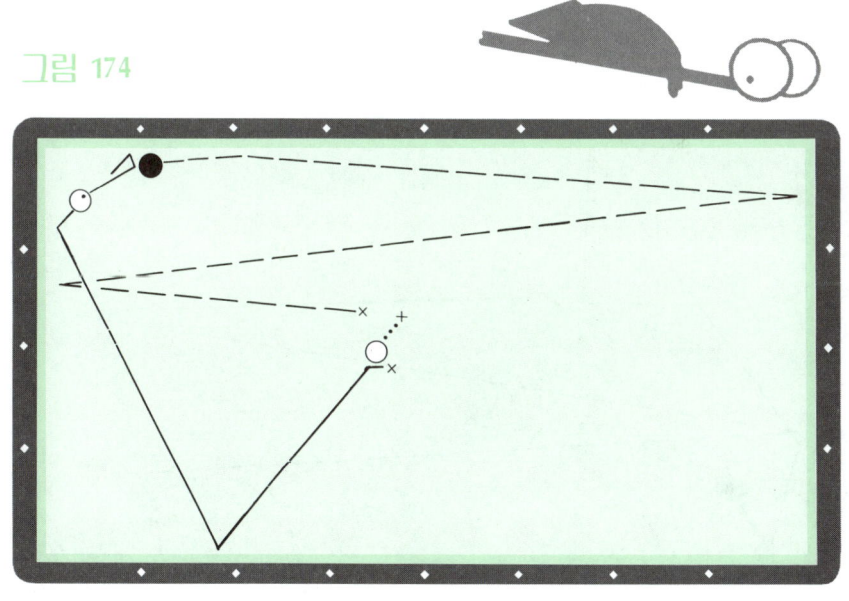

그림 175

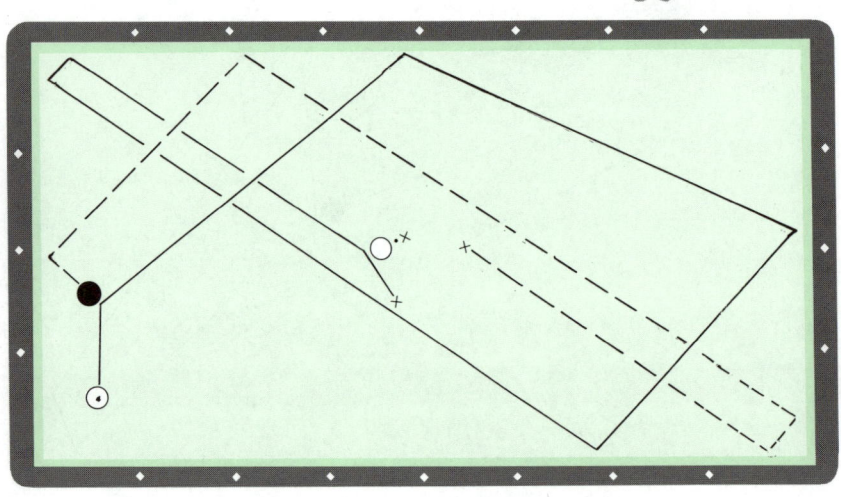

그림 176

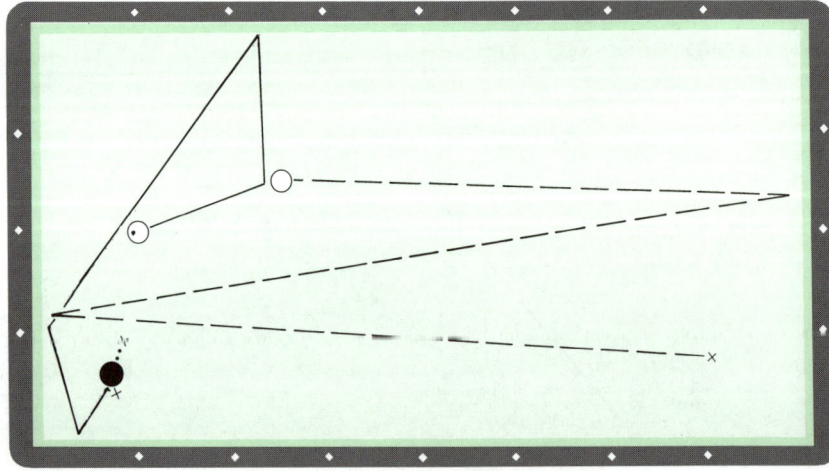

그림 177

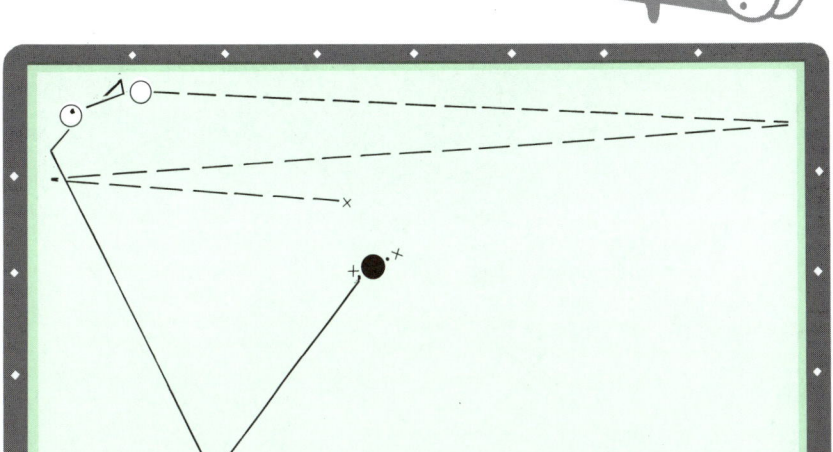

그림 178

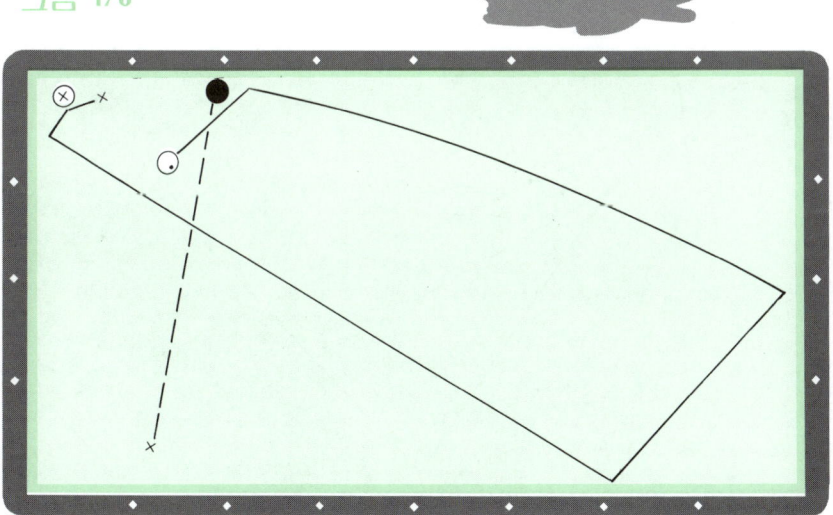

그림 179

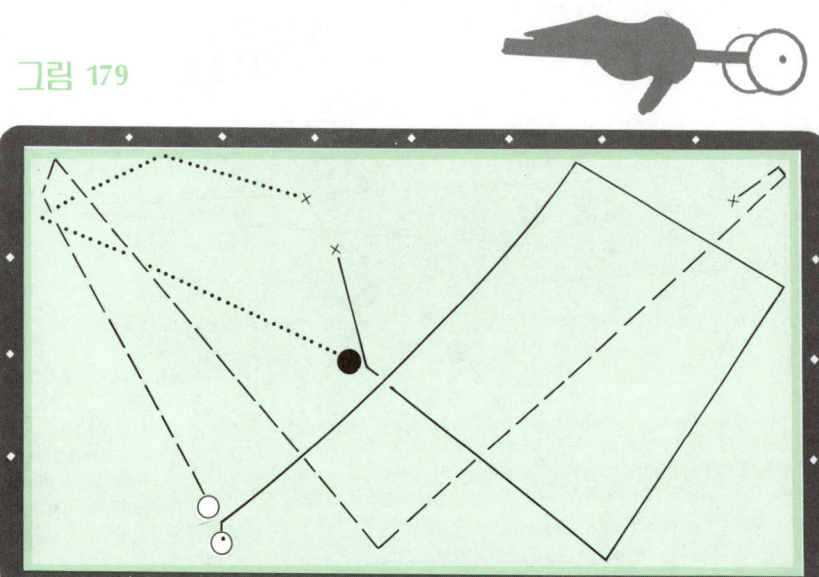

그림 180

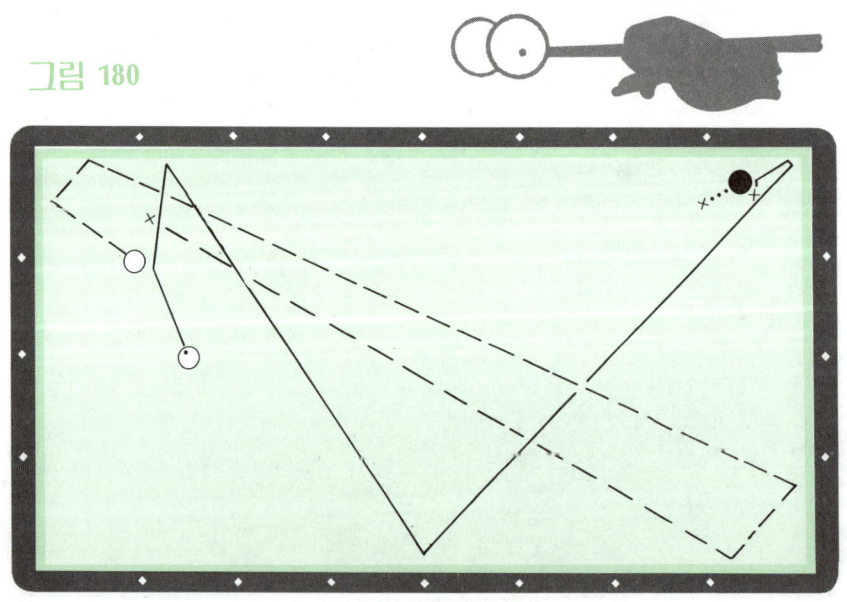

그림 181

그림 182

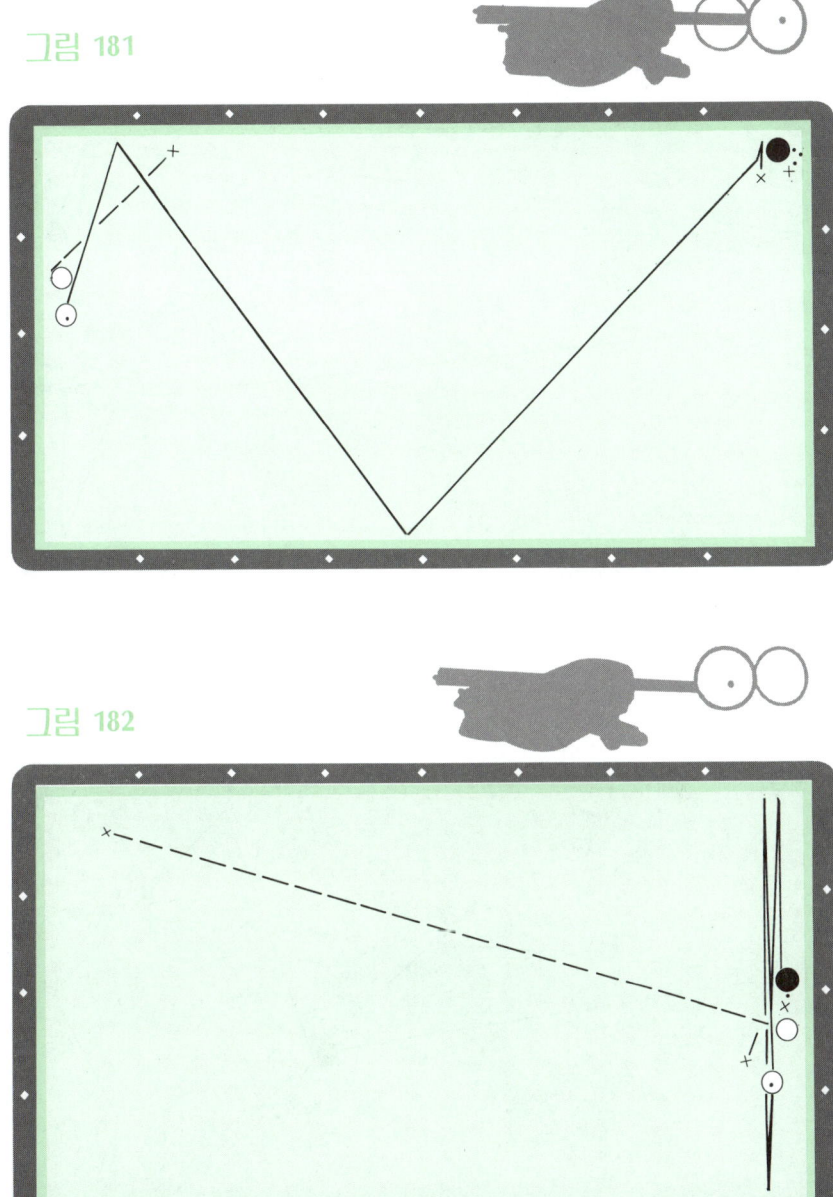

그림 183

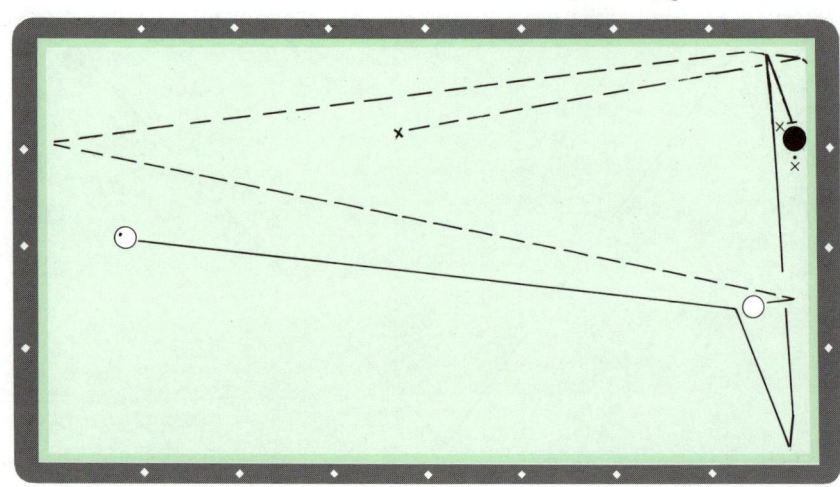

그림 184

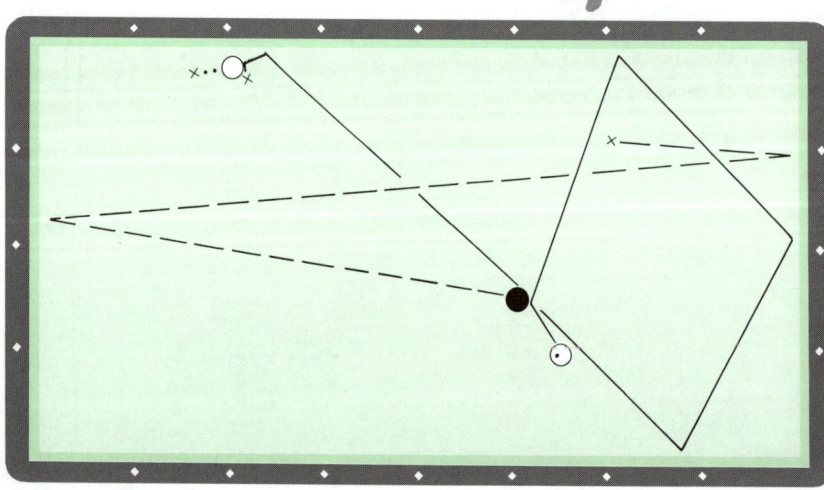

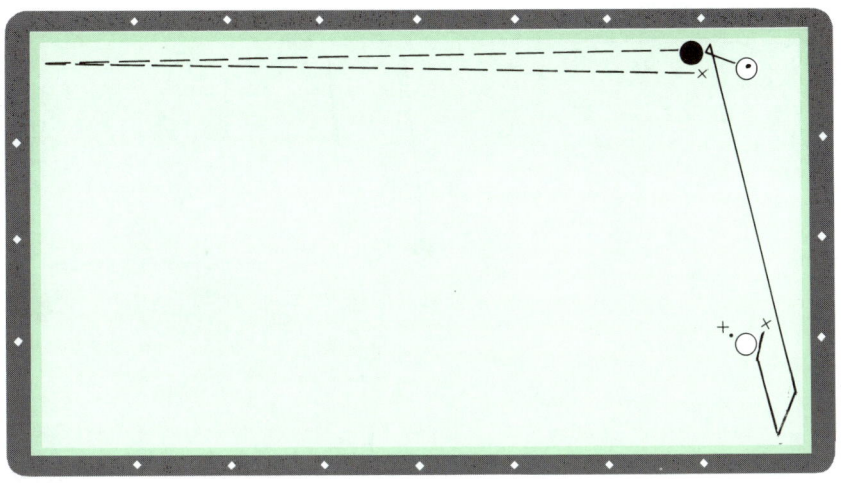

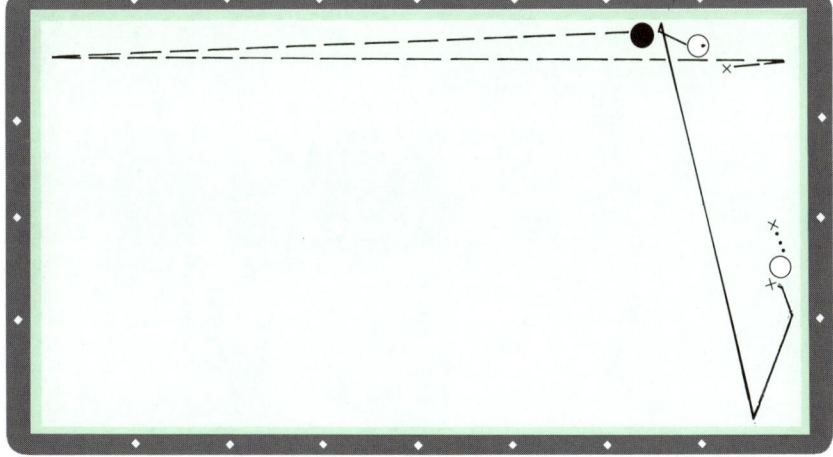

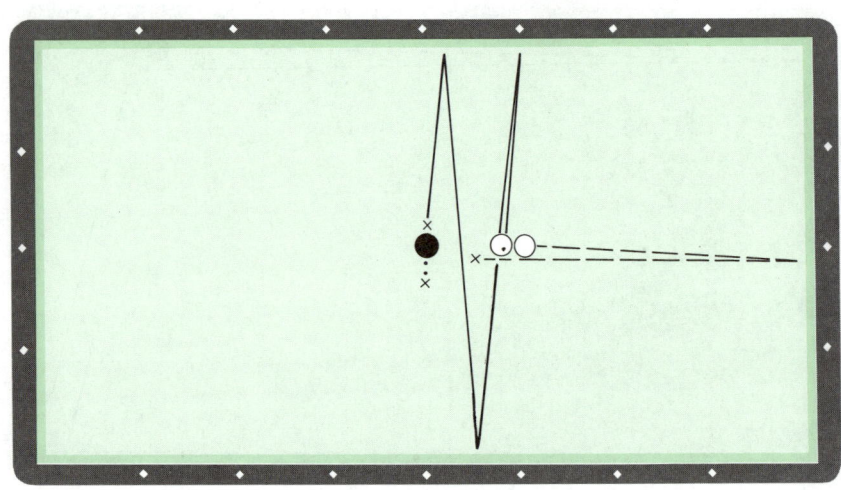

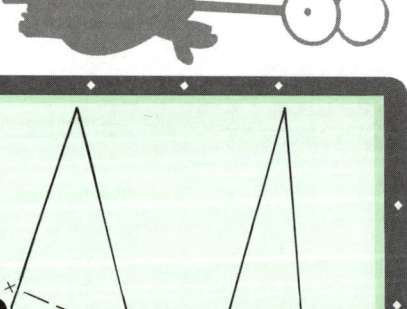

그림 189

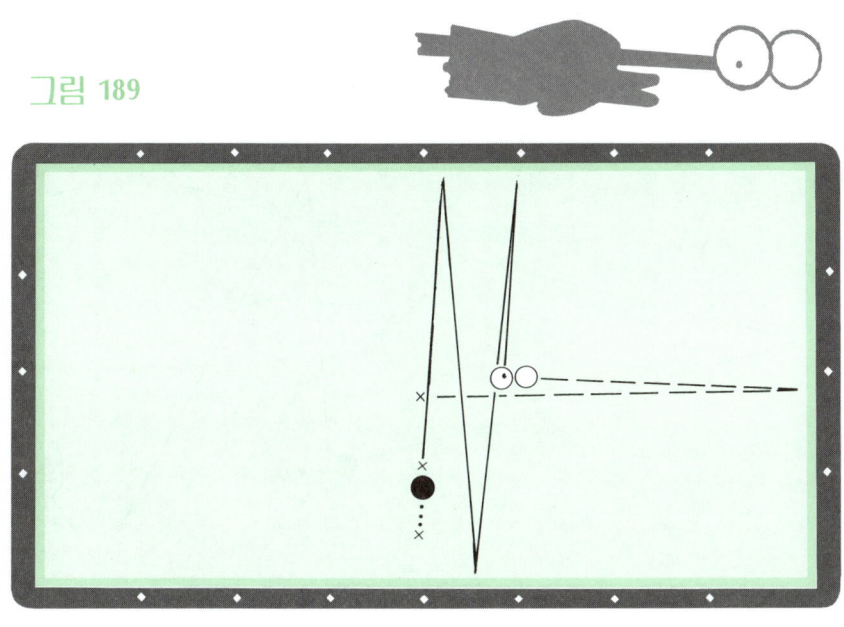

그림 190

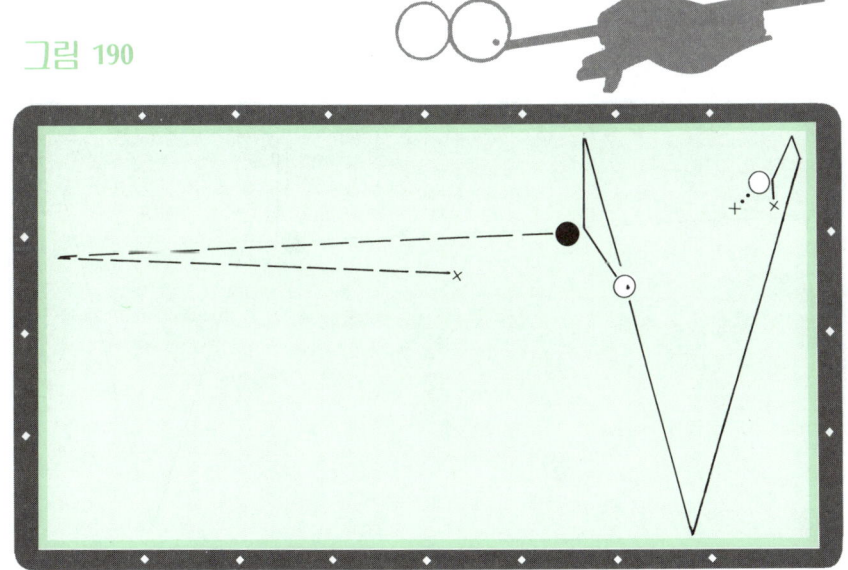

그림 191

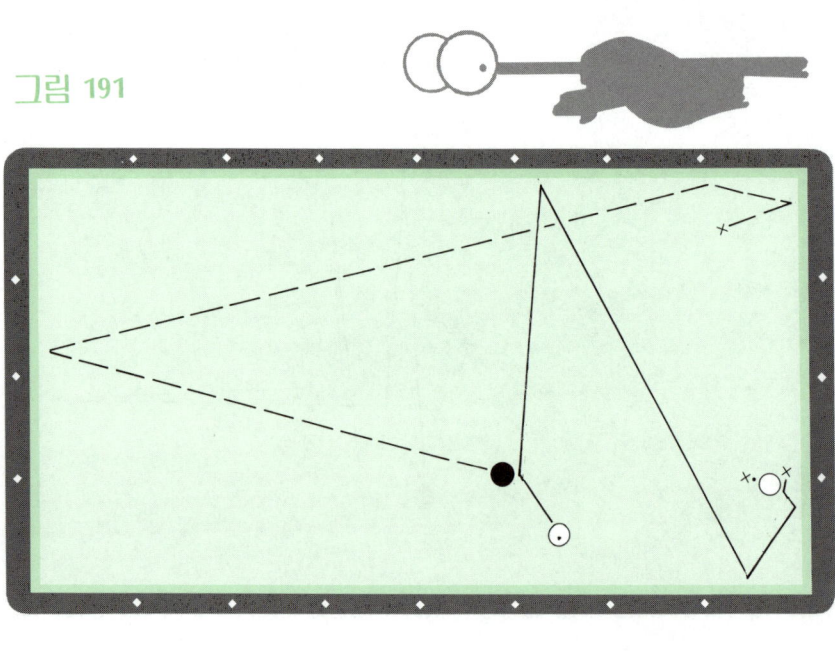

그림 192

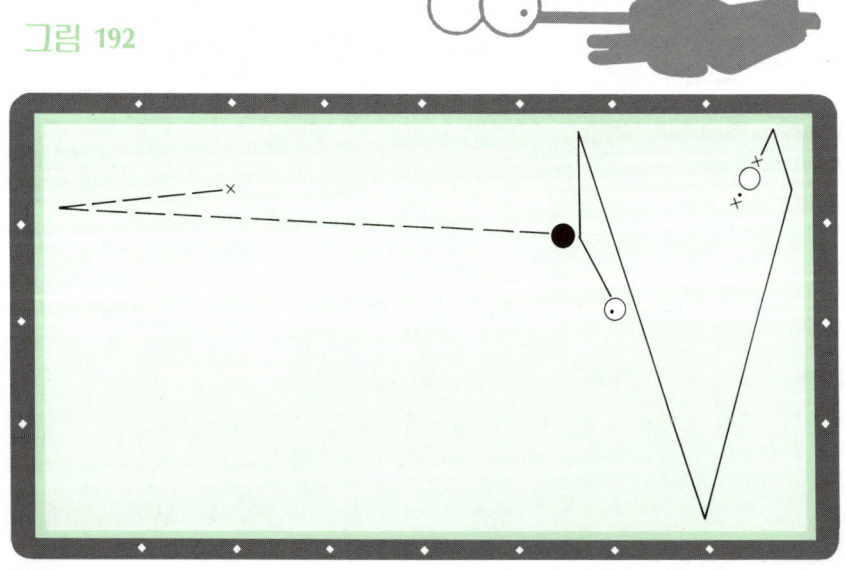

그림 193

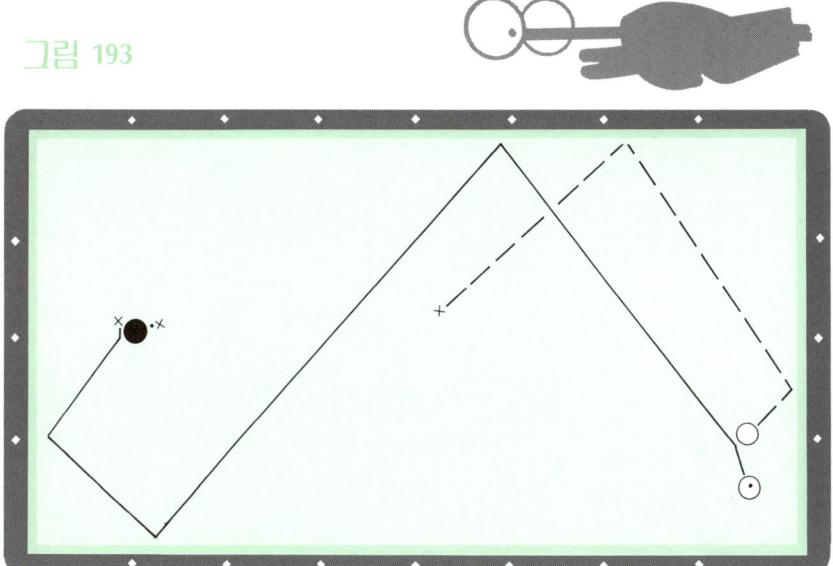

그림 194

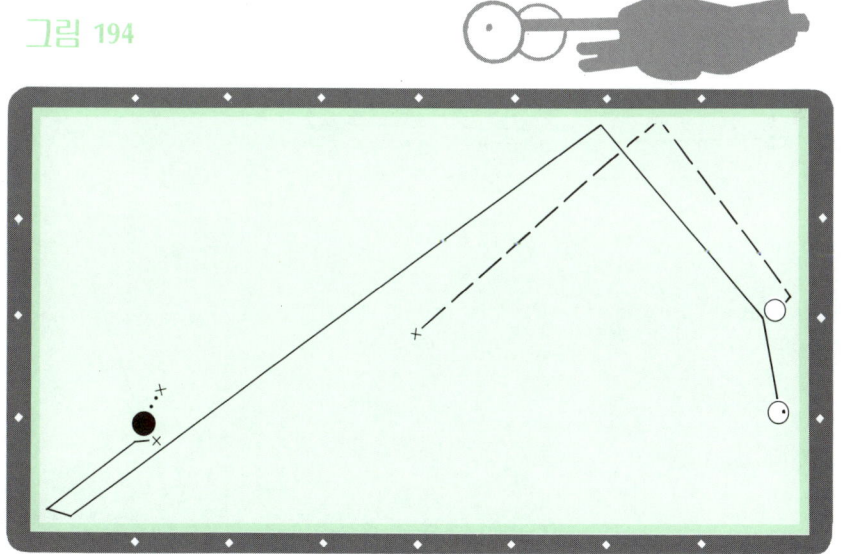

그림 195

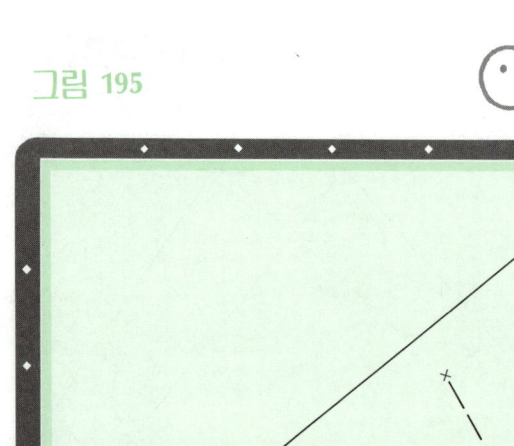

그림 196

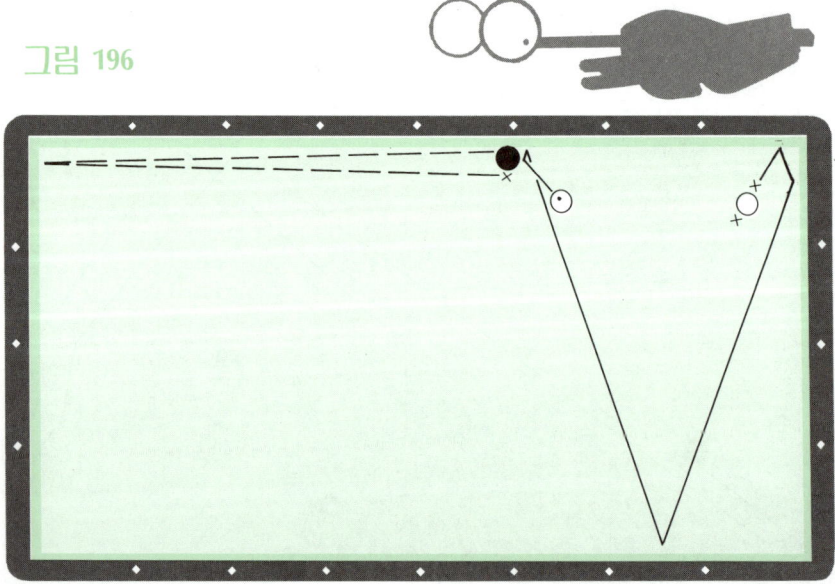

그림 197

그림 198

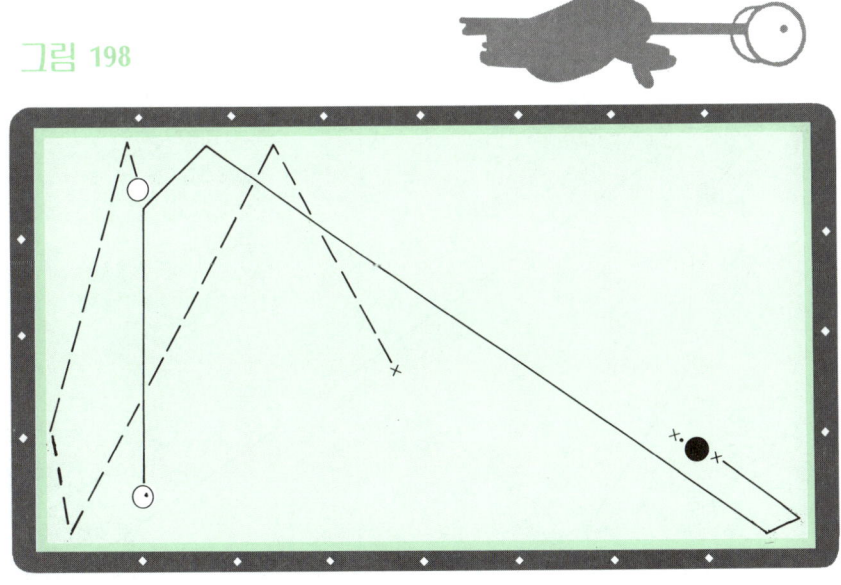

그림 199

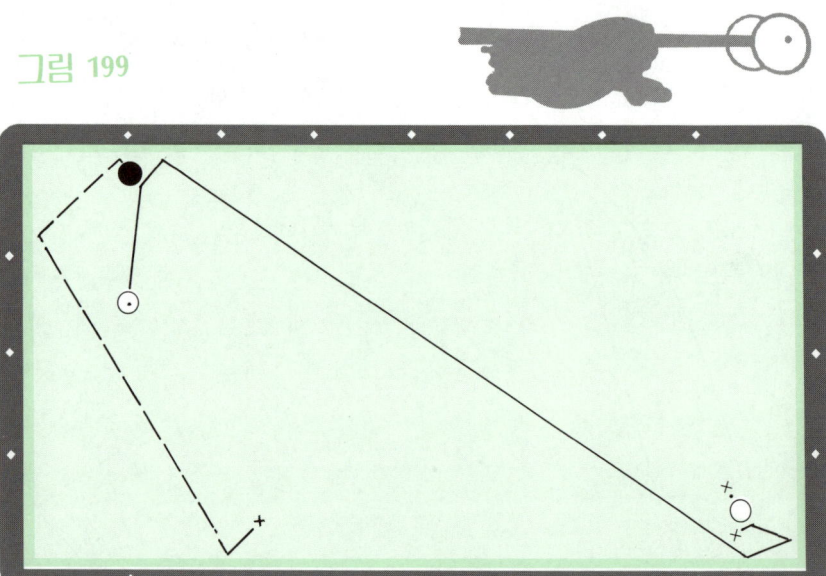

그림 200

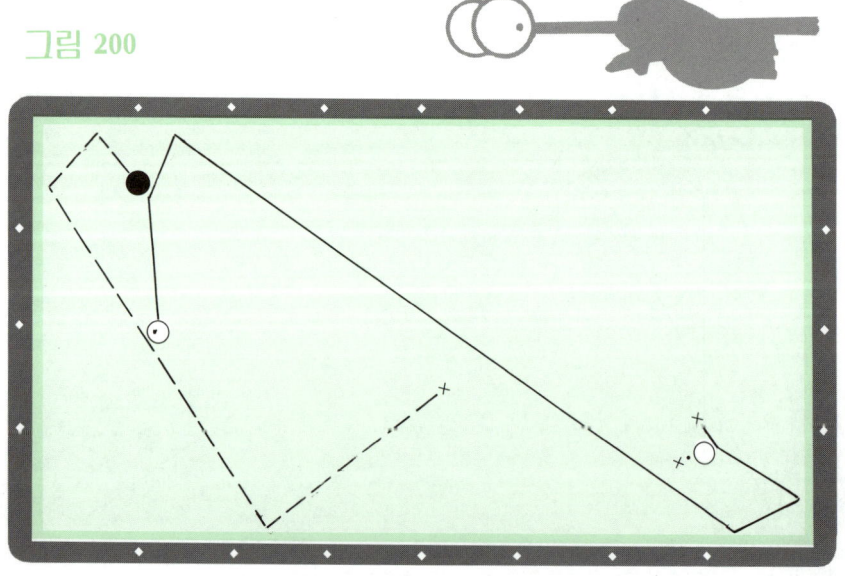

그림 201

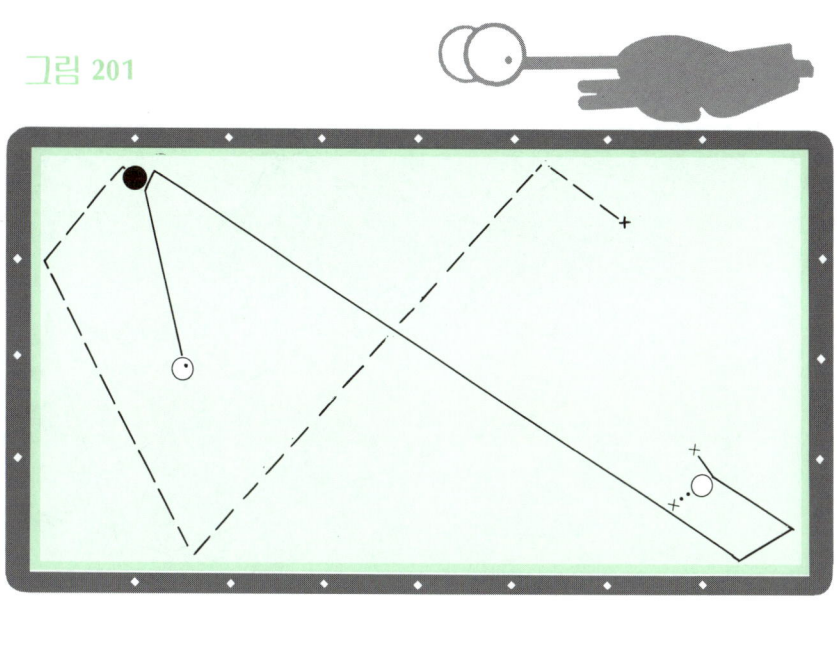

그림 202

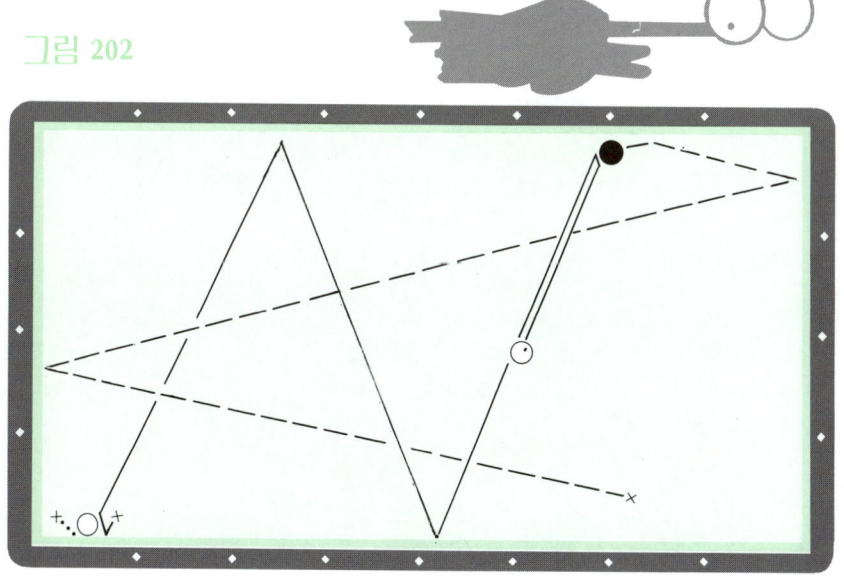

그림 203

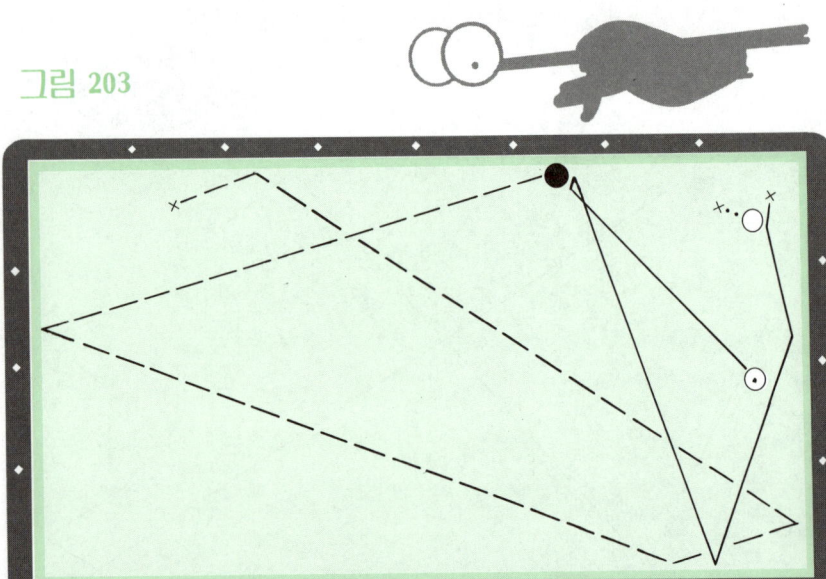

그림 204

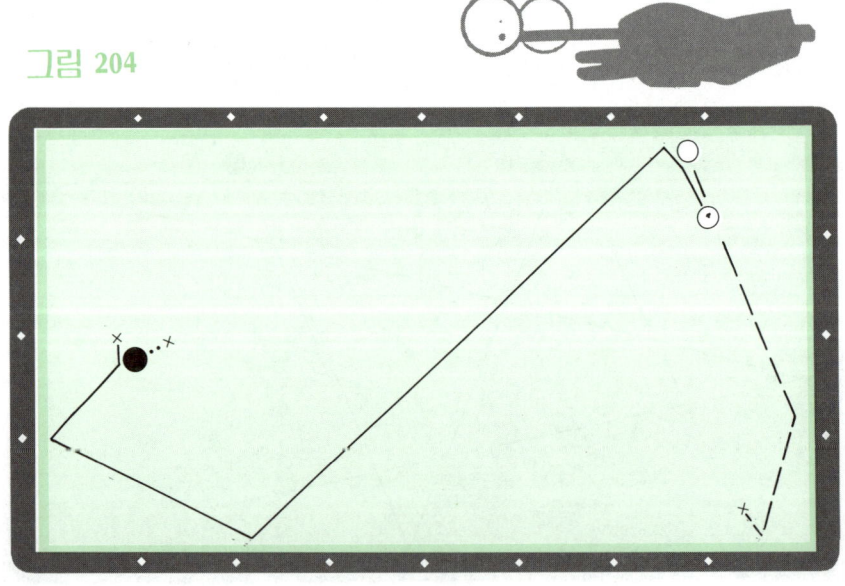

그림 205

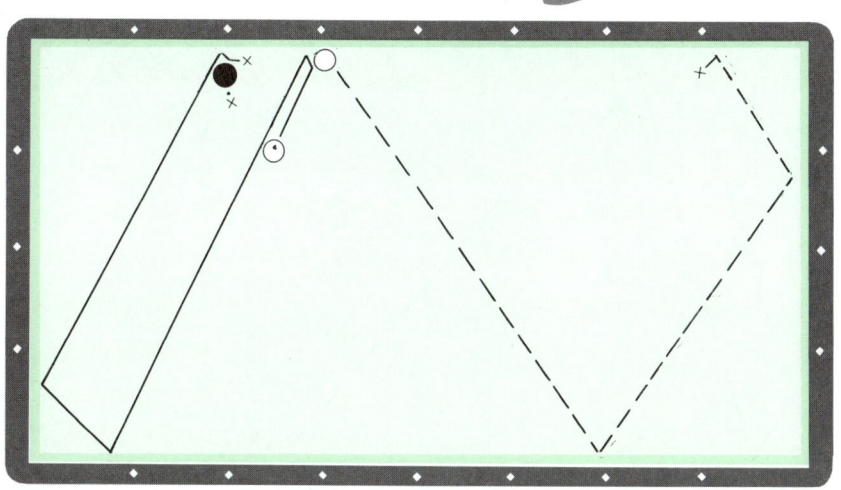

그림 206

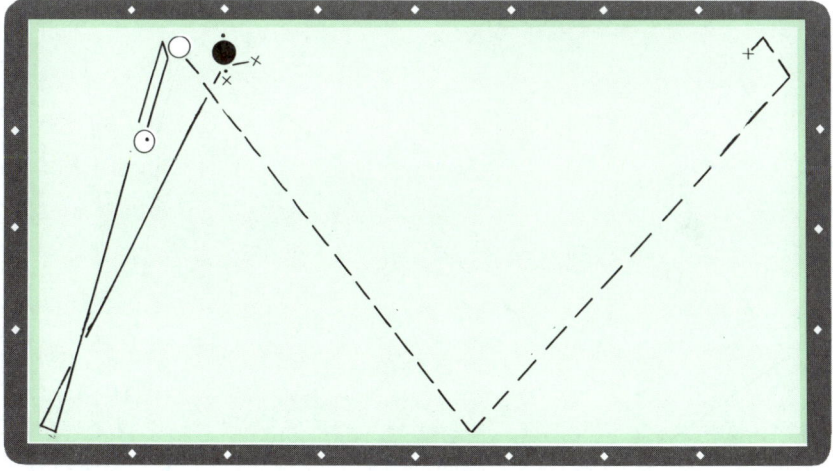

그림 207

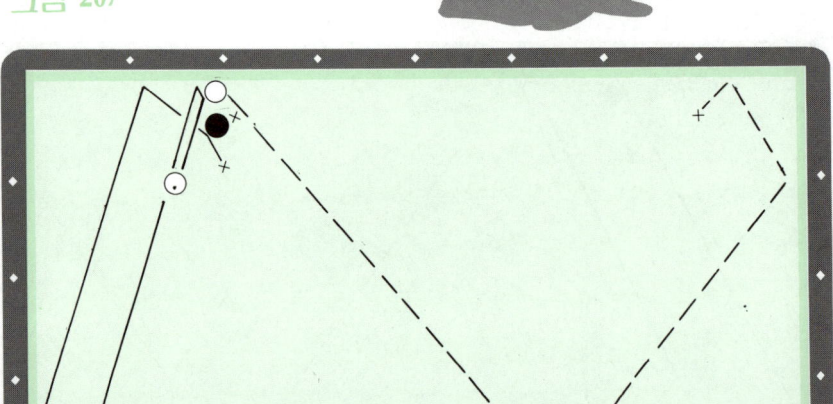

그림 208

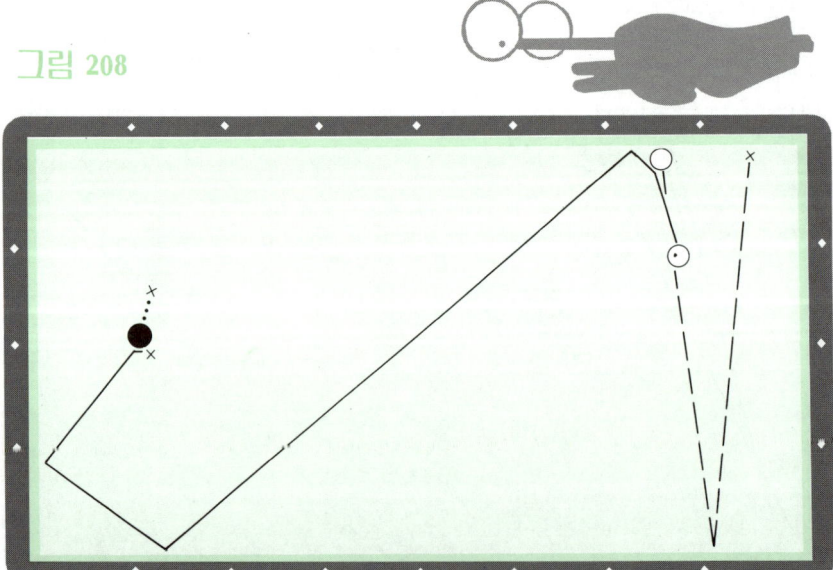

그림 209

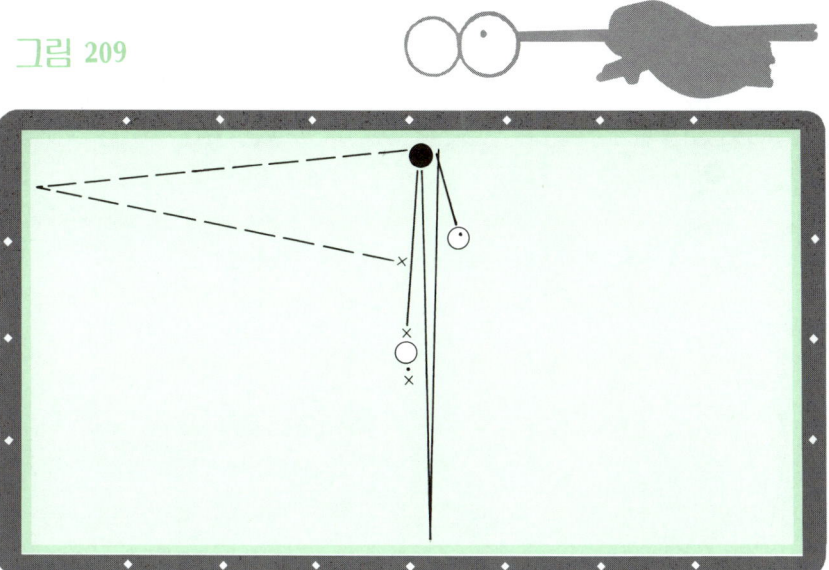

그림 210

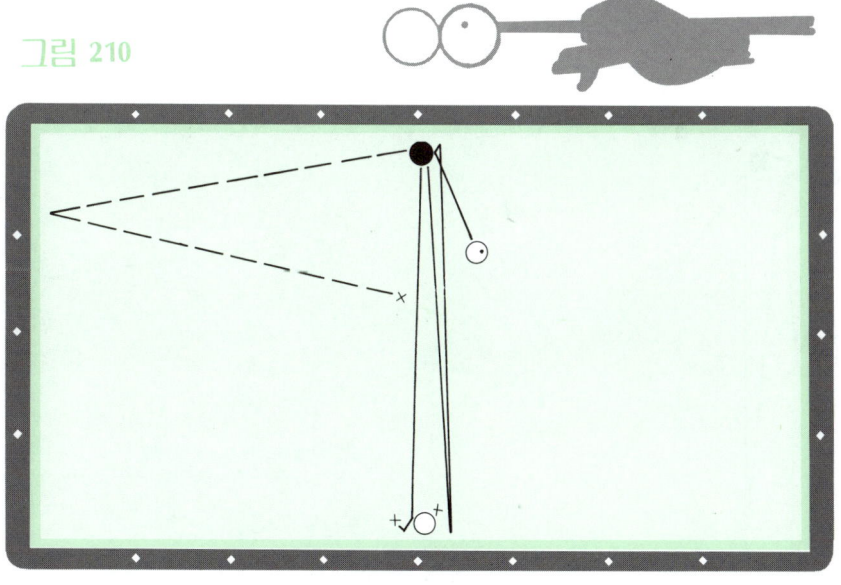

그림 211

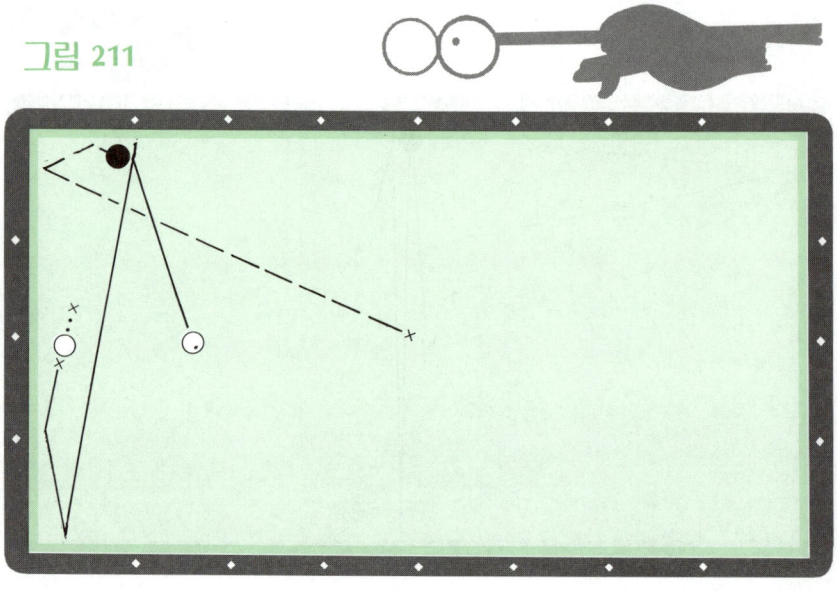

그림 212

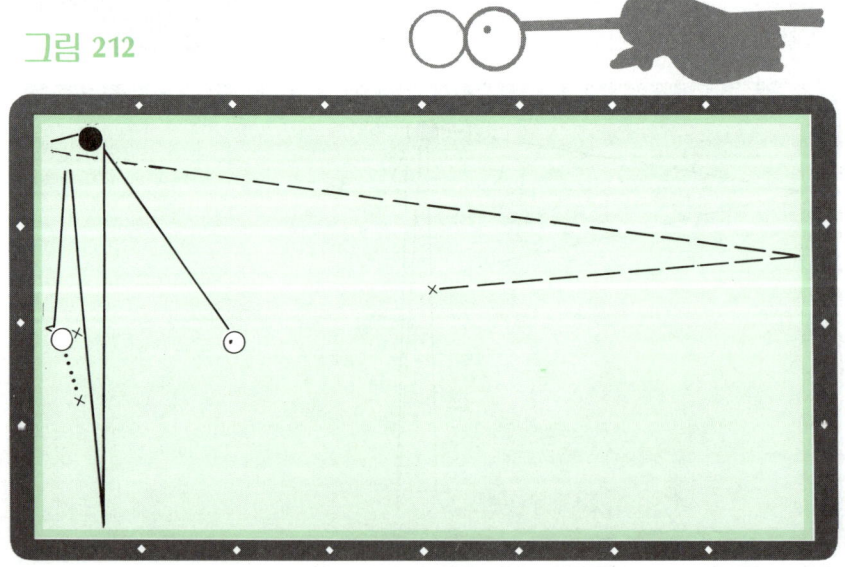

그림 213

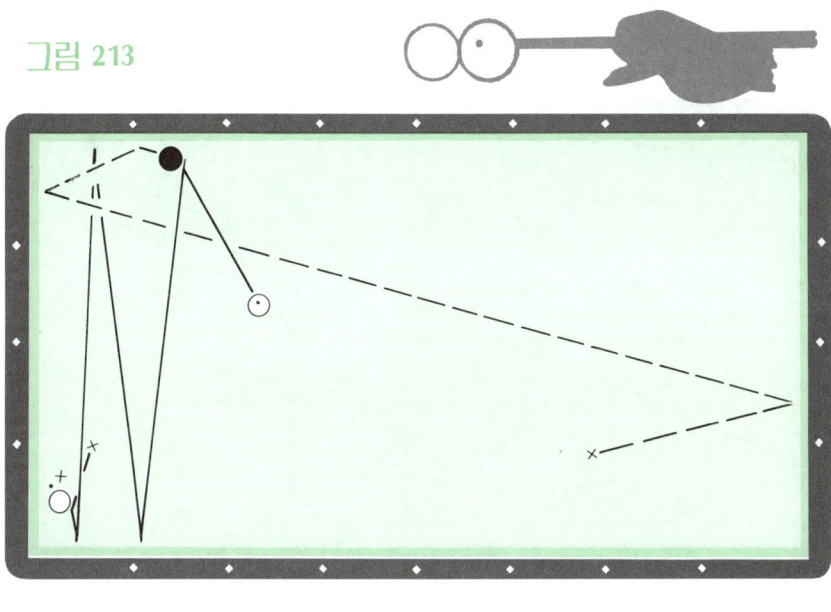

그림 214

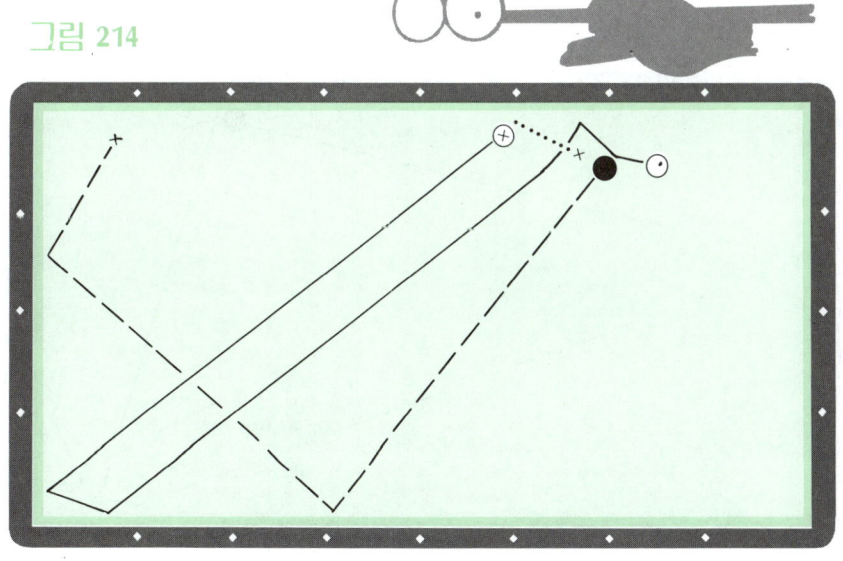

그림 215

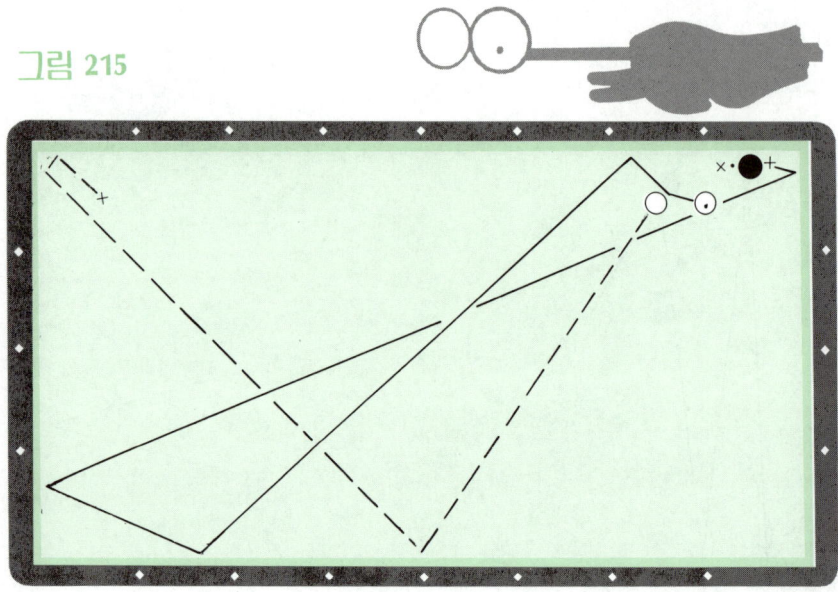

그림 216

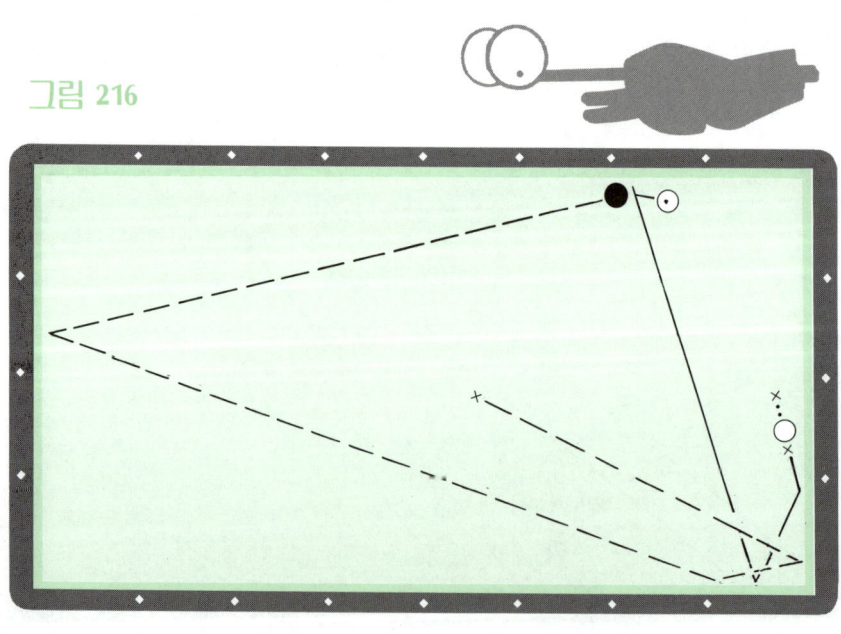

그림 217

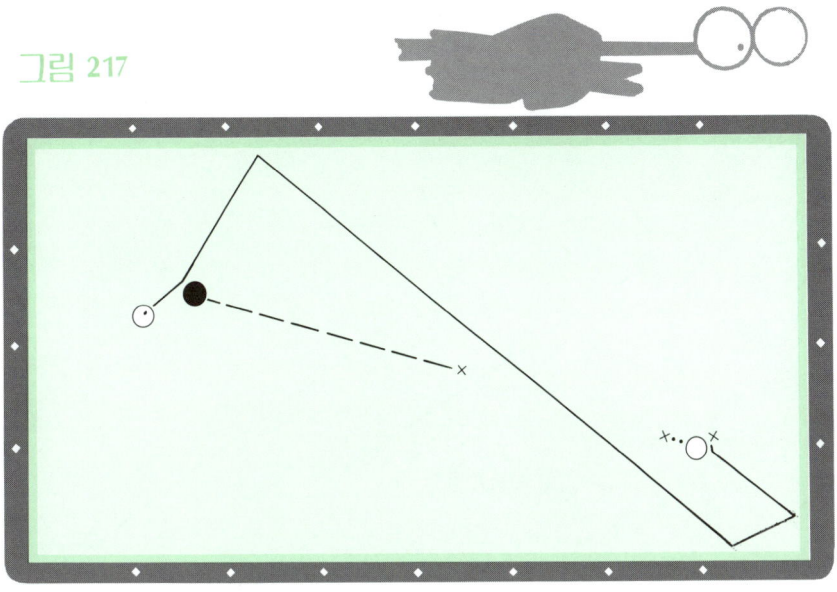

그림 218

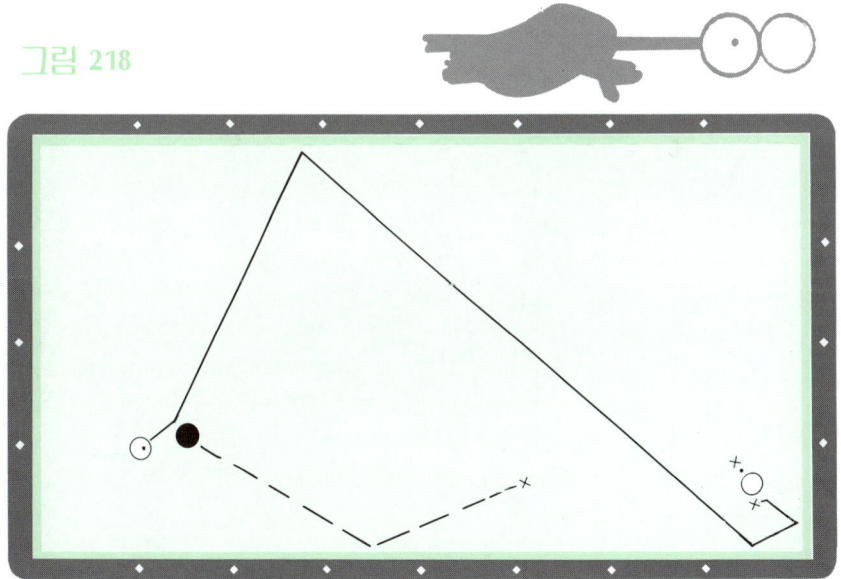

그림 219

그림 220

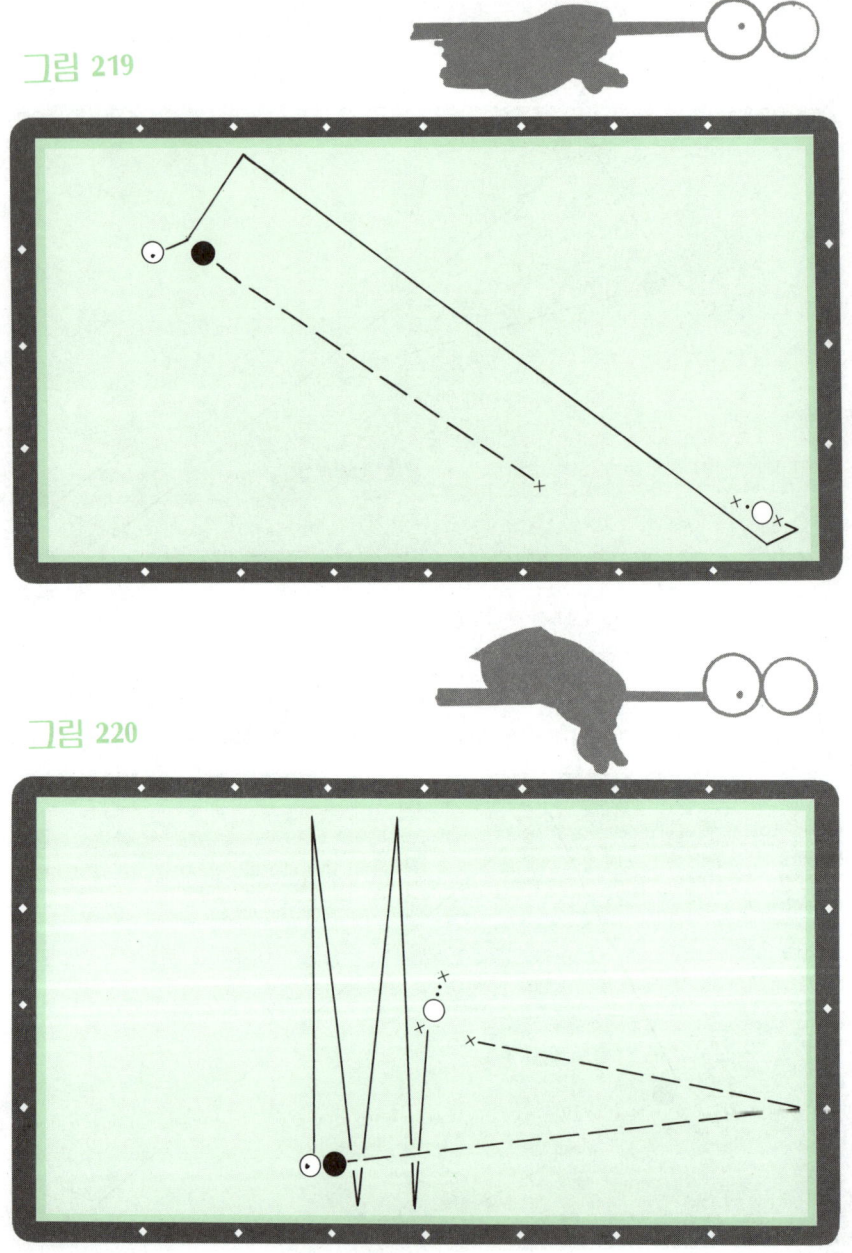

그림 221

그림 222

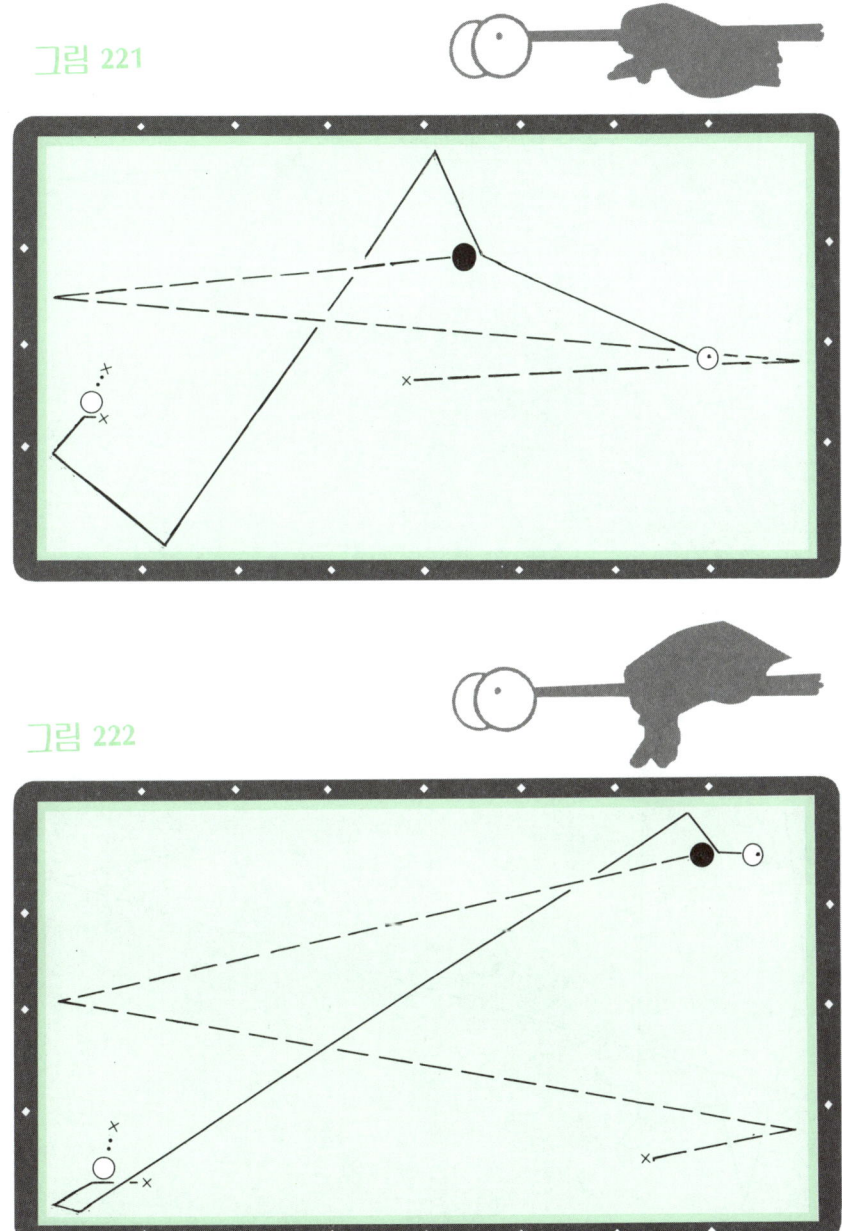

그림 223

그림 224

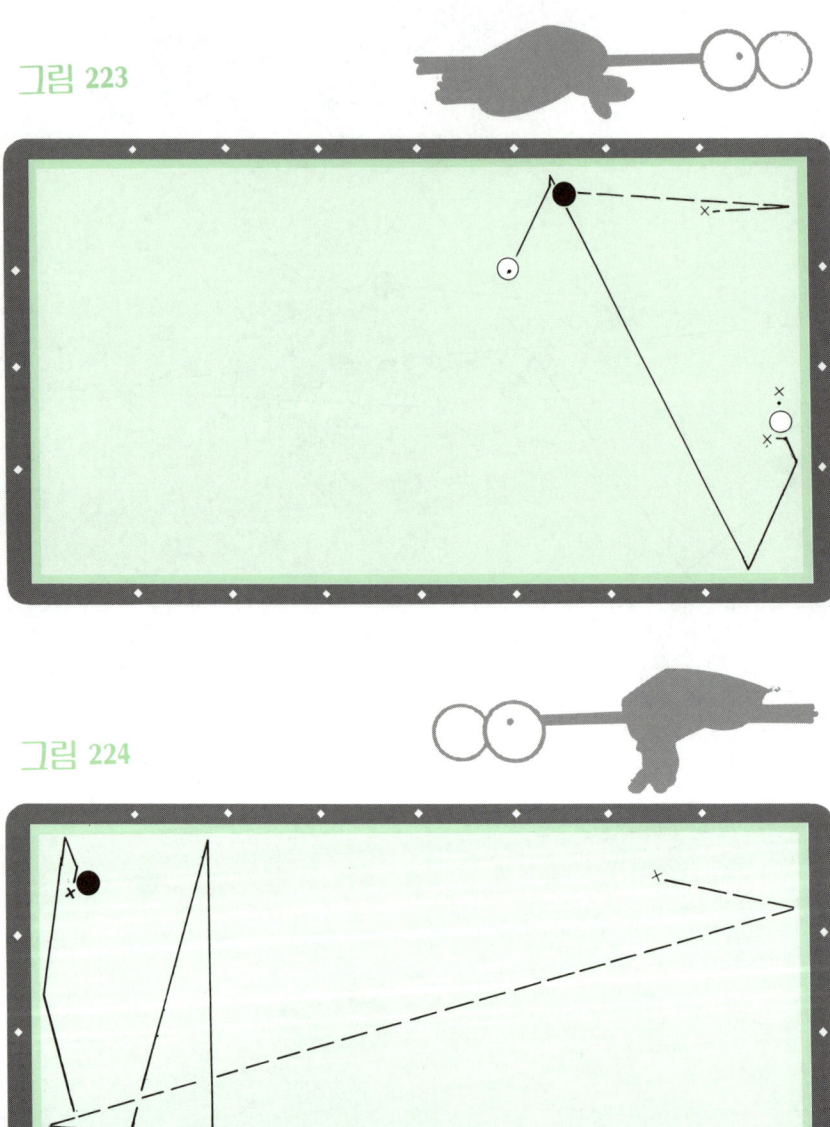

그림 225

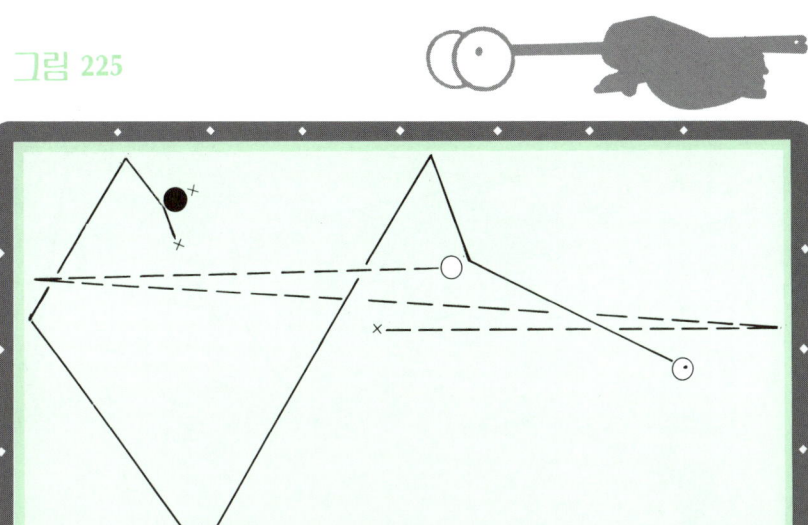

그림 226

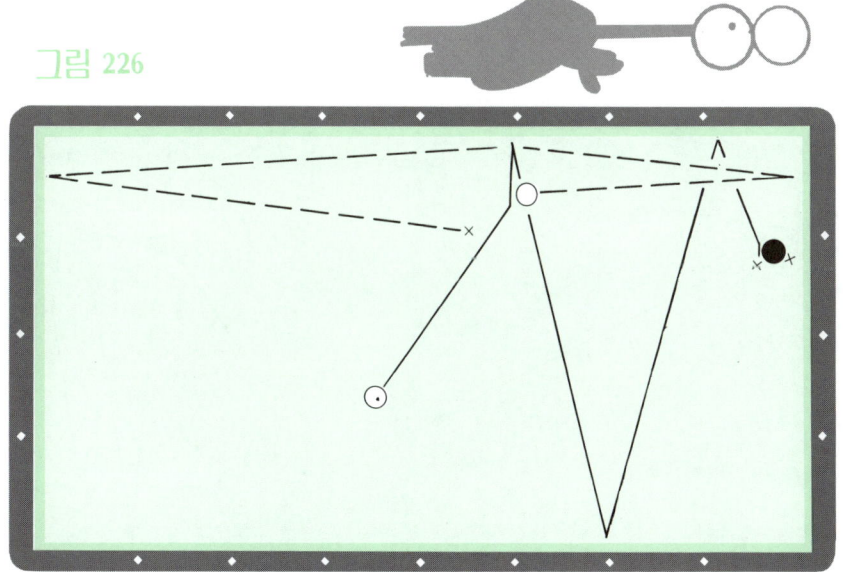

그림 227

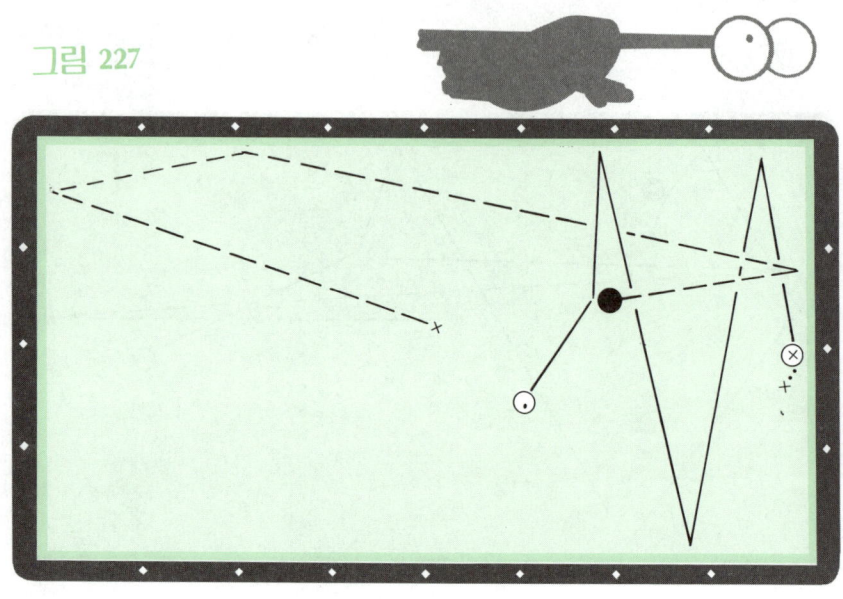

그림 228

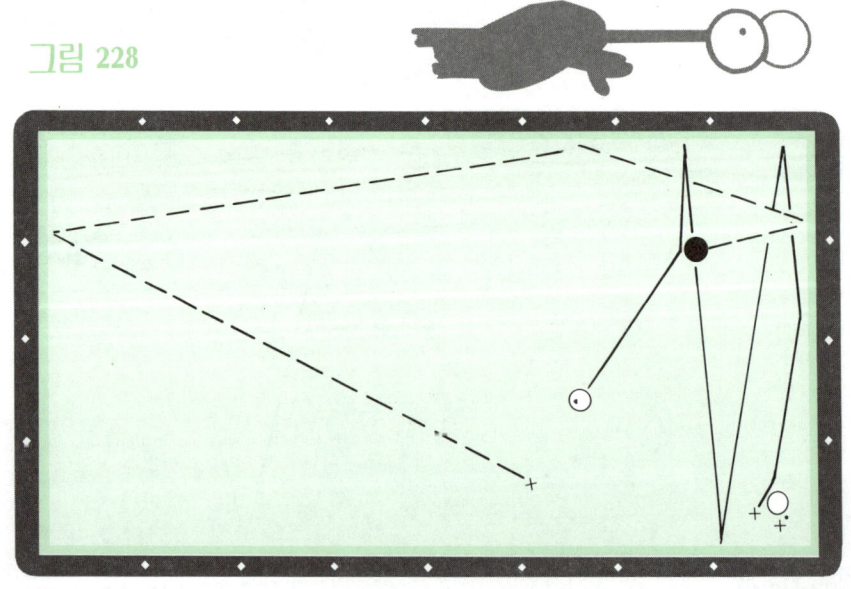

그림 229

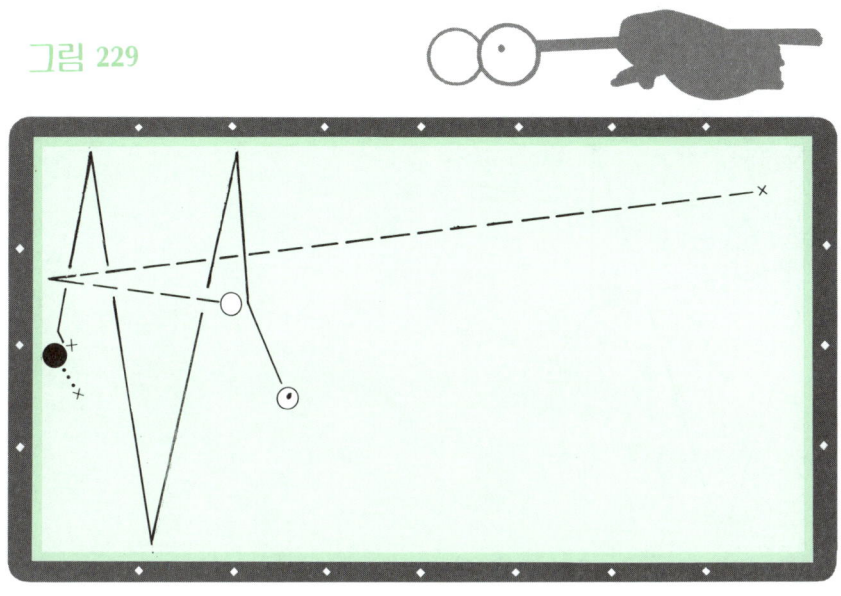

그림 230

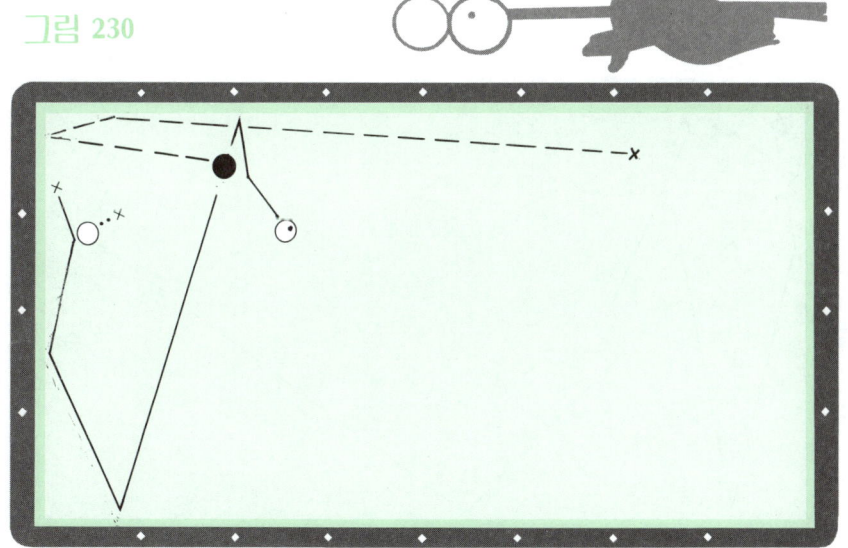

그림 231

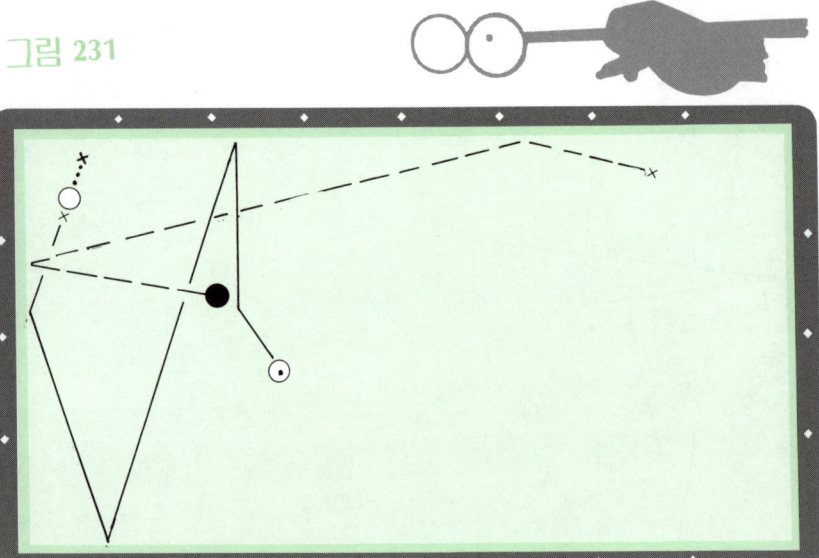

그림 232

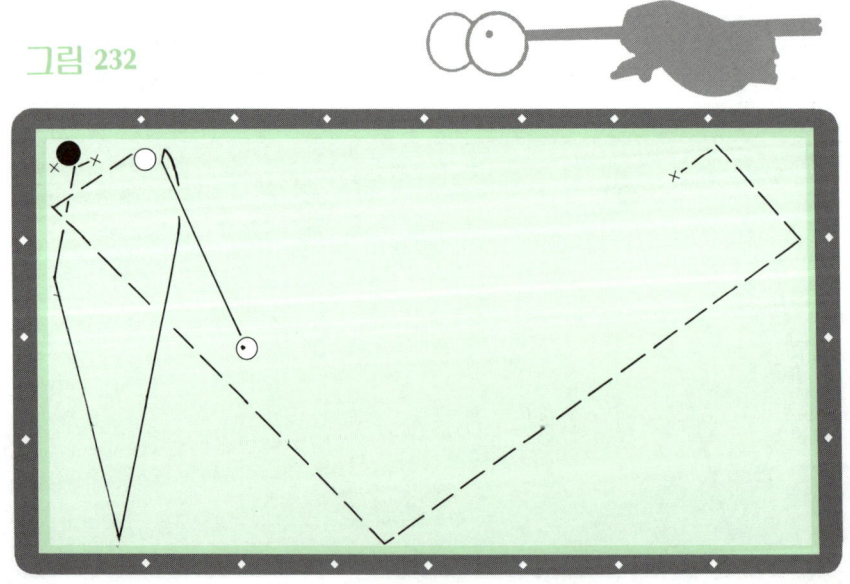

그림 233

그림 234

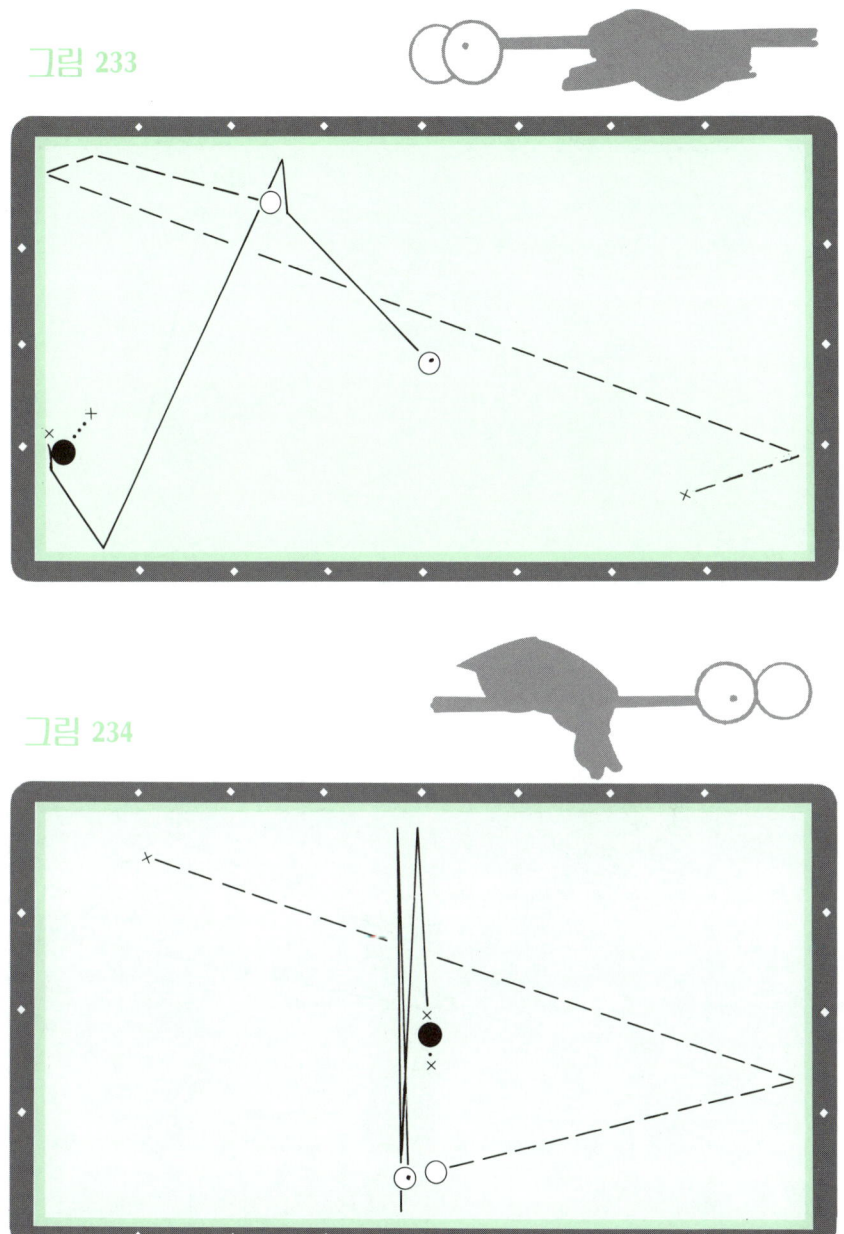

• 233 •

그림 235

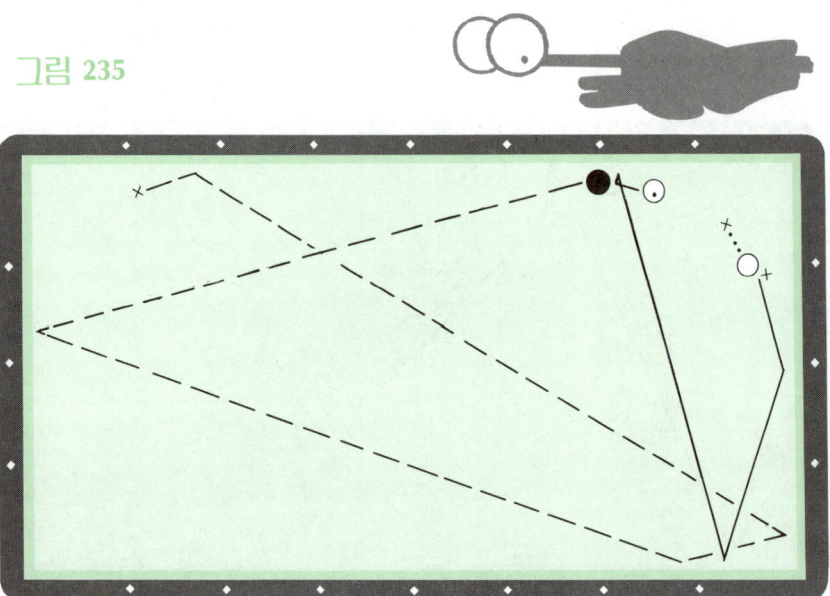

그림 236

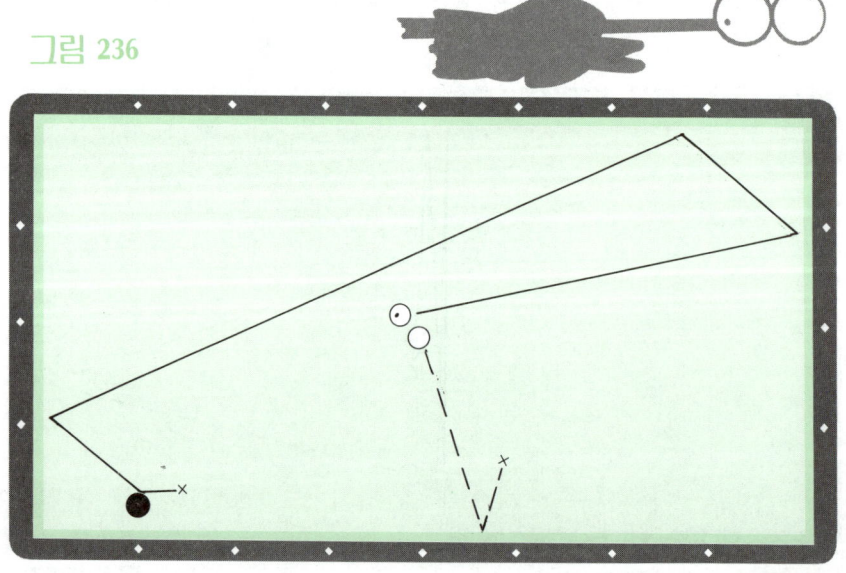

그림 237

그림 238

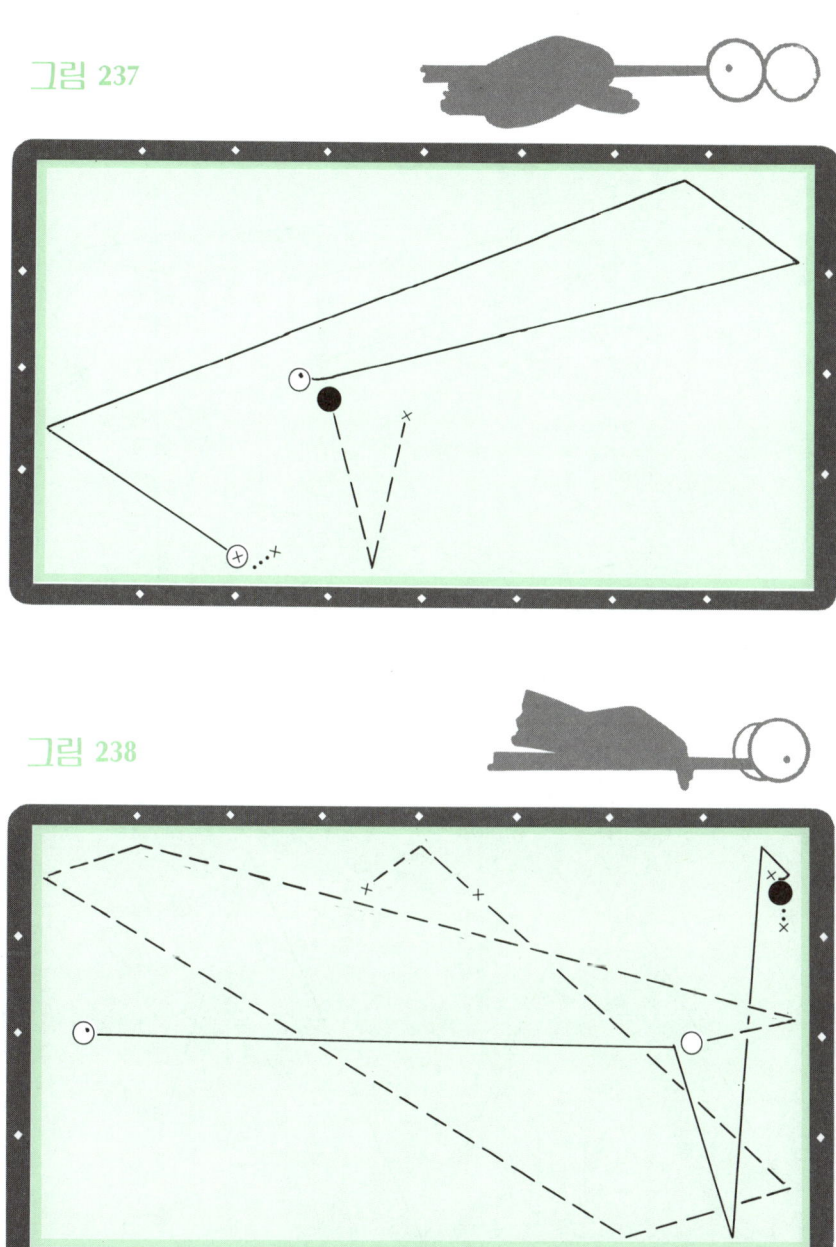

그림 239

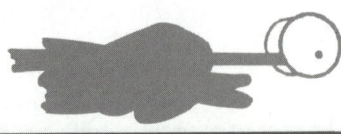

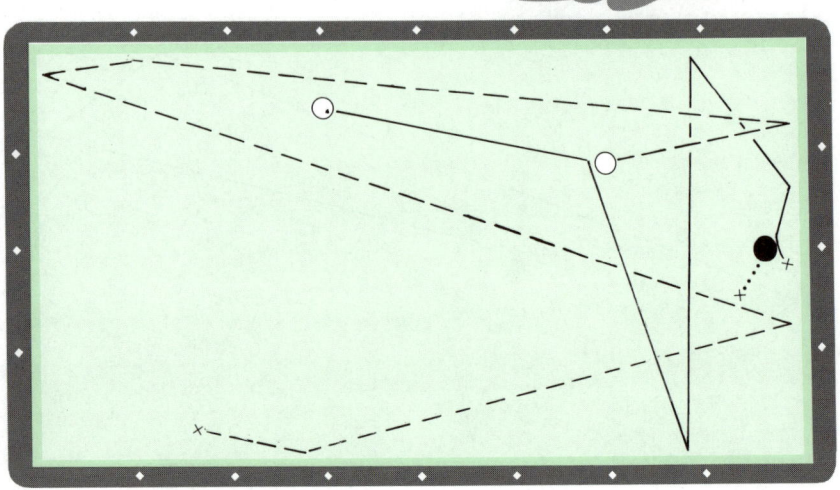

그림 240

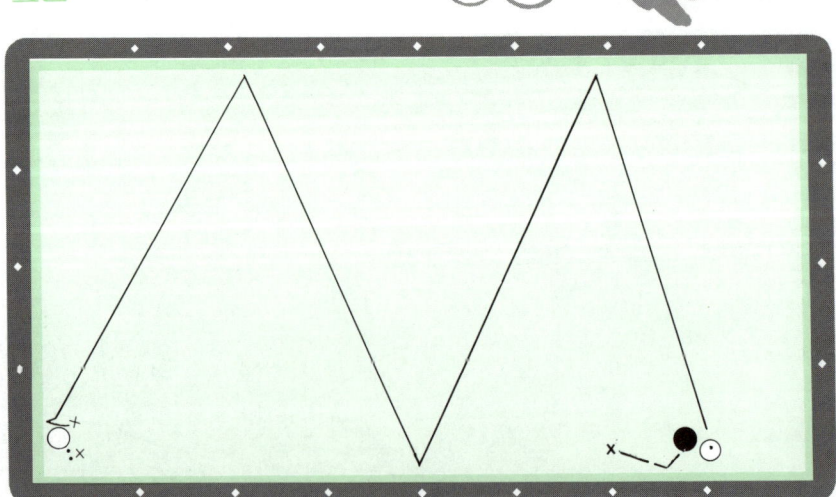

그림 241

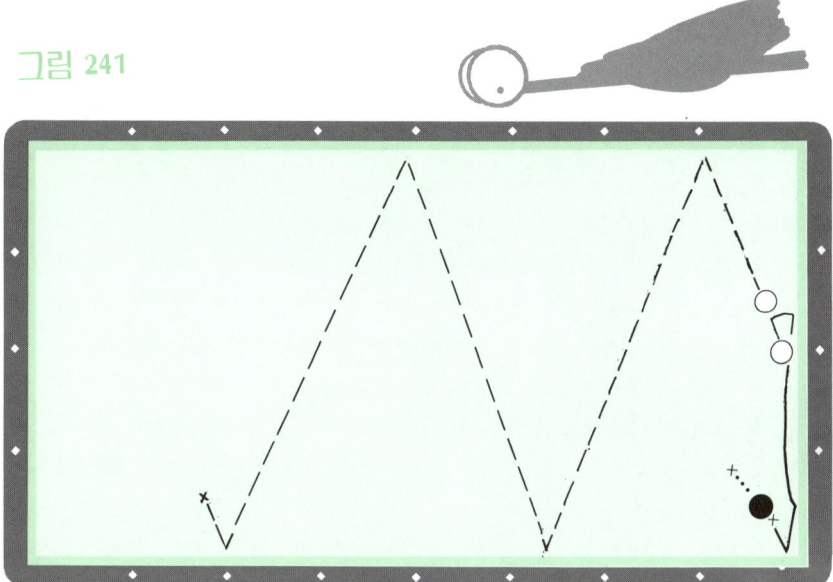

그림 242

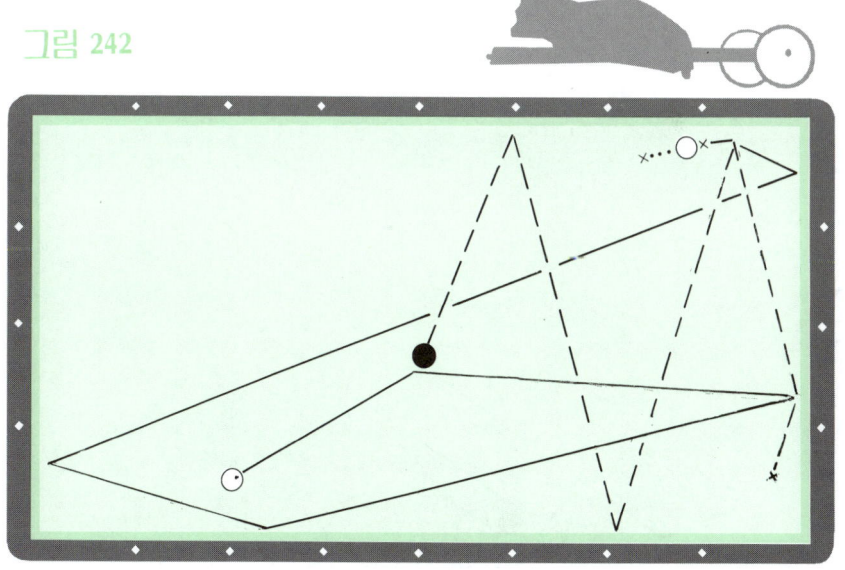

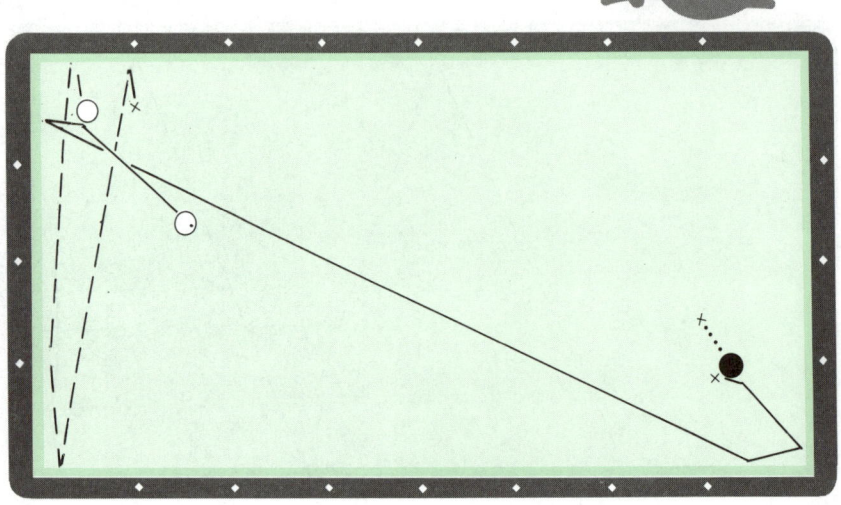

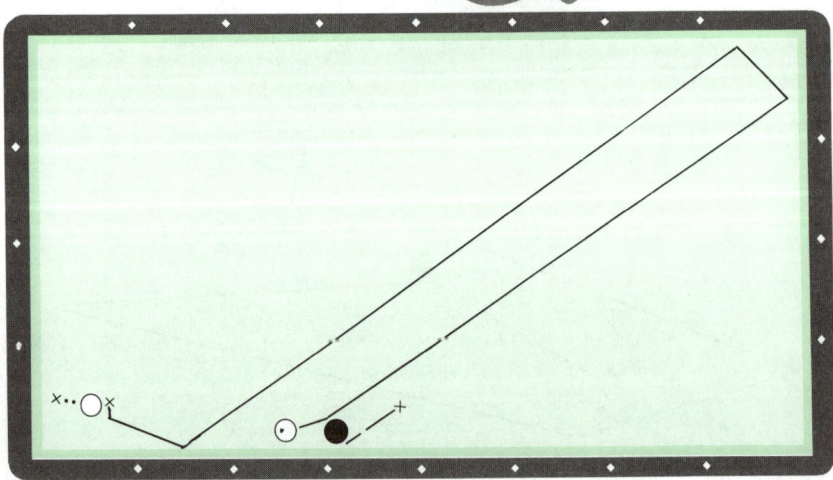

그림 245

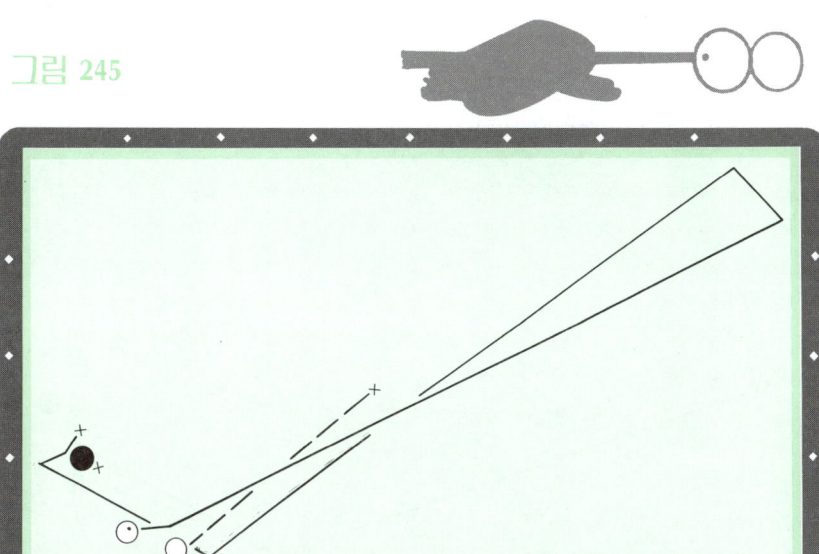

그림 246

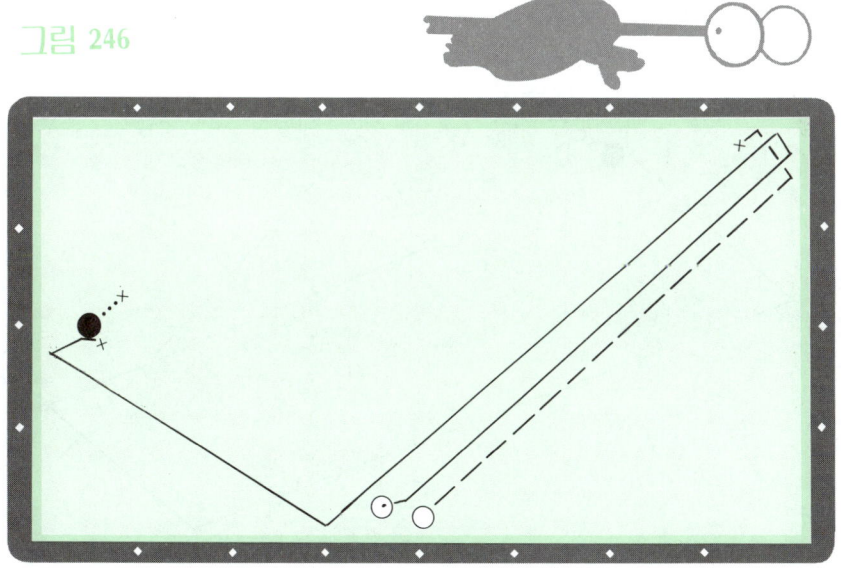

그림 247

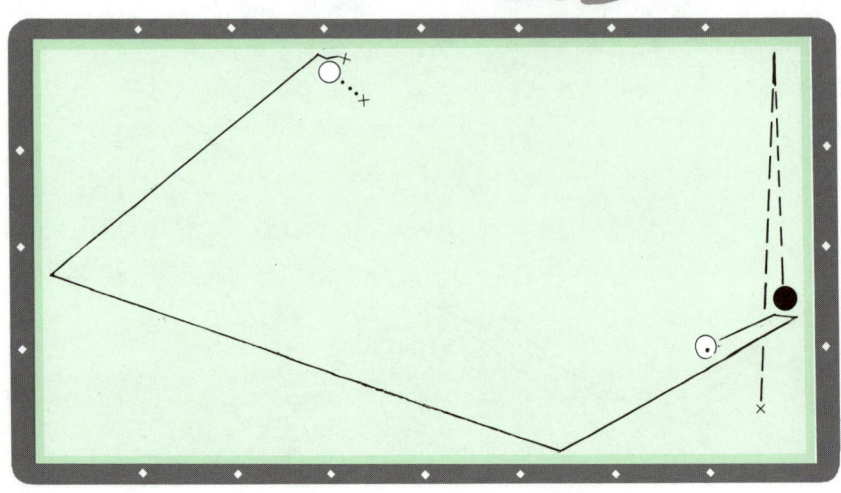

그림 248

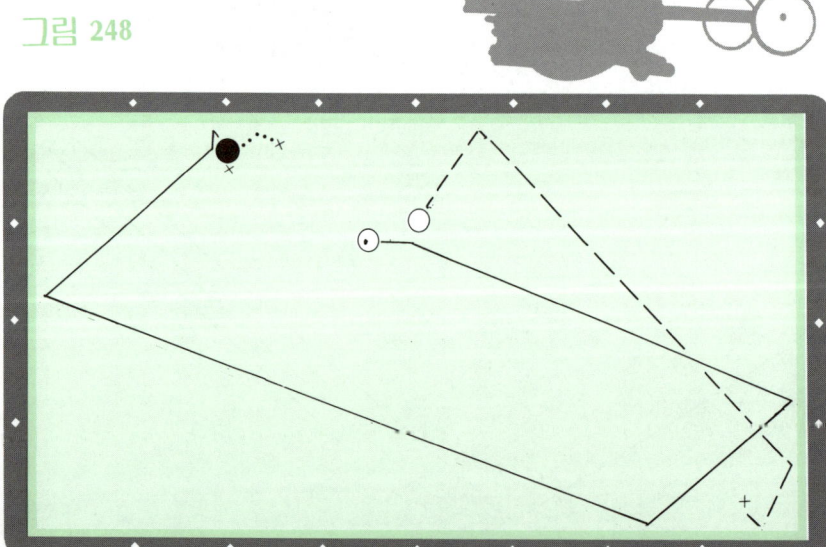

그림 249

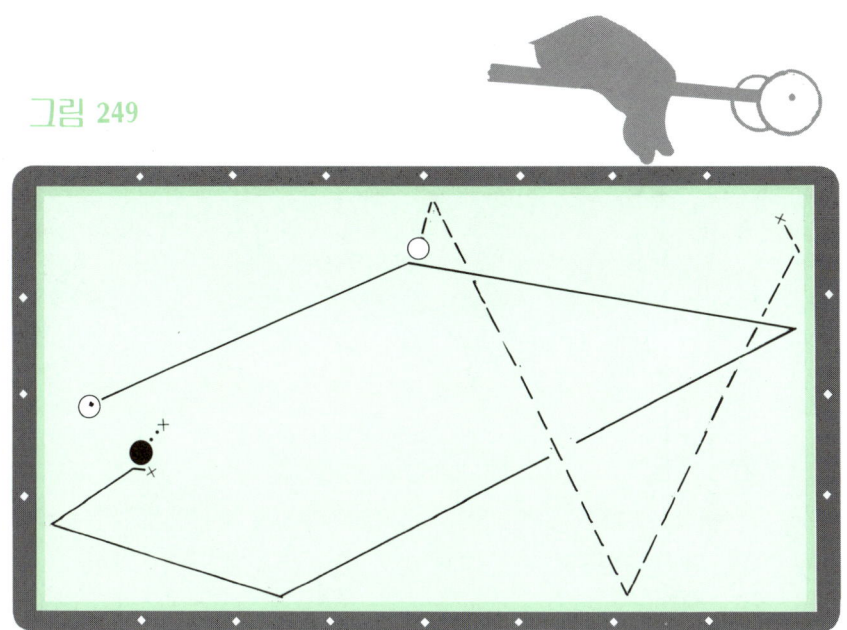

그림 250

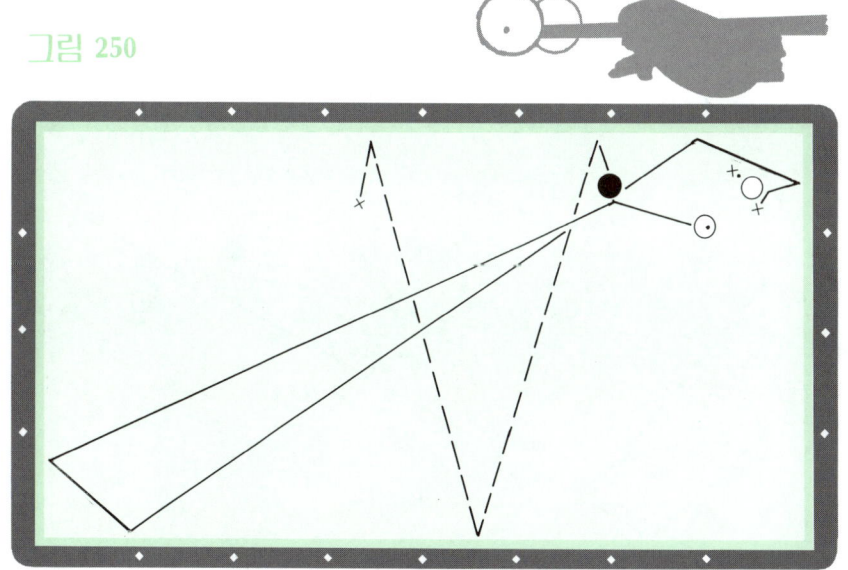

그림 251

그림 252

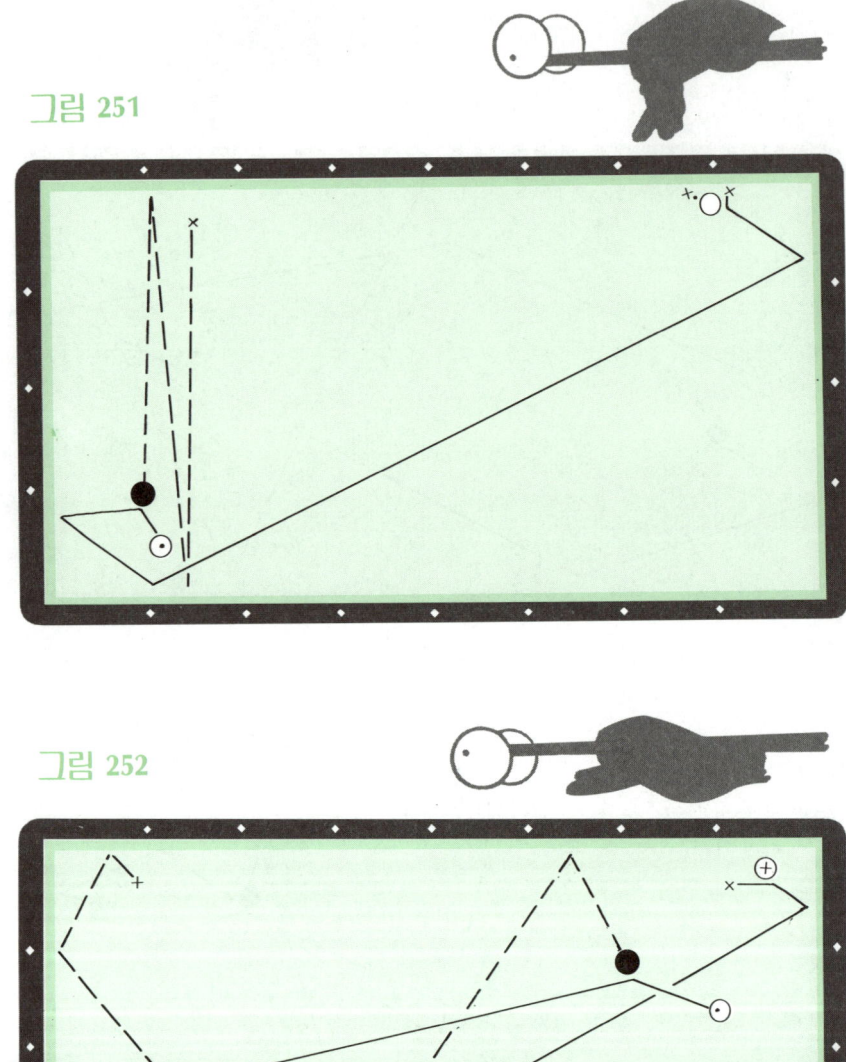

그림 253

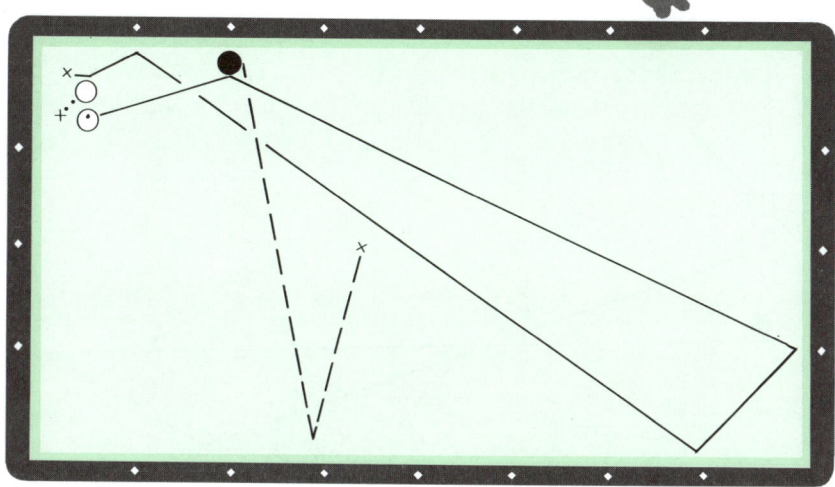

그림 254

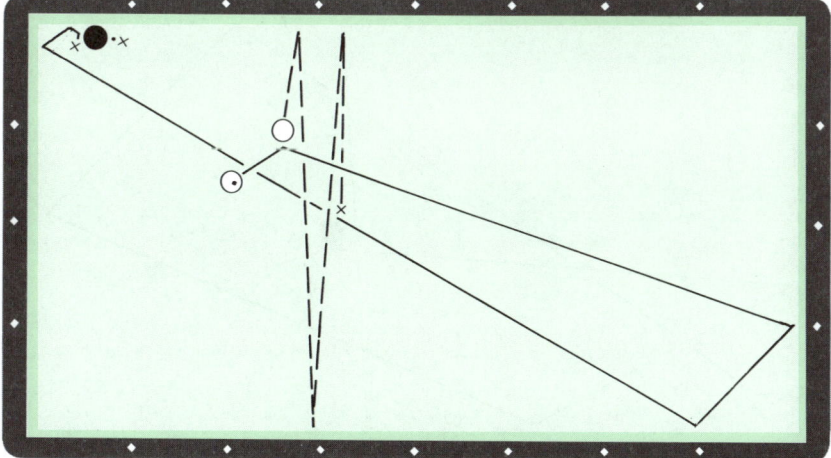

그림 255

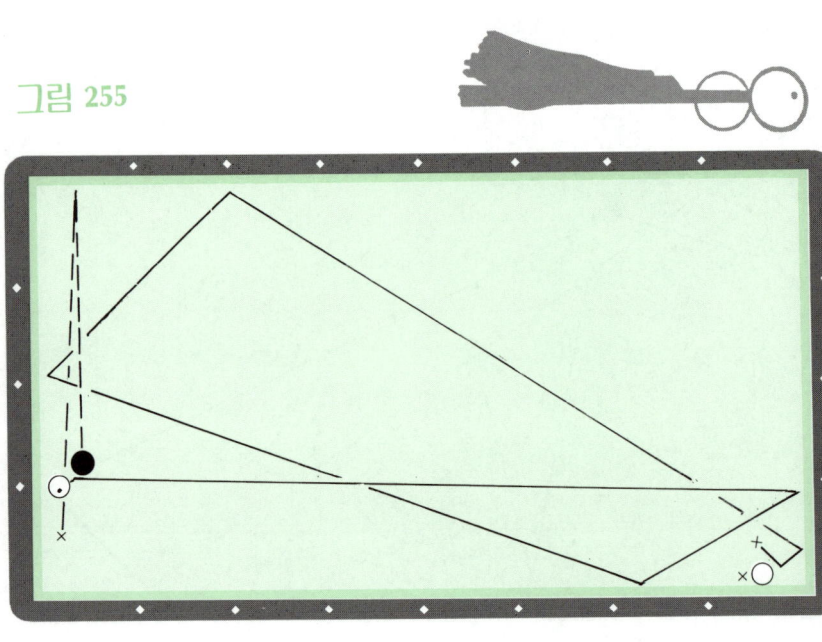

그림 256

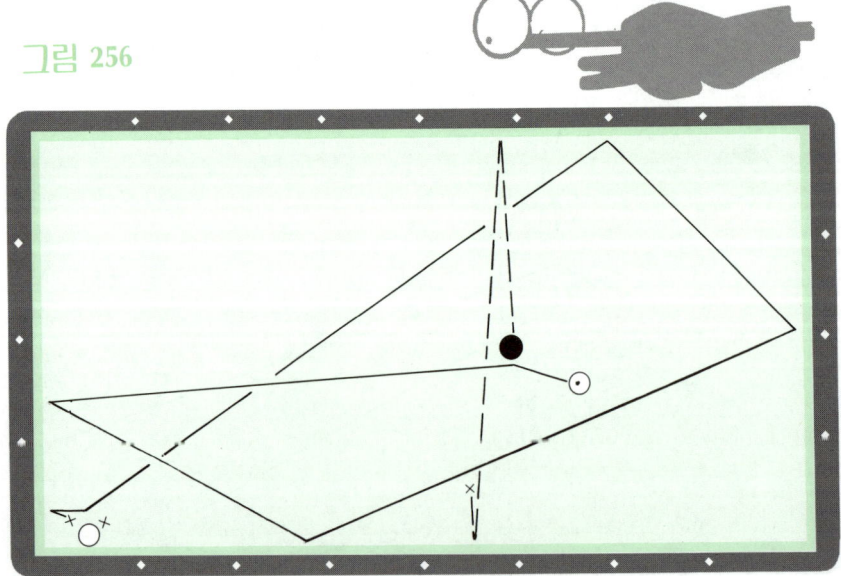

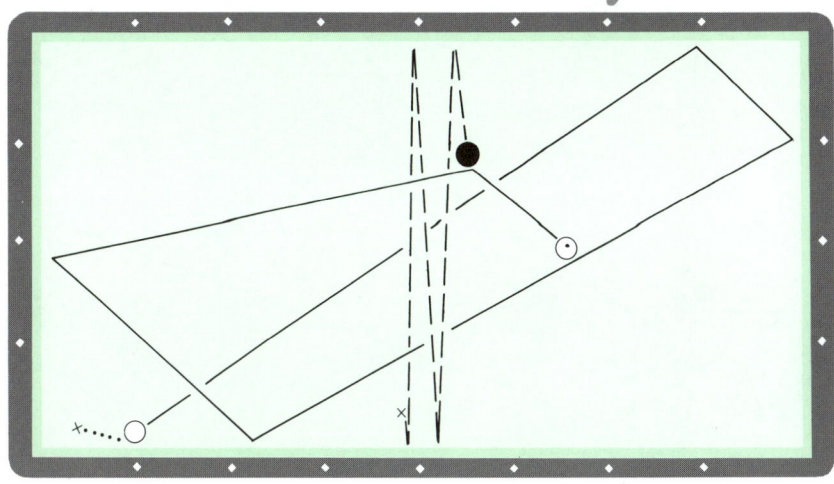

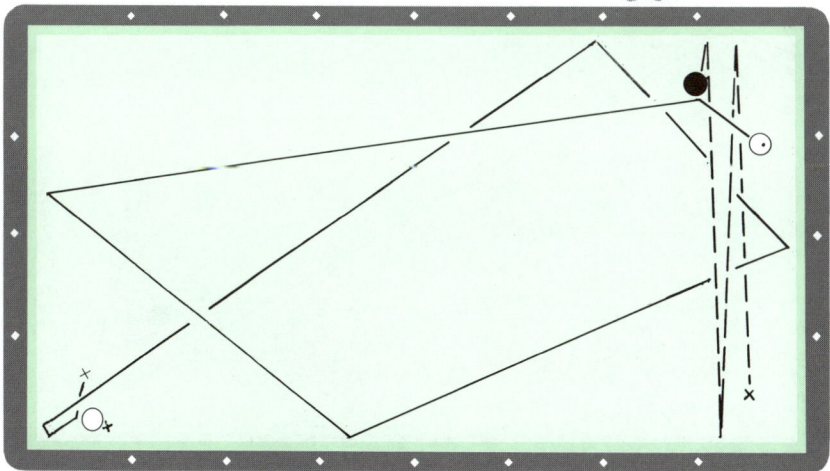

그림 259

그림 260

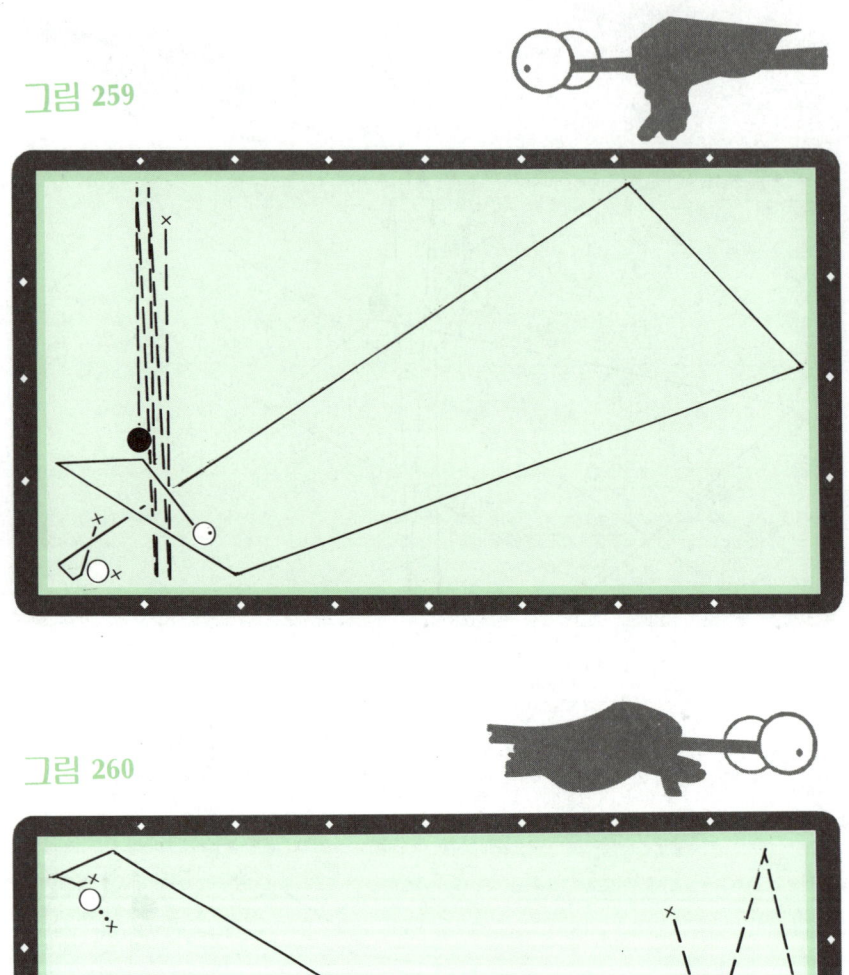

그림 261

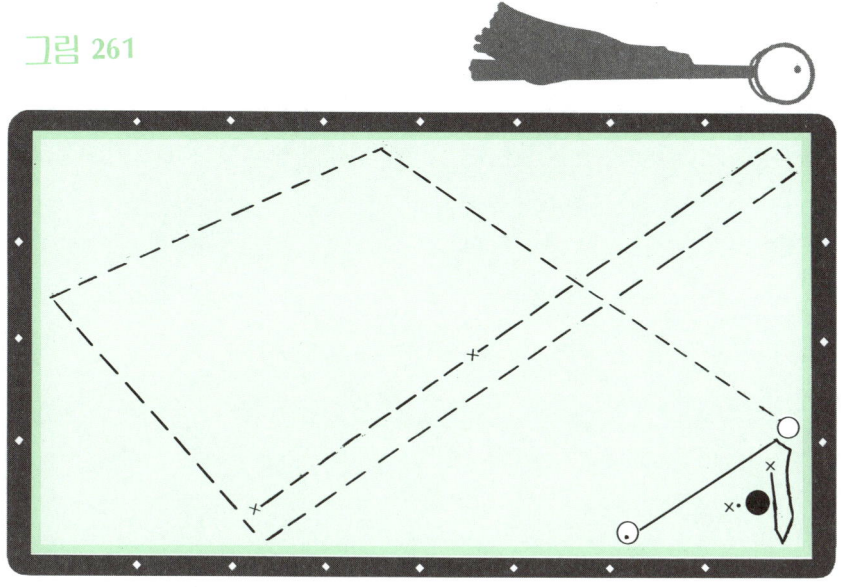

그림 262

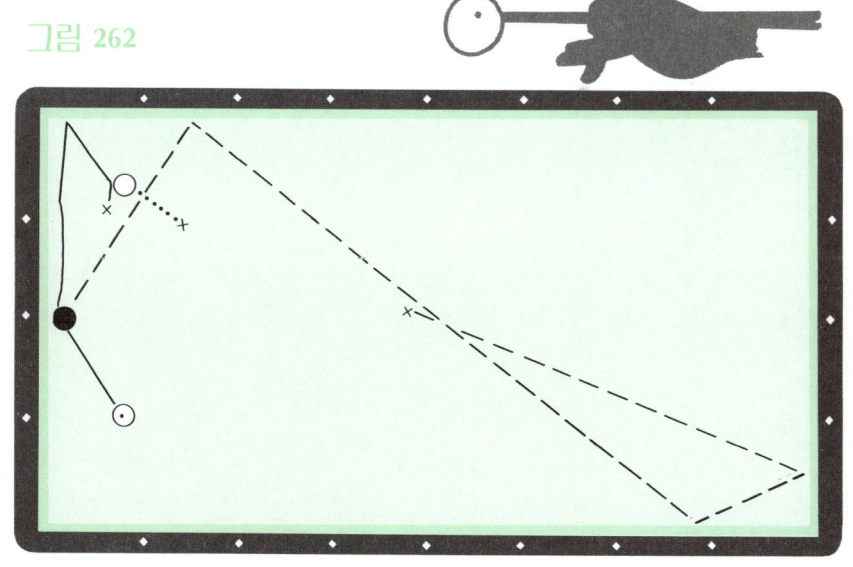

그림 263

그림 264

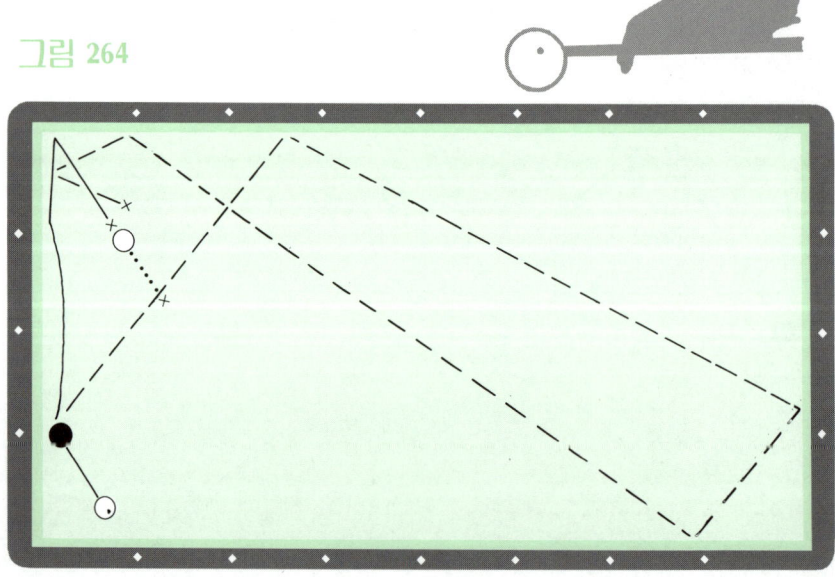

그림 265

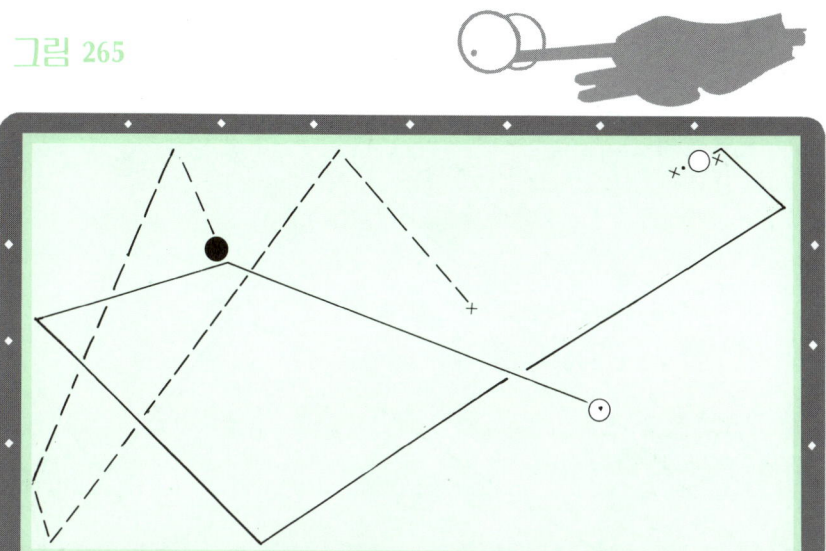

그림 266

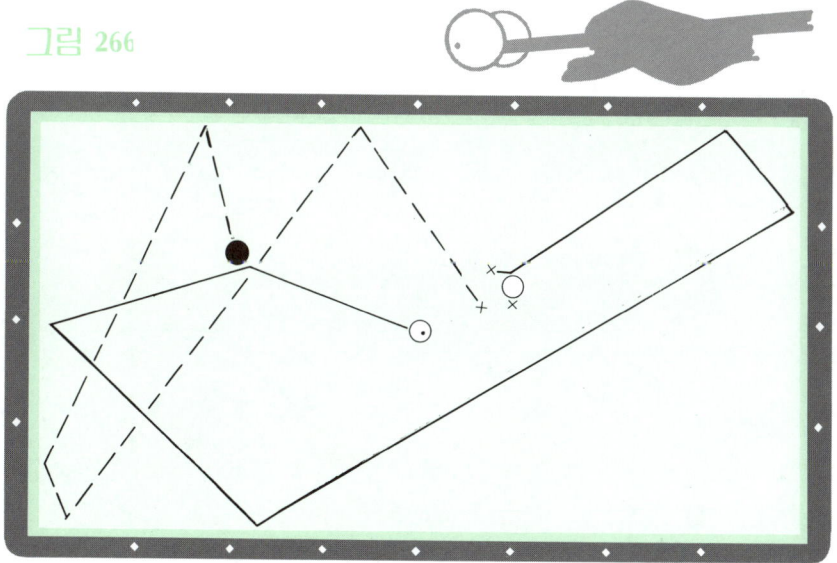

그림 267

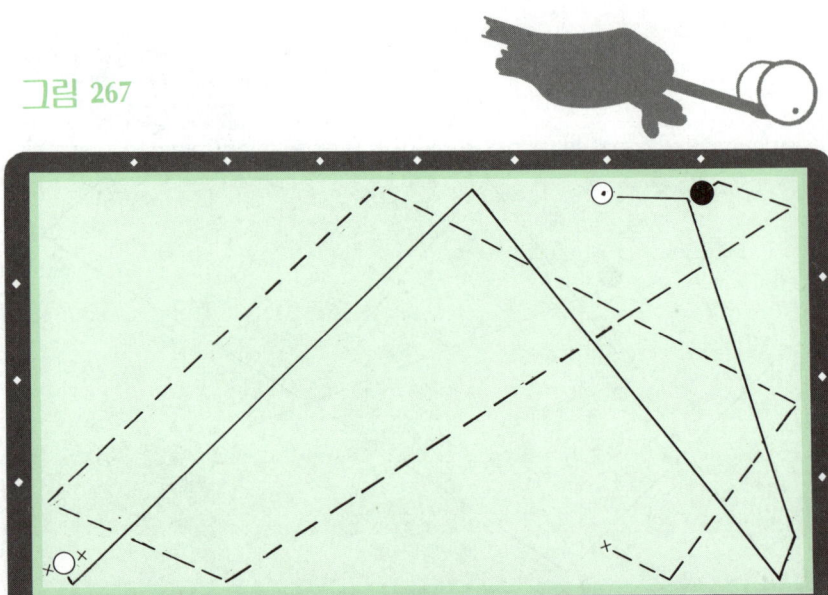

그림 268

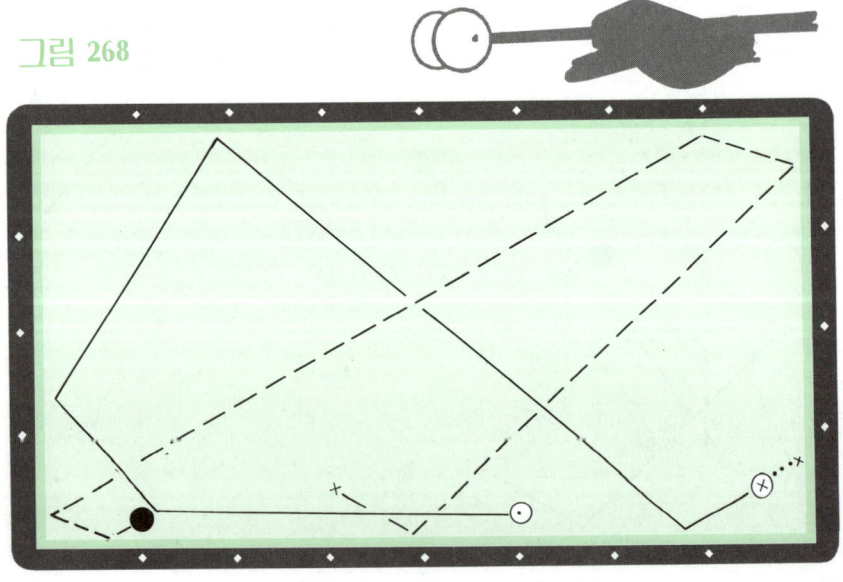

그림 269

그림 270

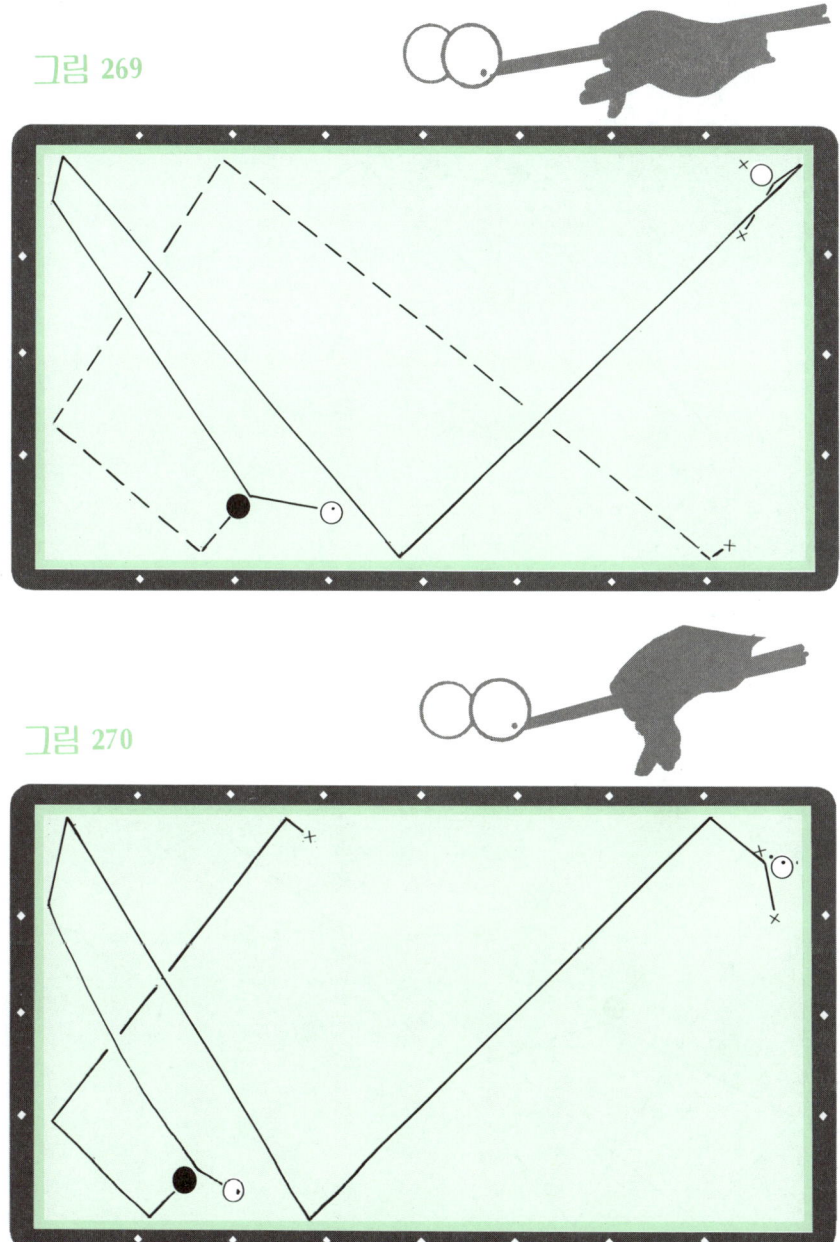

그림 271

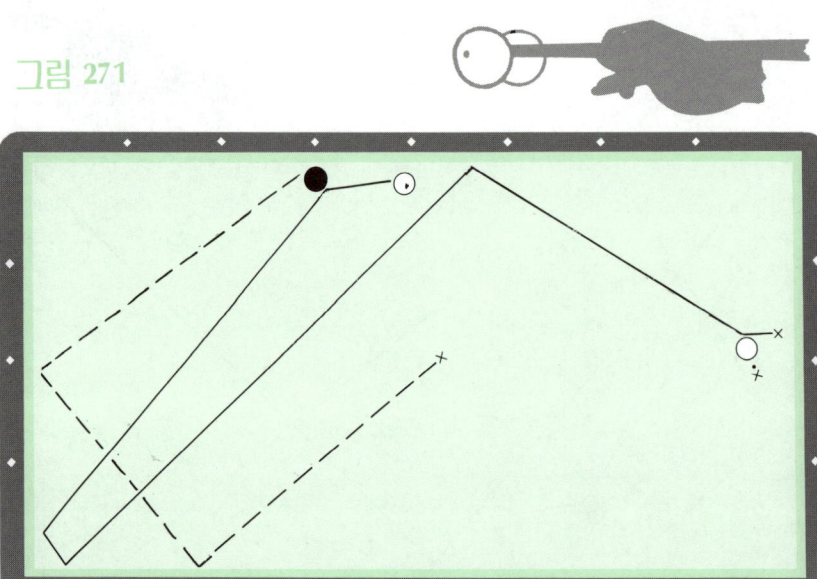

그림 272

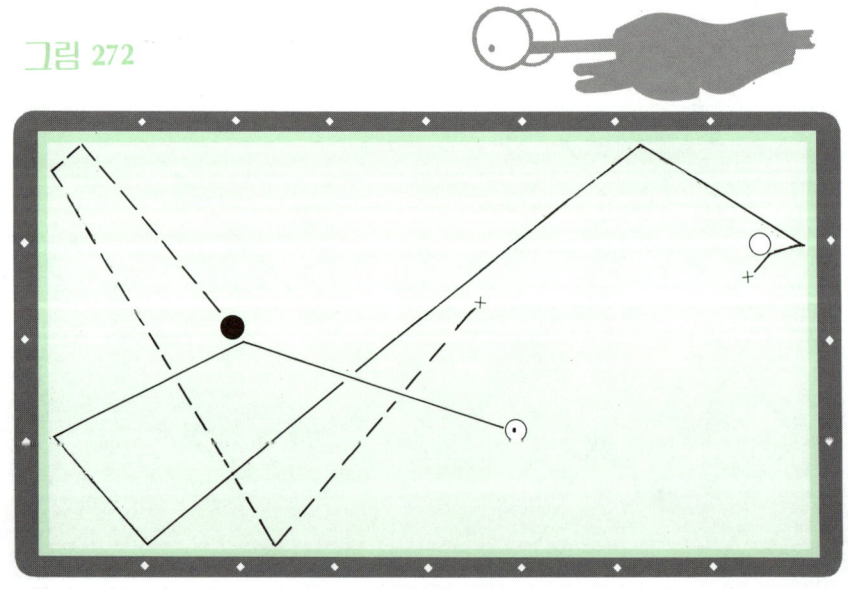

그림 273

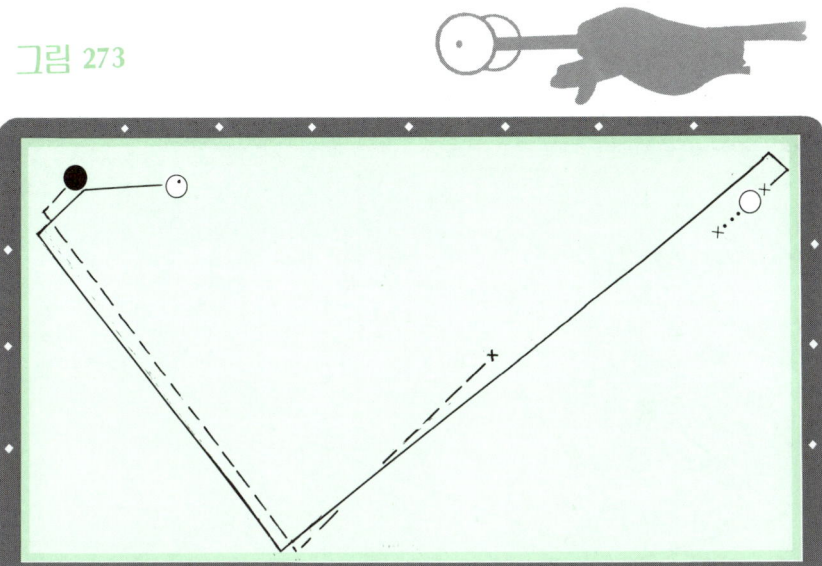

그림 274

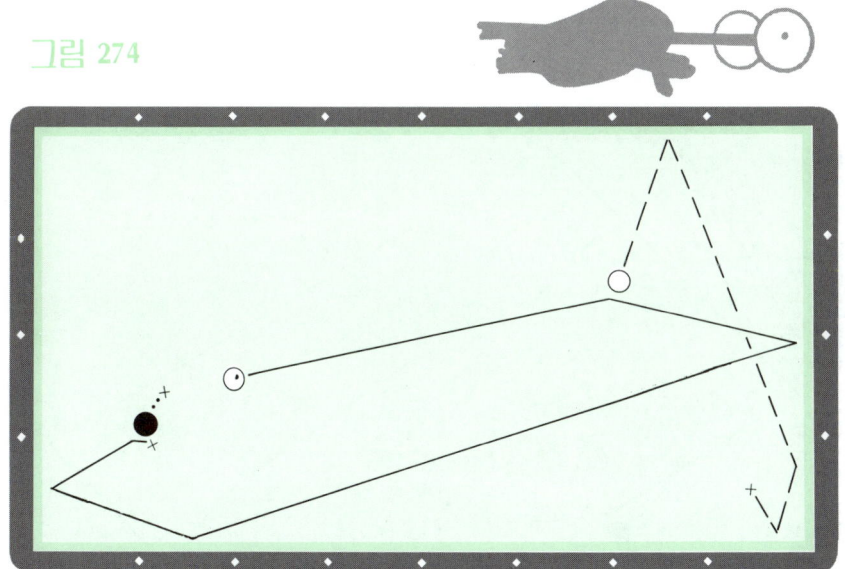

그림 275

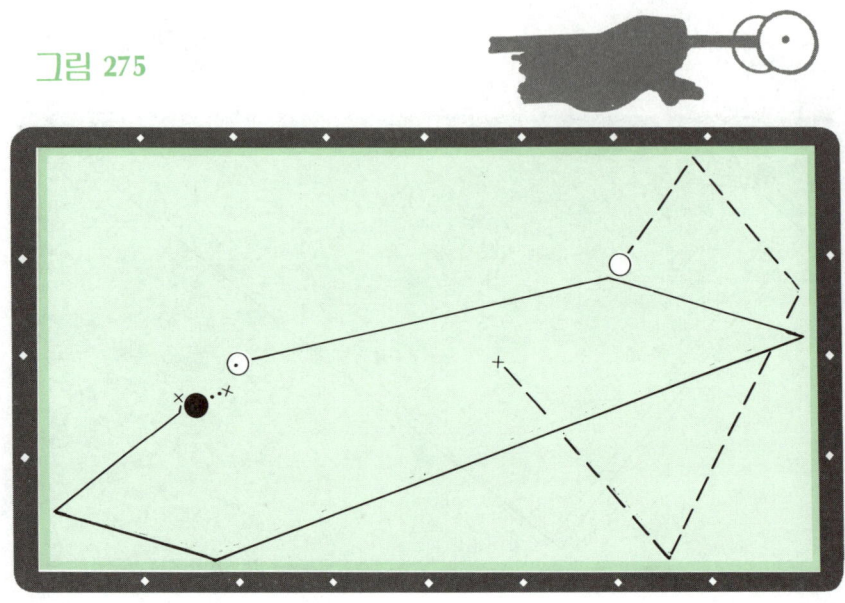

그림 276

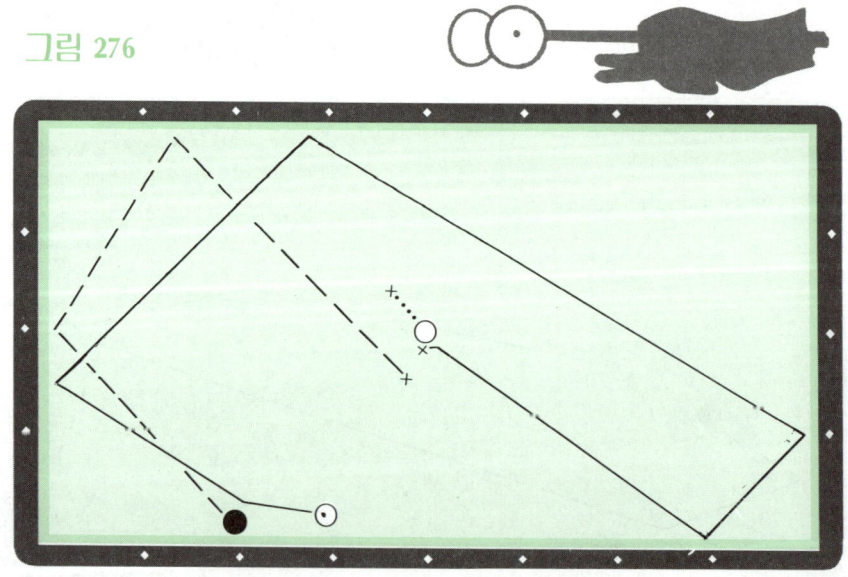

그림 277

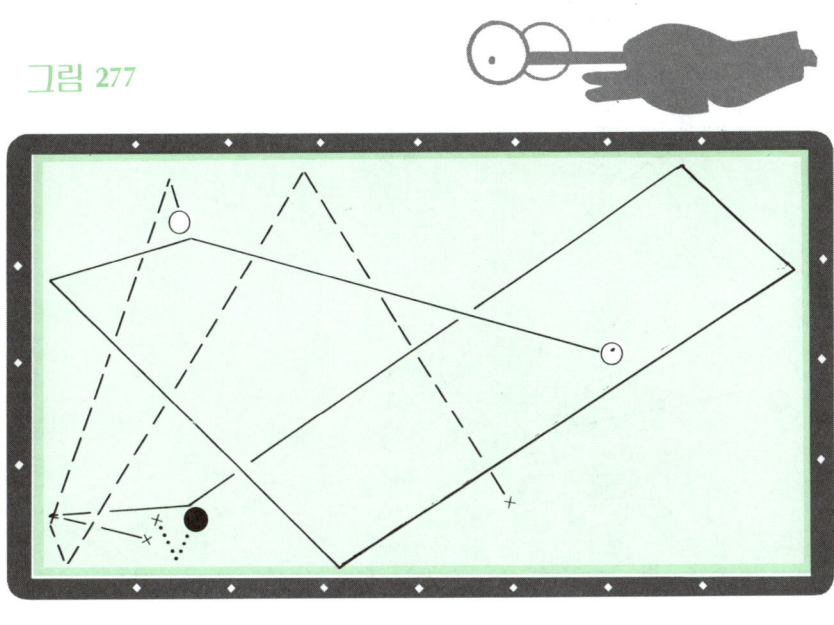

그림 278

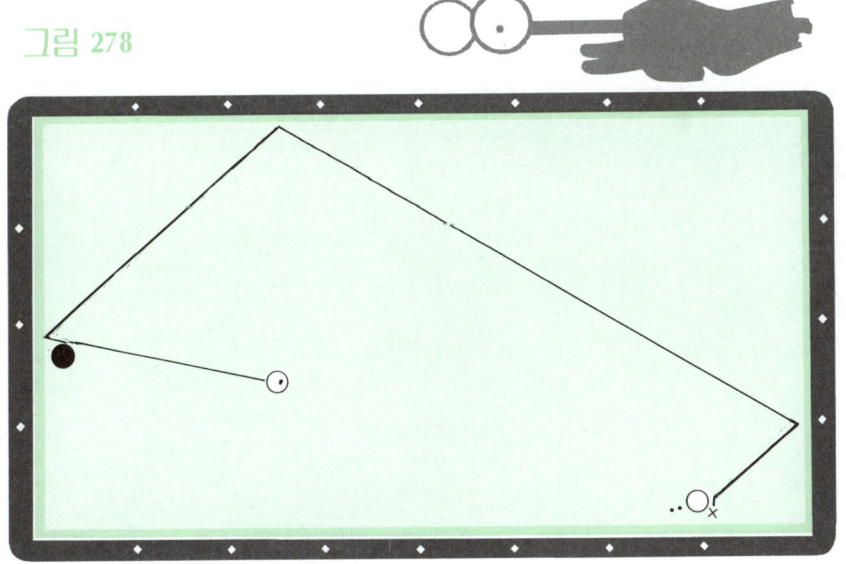

그림 279

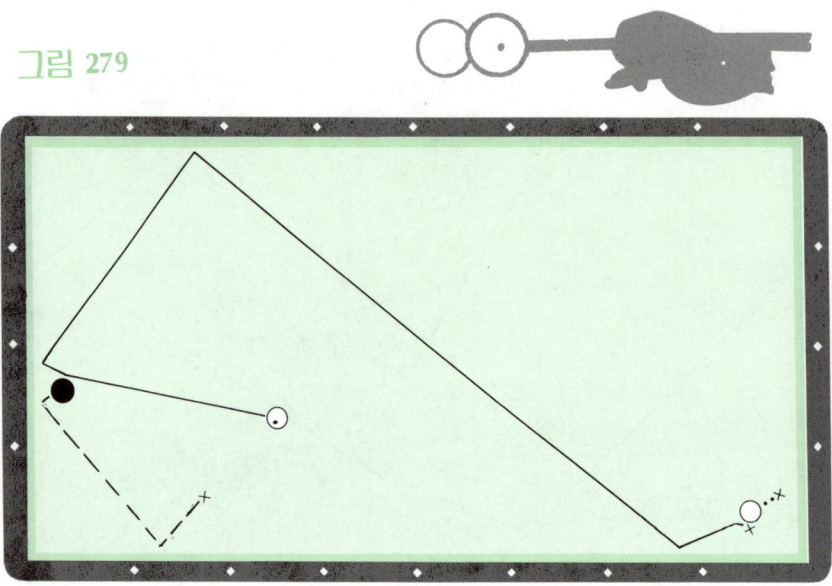

그림 280

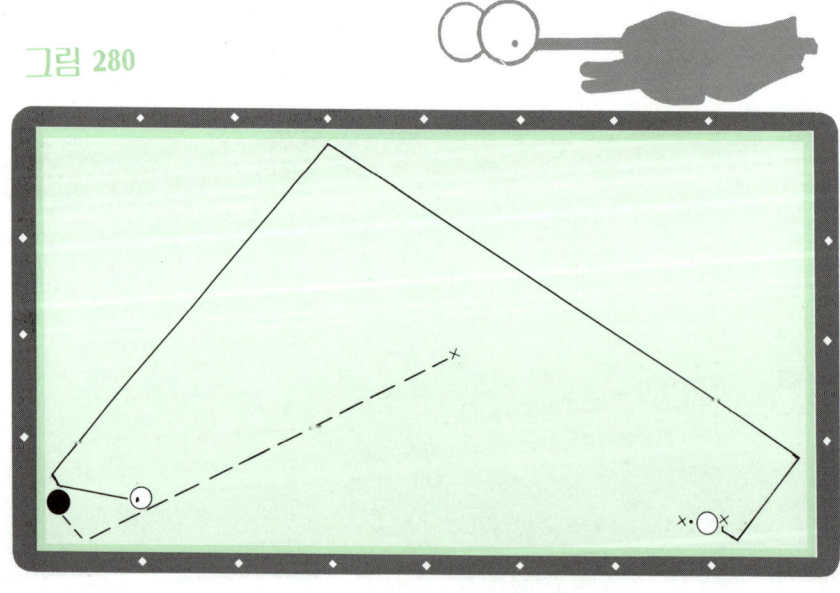

그림 281

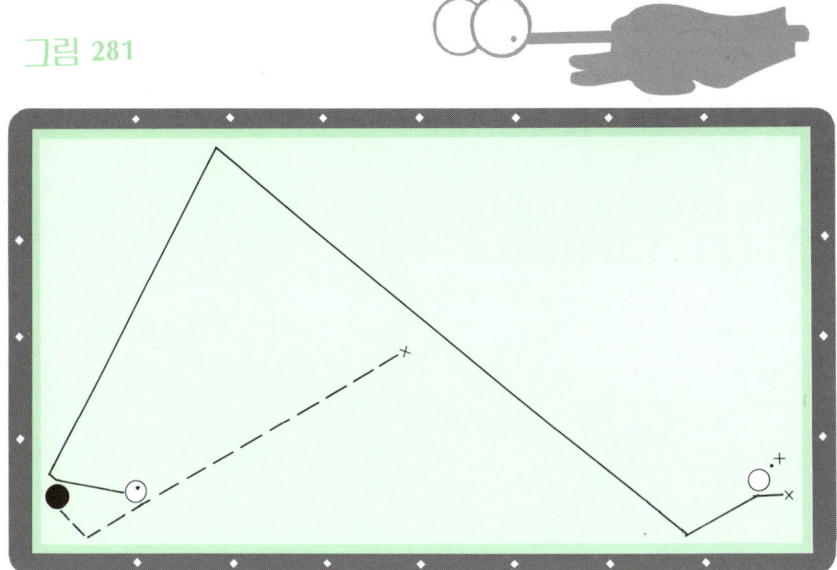

그림 282

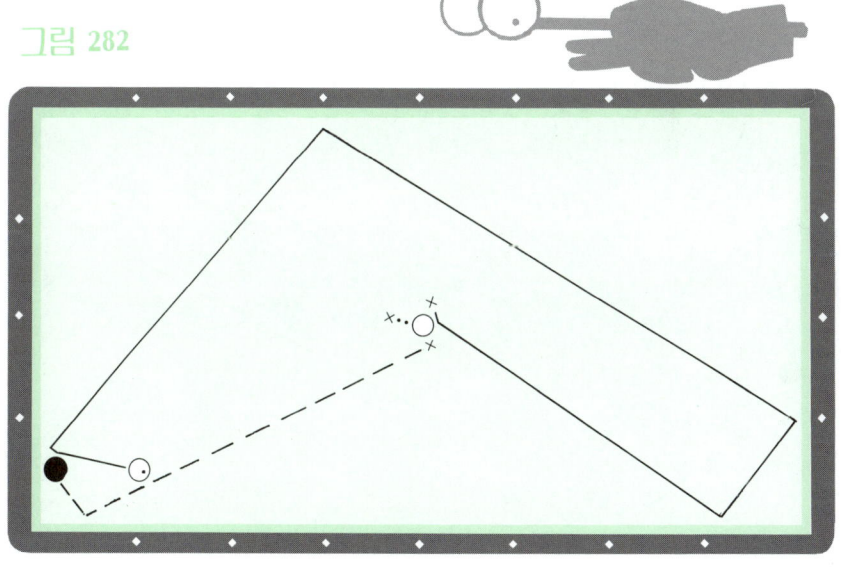

그림 283

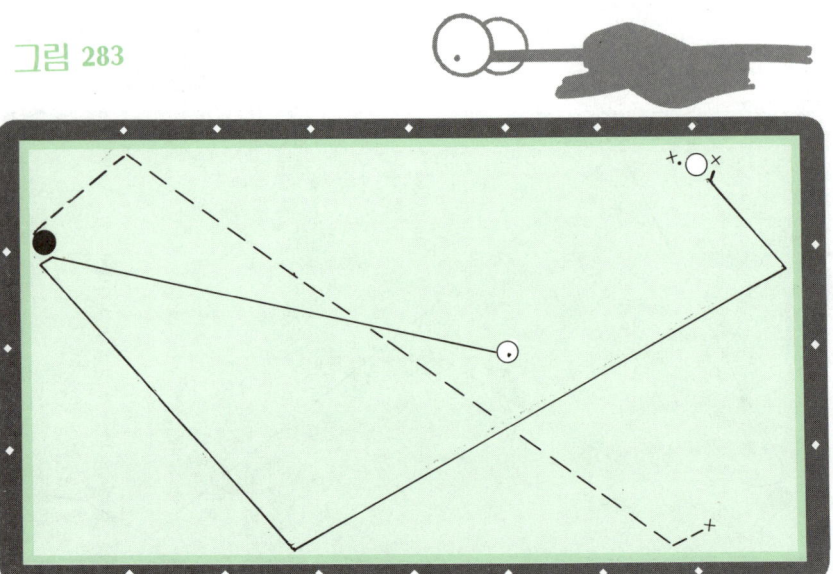

그림 284

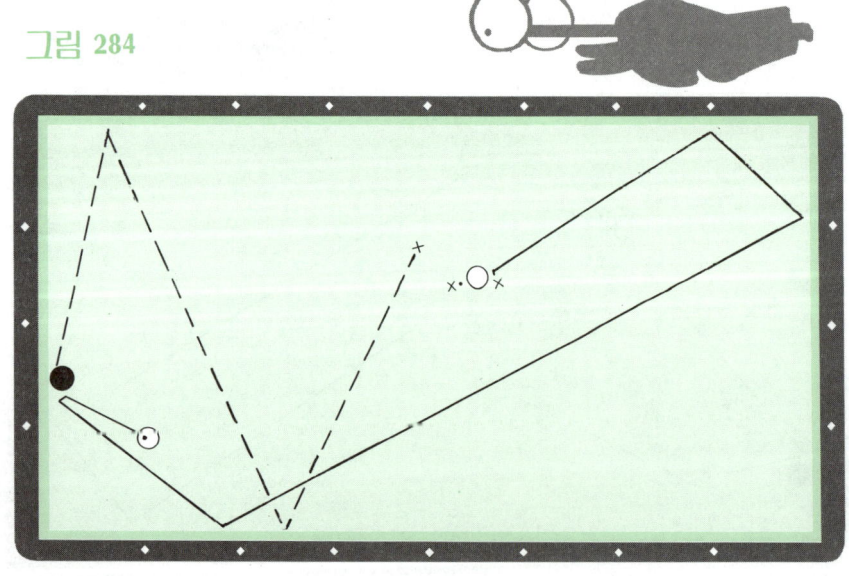

그림 285

그림 286

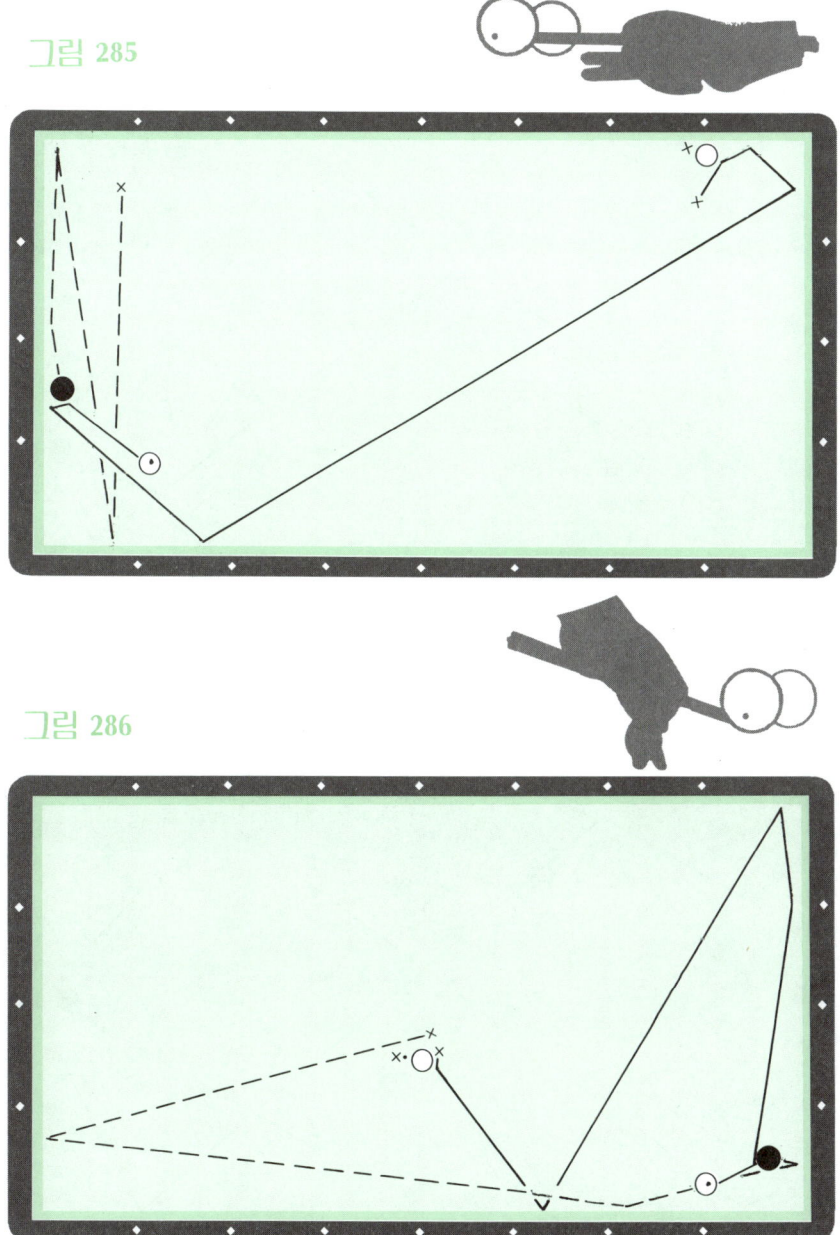

그림 287

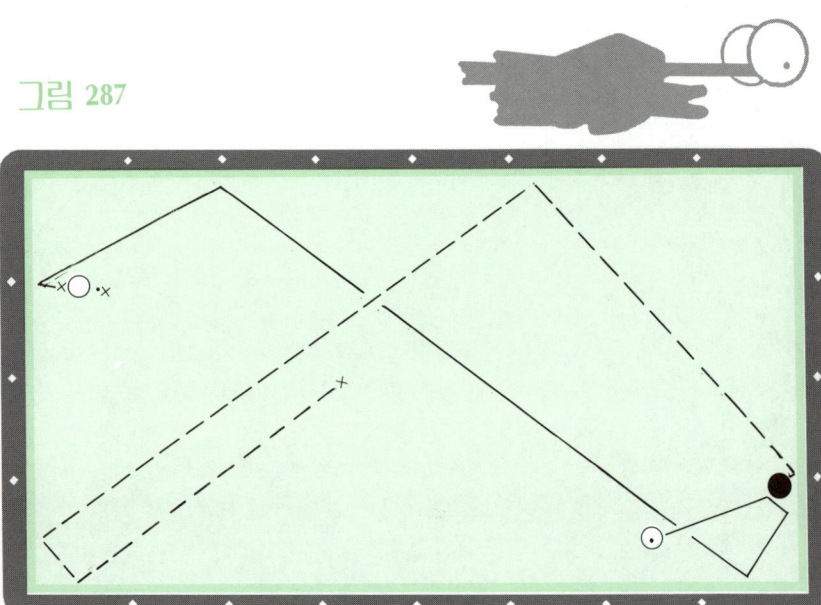

그림 288

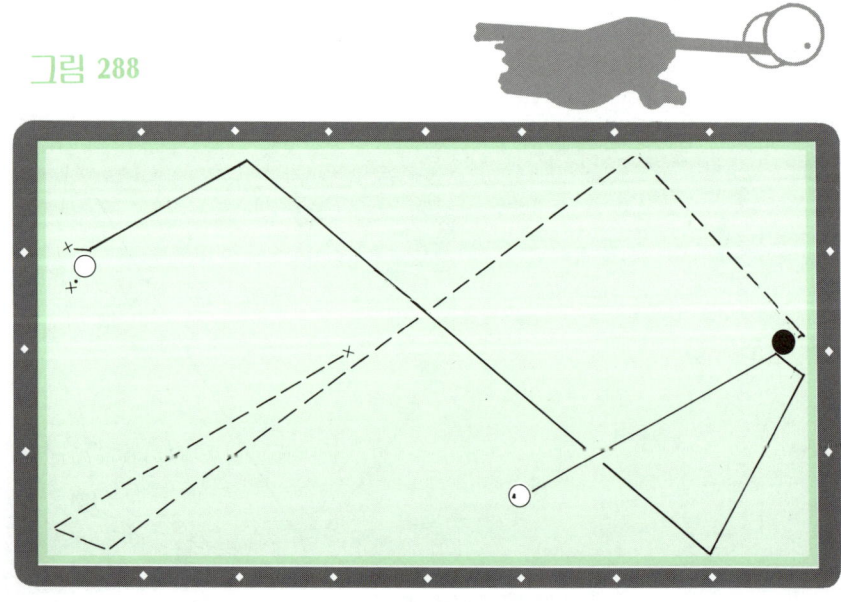

그림 289

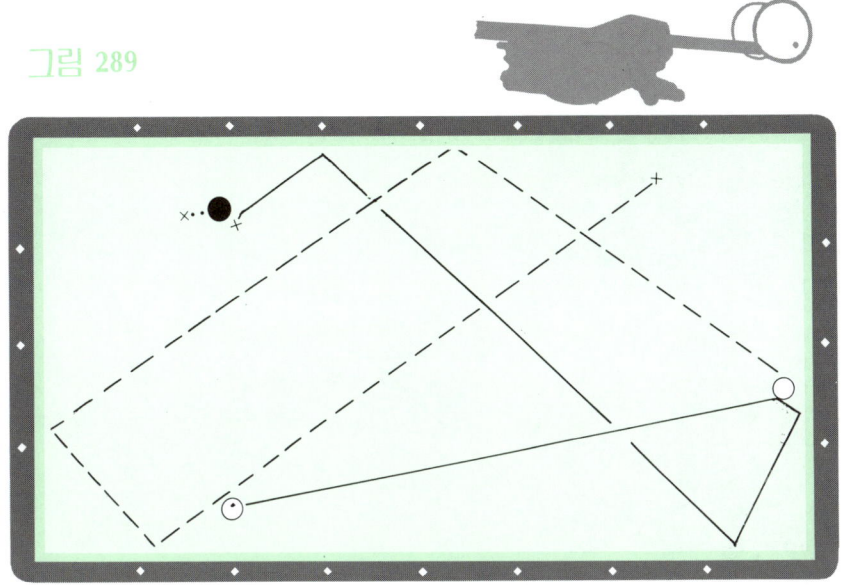

그림 290

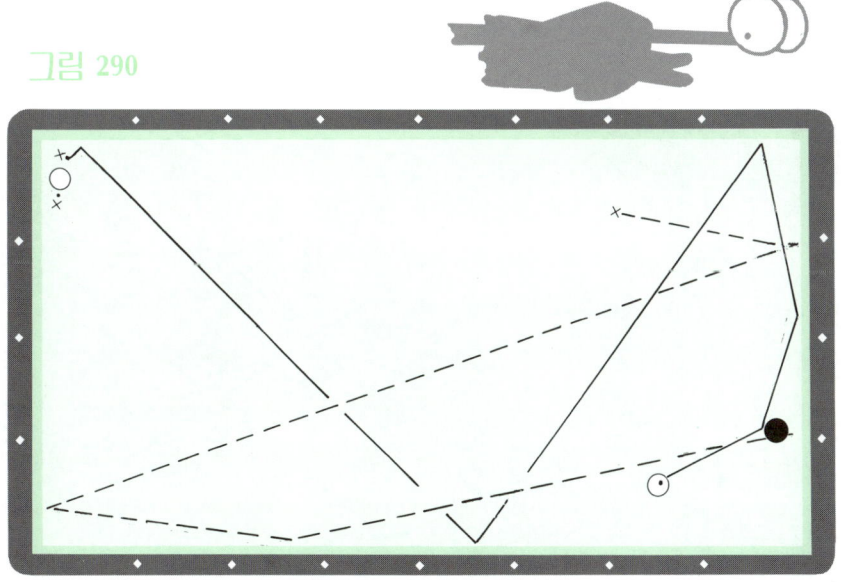

그림 291

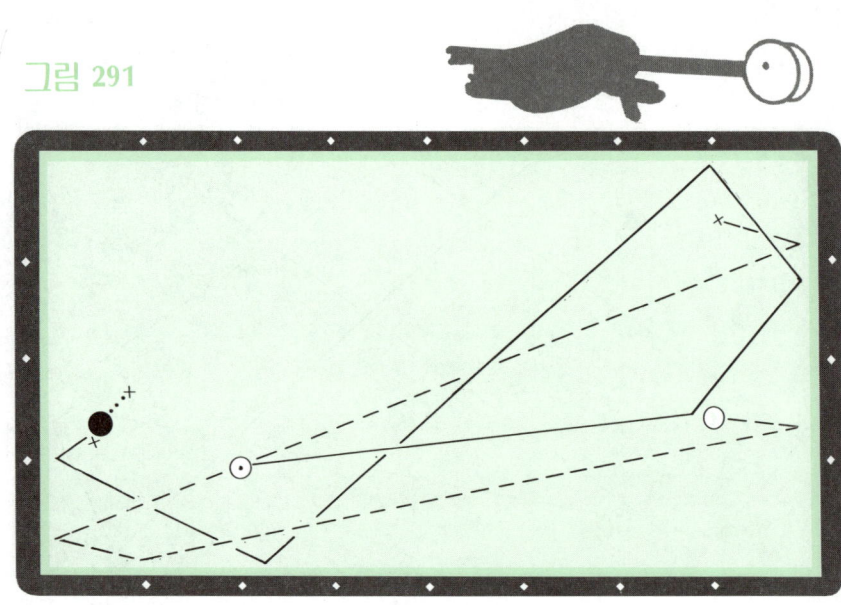

그림 292

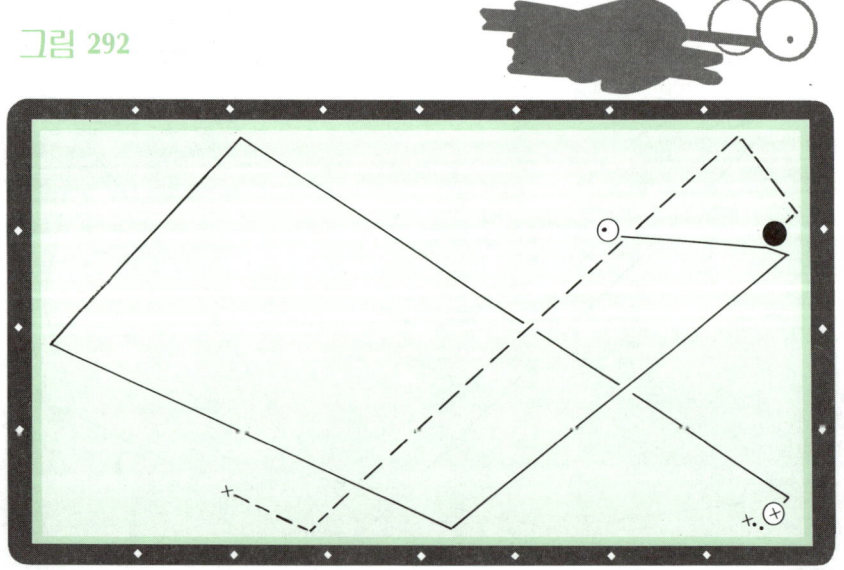

그림 293

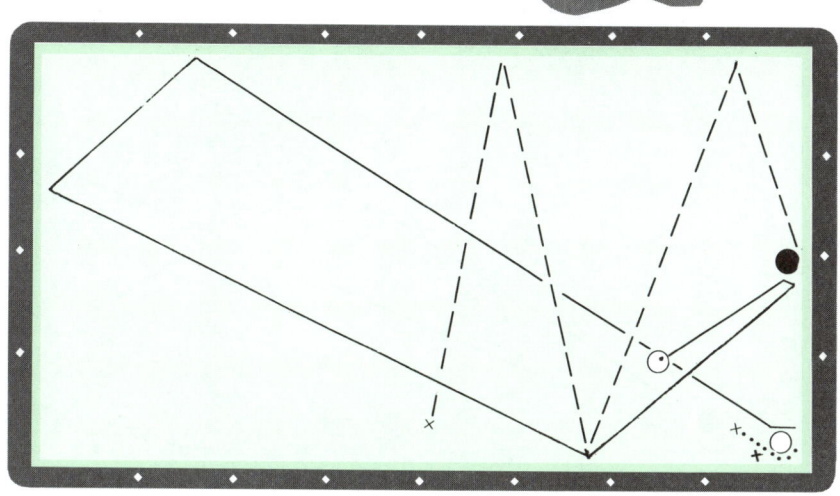

그림 294

그림 295

그림 296

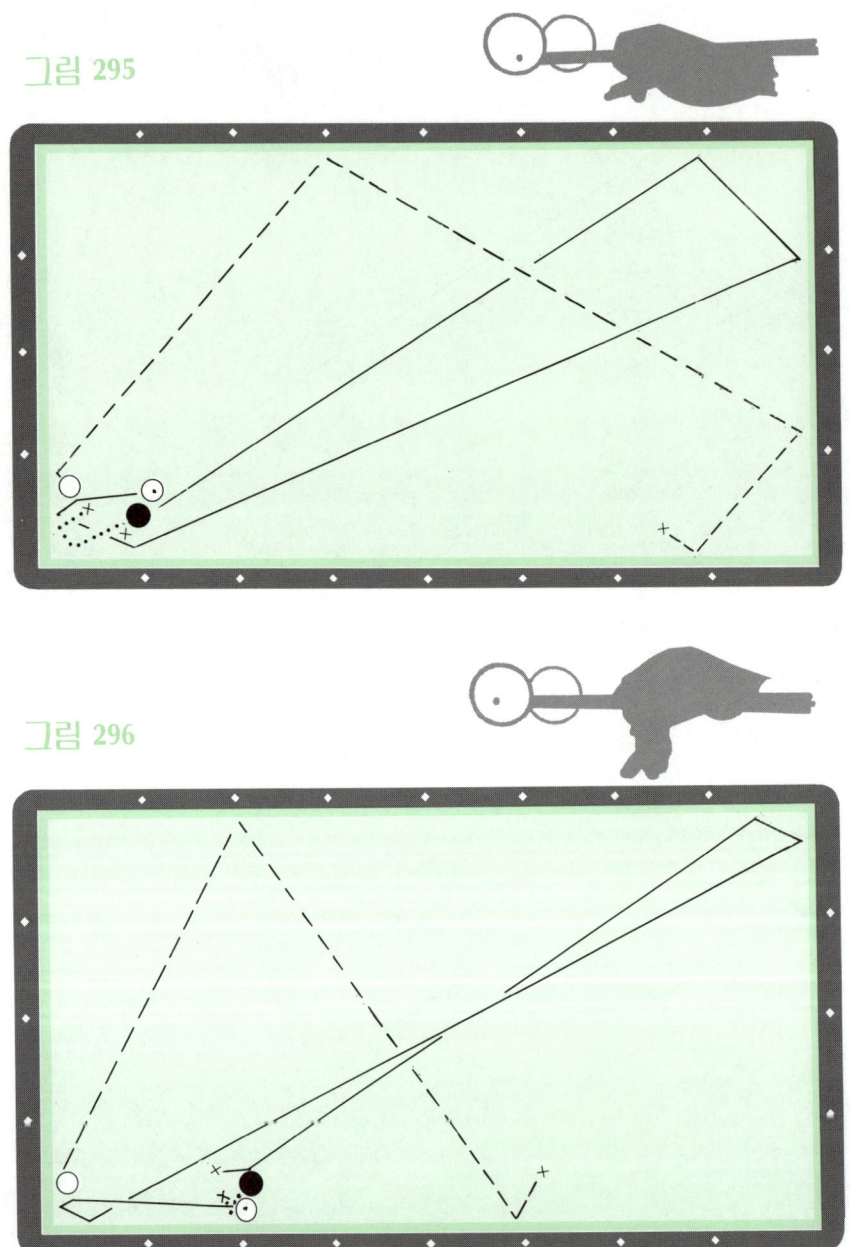

그림 297

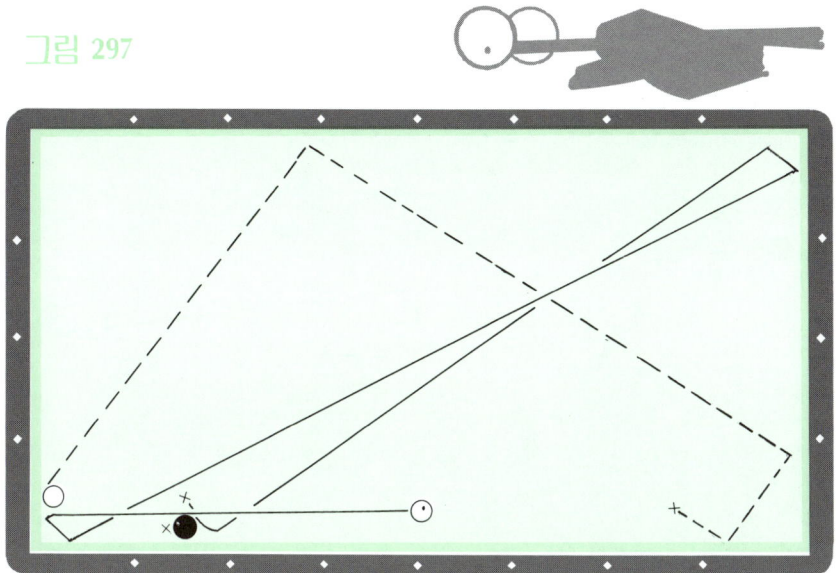

그림 298

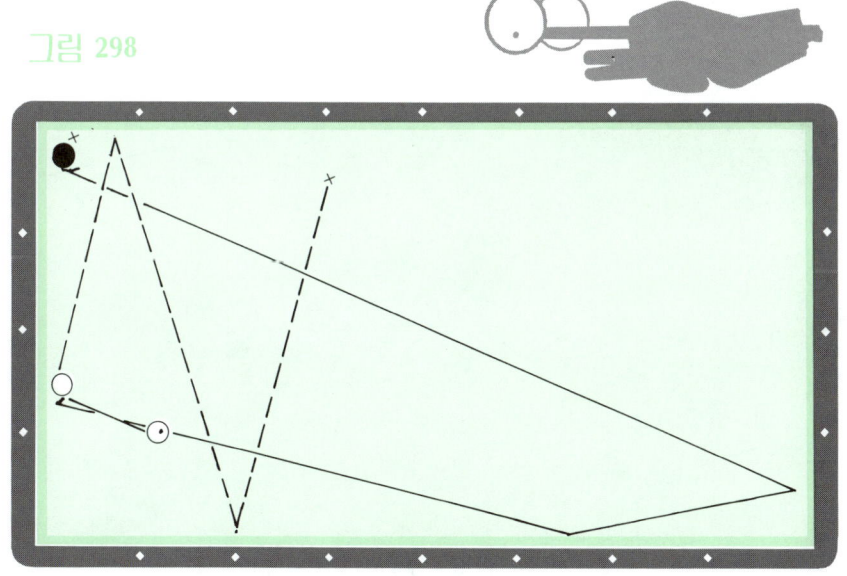

그림 299

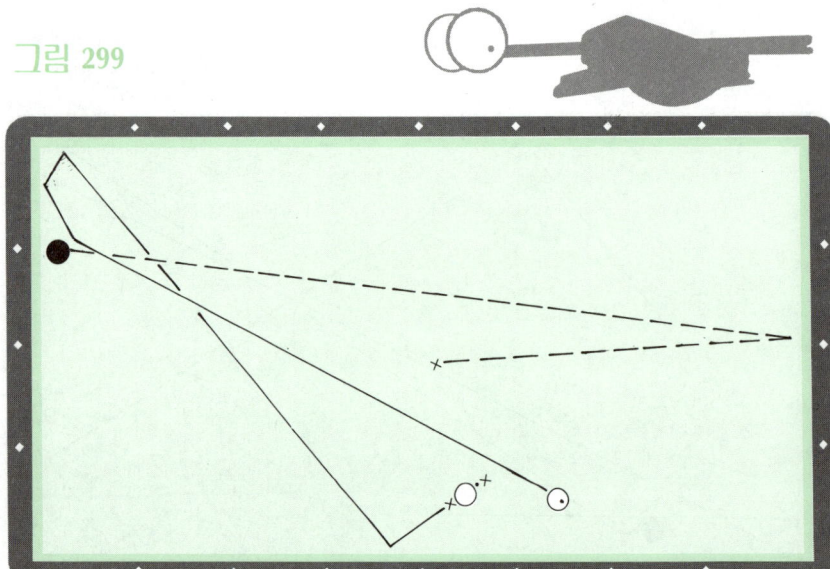

그림 300

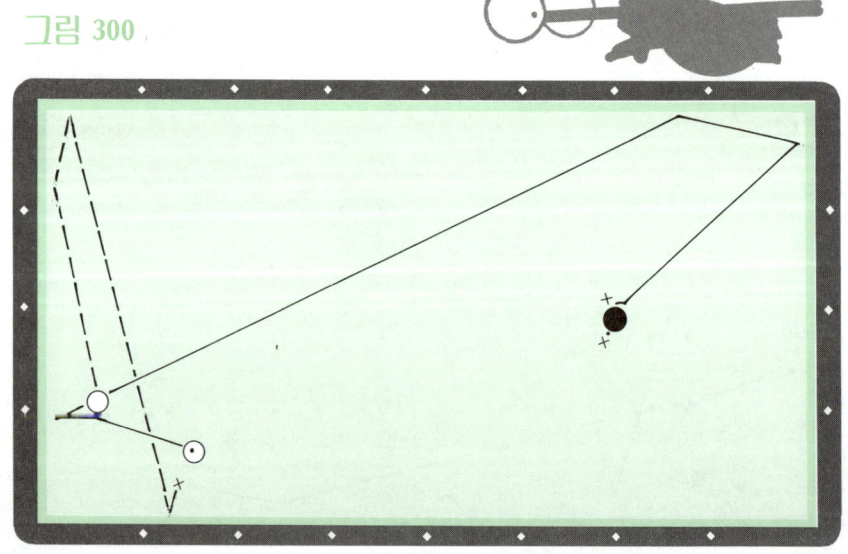

그림 301

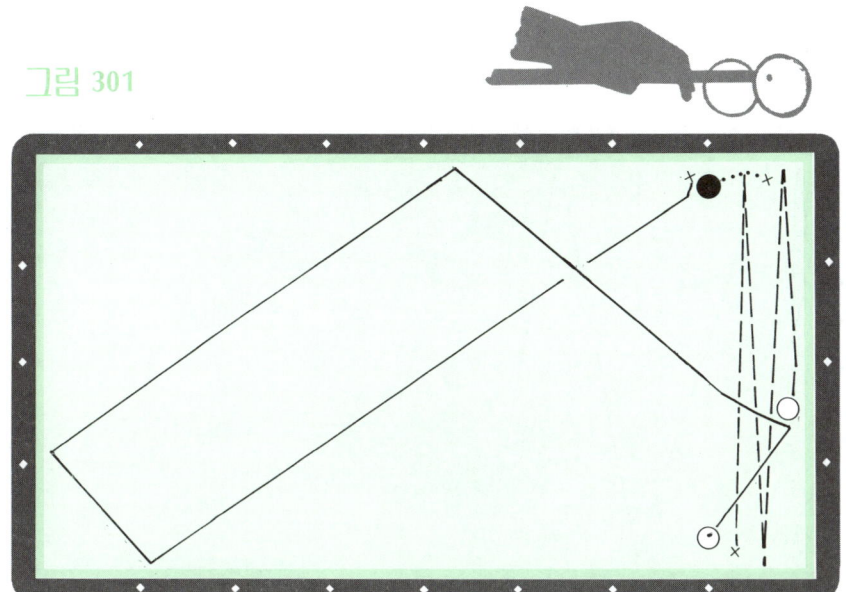

그림 302

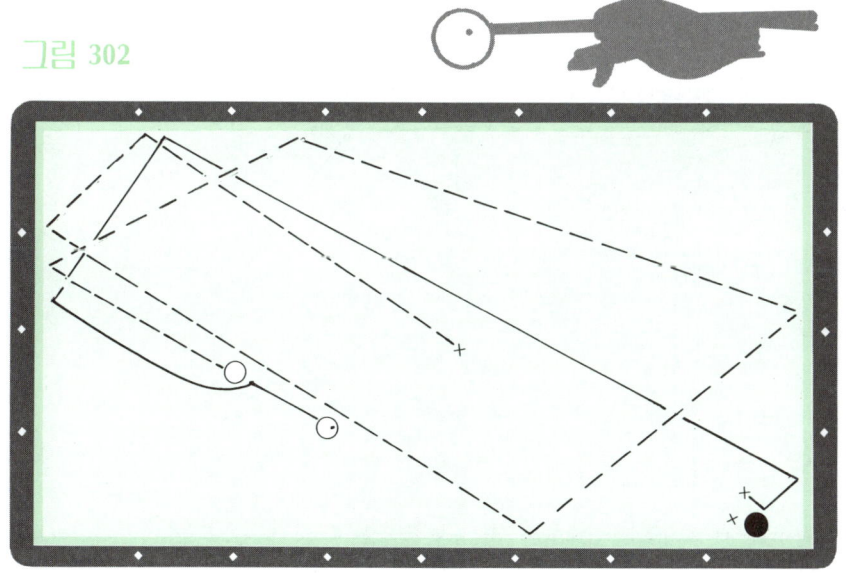

그림 303

그림 304

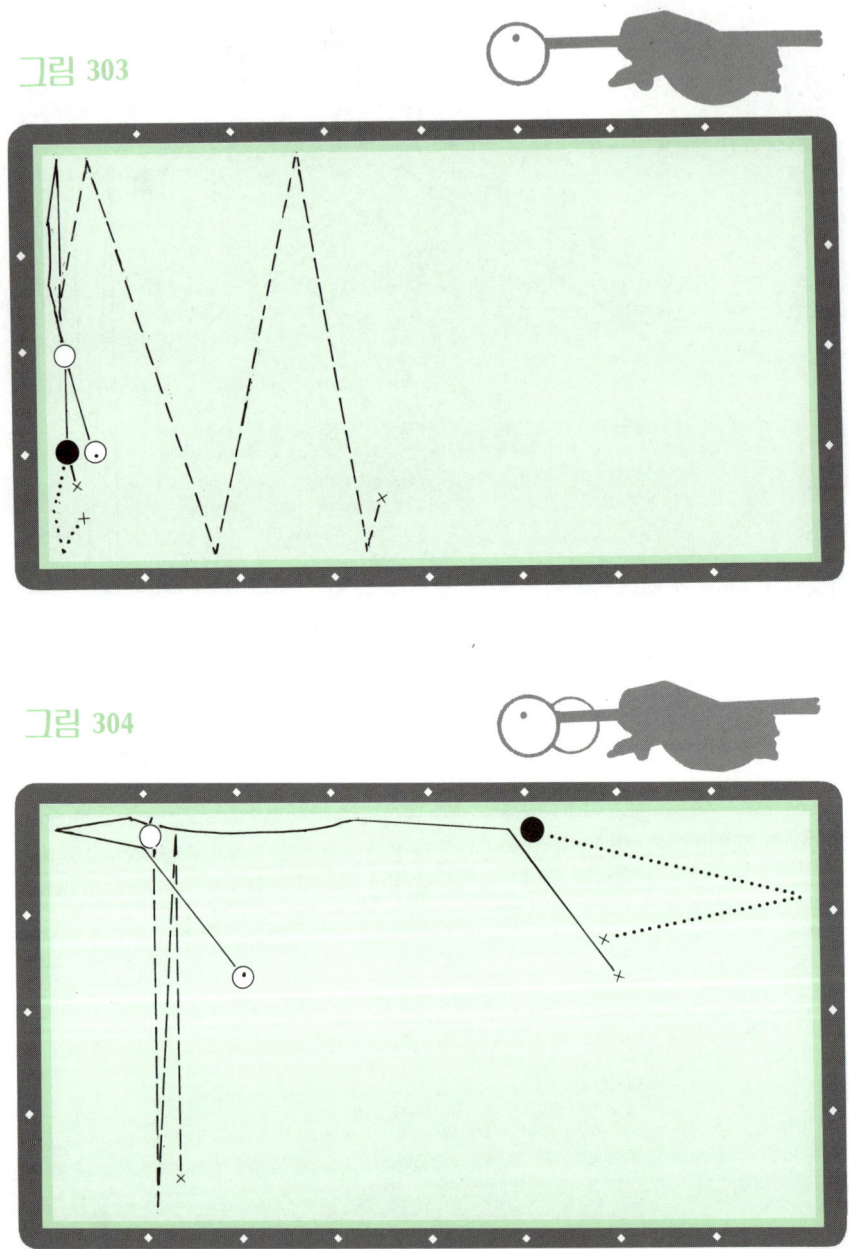

그림 305

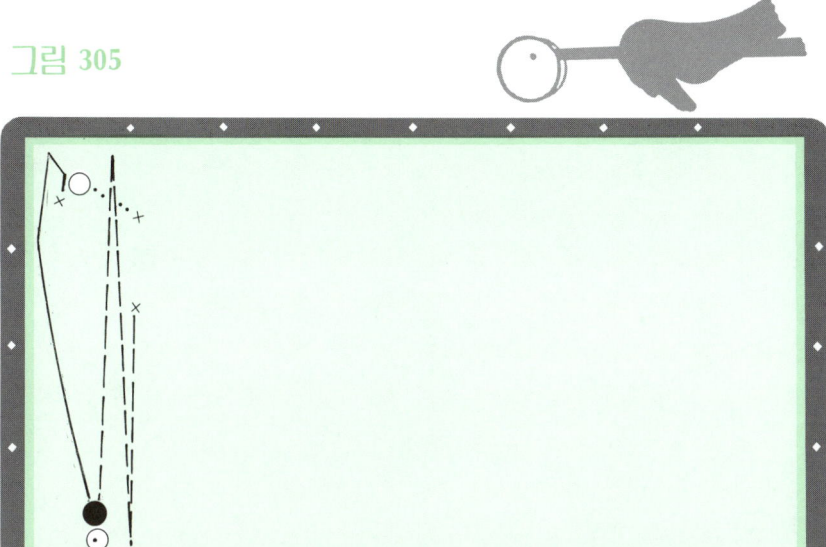

그림 306

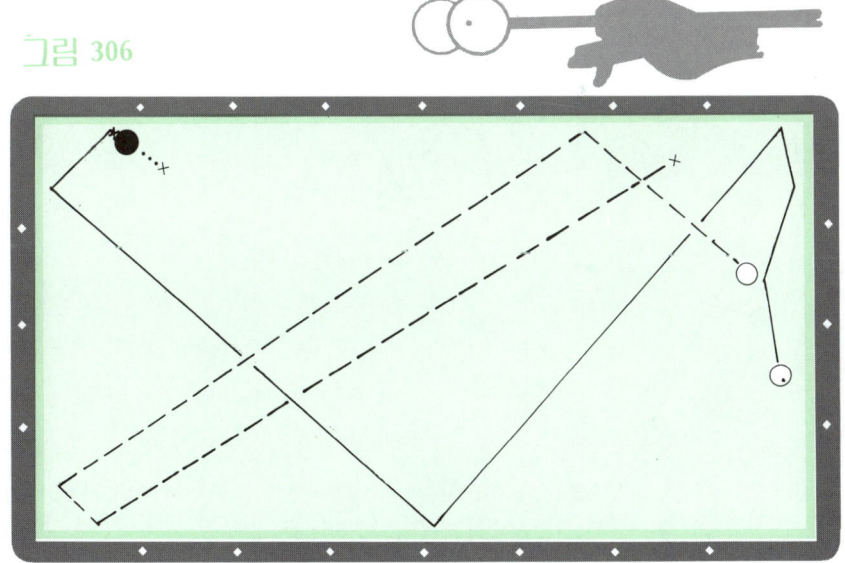

그림 307

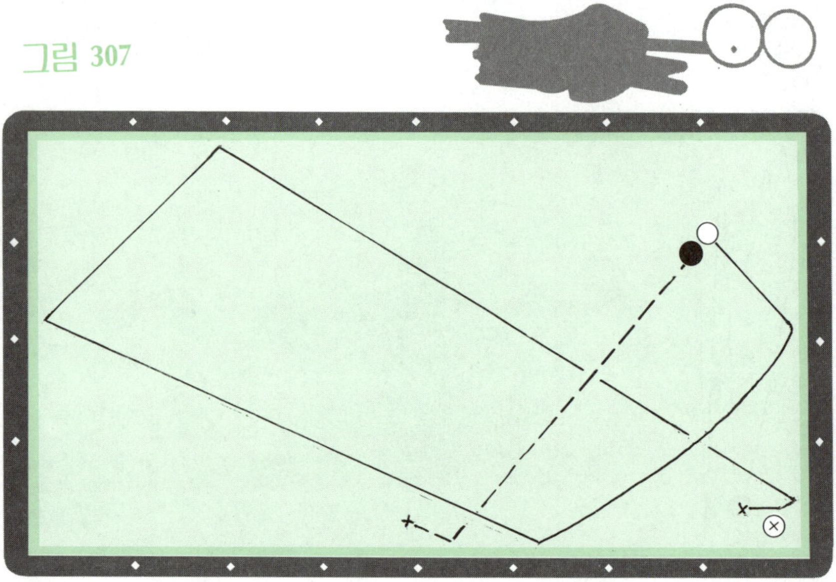

그림 308

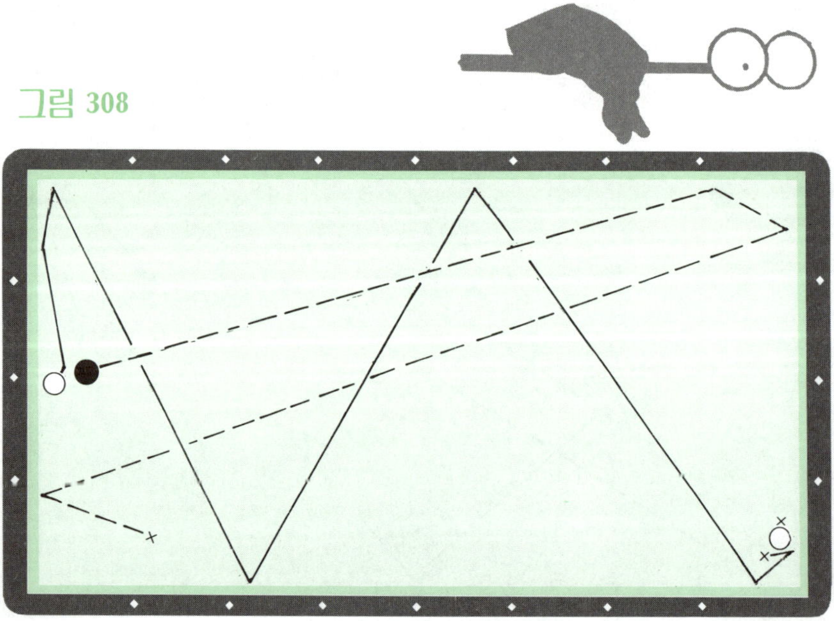

그림 309

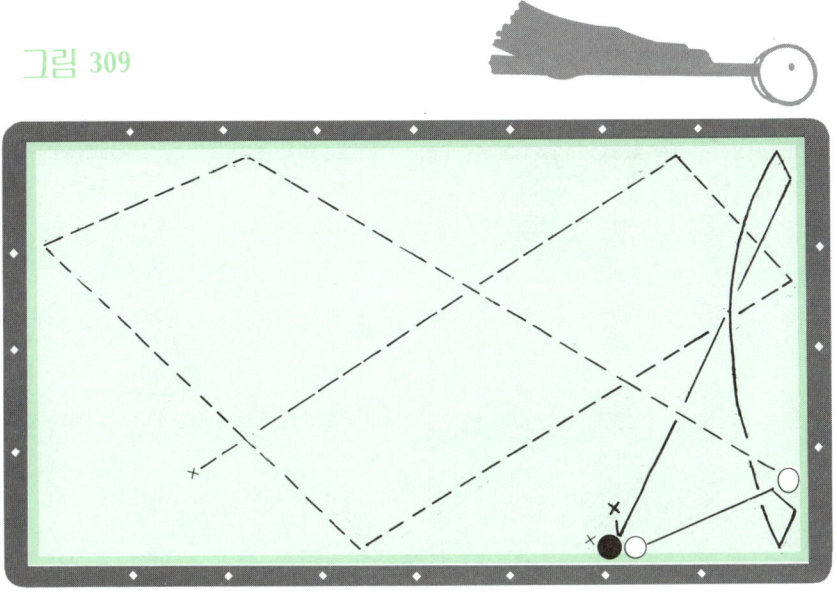

그림 310

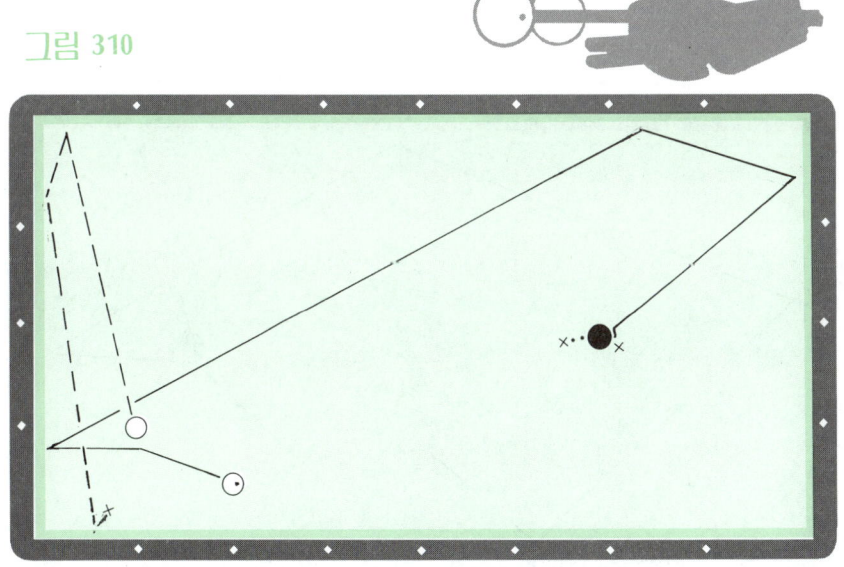

그림 311

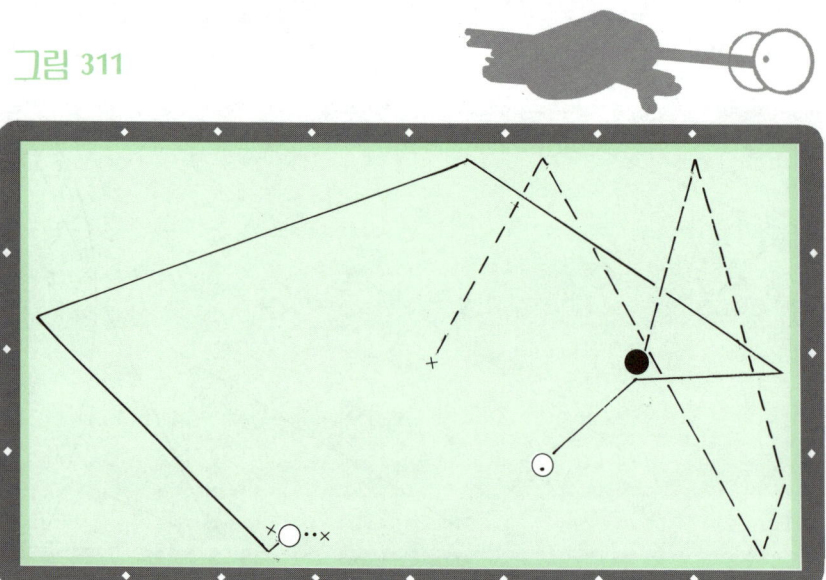

그림 312

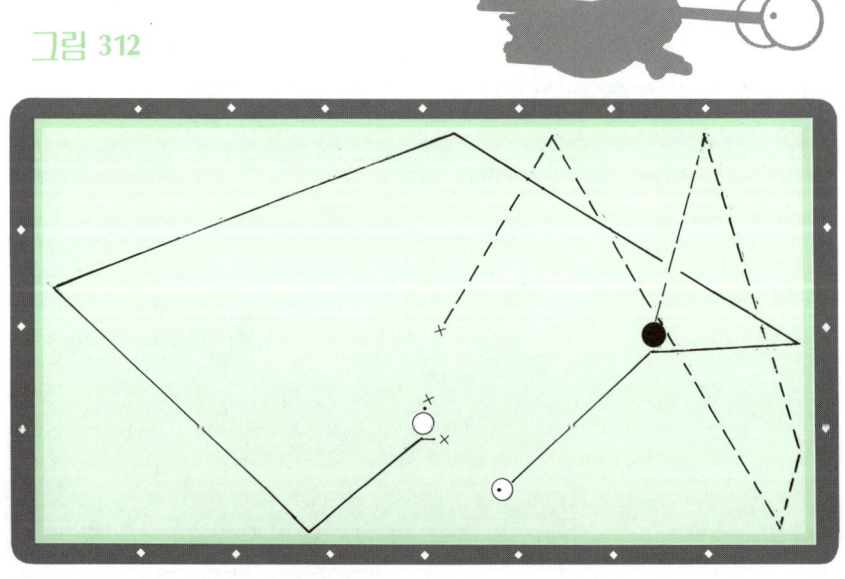

그림 313

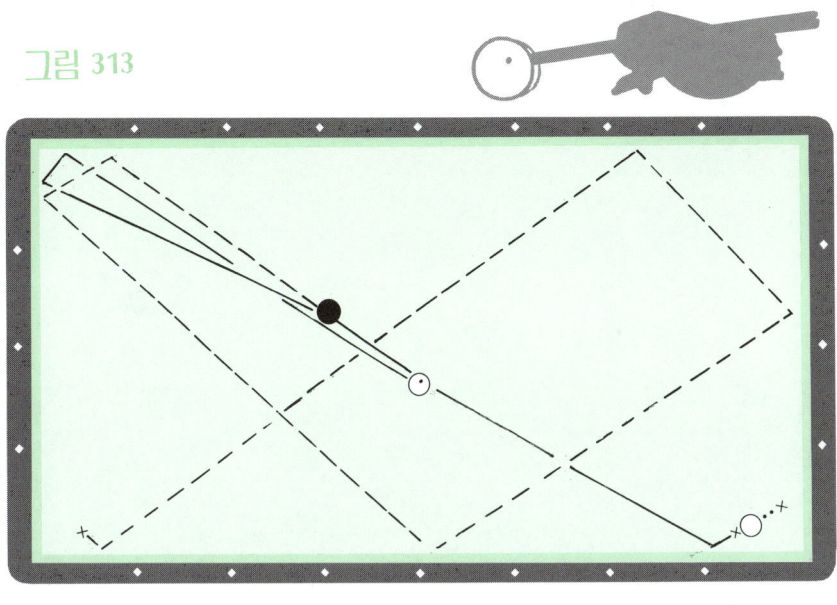

그림 314

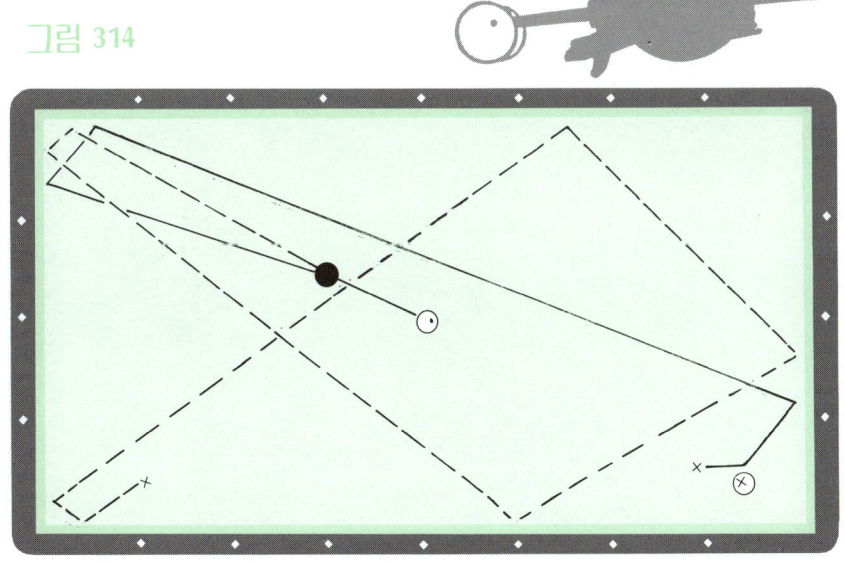

그림 315

그림 316

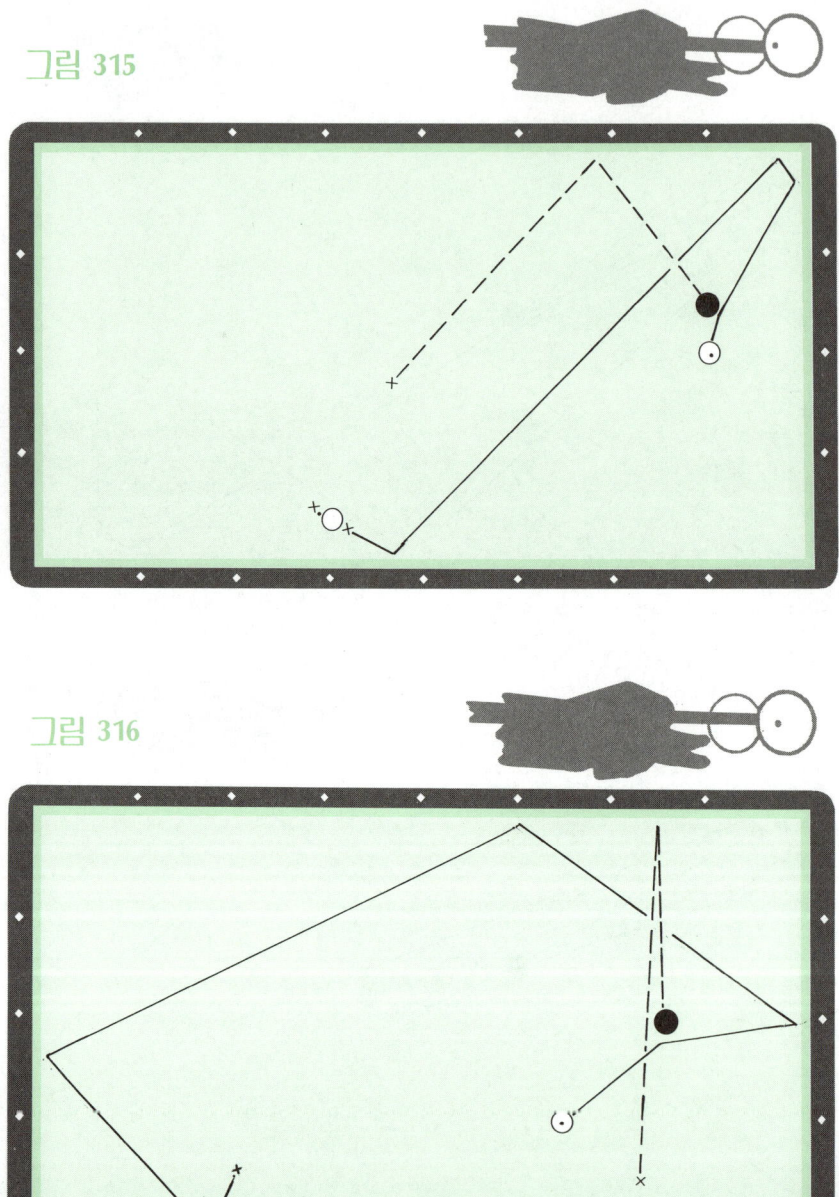

그림 317

그림 318

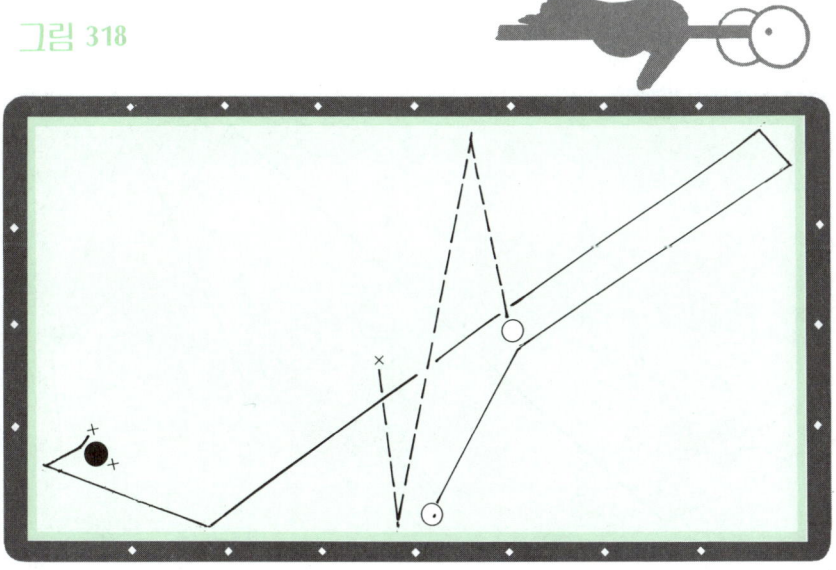

그림 319

그림 320

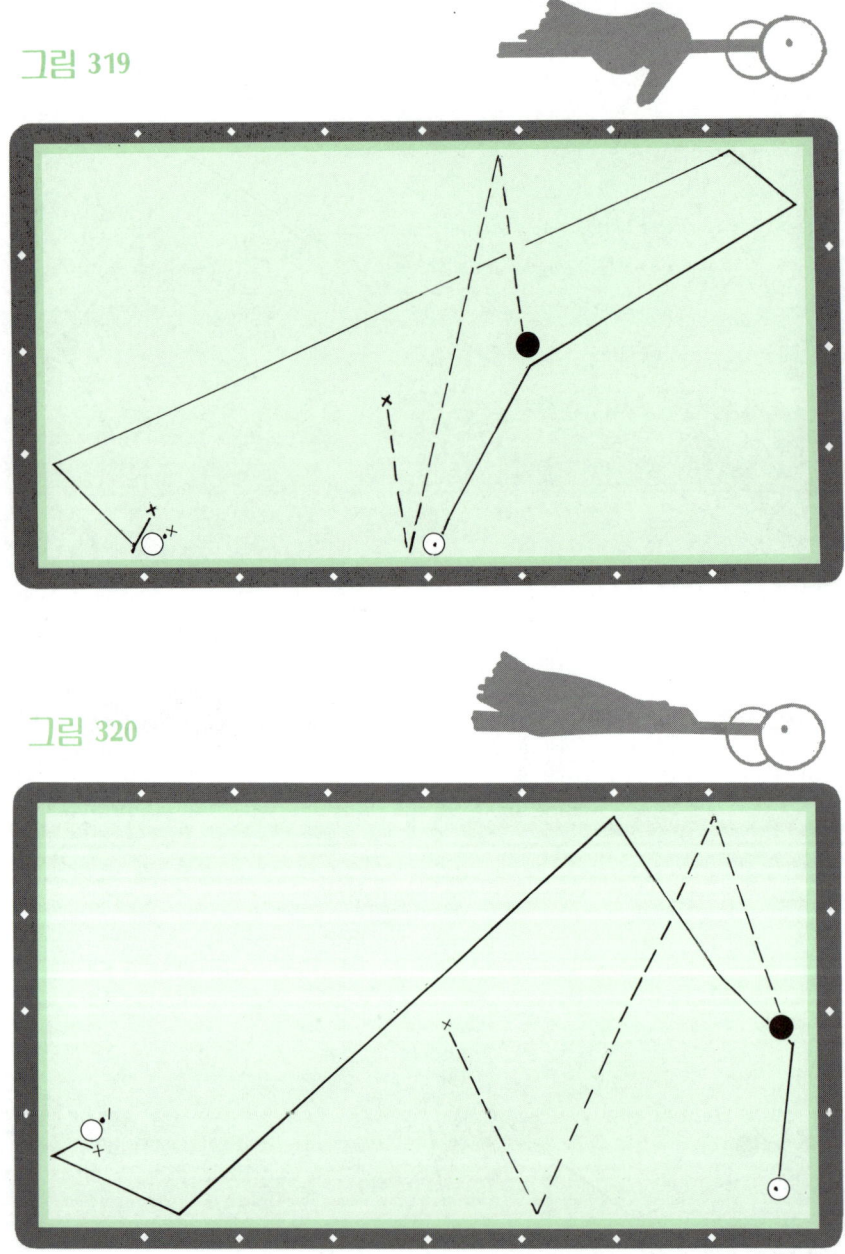

그림 321

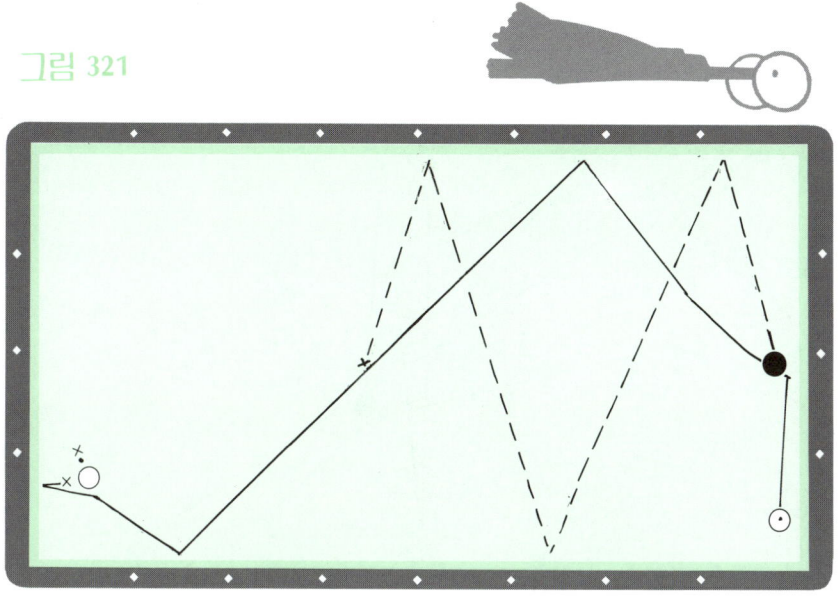

그림 322

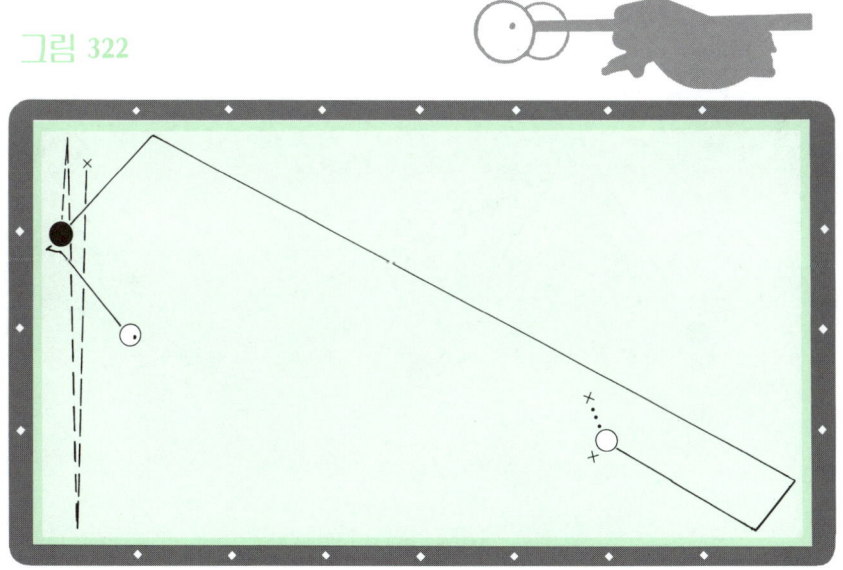

그림 323

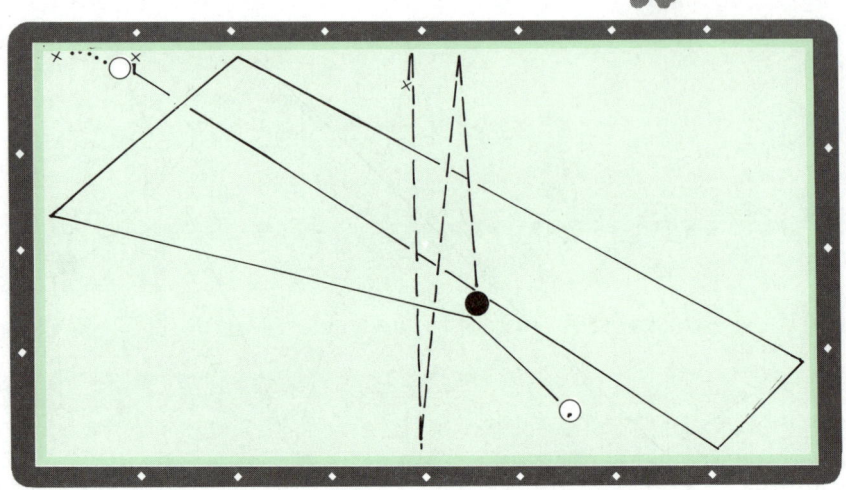

그림 324

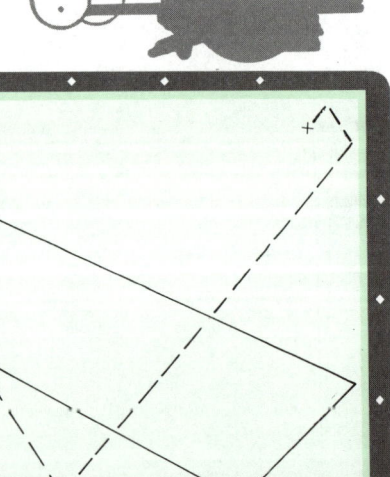

그림 325

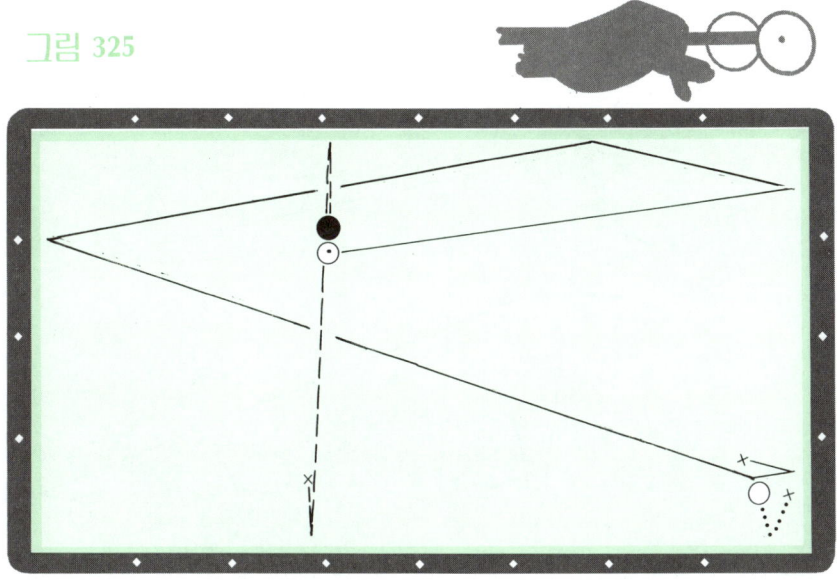

그림 326

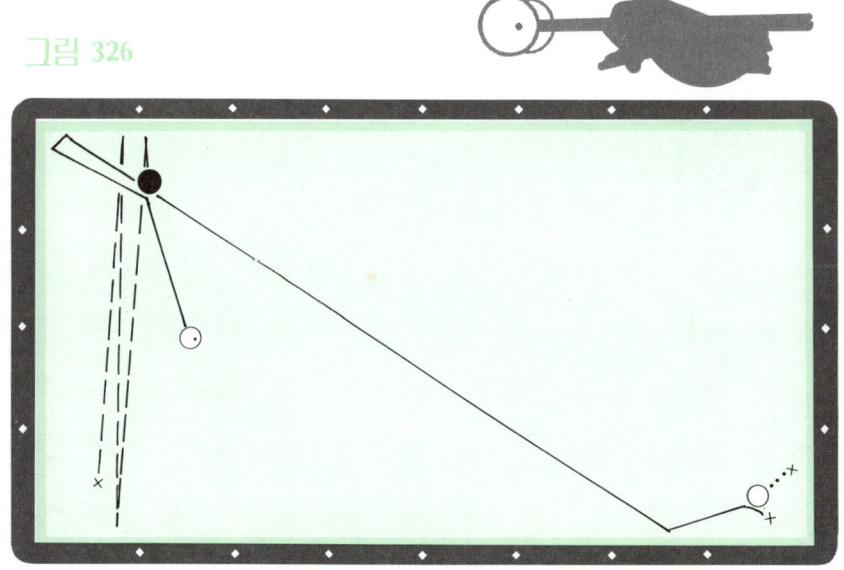

그림 327

그림 328

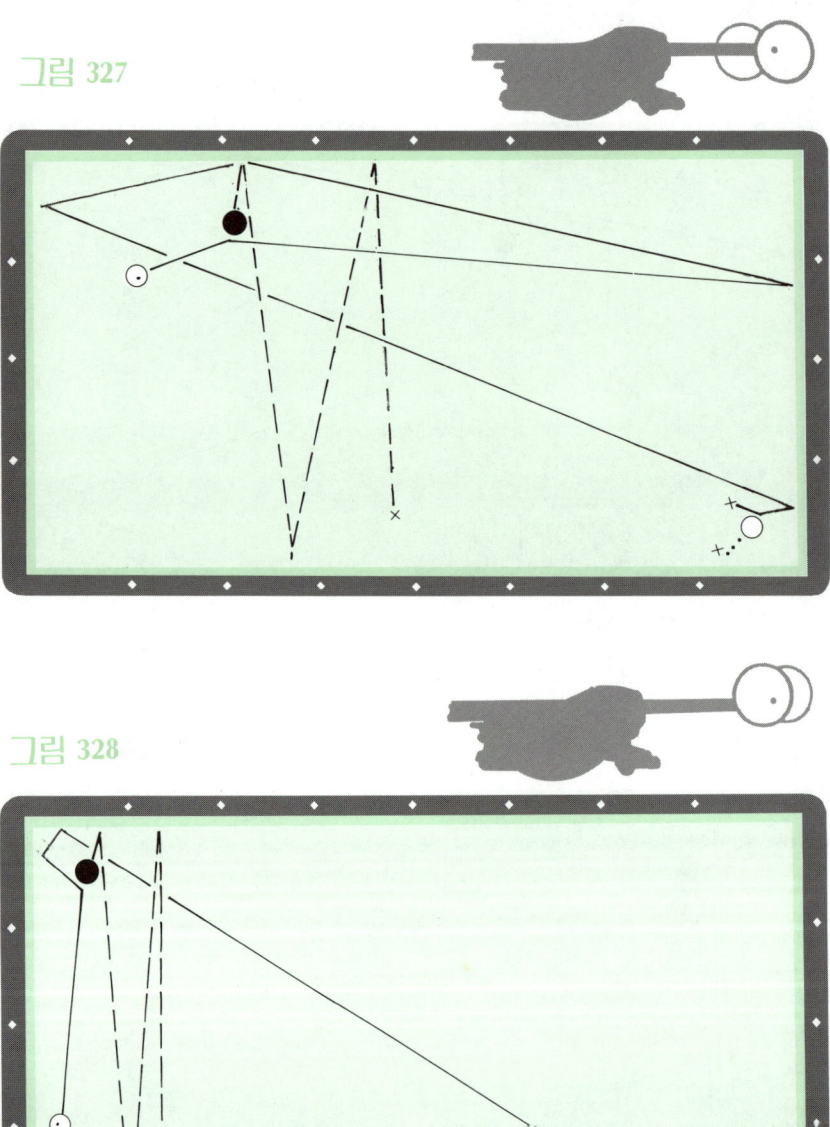

그림 329

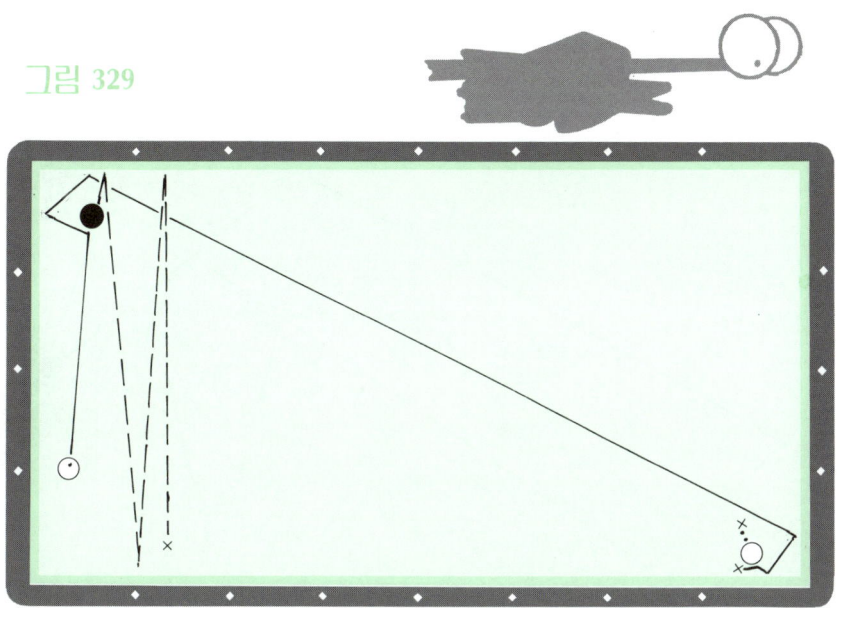

그림 330

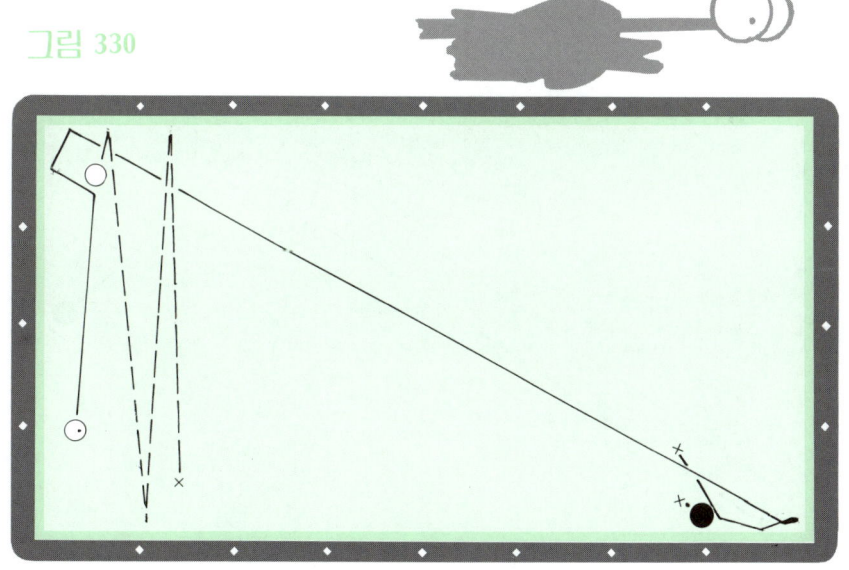

그림 331

그림 332

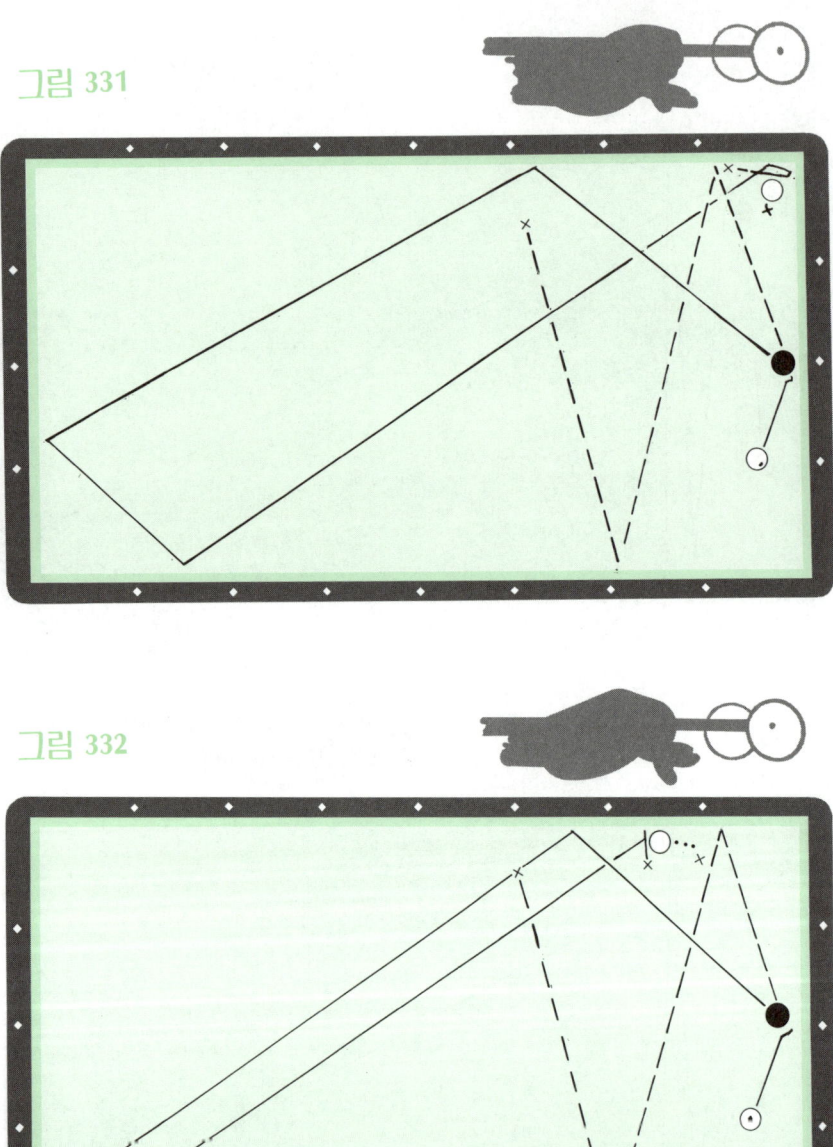

그림 333

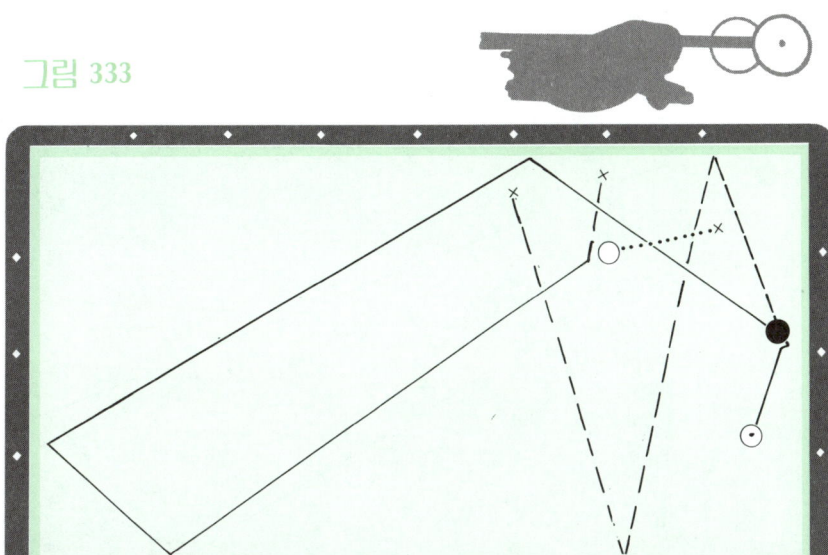

그림 334

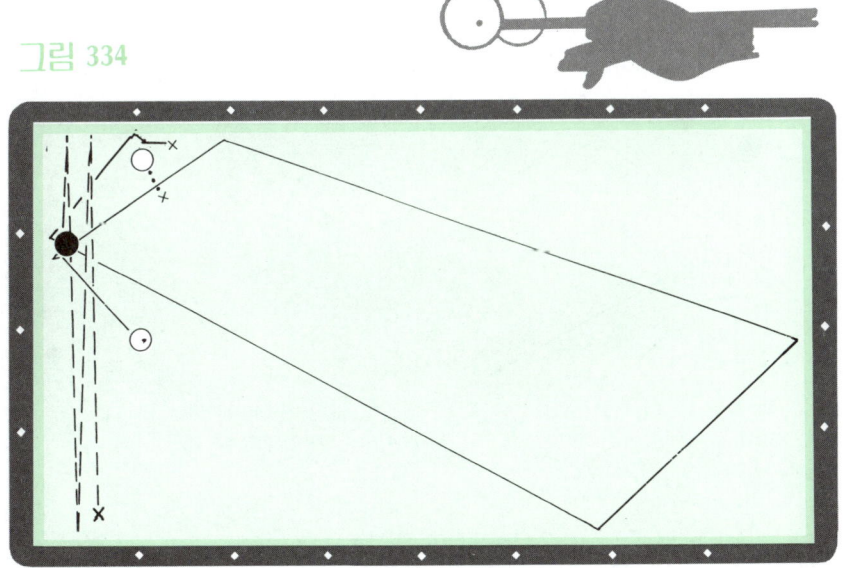

그림 335

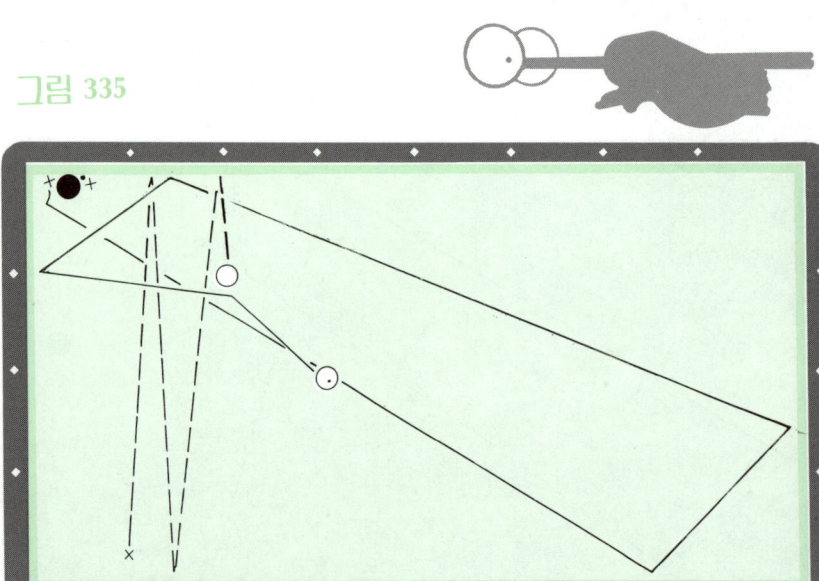

그림 336

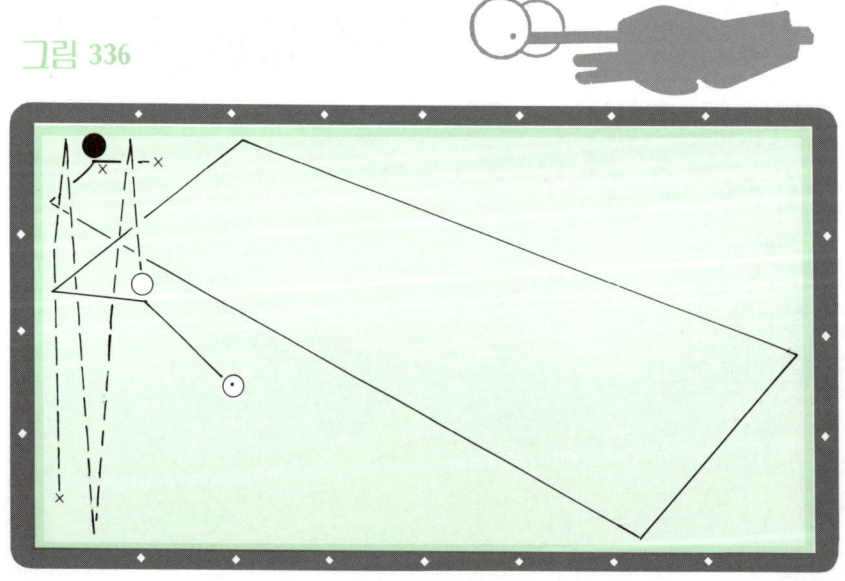

그림 337

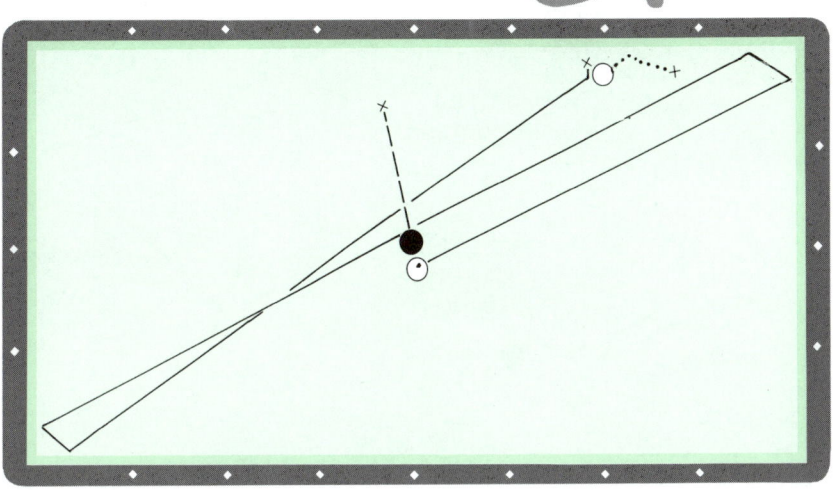

그림 338

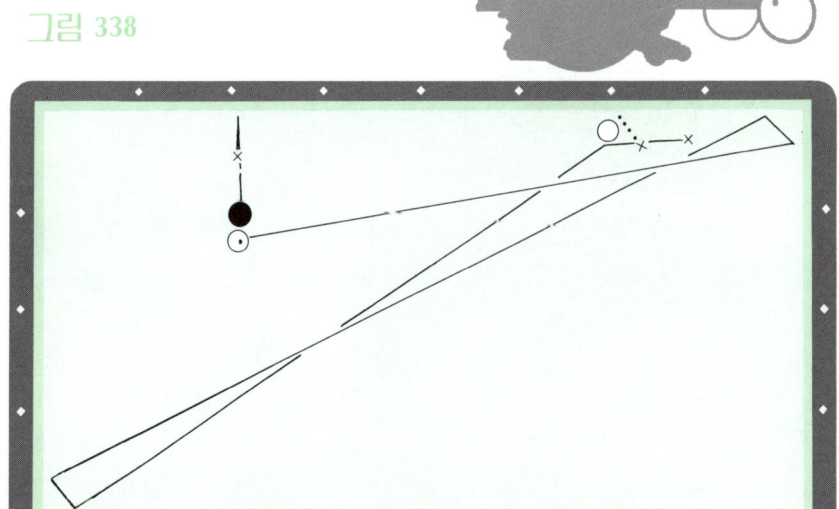

그림 339

그림 340

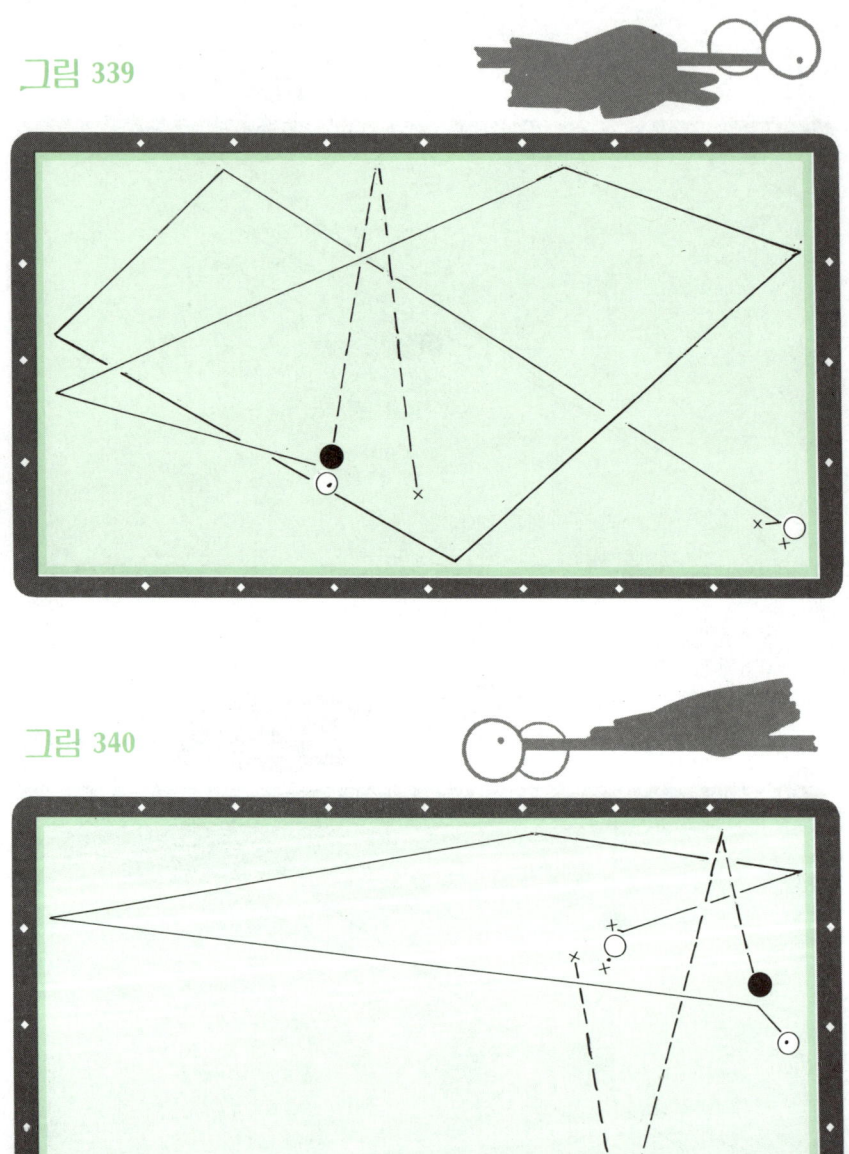

그림 341

그림 342

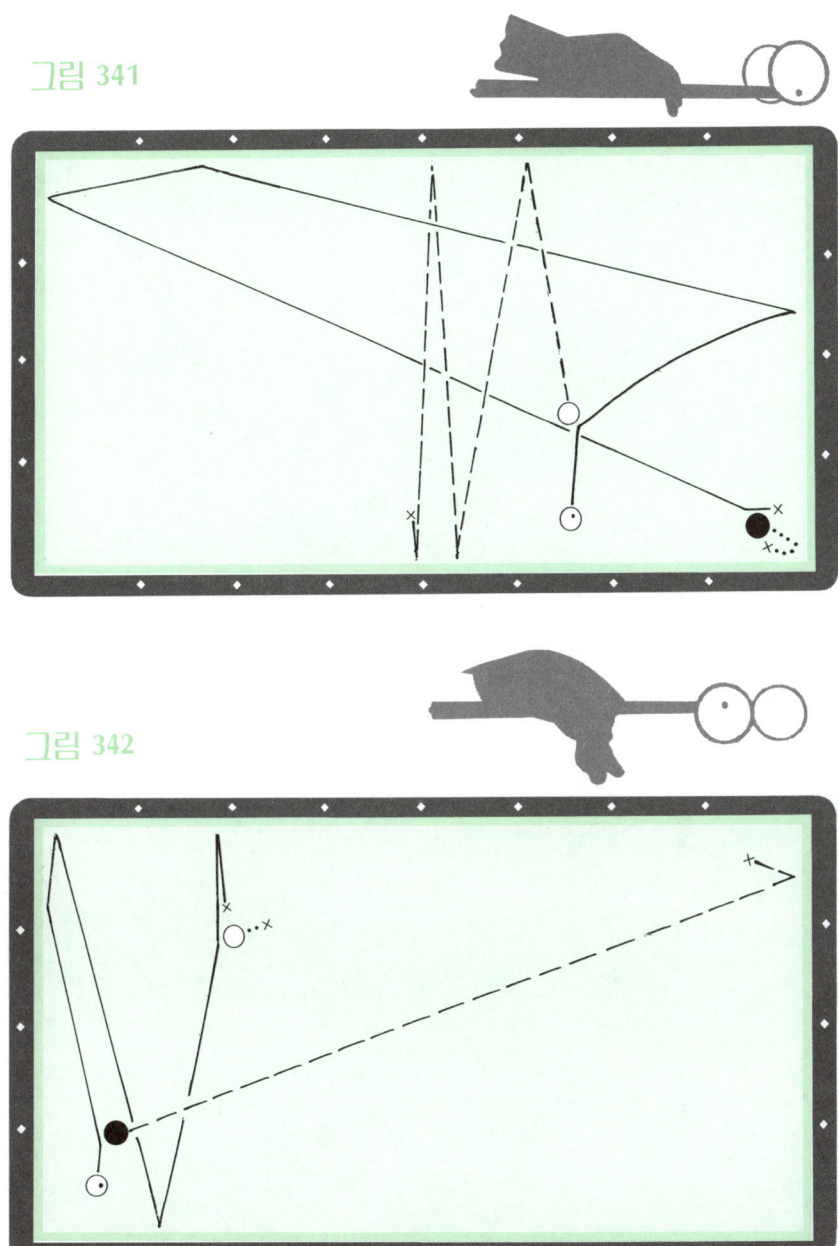

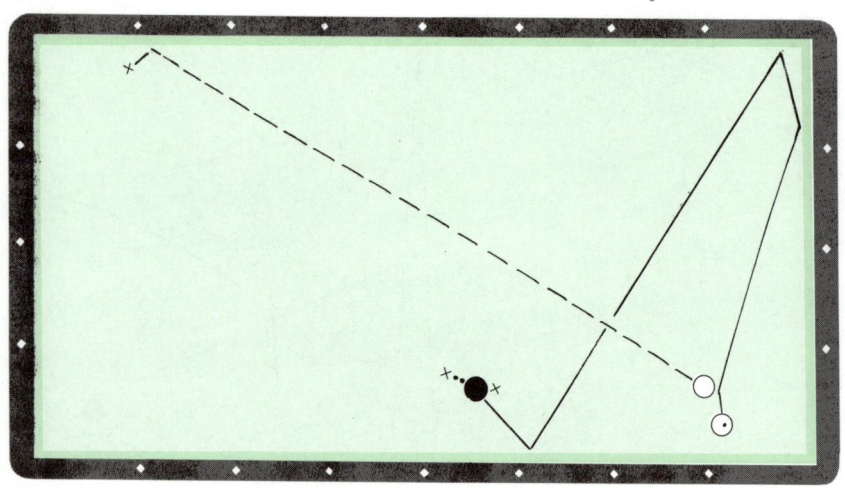

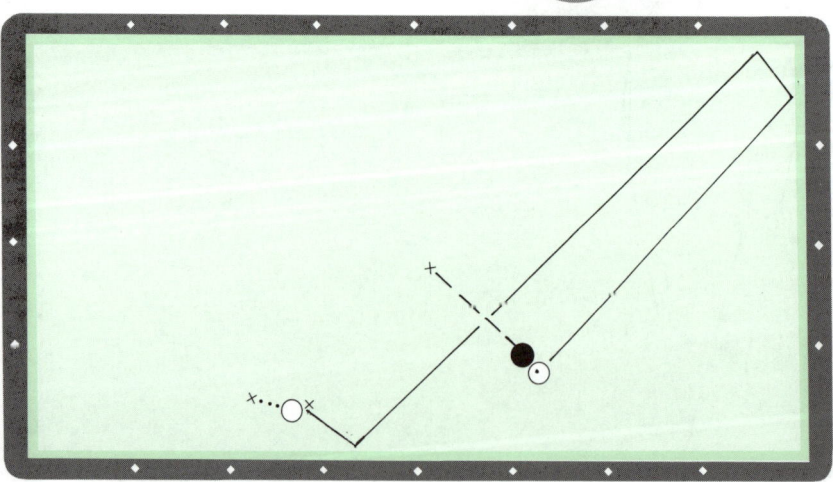

그림 345

그림 346

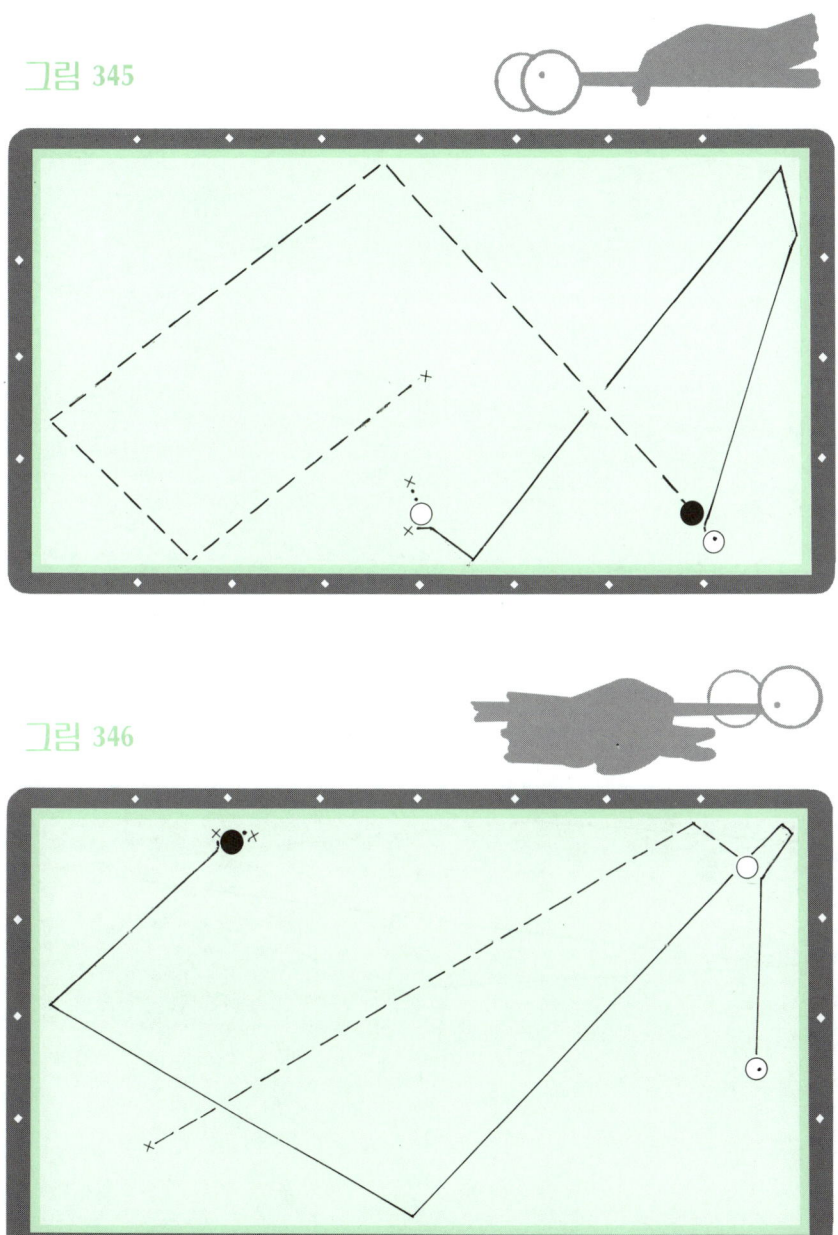

그림 347

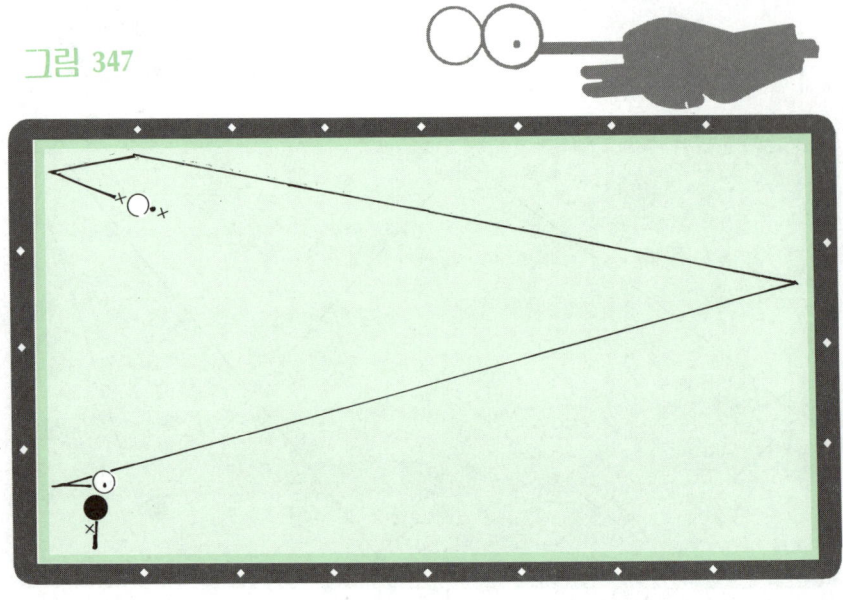

그림 348

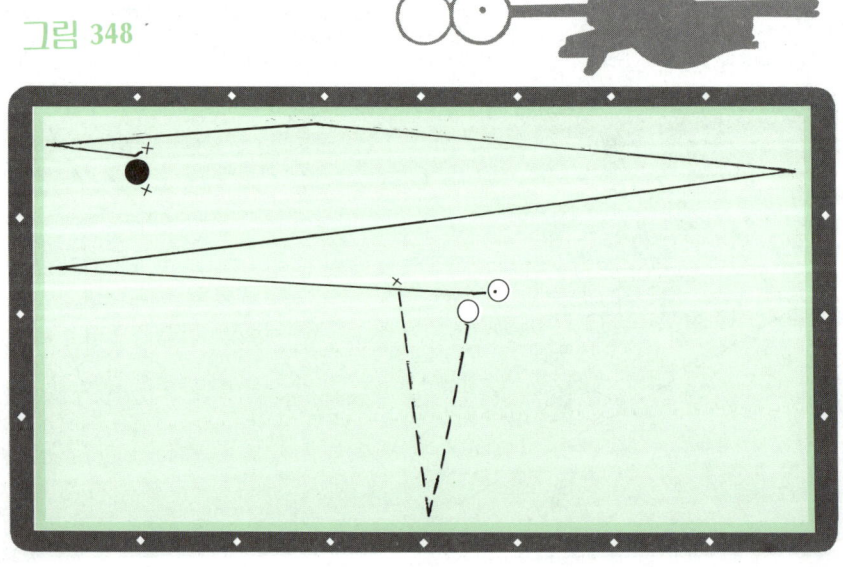

그림 349

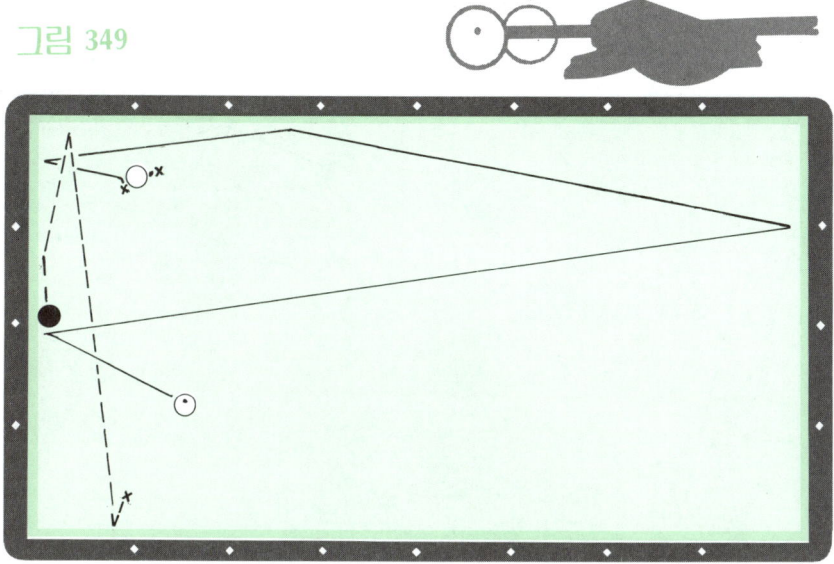

그림 350

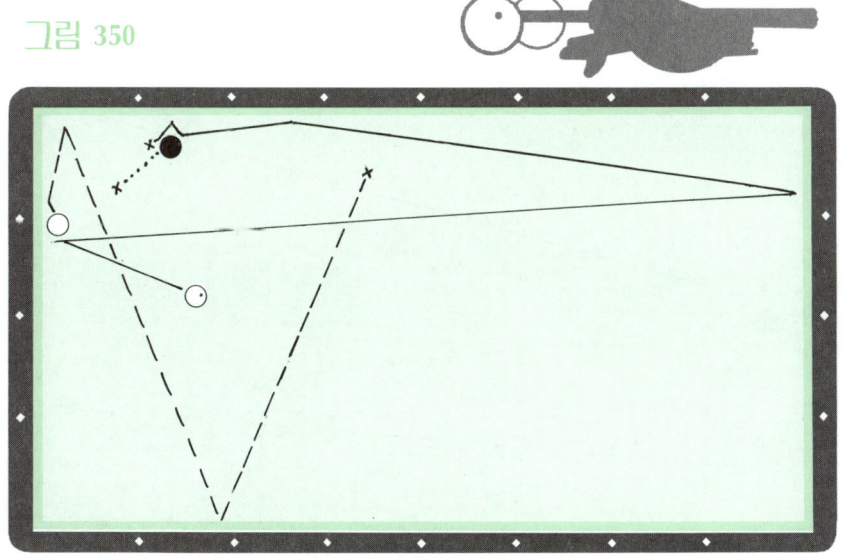

그림 351

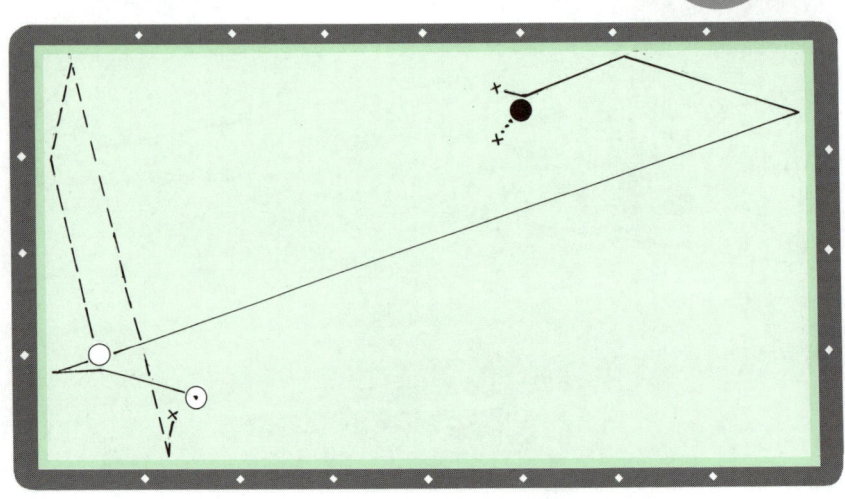

그림 352

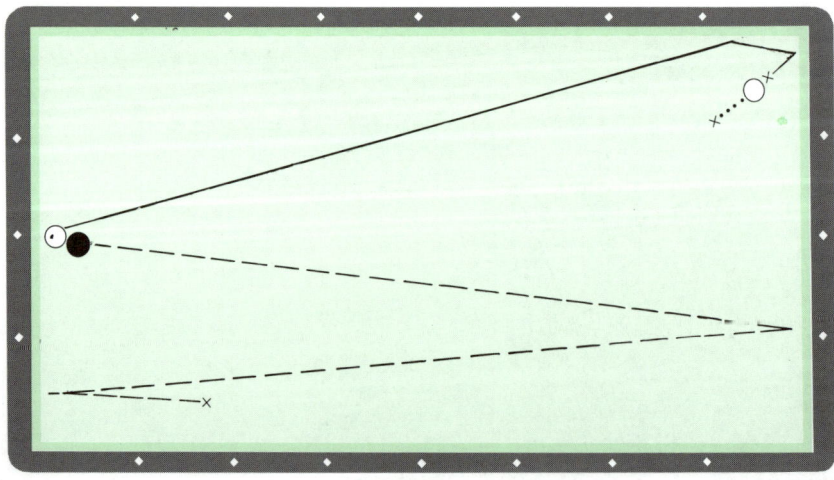

그림 353

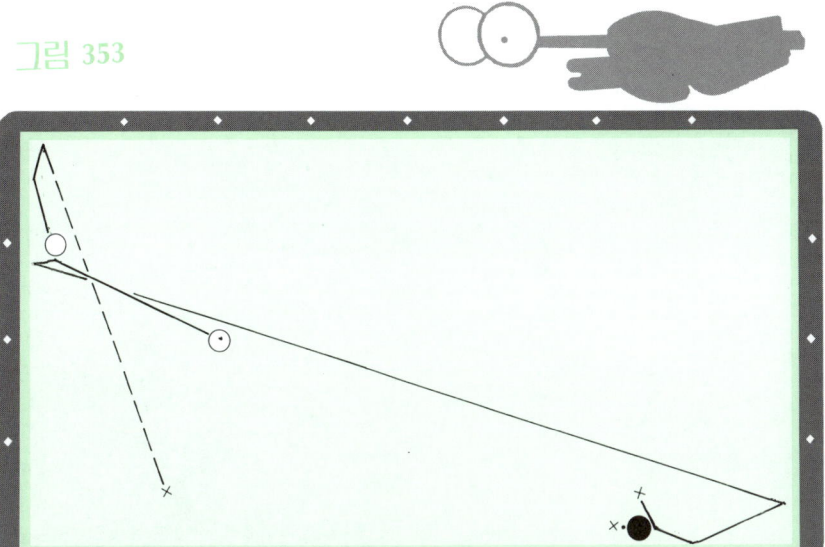

그림 354

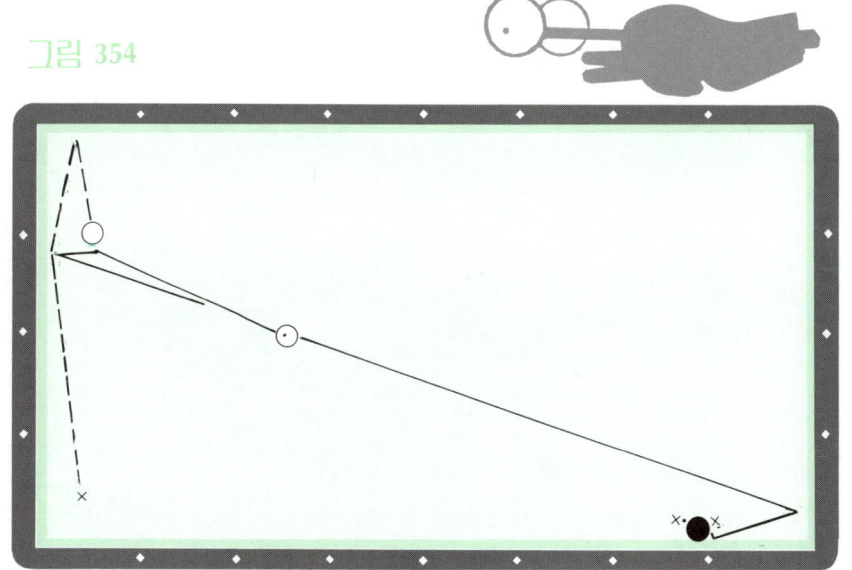

그림 355

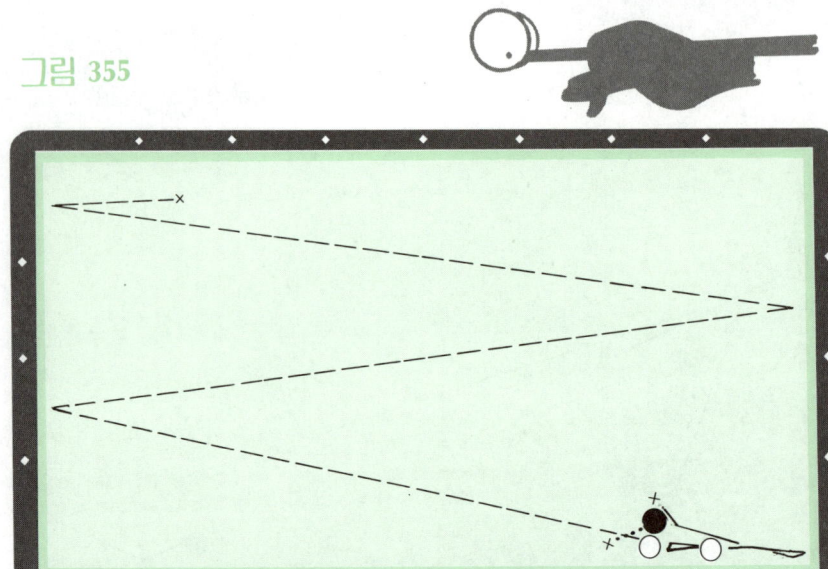

그림 356

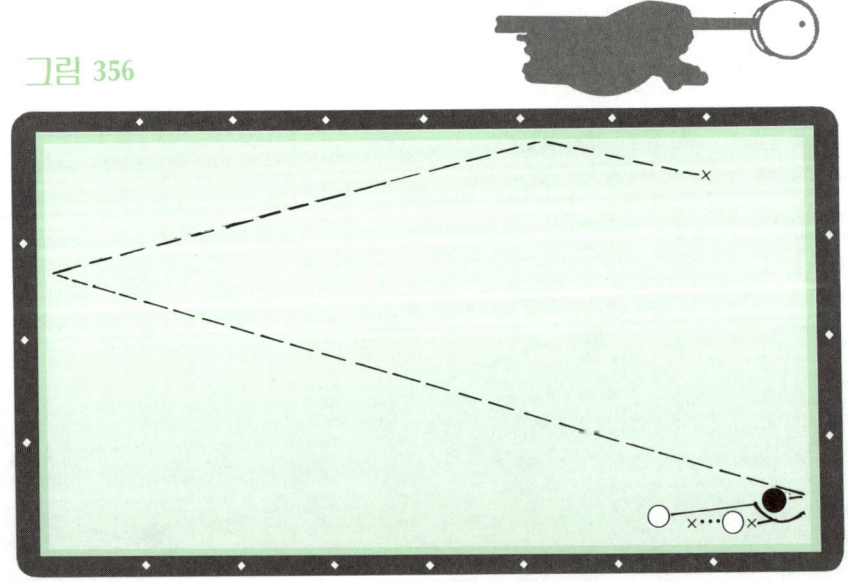

그림 357

그림 358

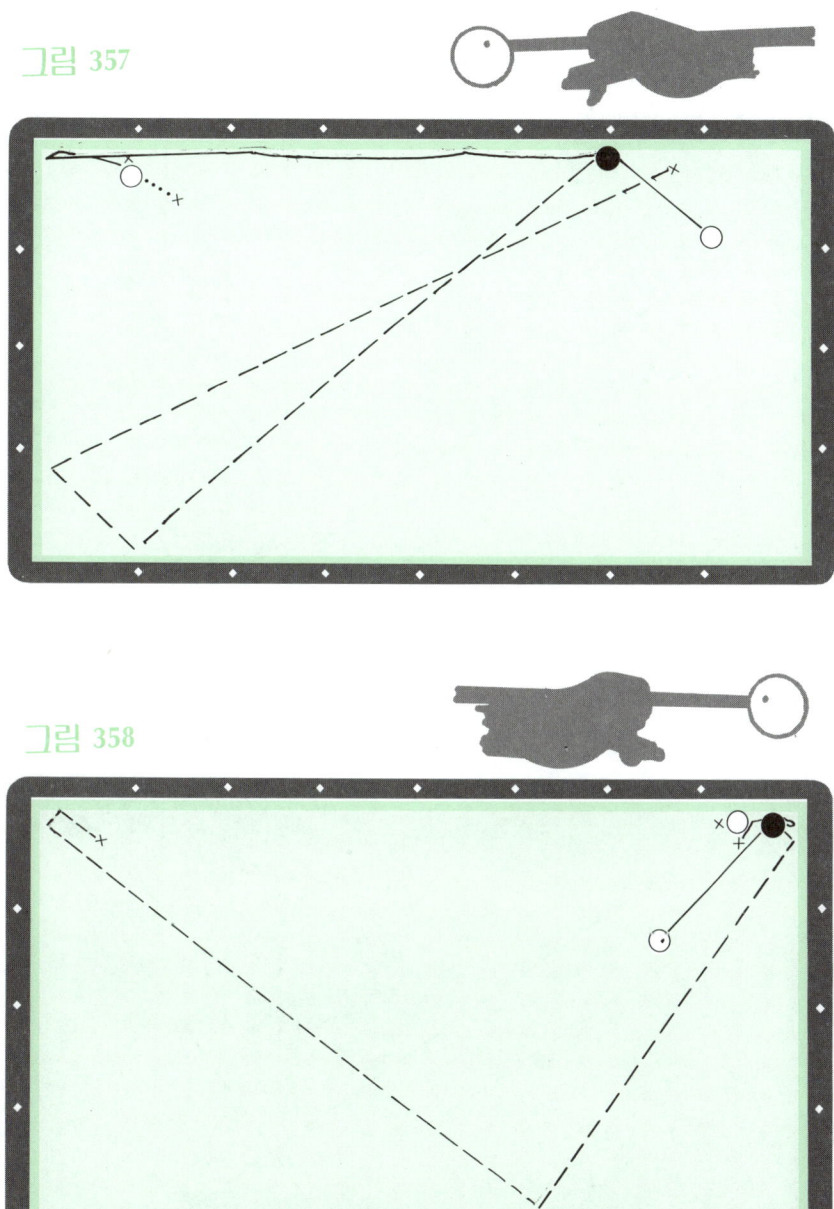

그림 359

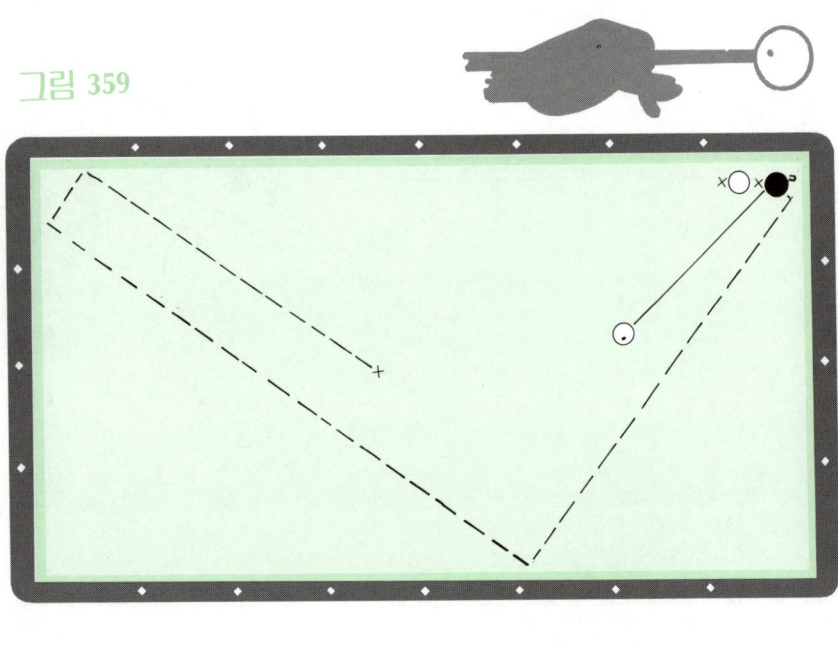

그림 360

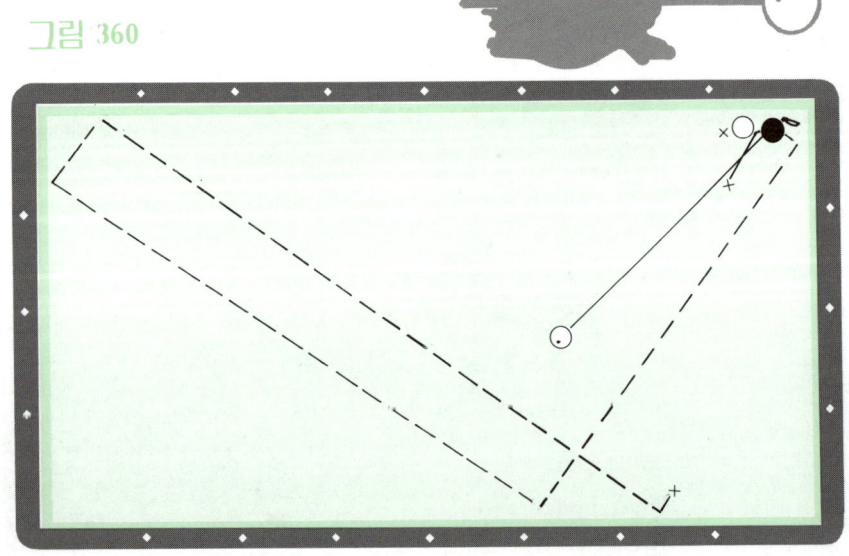

그림 361

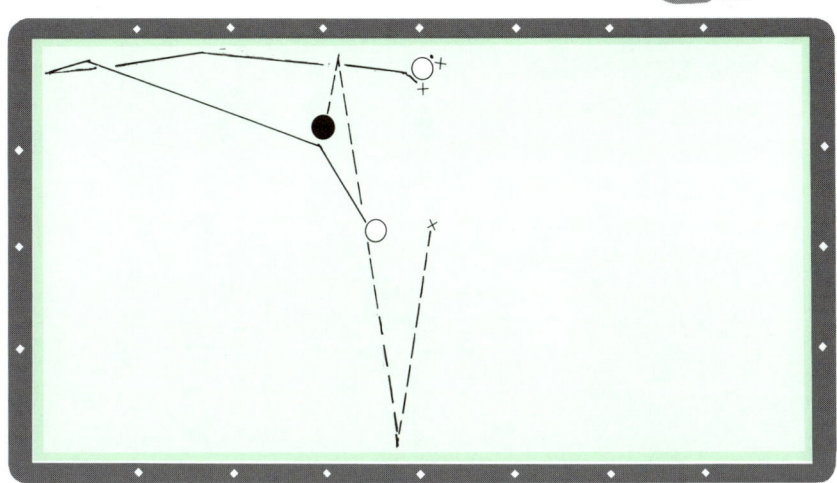

그림 362

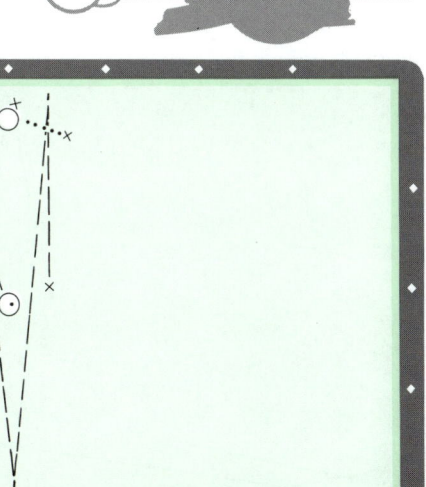

그림 363

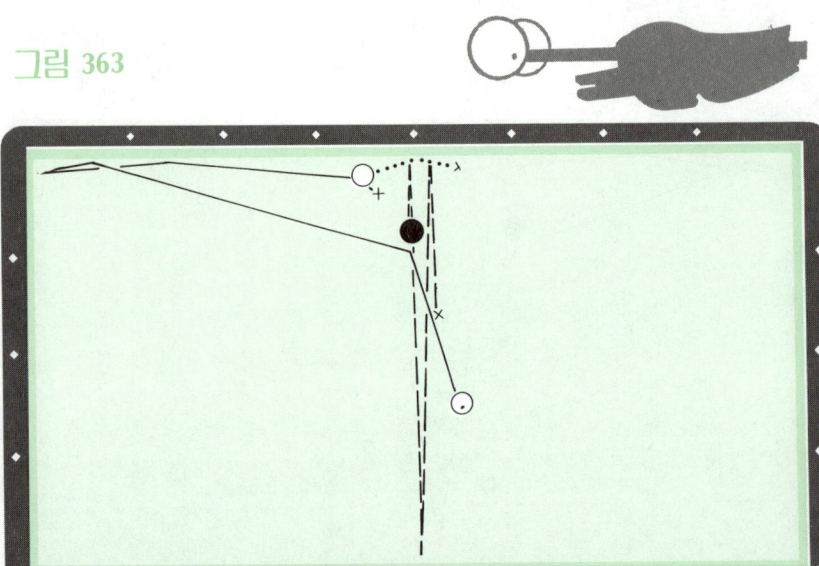

그림 364

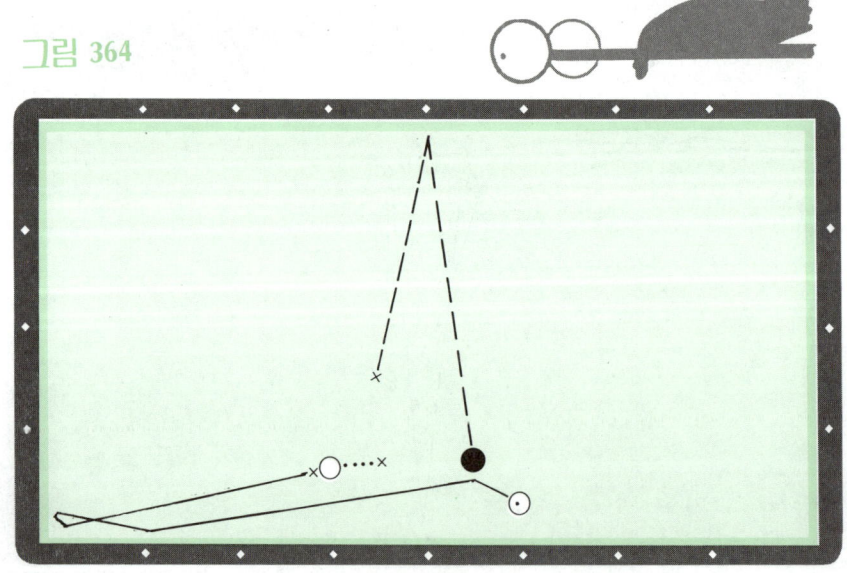

그림 365

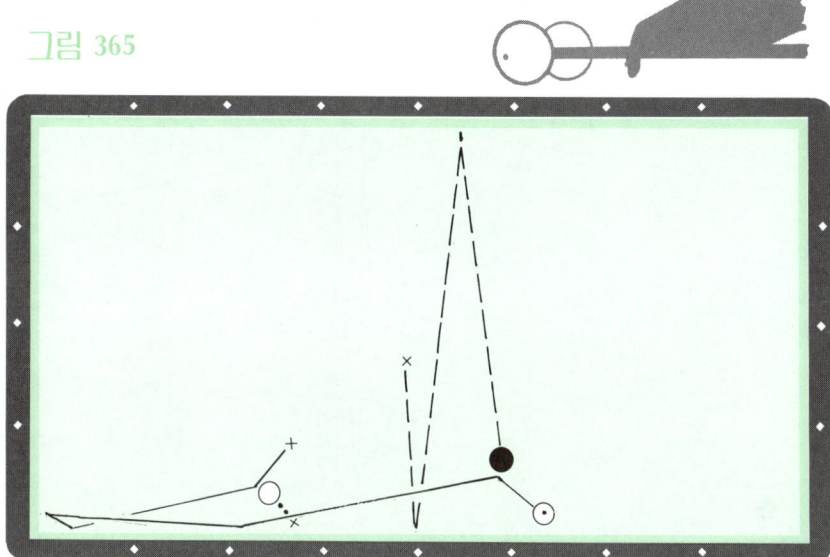

그림 366

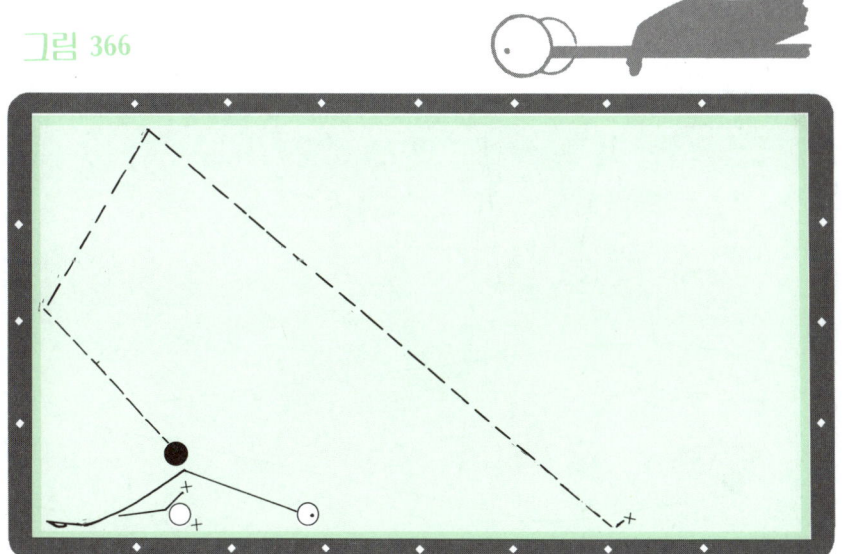

그림 367

그림 368

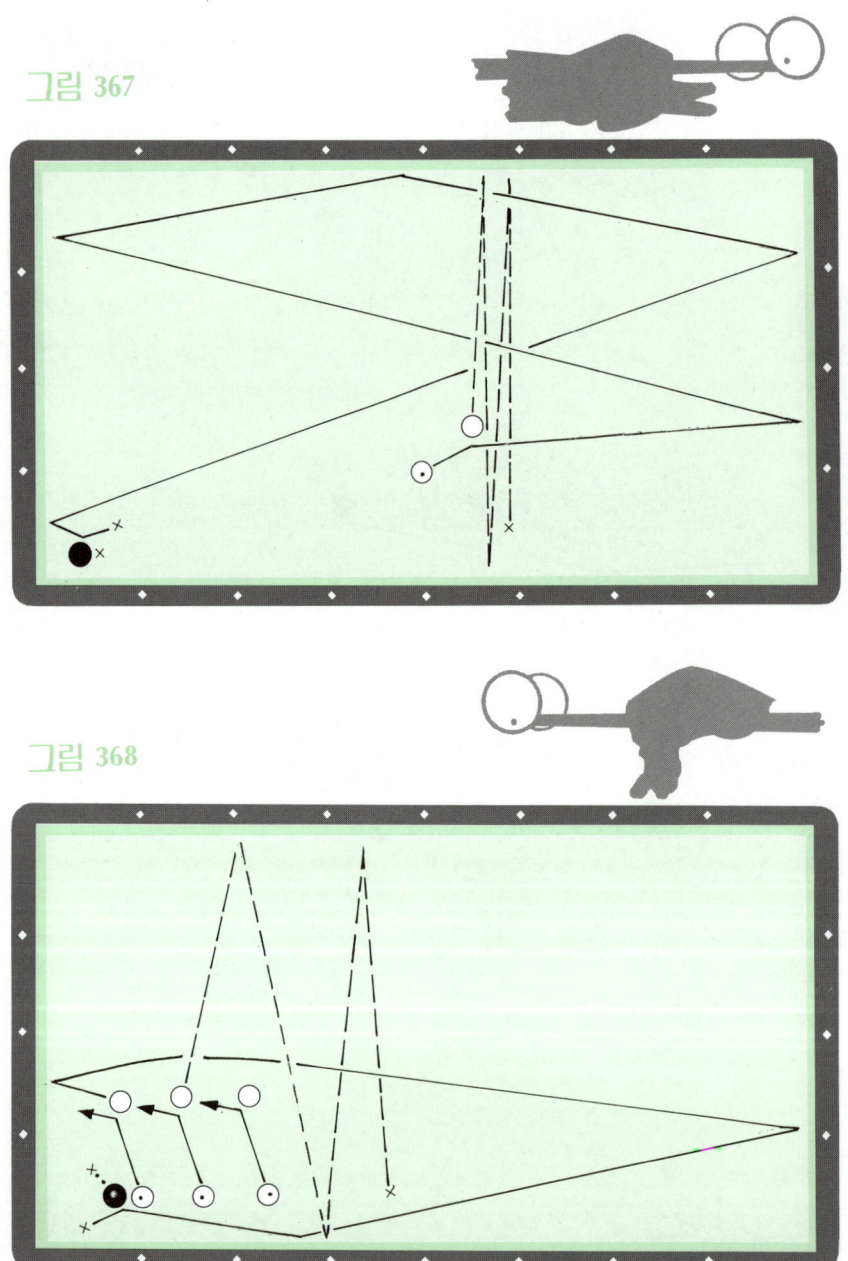

그림 369

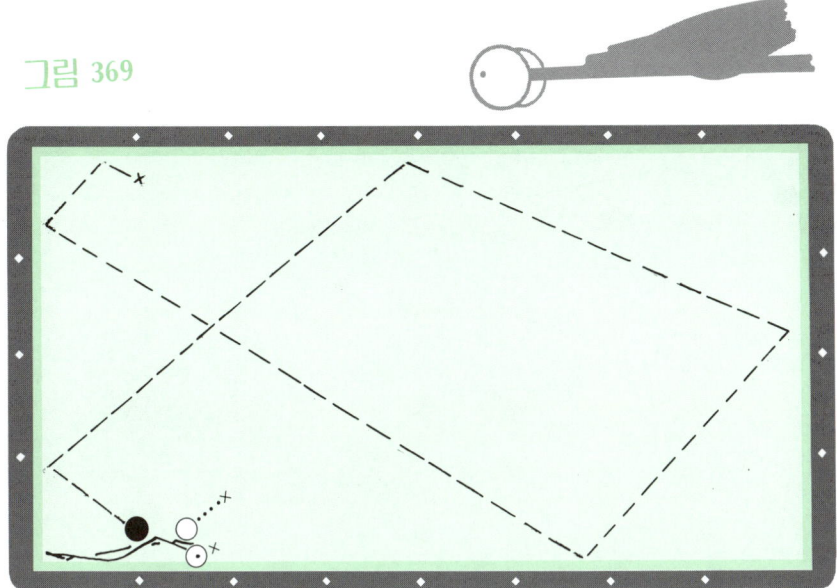

그림 370

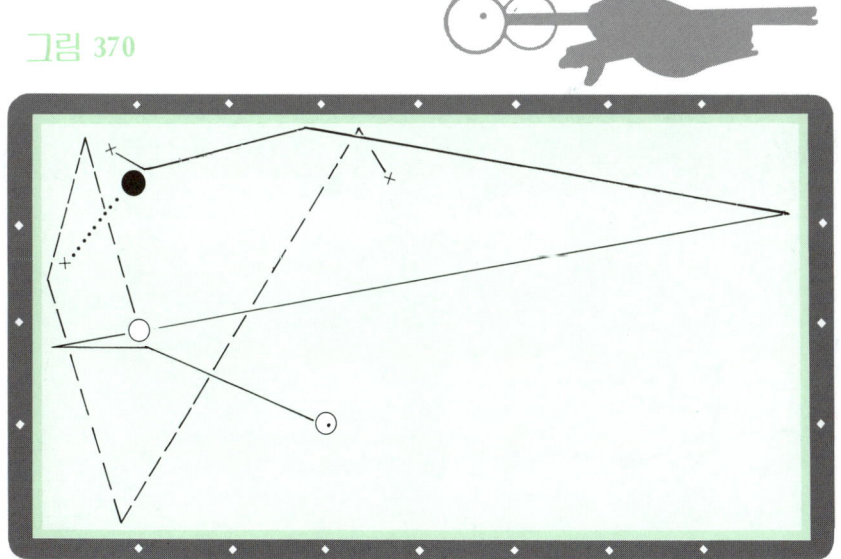

그림 371

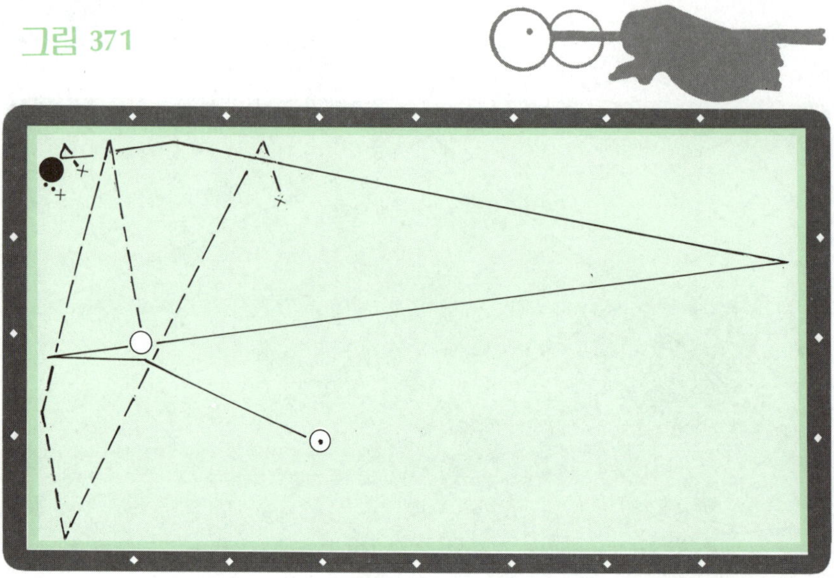

그림 372

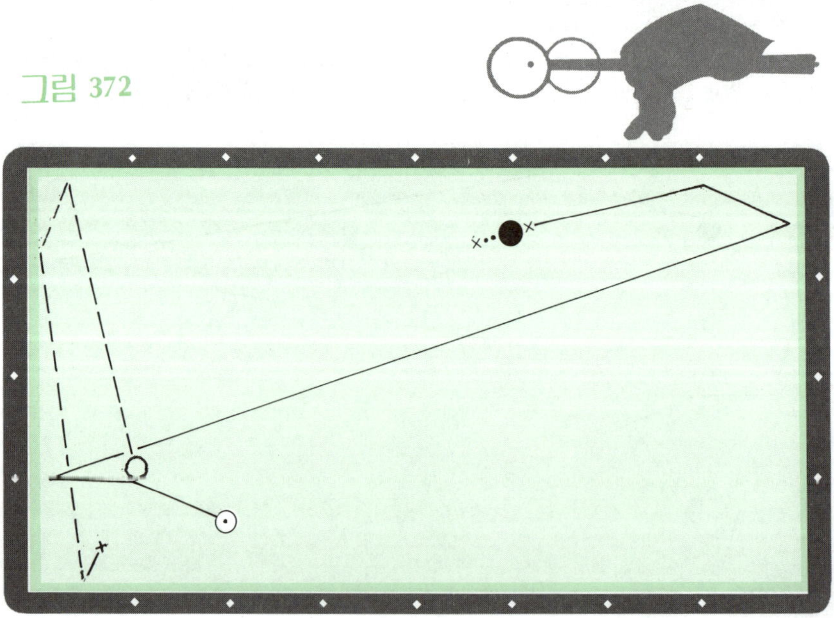

• 302 •

그림 373

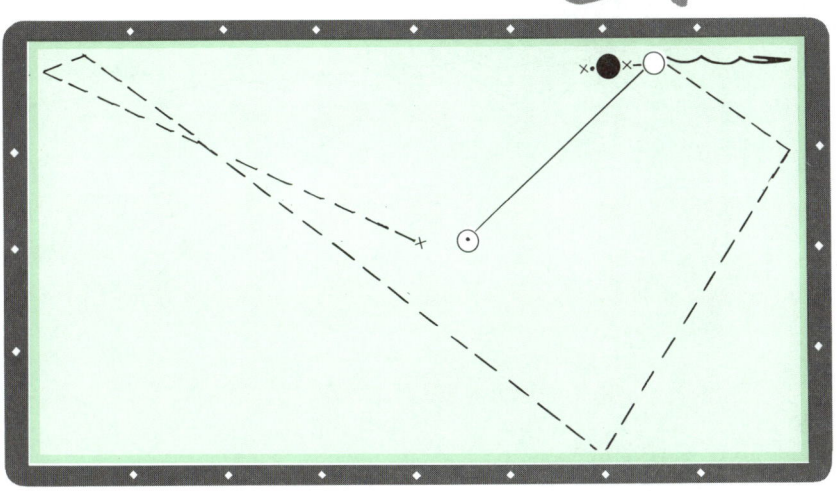

그림 374

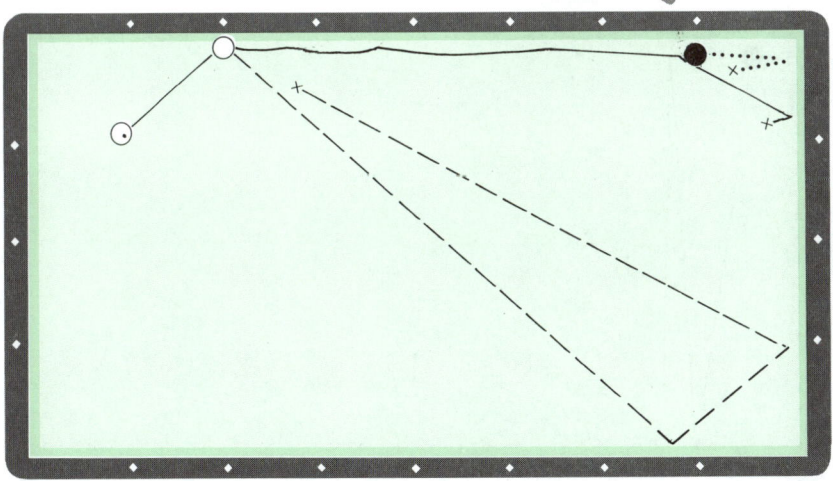

그림 375

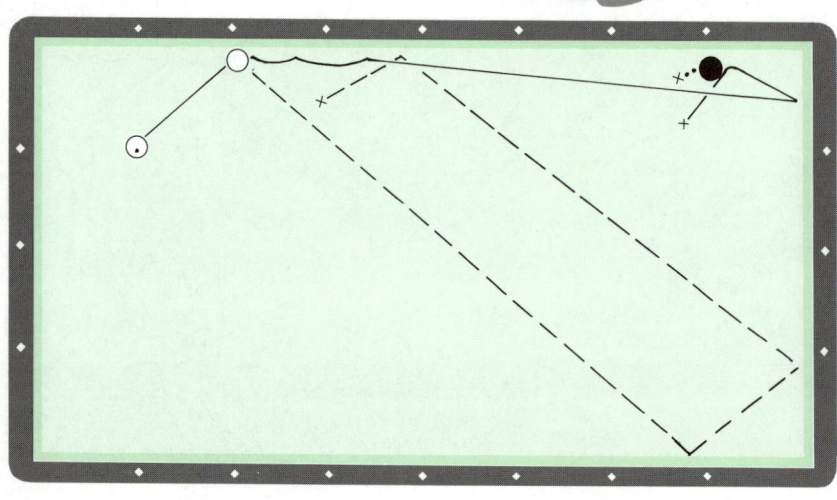

그림 376

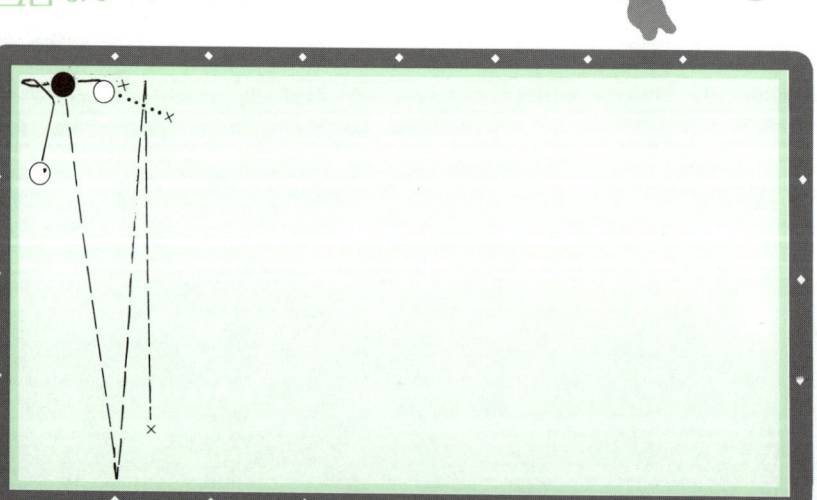

그림 377

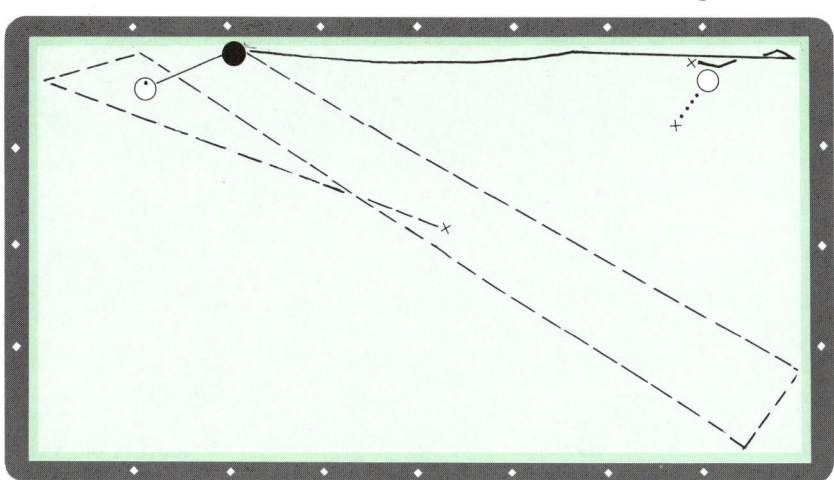

그림 378

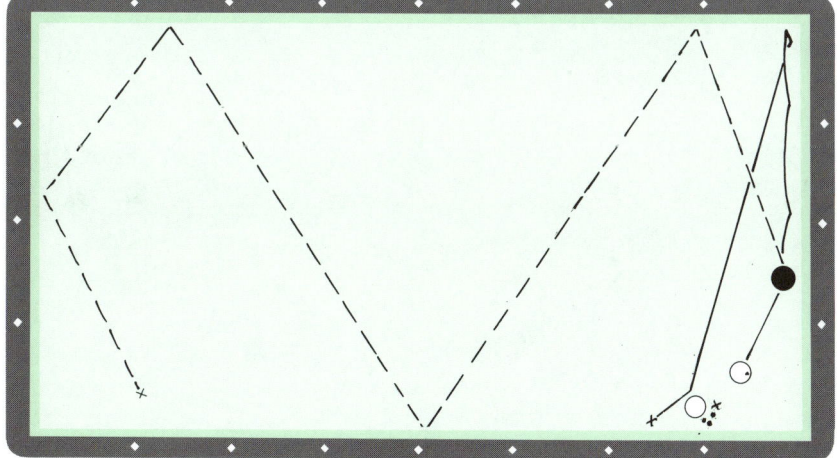

그림 379

그림 380

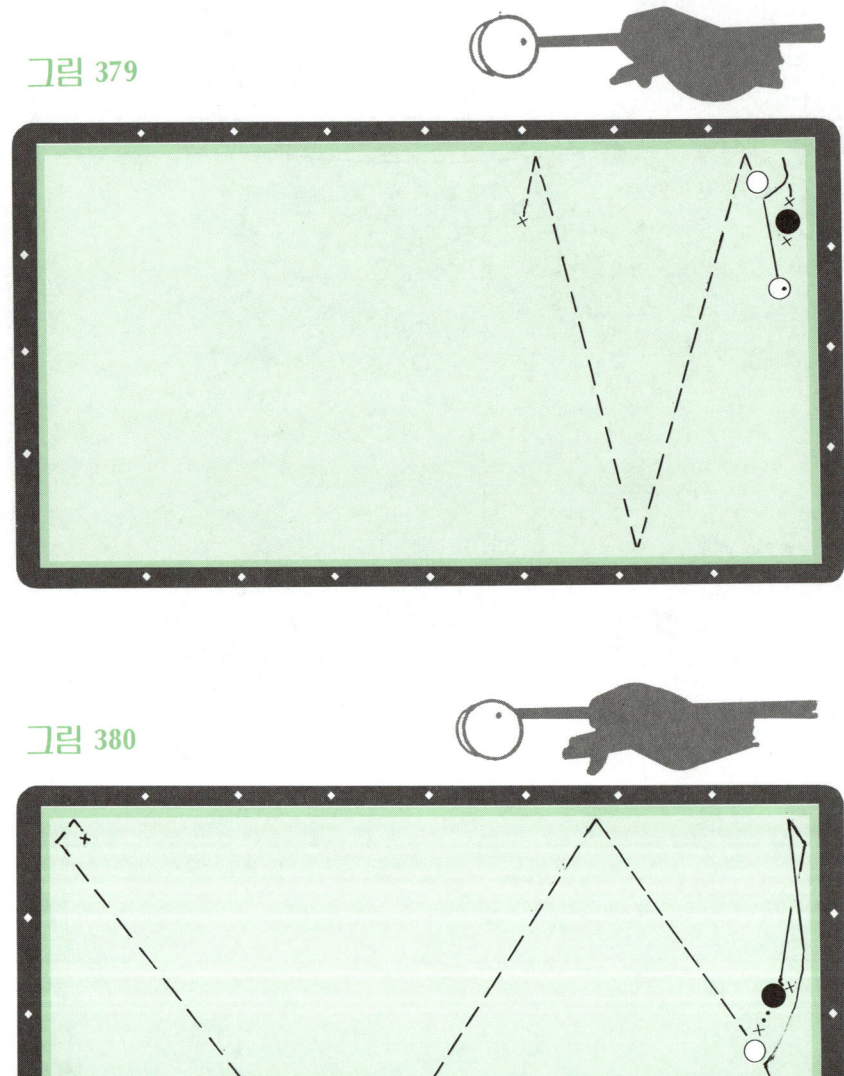

그림 381

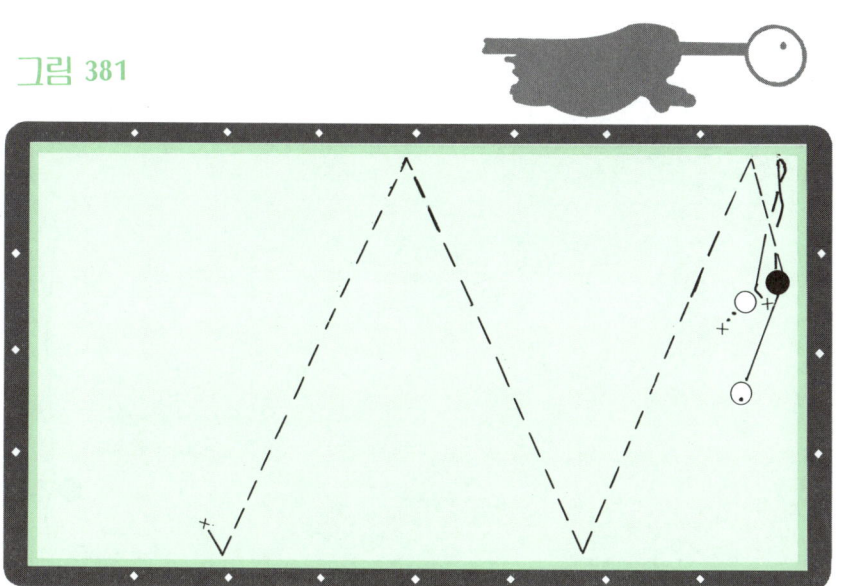

그림 382

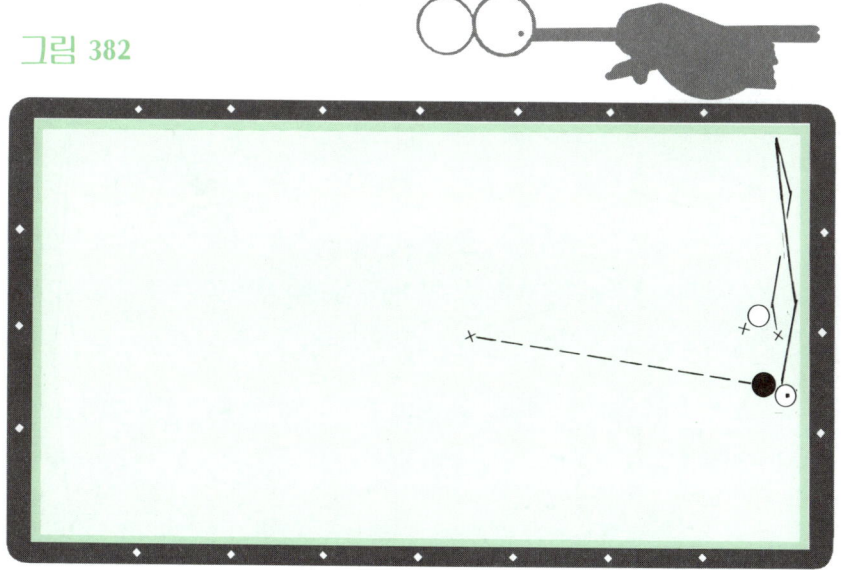

그림 383

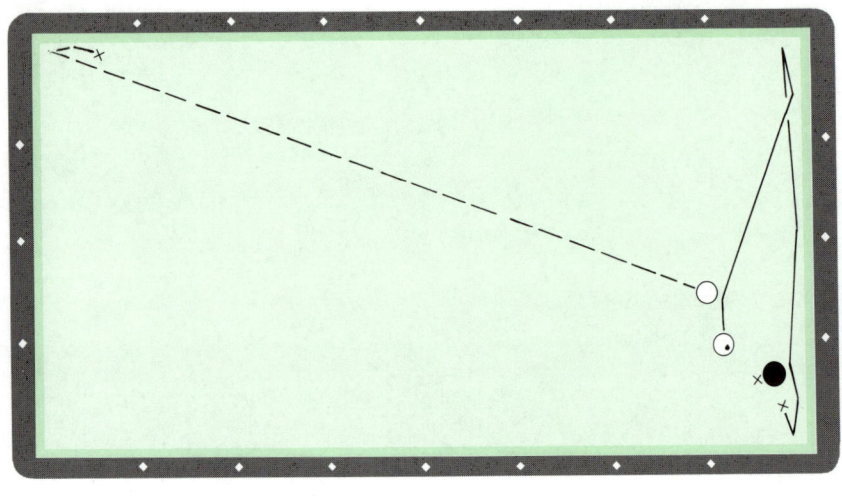

그림 384

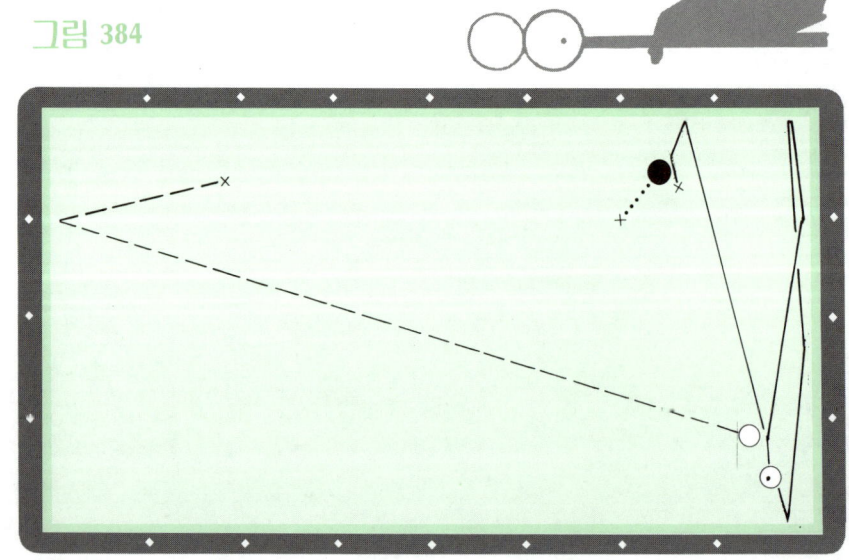

그림 385

그림 386

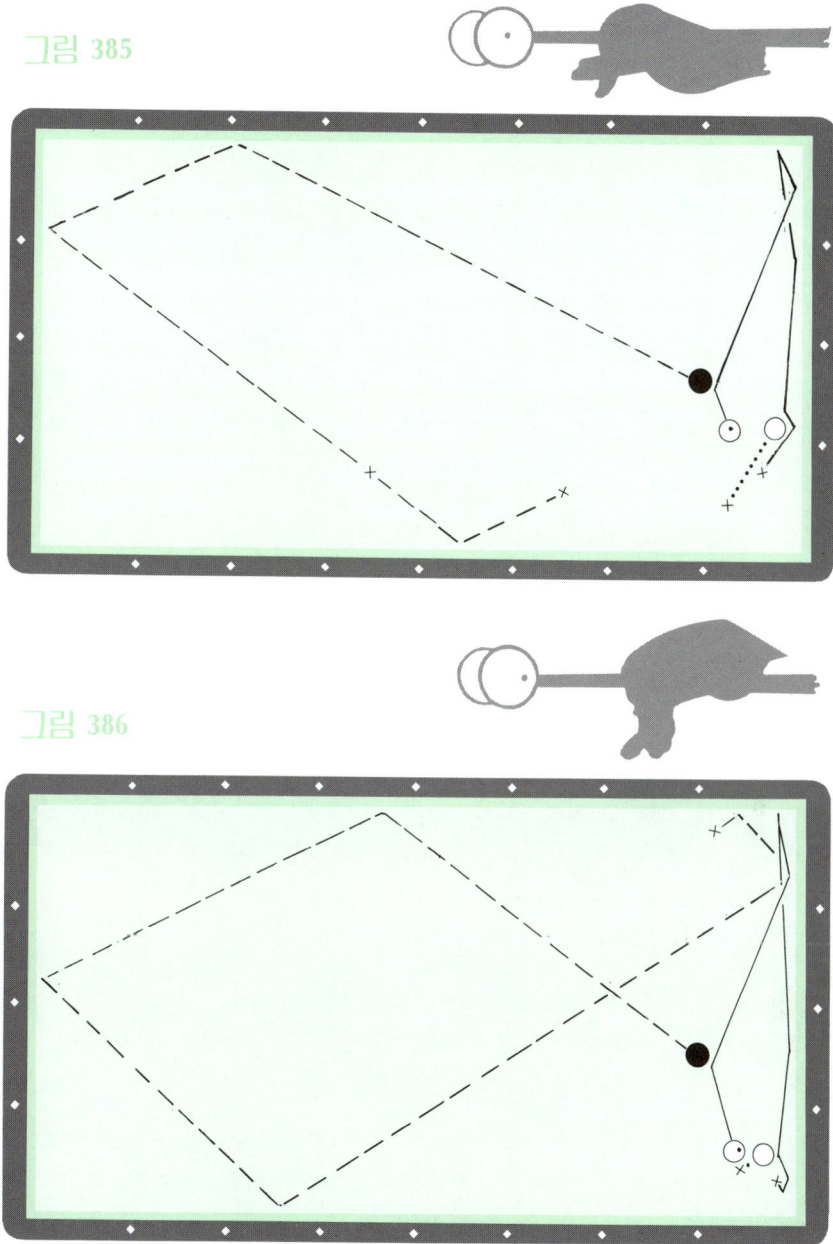

그림 387

그림 388

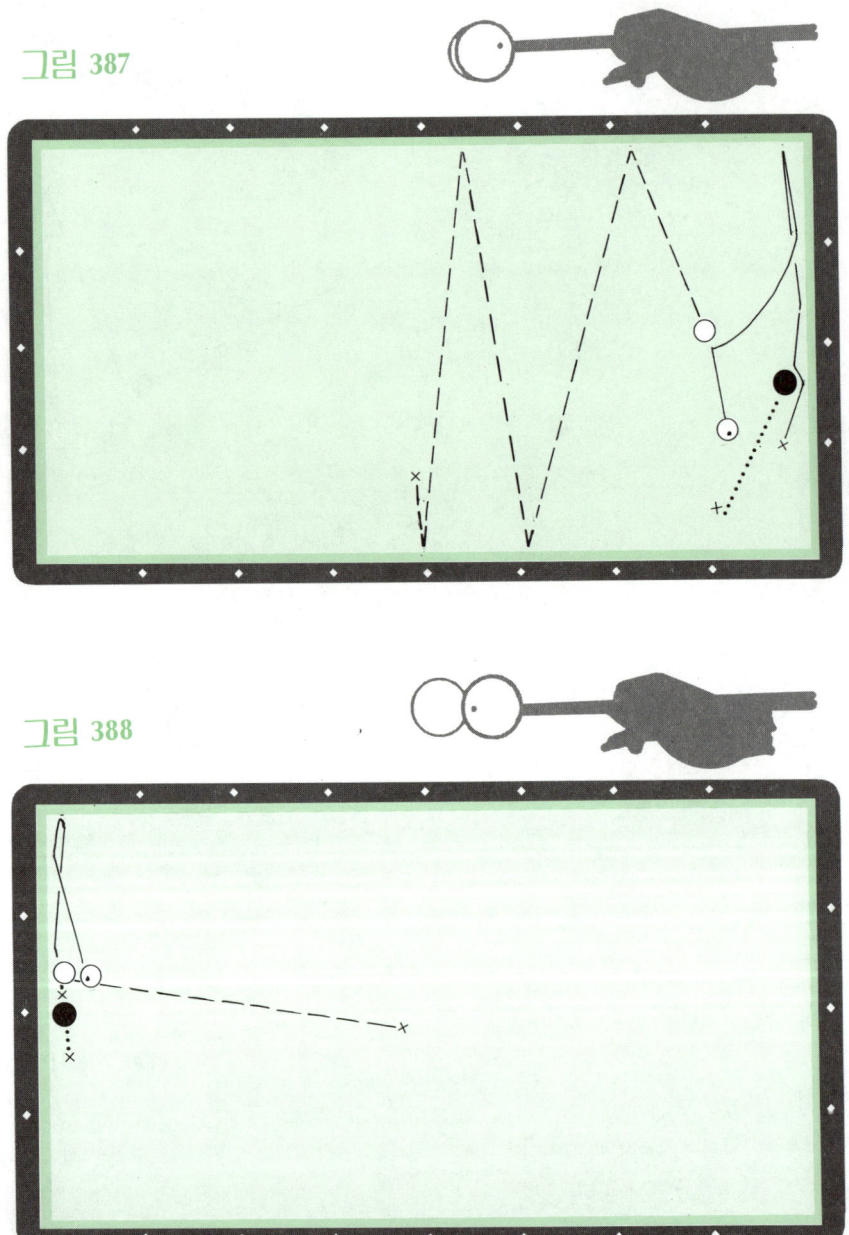

그림 389

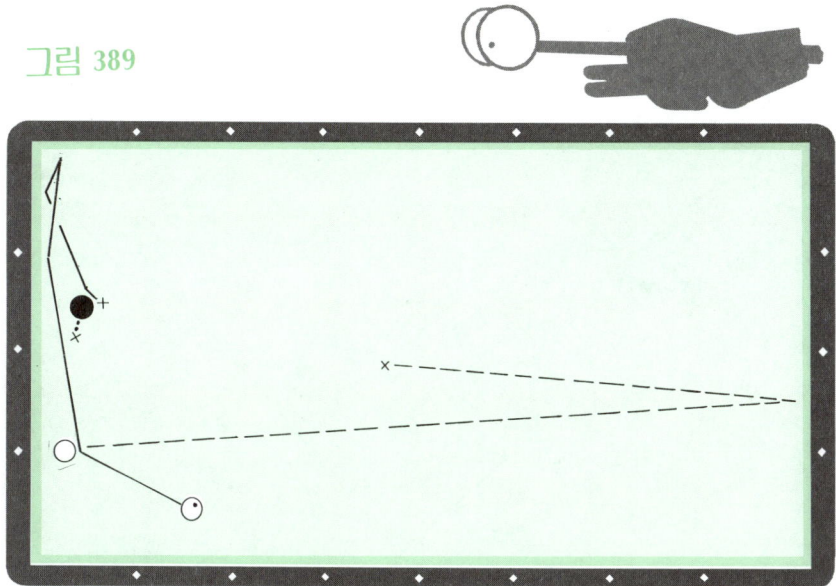

그림 390

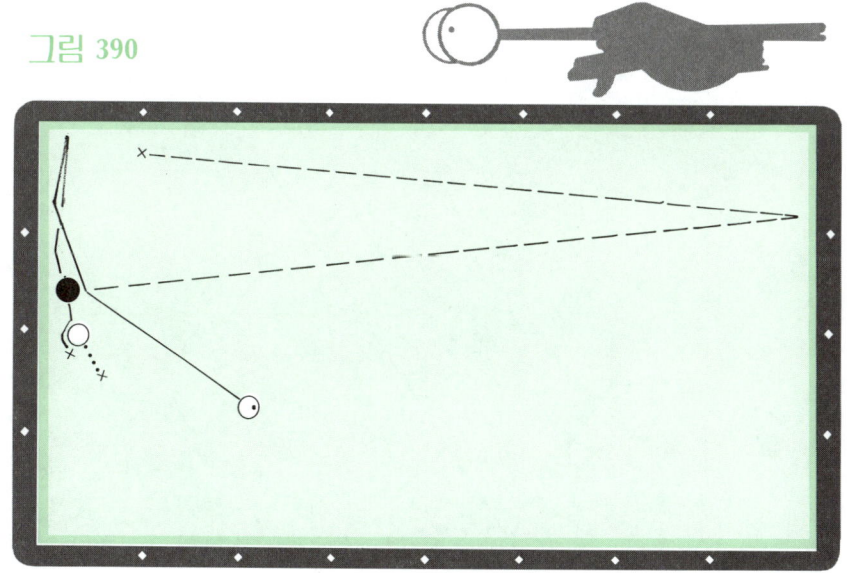

그림 391

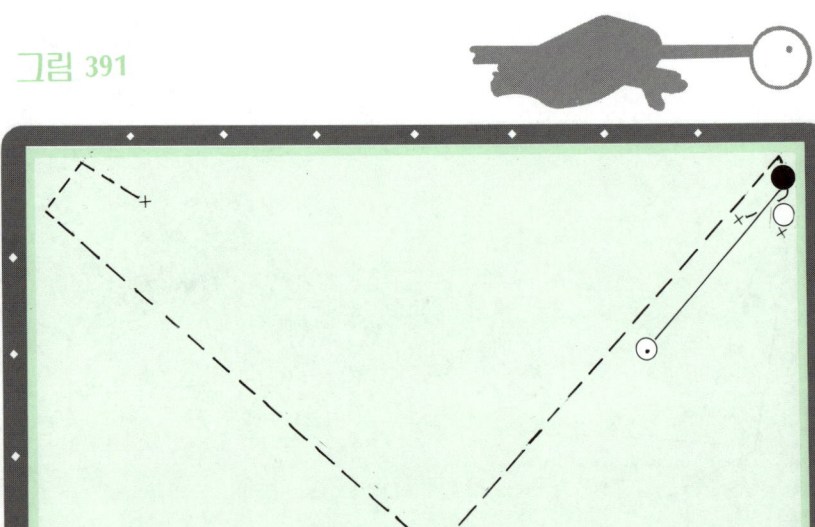

그림 392

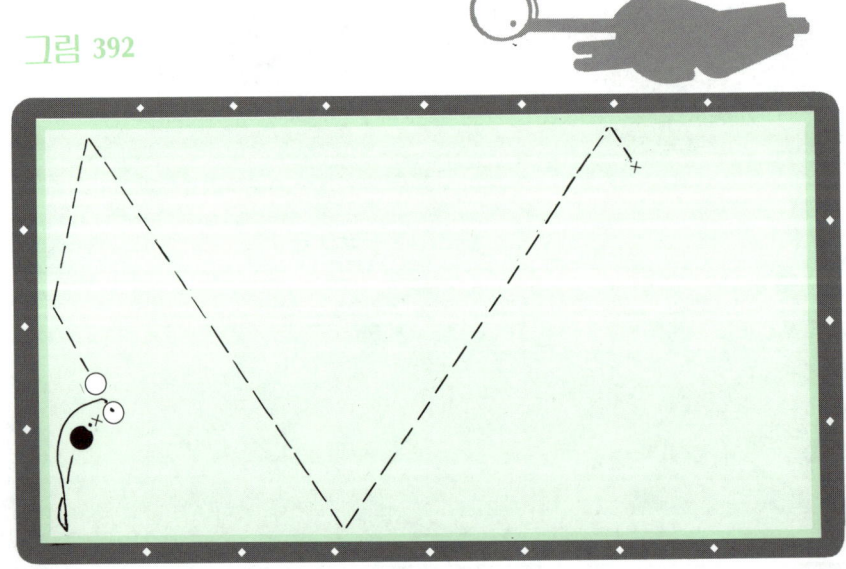

그림 393

그림 394

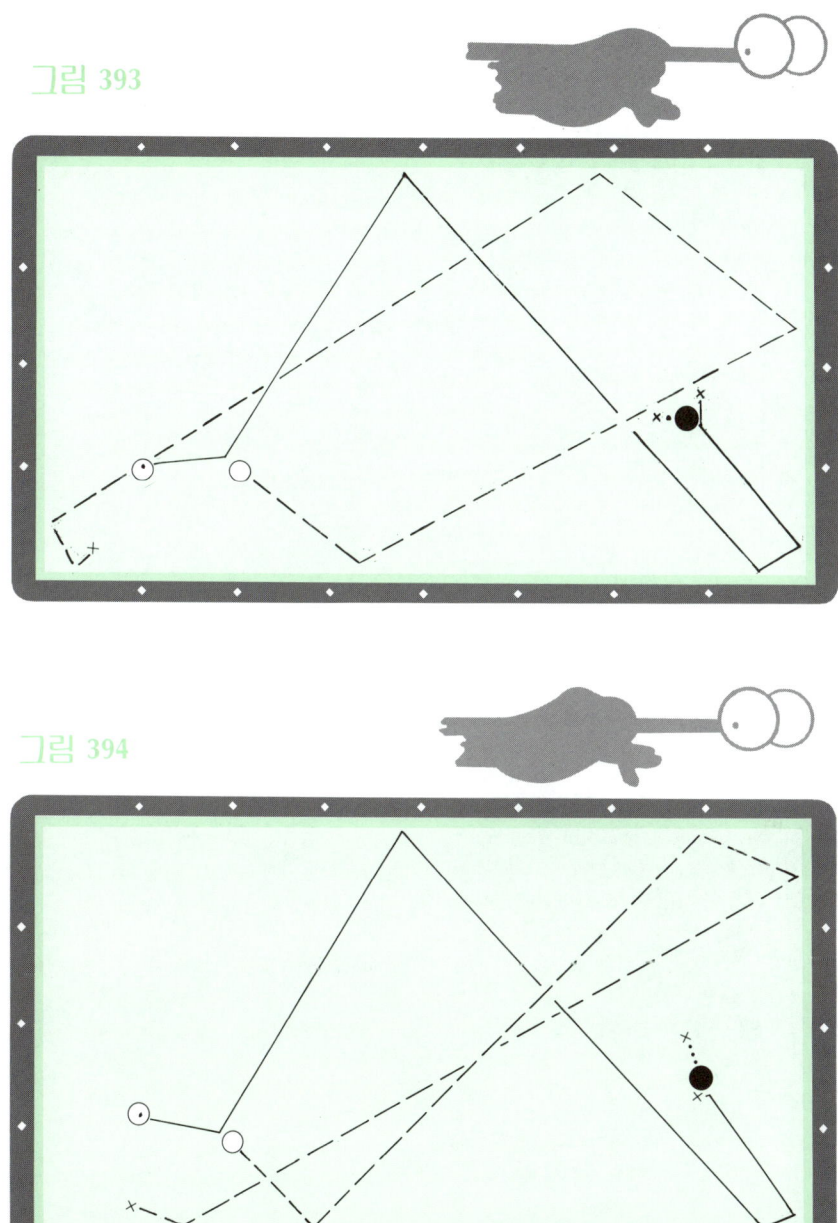

그림 395

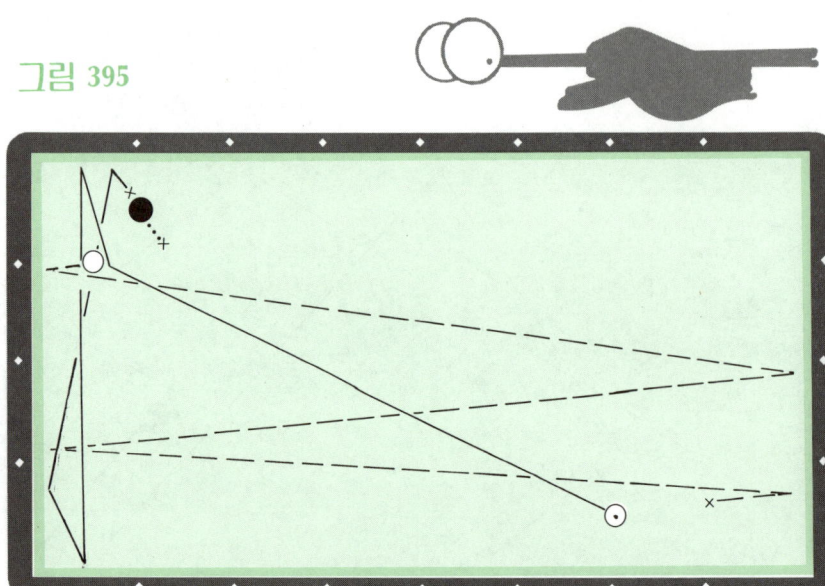

그림 396

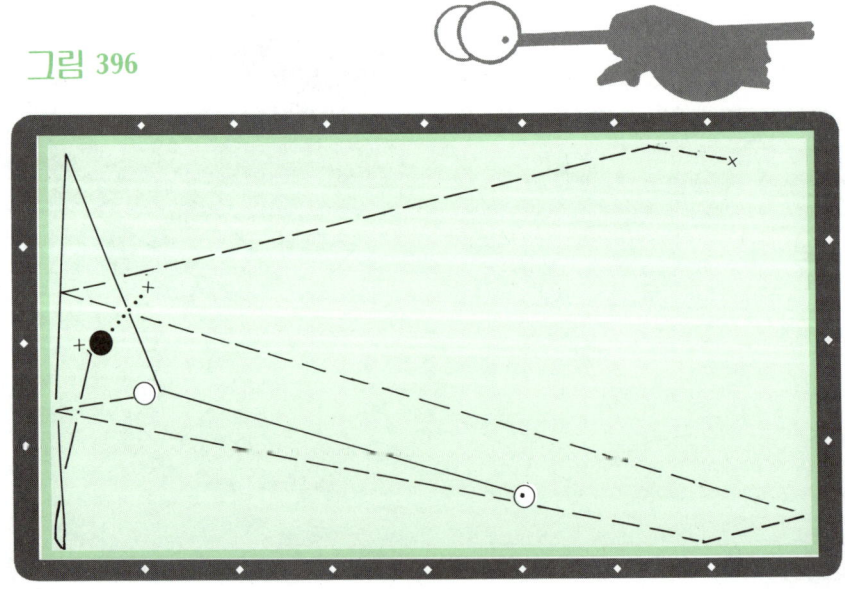

그림 397

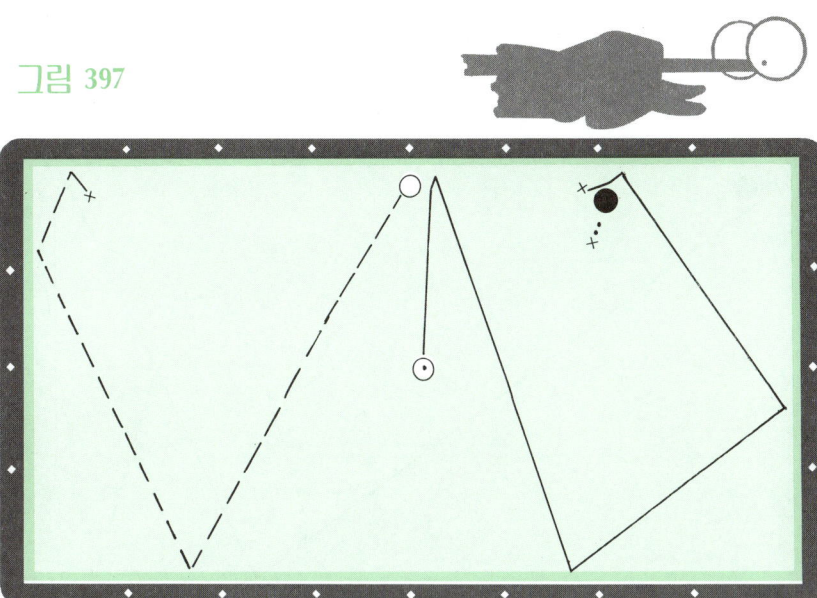

그림 398

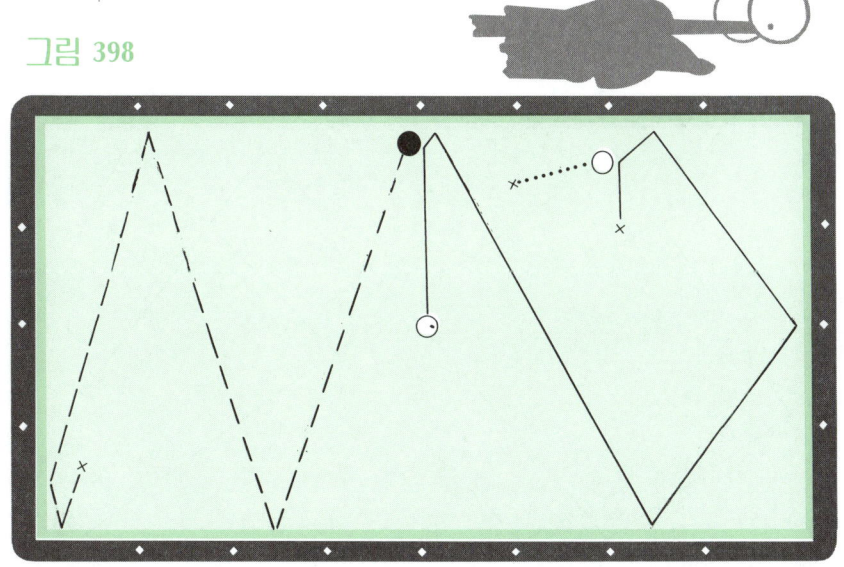

그림 399

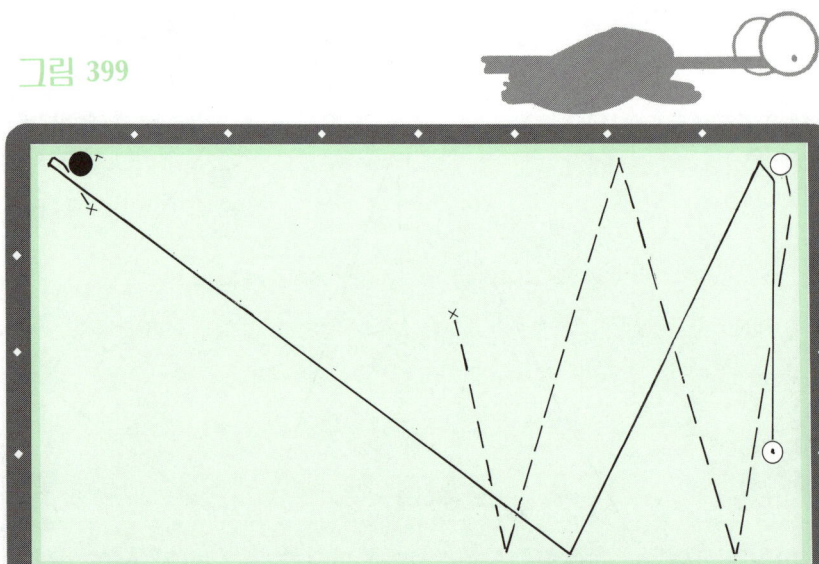

그림 400

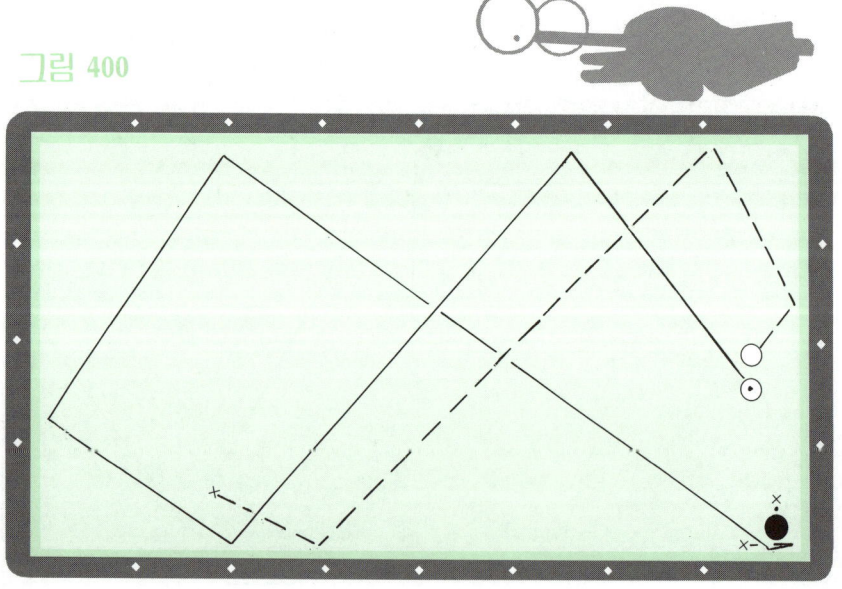

그림 401

그림 402

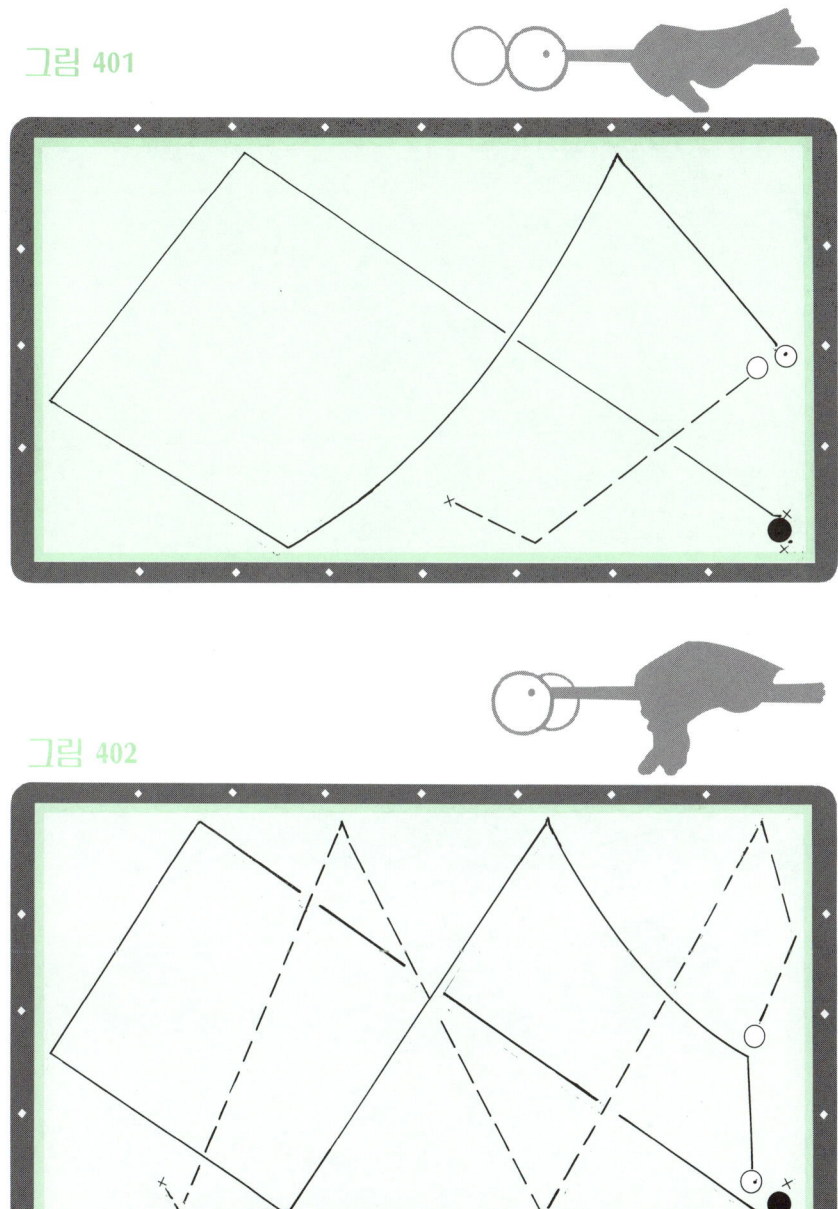

그림 403

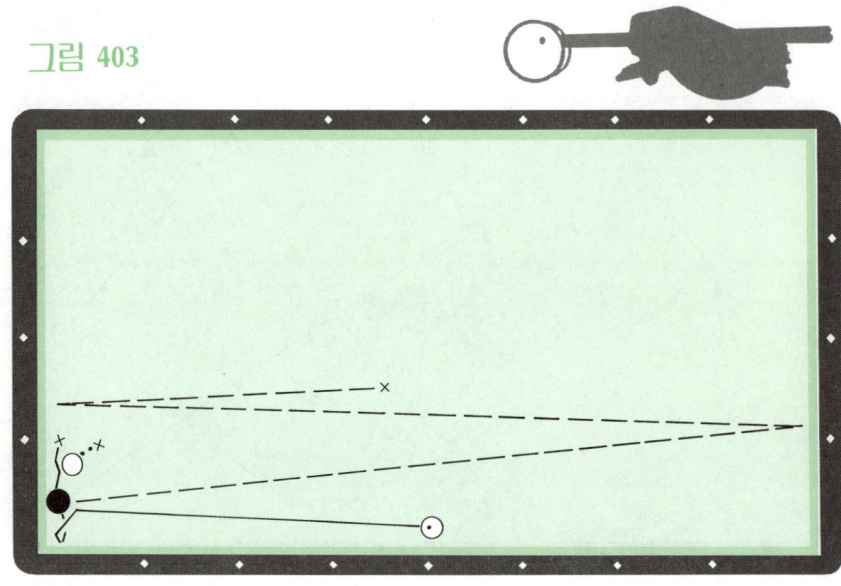

그림 404

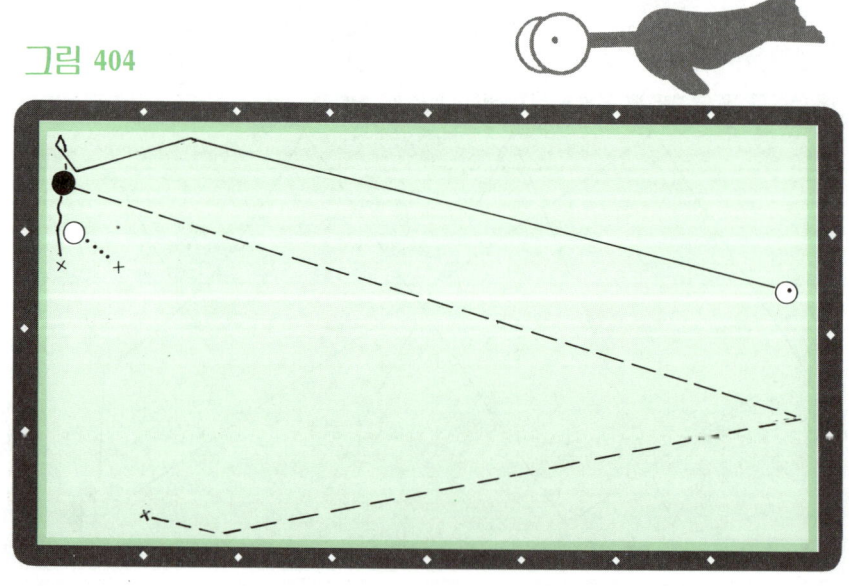

그림 405

그림 406

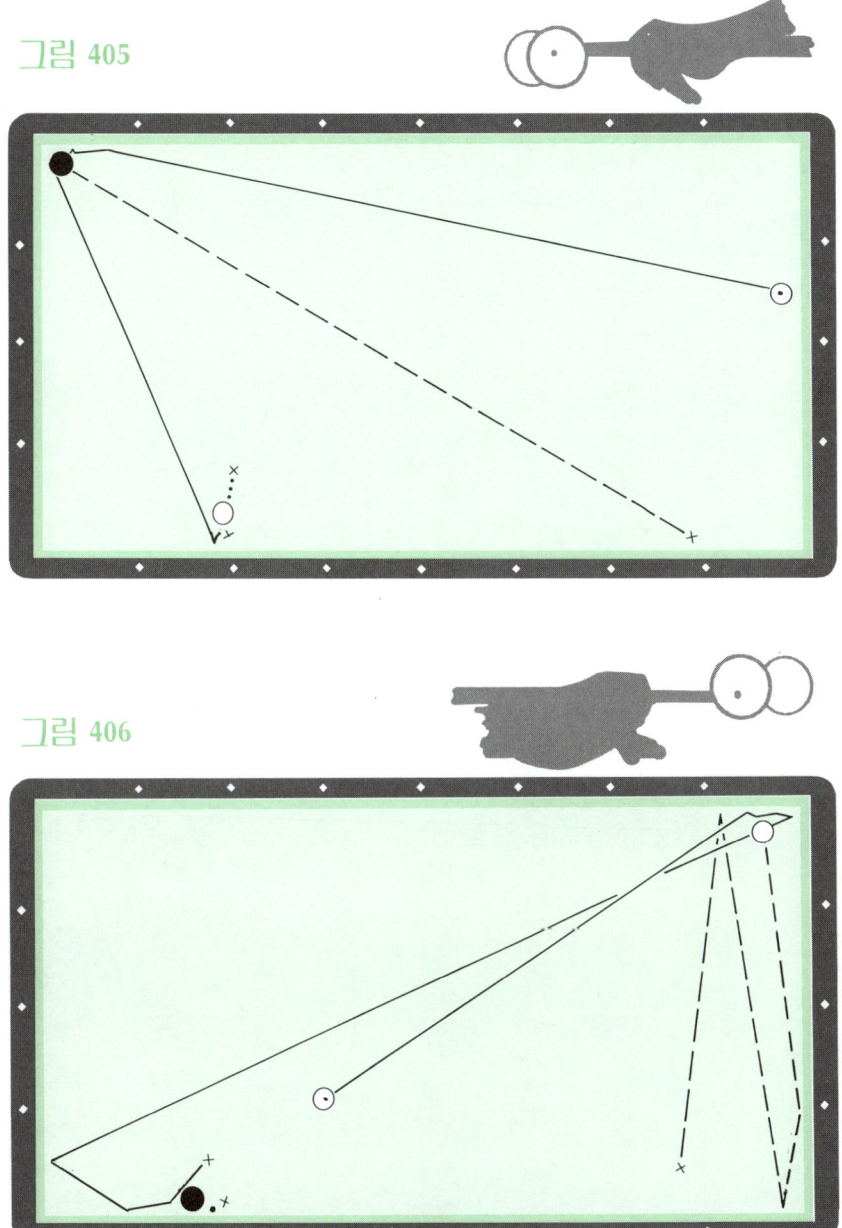

그림 407

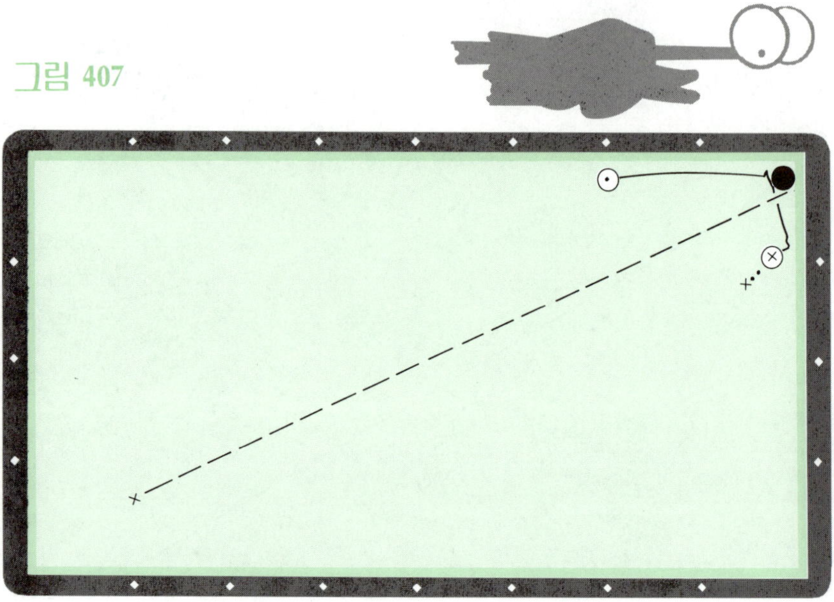

그림 408

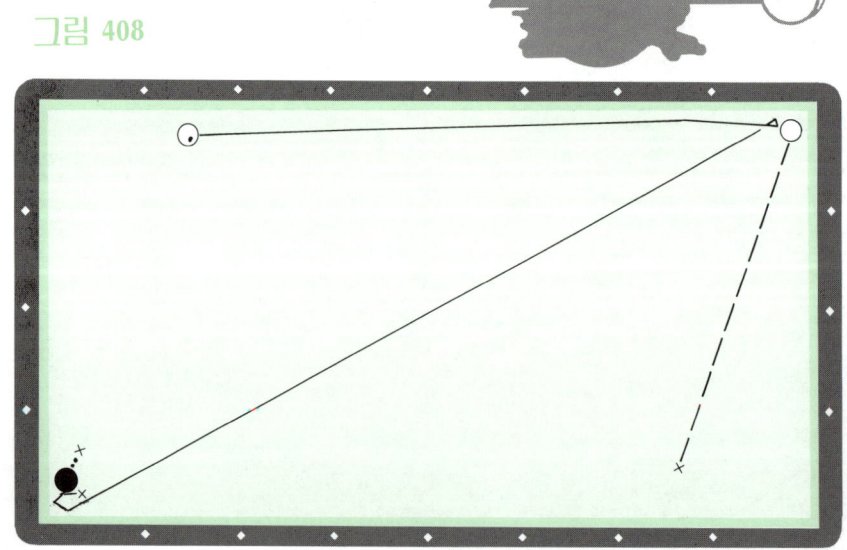

그림 409

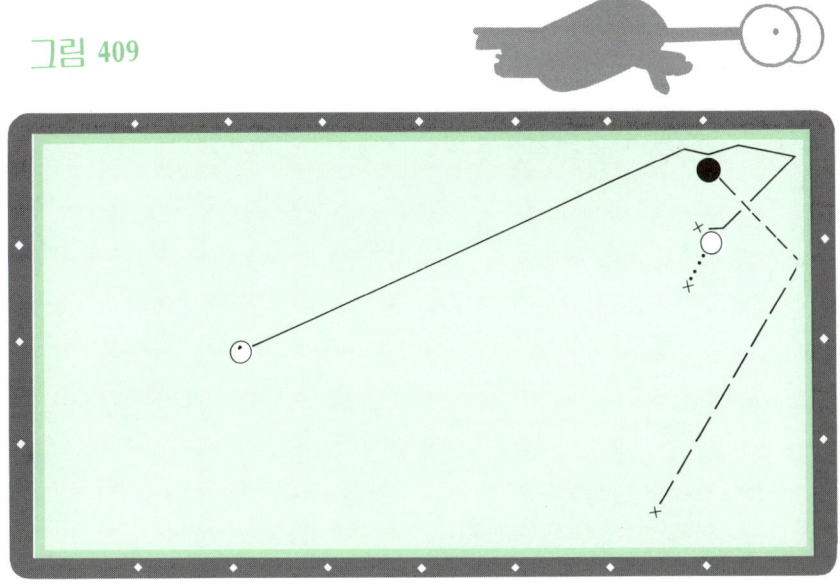

그림 410

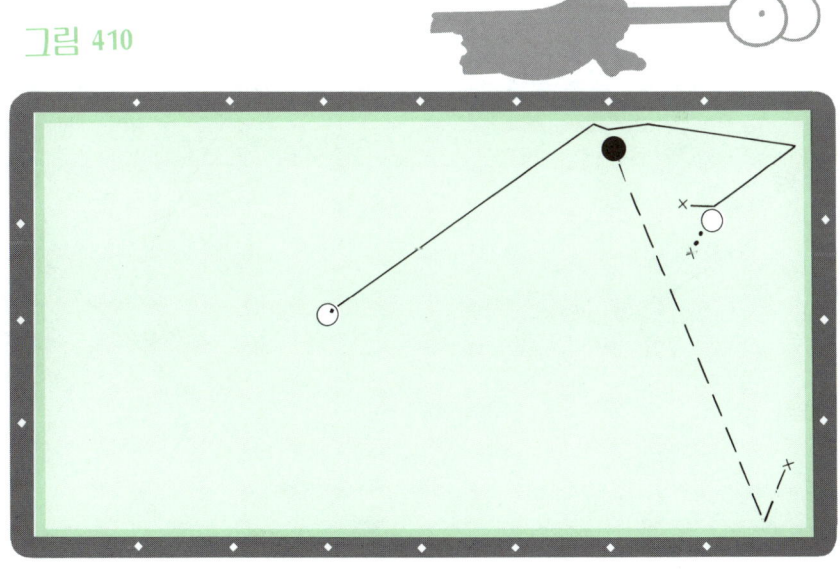

그림 411

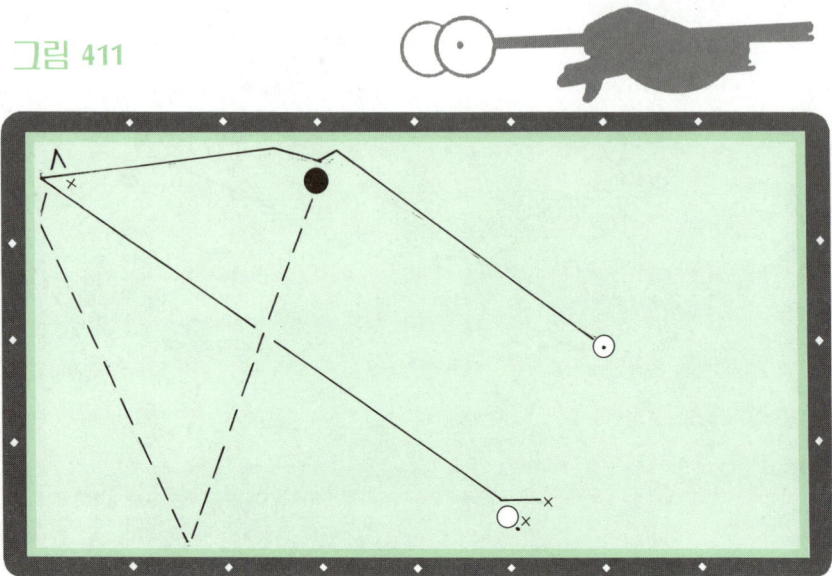

그림 412

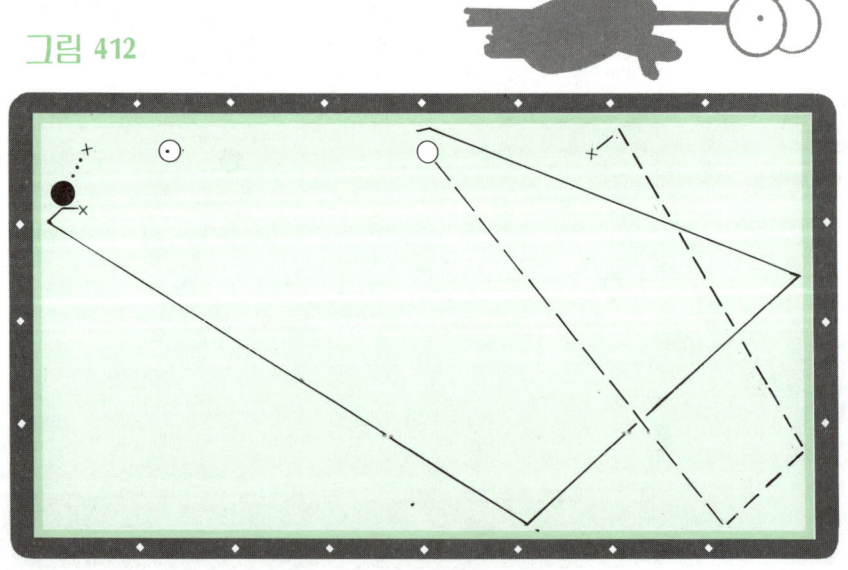

그림 413

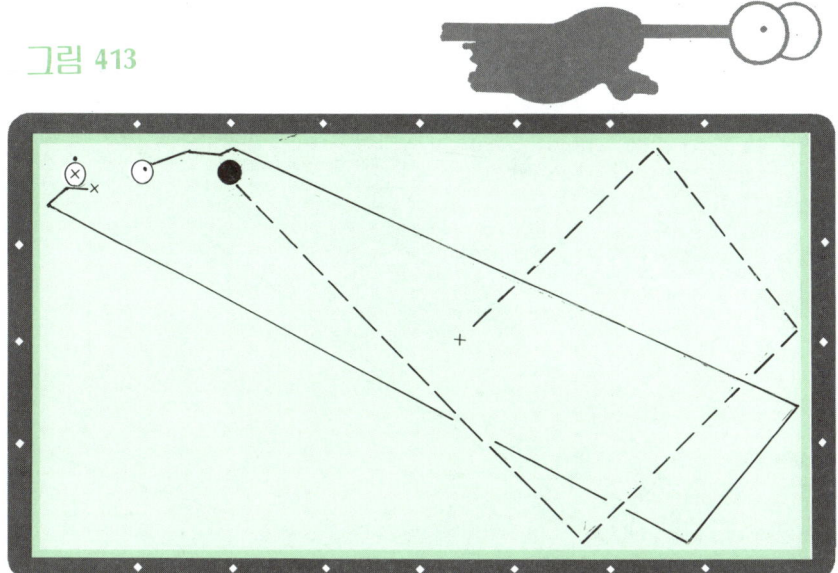

그림 414

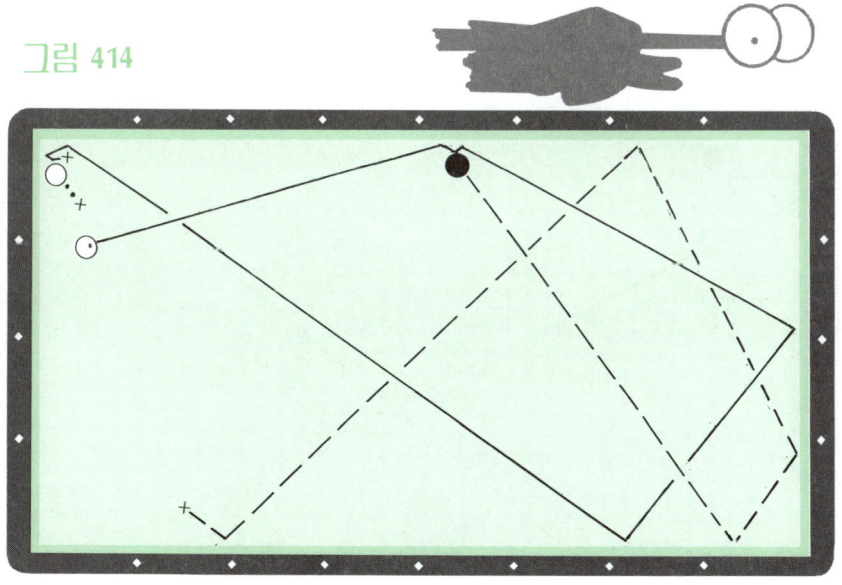

그림 415

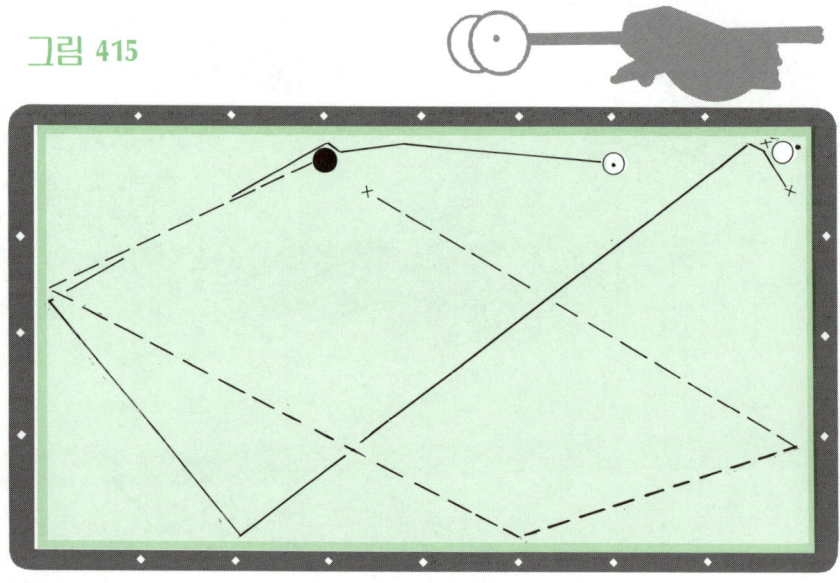

그림 416

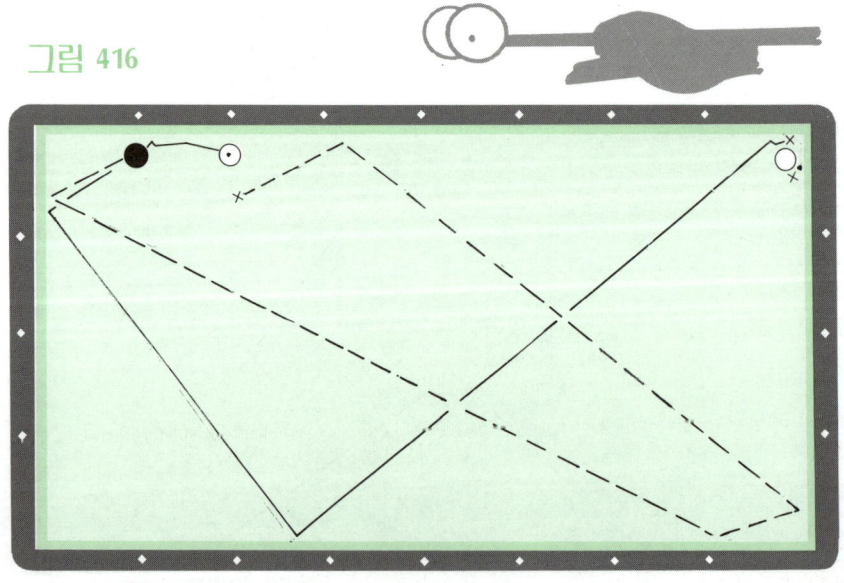

그림 417

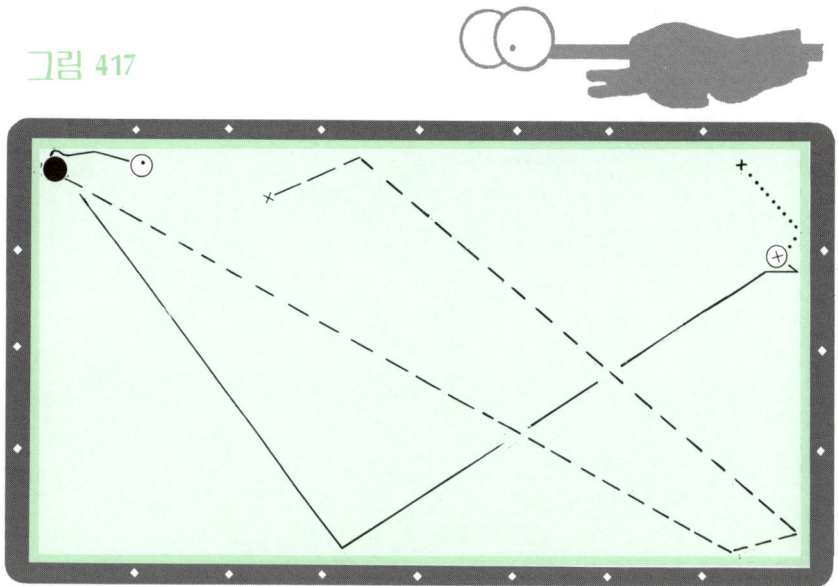

그림 418

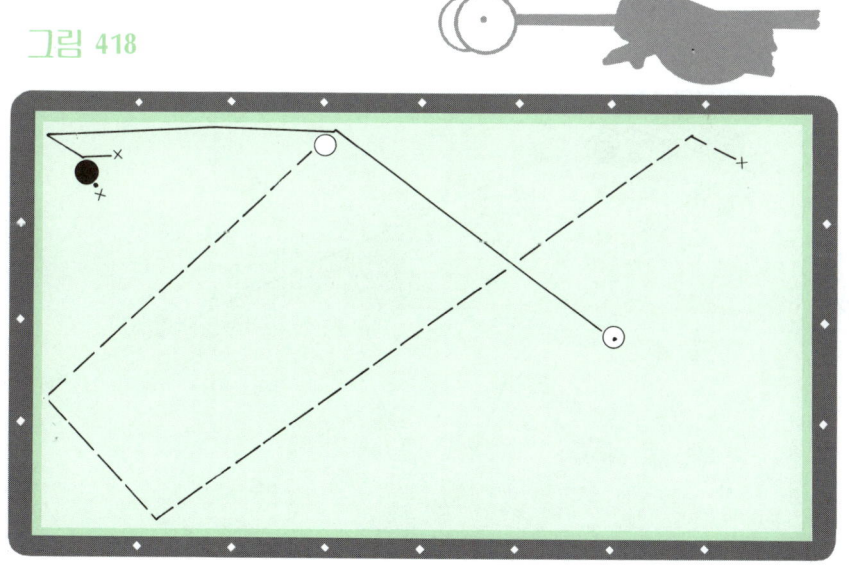

그림 419

그림 420

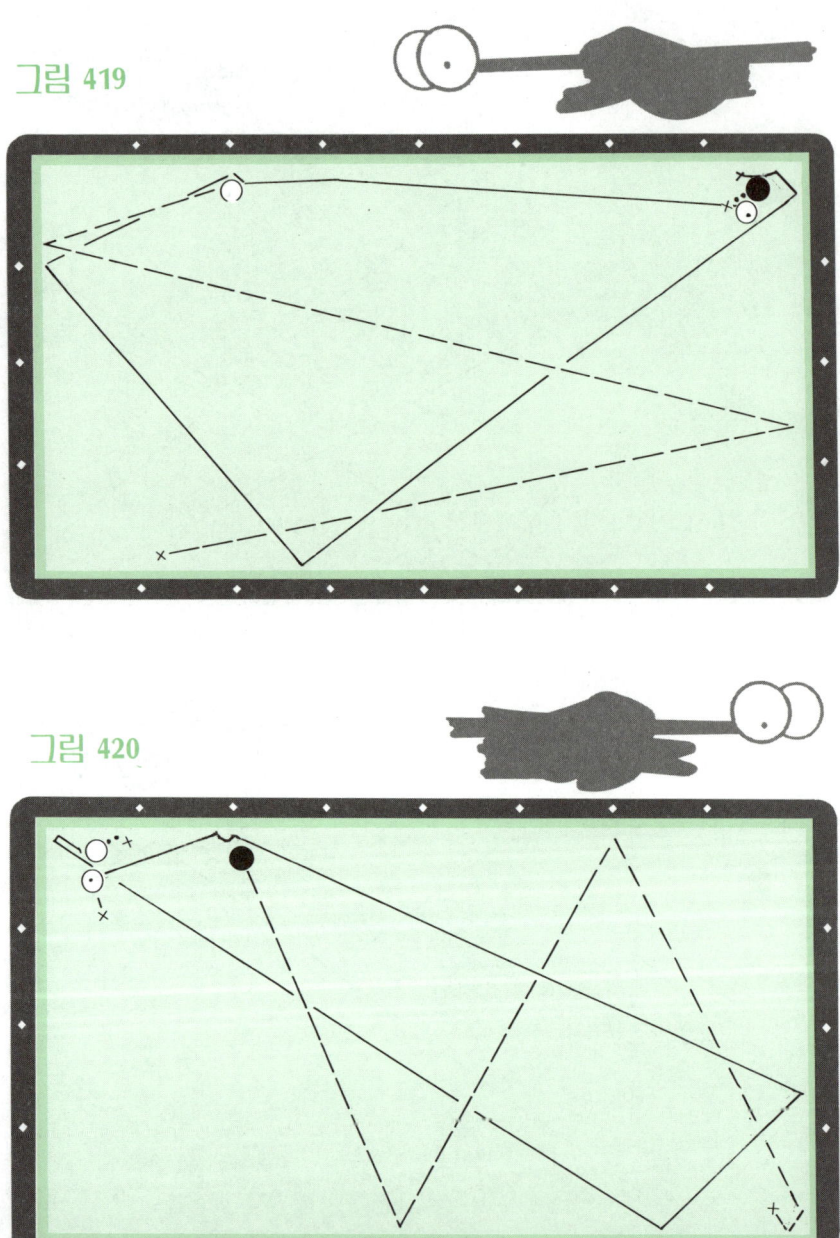

그림 421

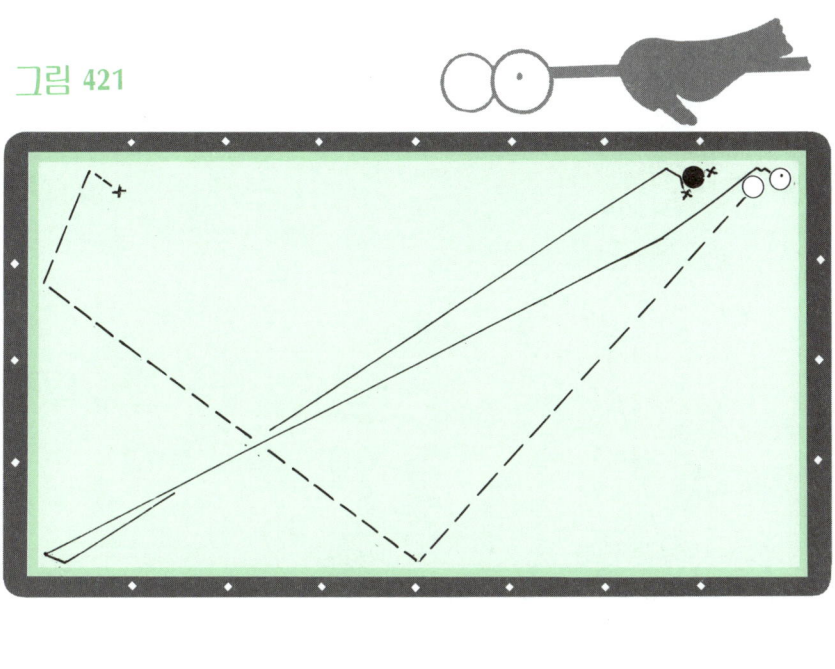

그림 422

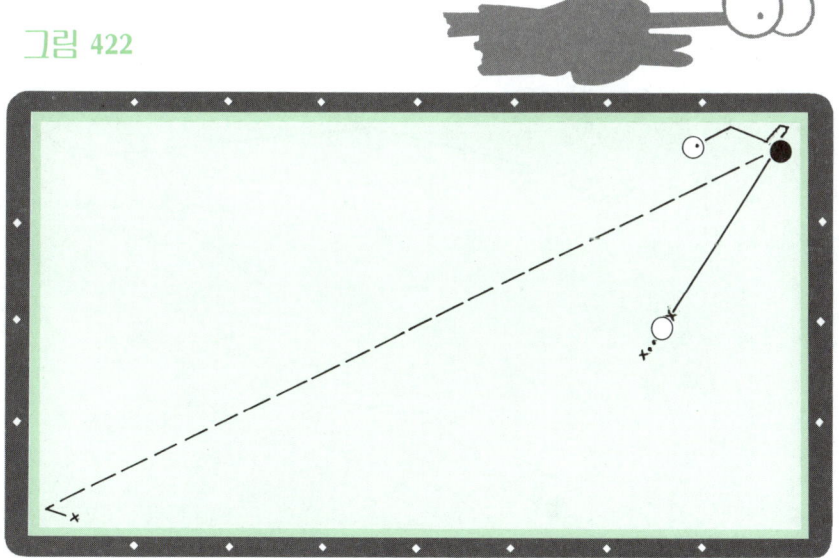

그림 423

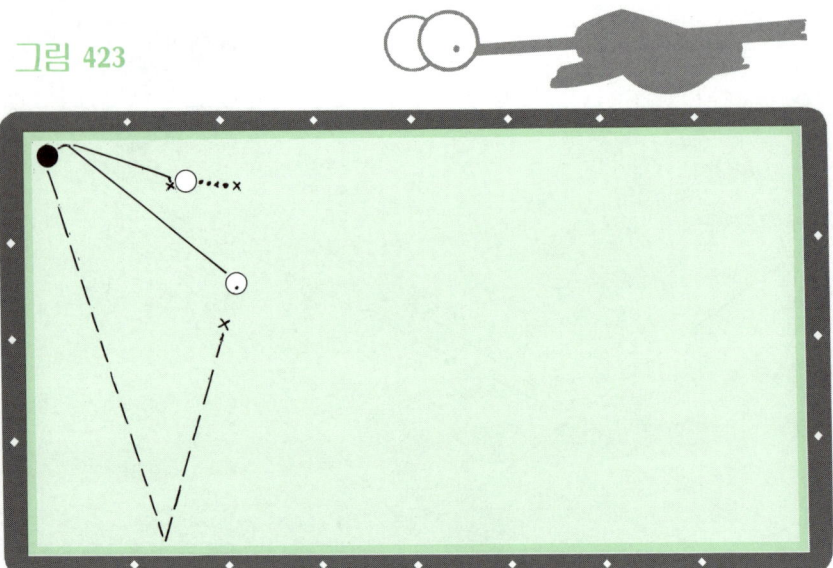

그림 424

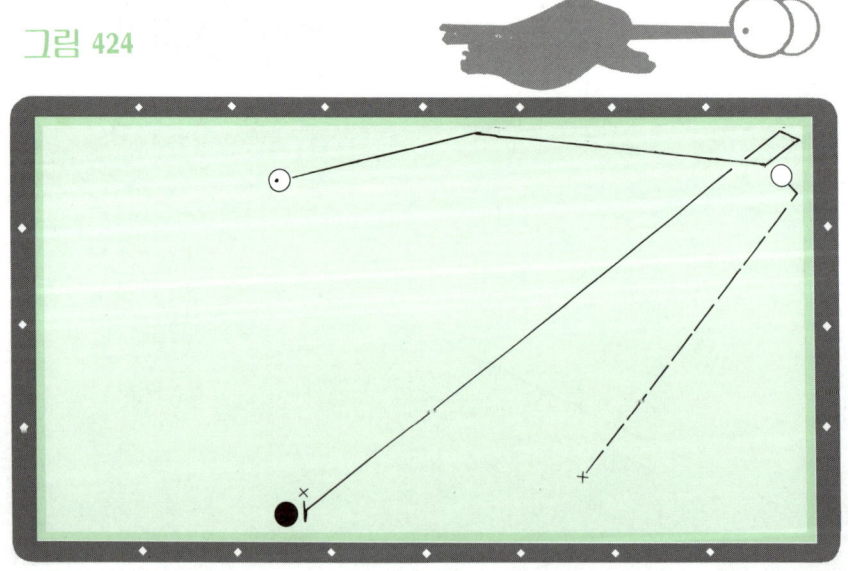

그림 425

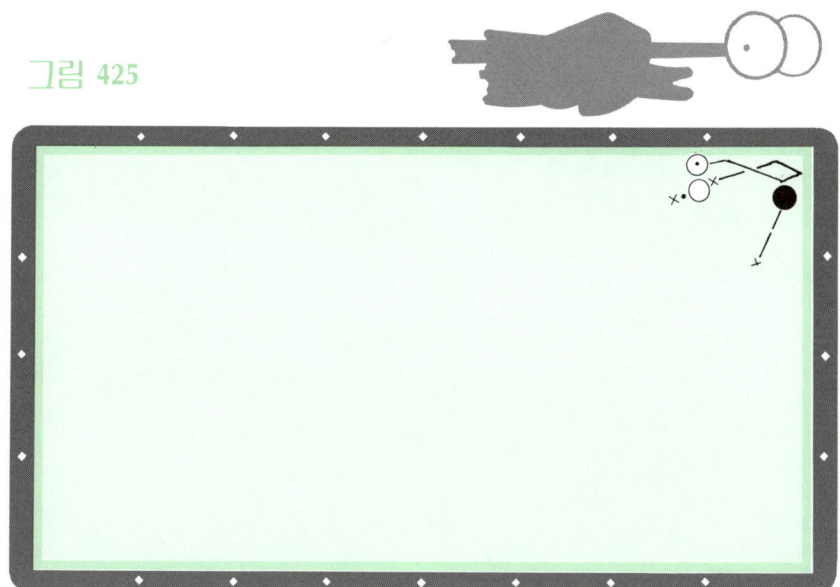

그림 426

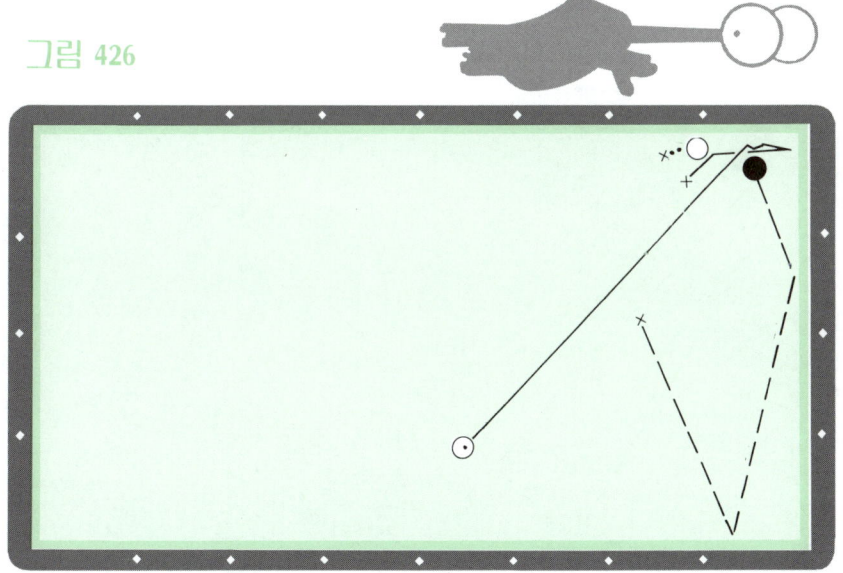

그림 427

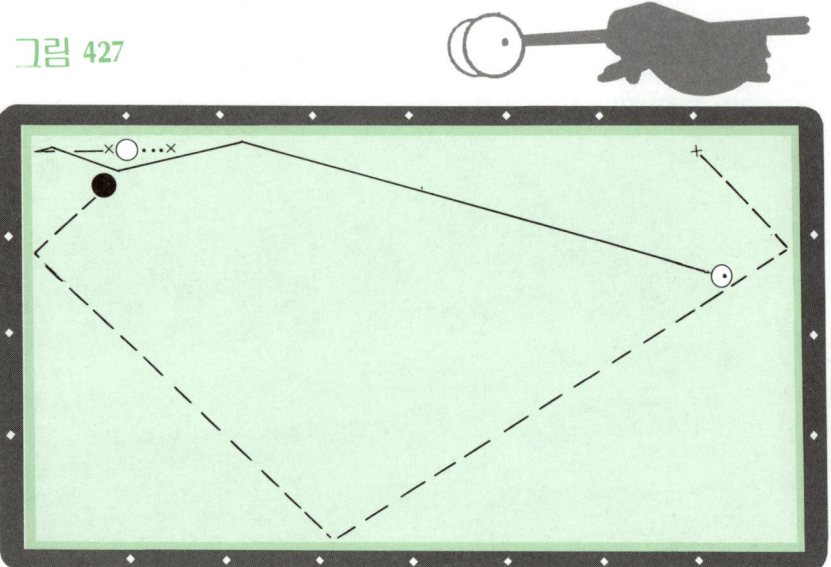

그림 428

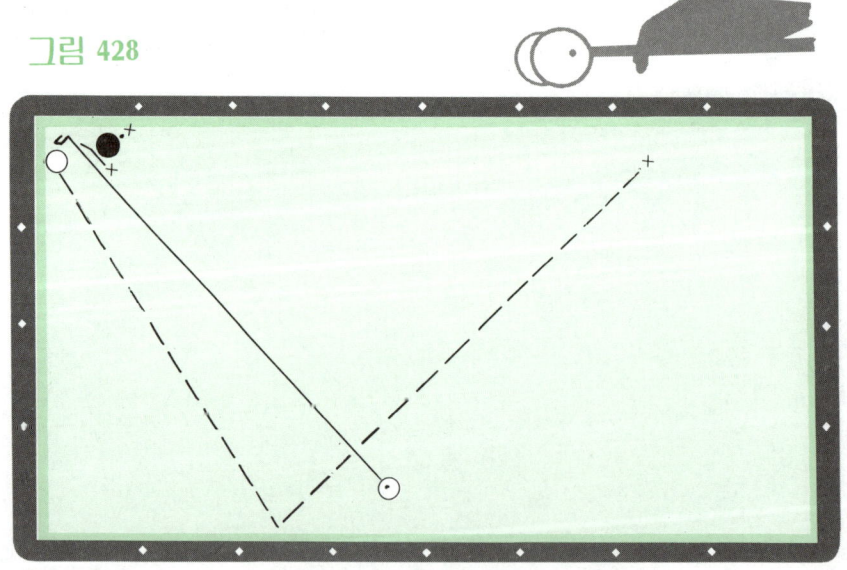

그림 429

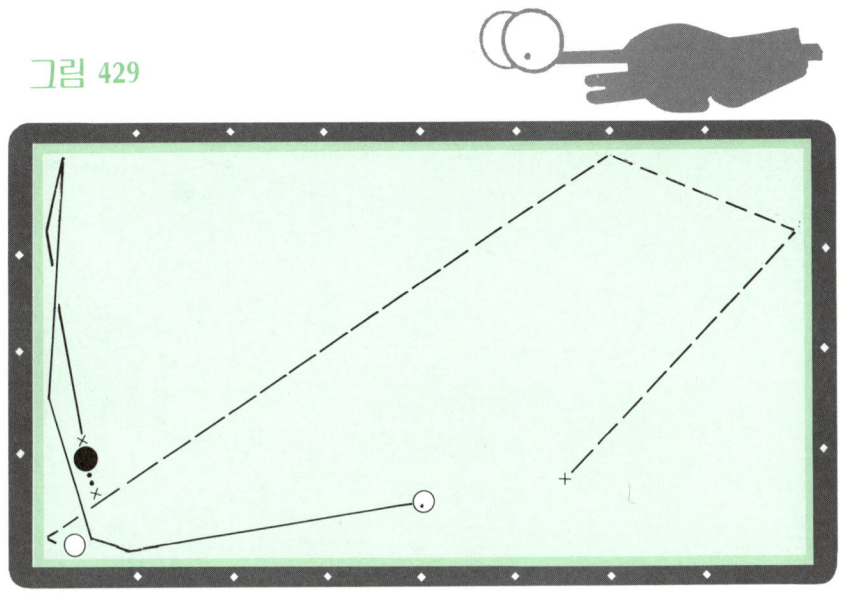

그림 430

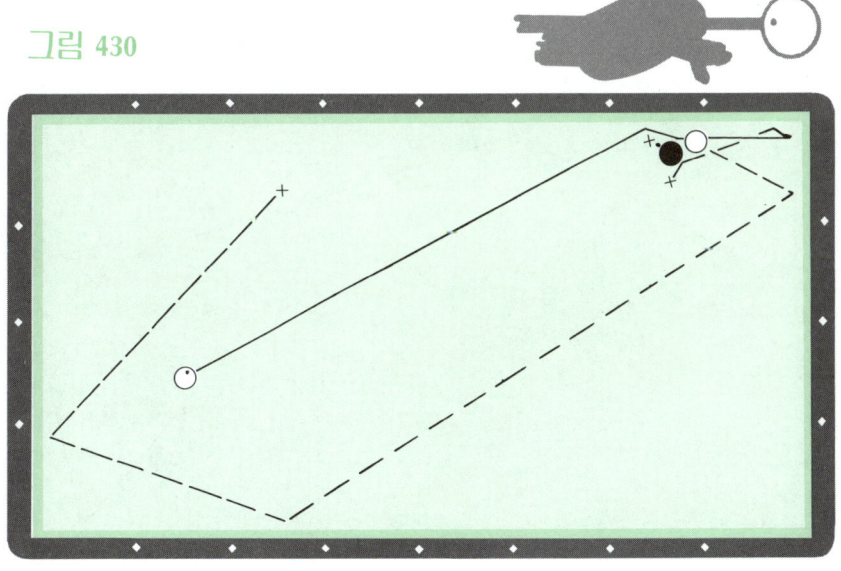

그림 431

그림 432

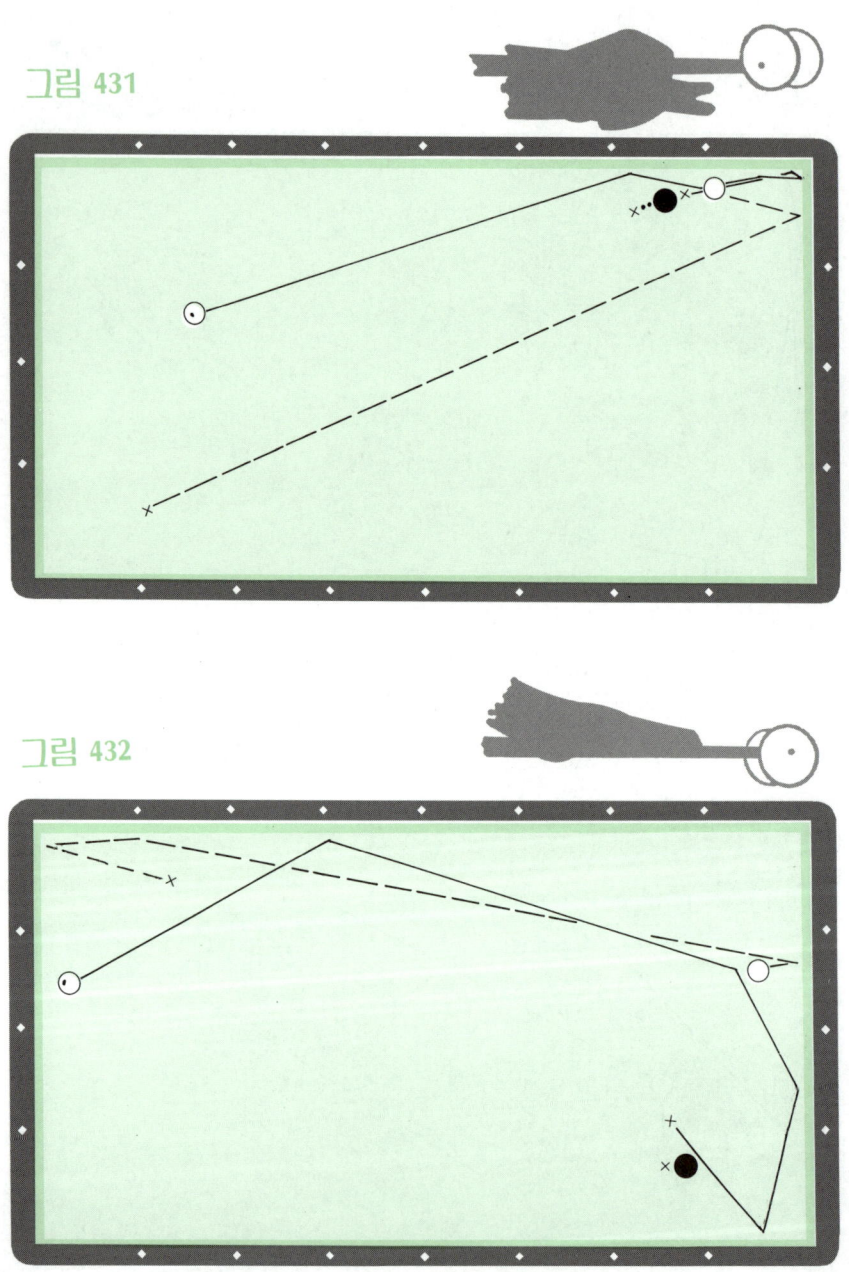

그림 433

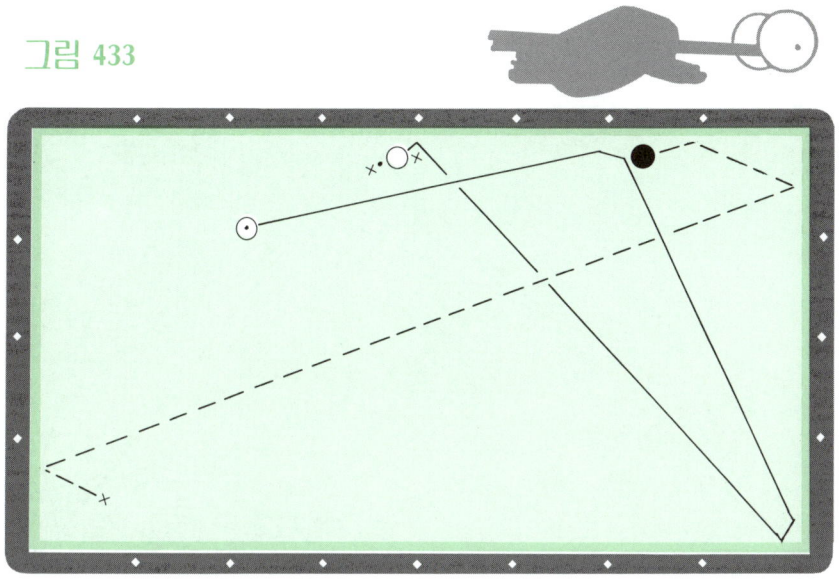

그림 434

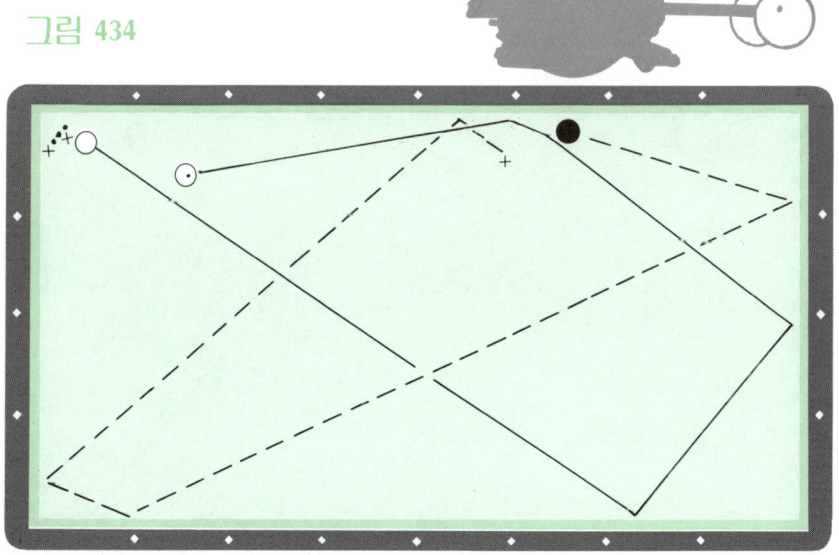

그림 435

그림 436

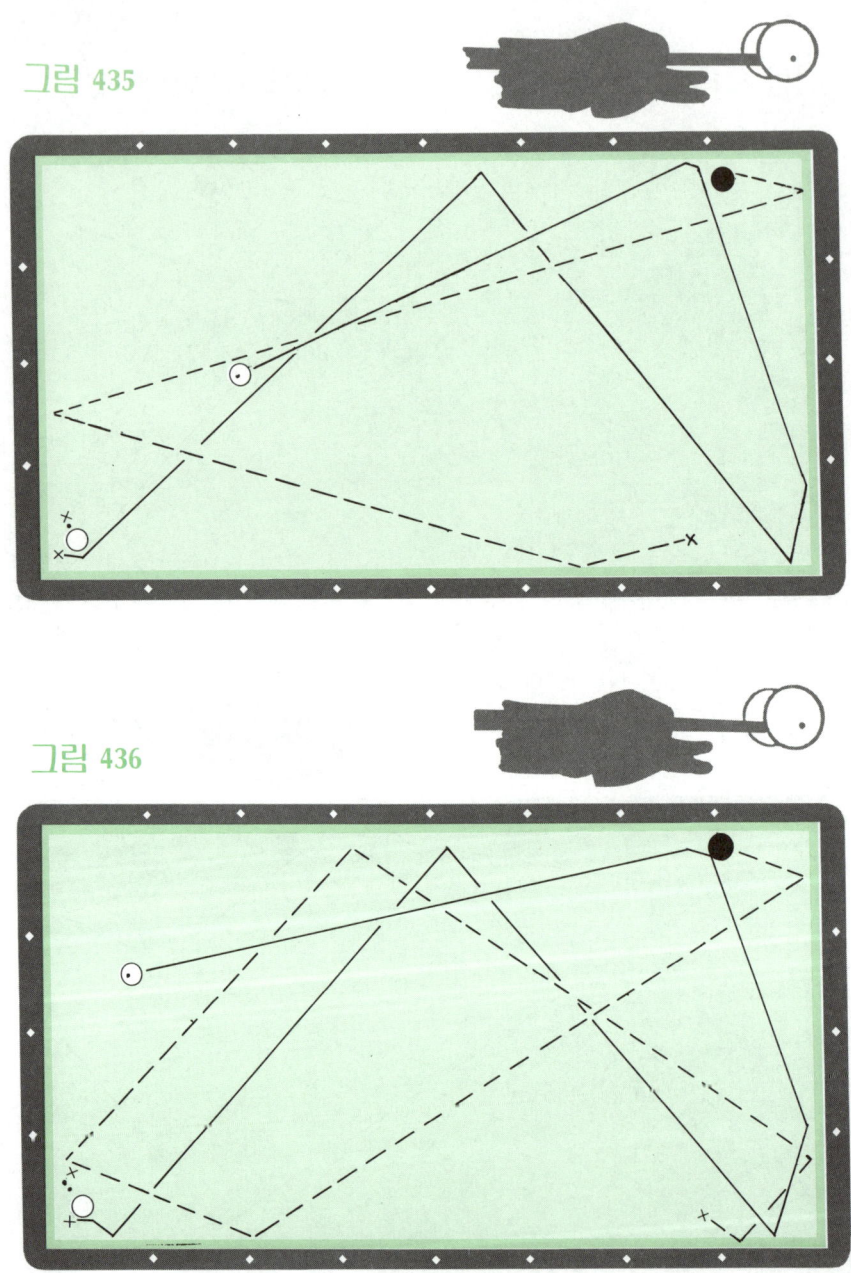

그림 437

그림 438

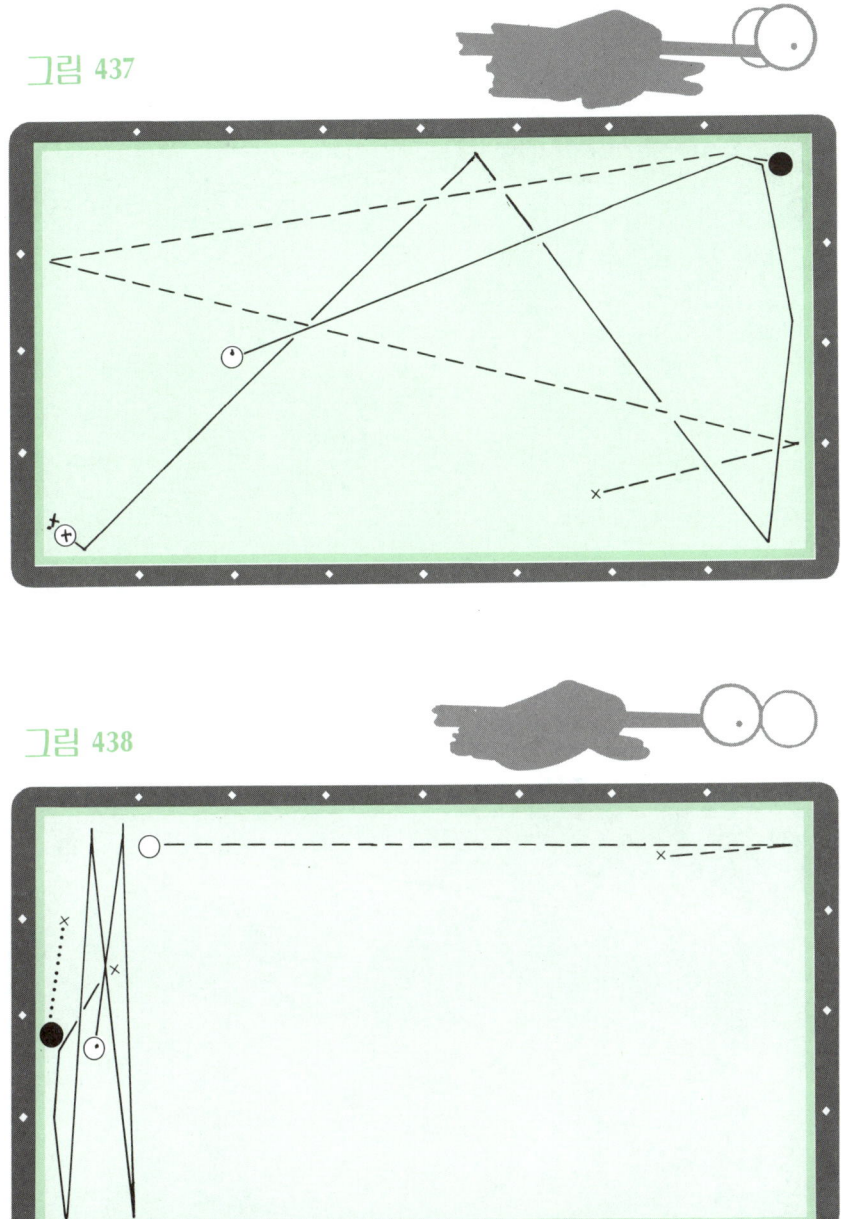

• 335 •

그림 439

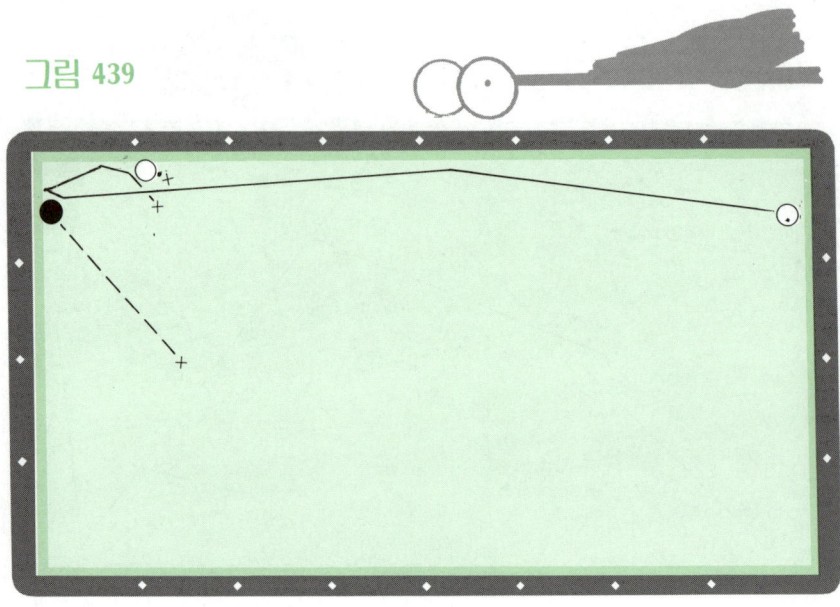

그림 440

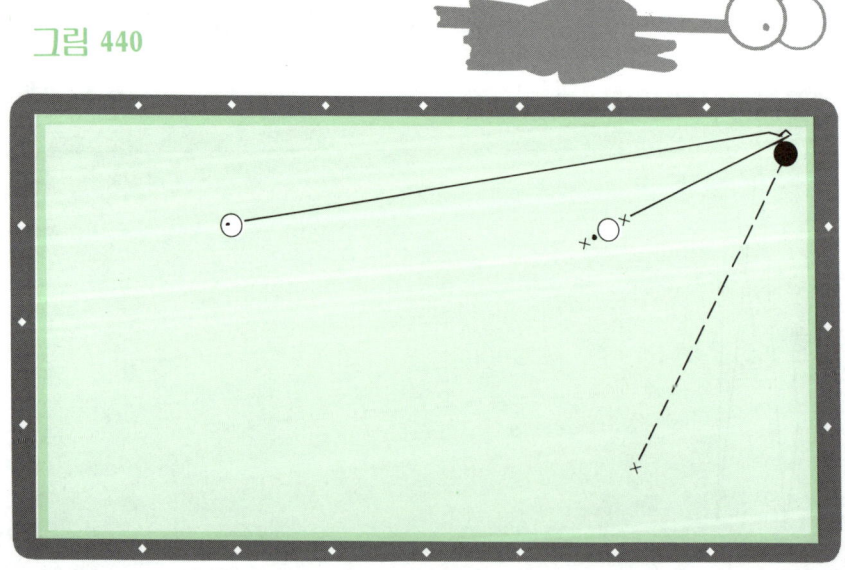

그림 441

그림 442

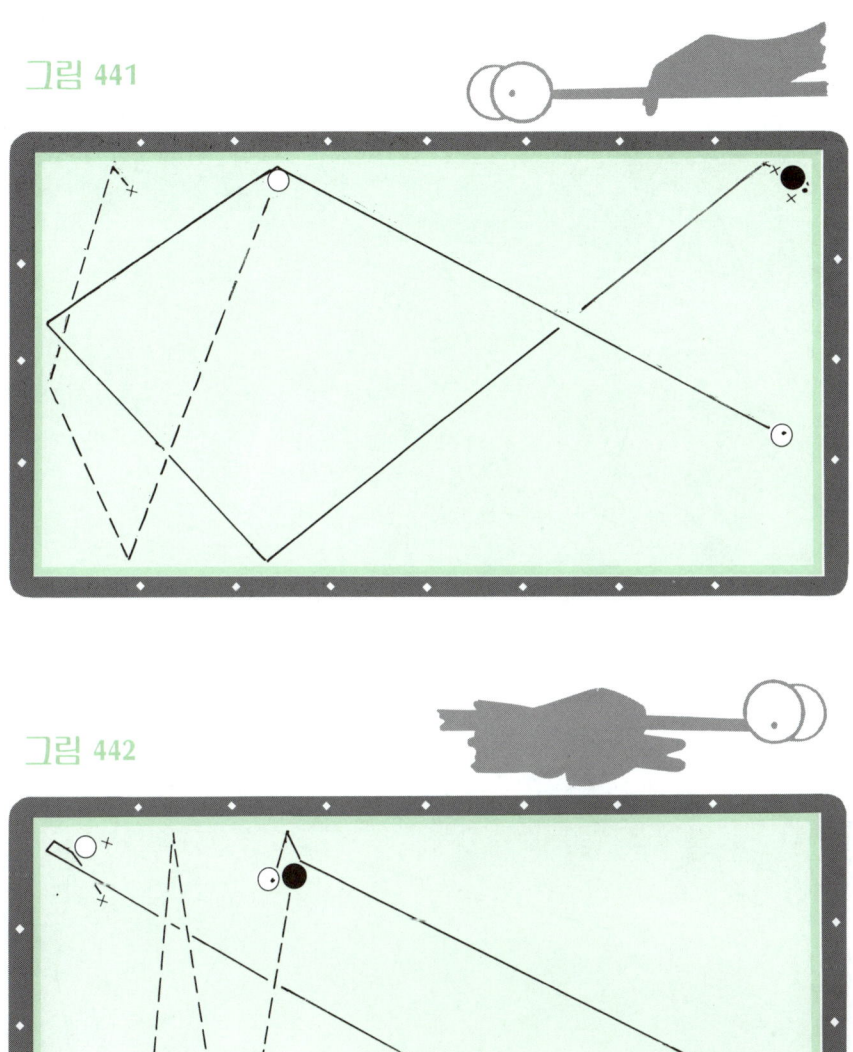

그림 443

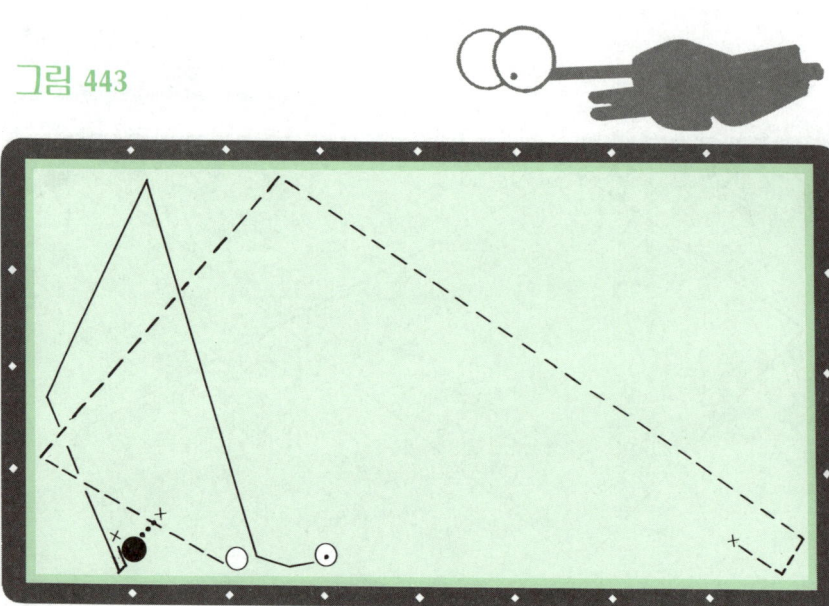

그림 444

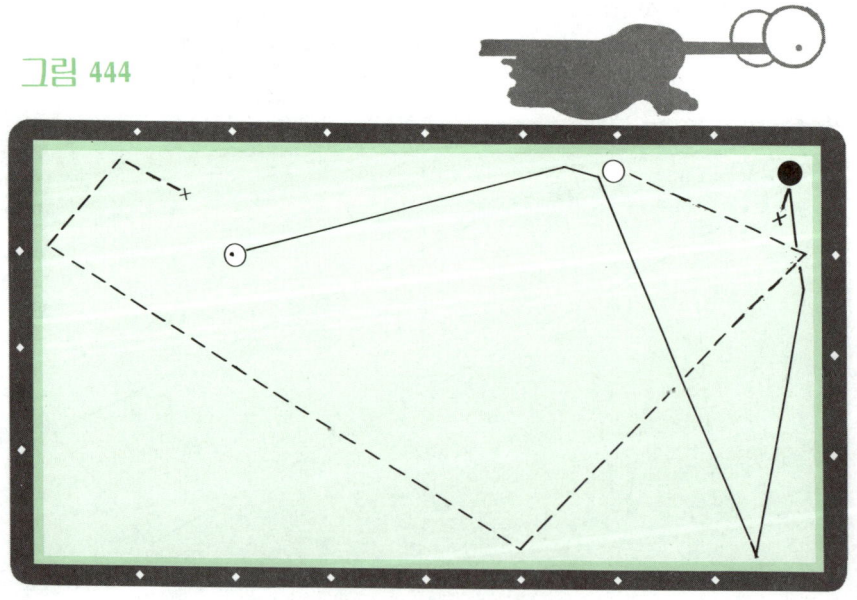

그림 445

그림 446

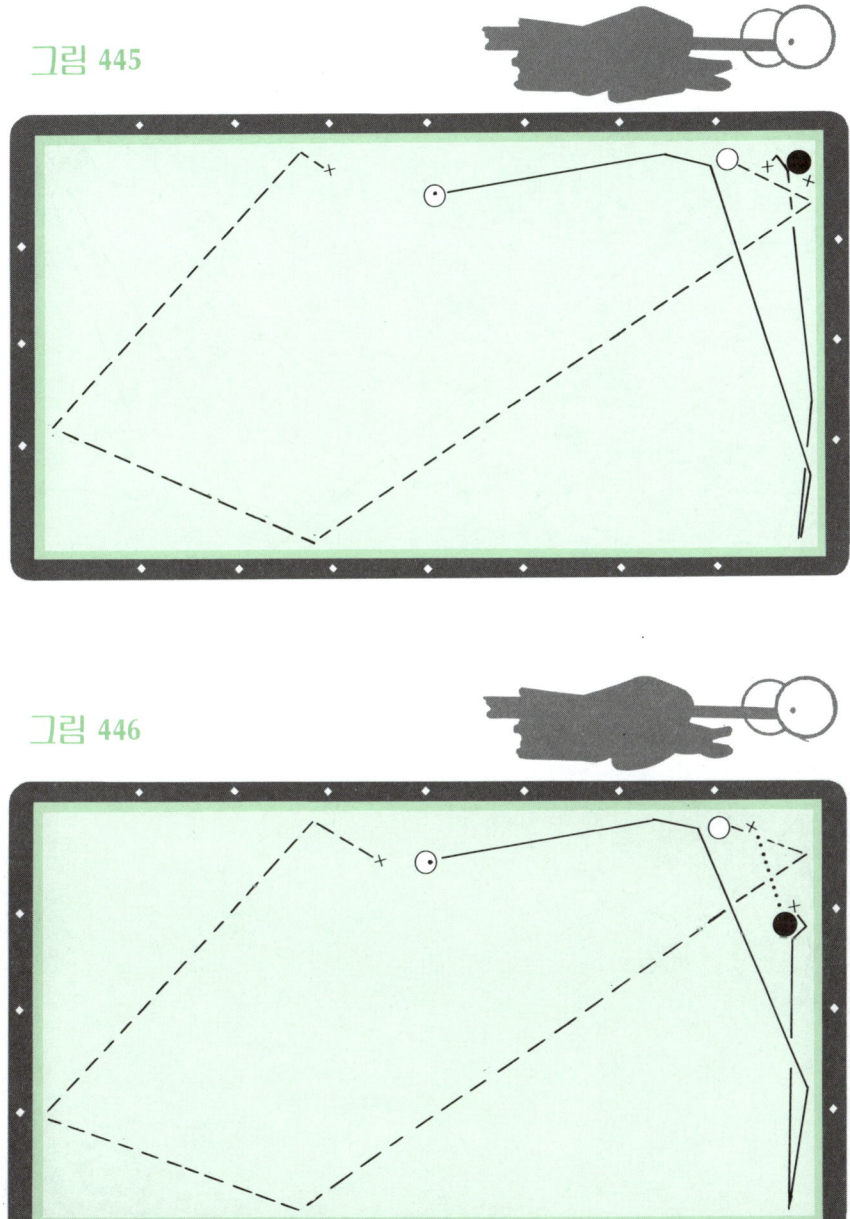

그림 447

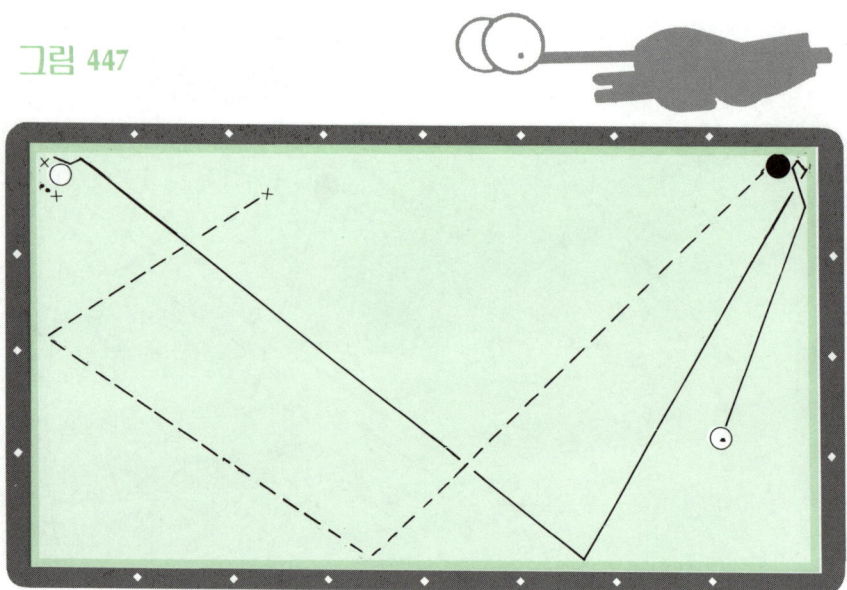

그림 448

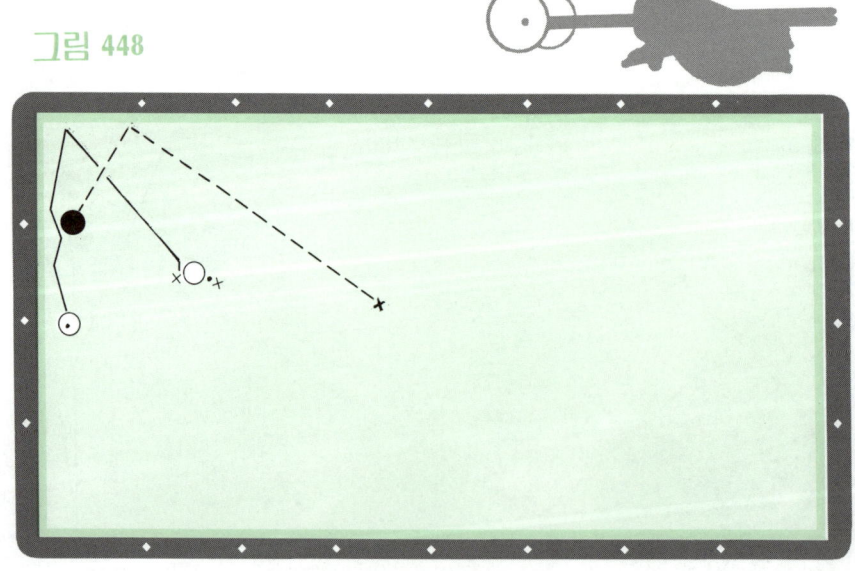

그림 449

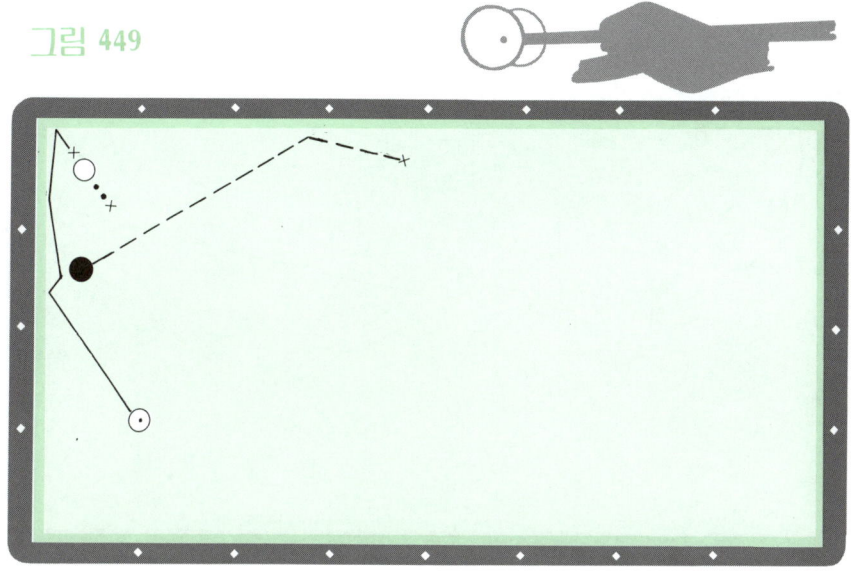

그림 450

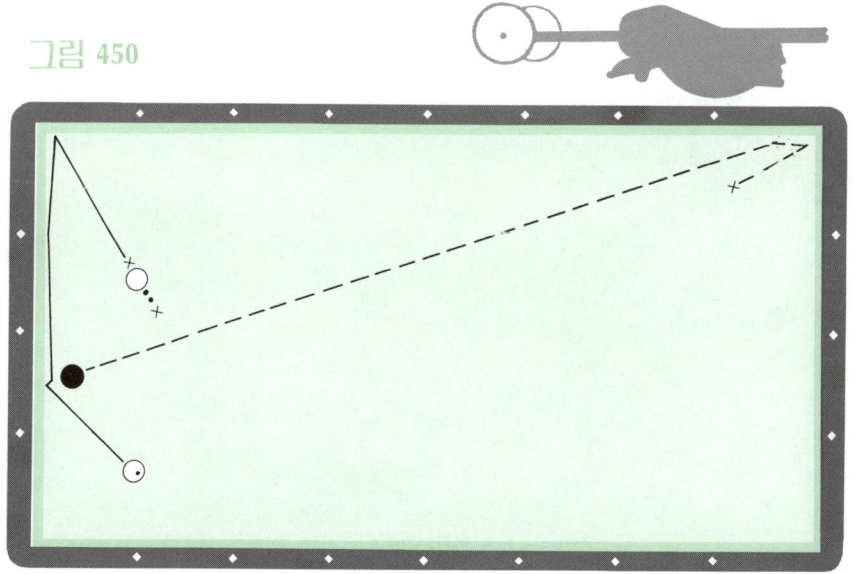

그림 451

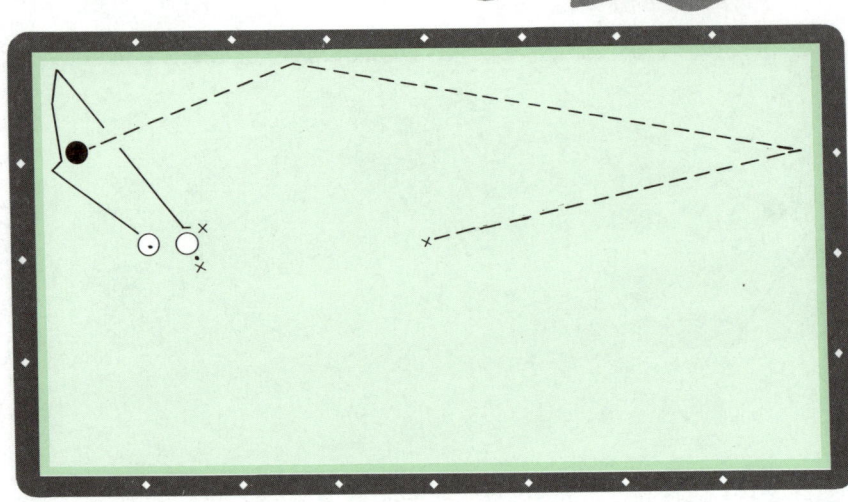

그림 452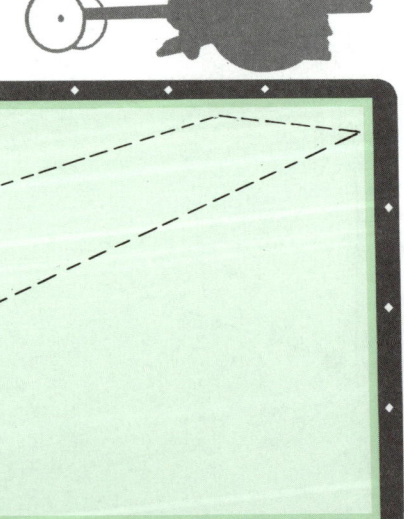

그림 453

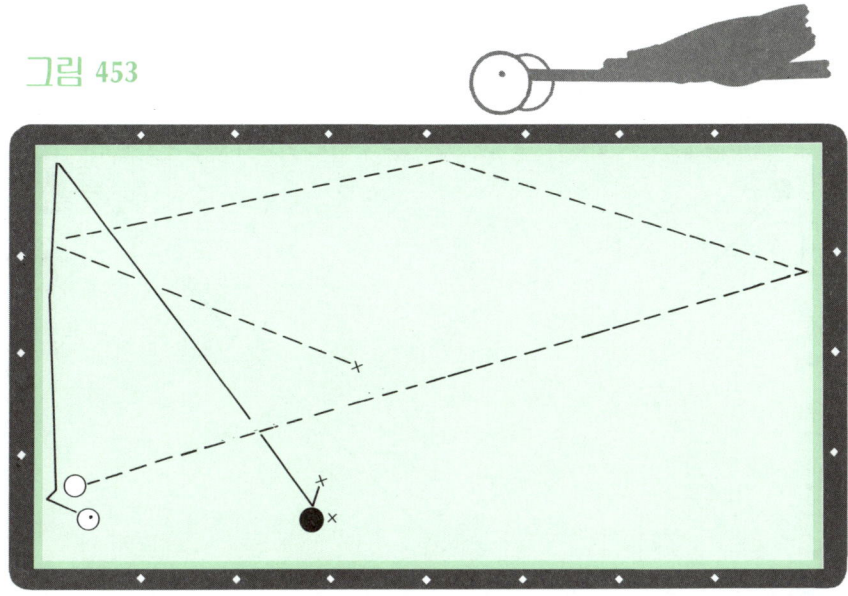

그림 454

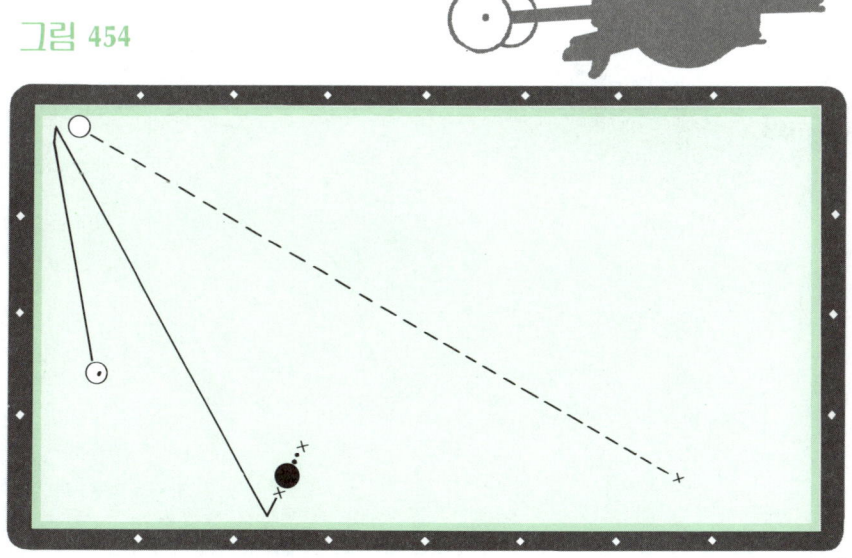

그림 455

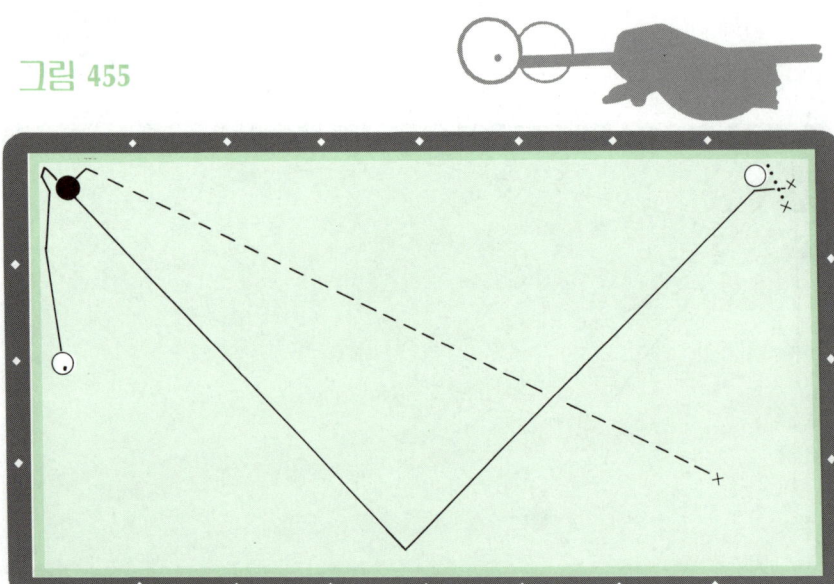

그림 456

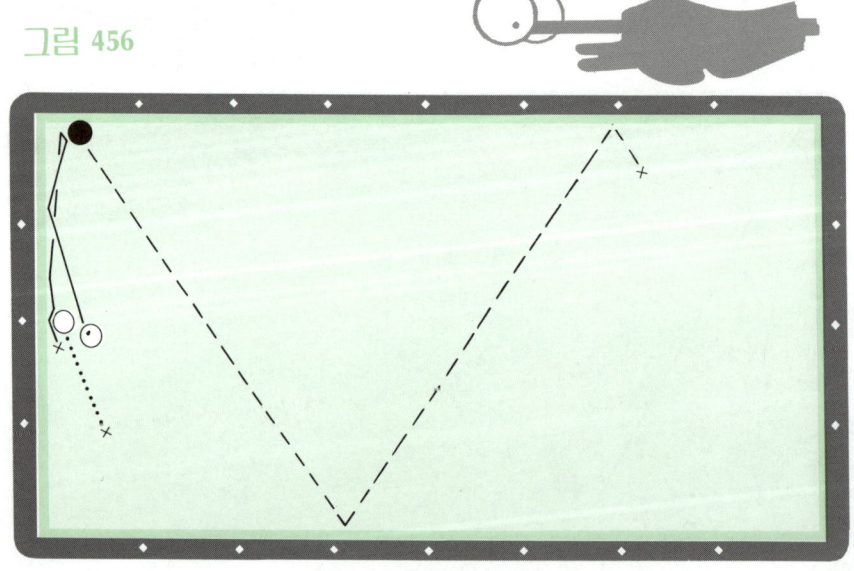

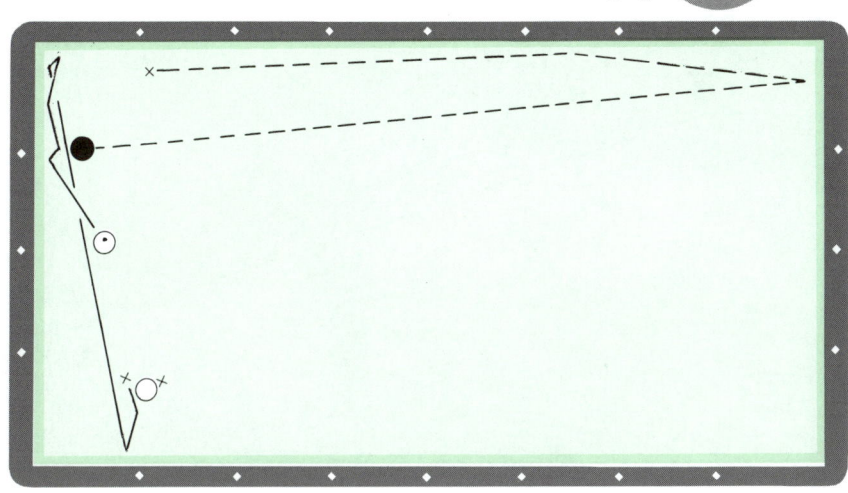

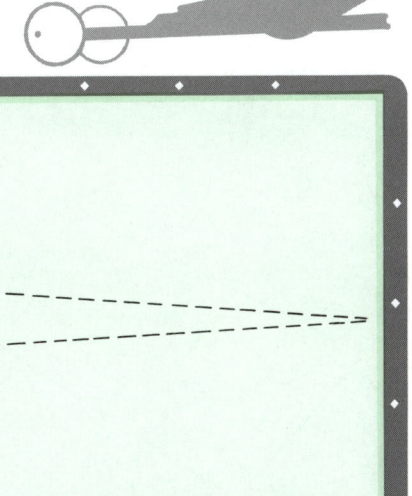

그림 459

그림 460

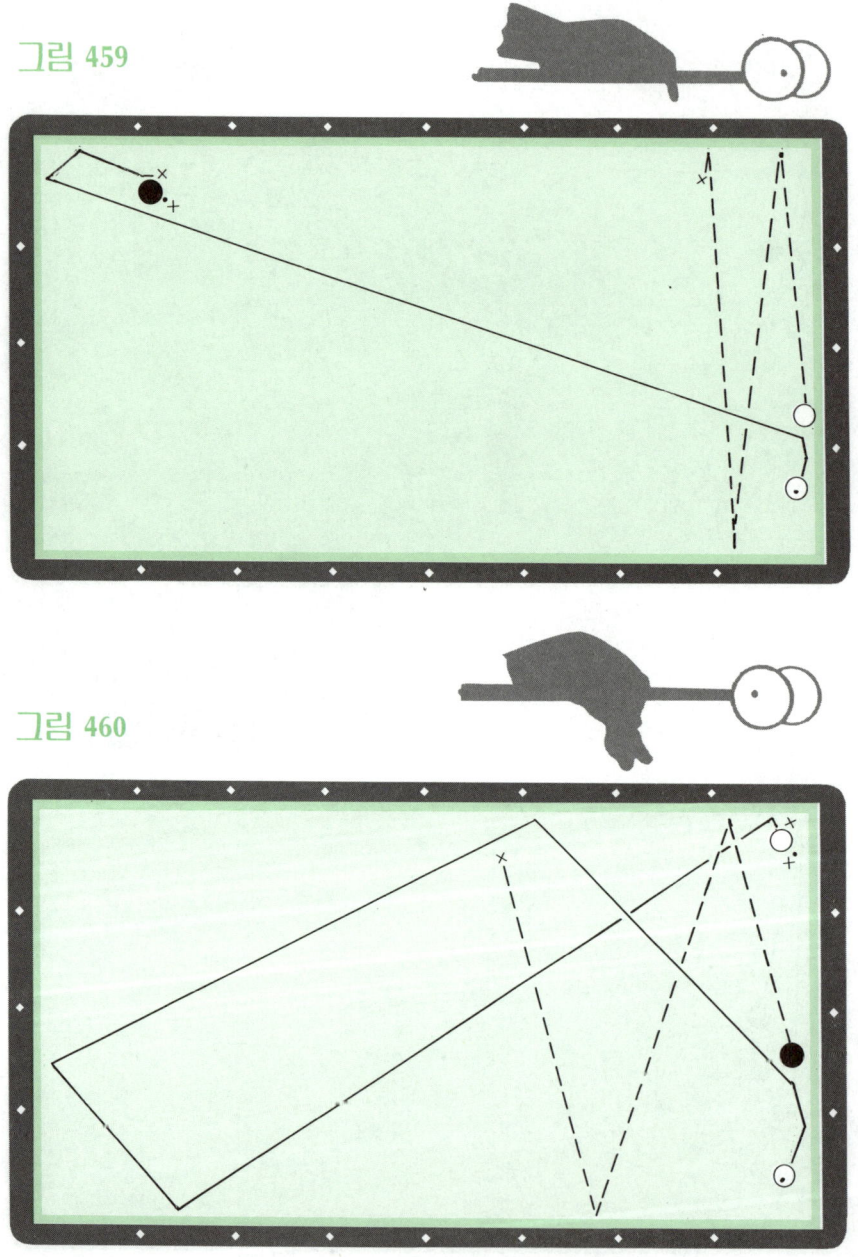

그림 461

그림 462

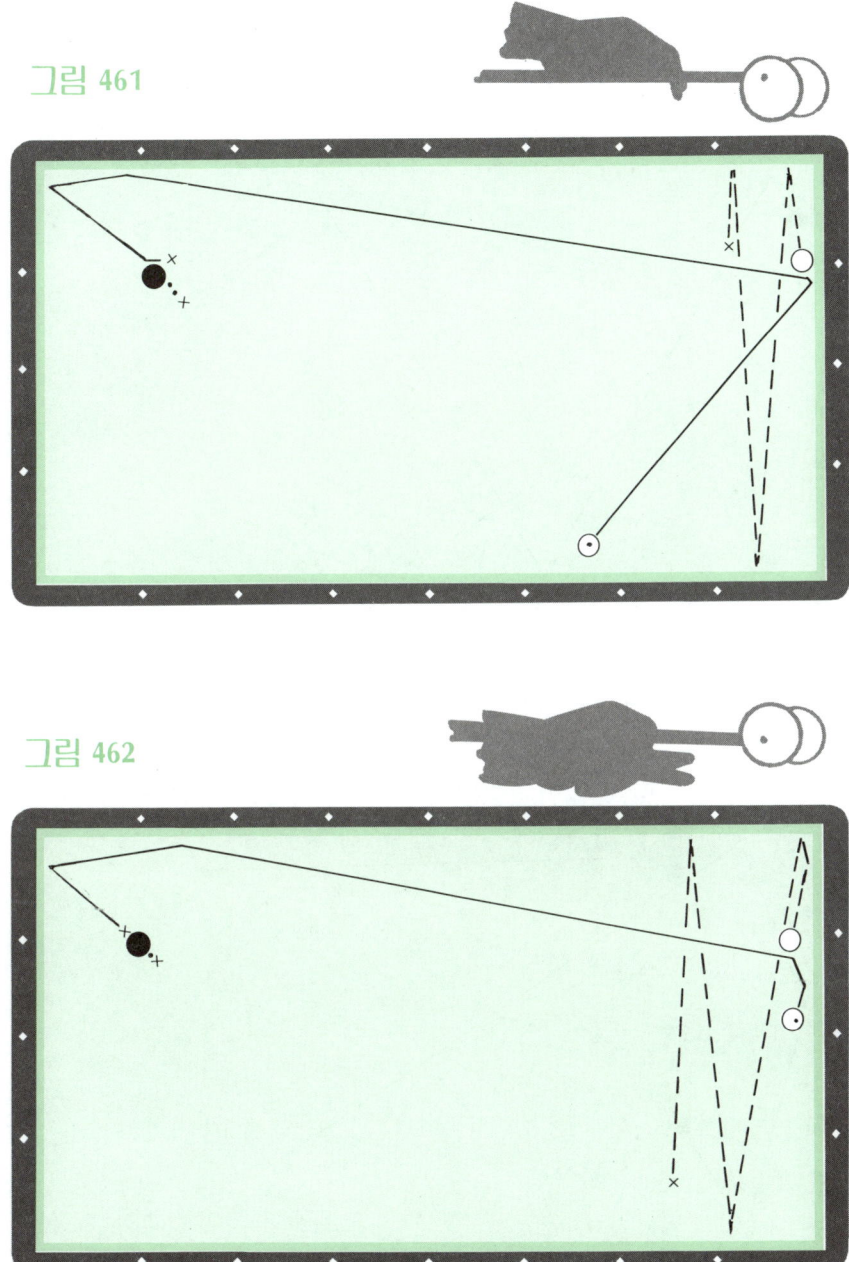

그림 463

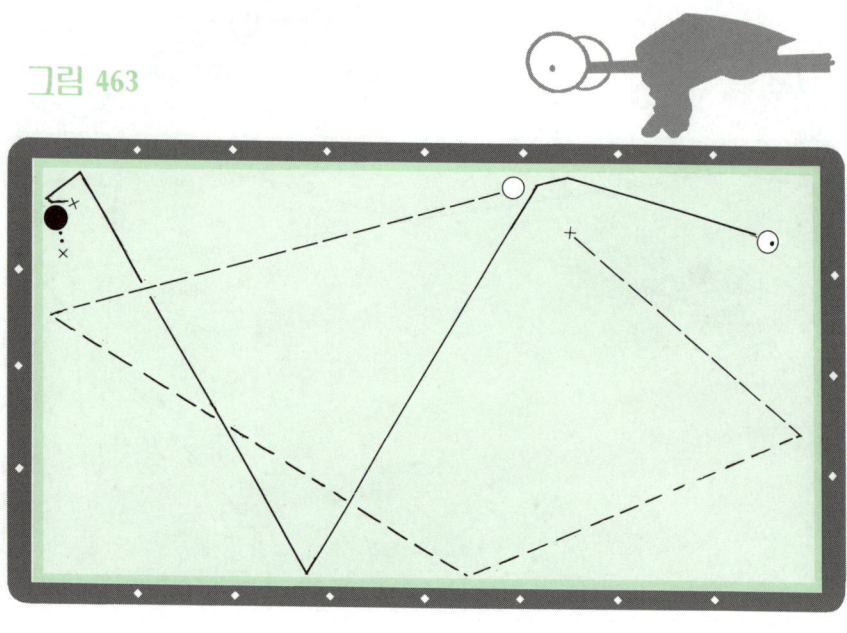

그림 464

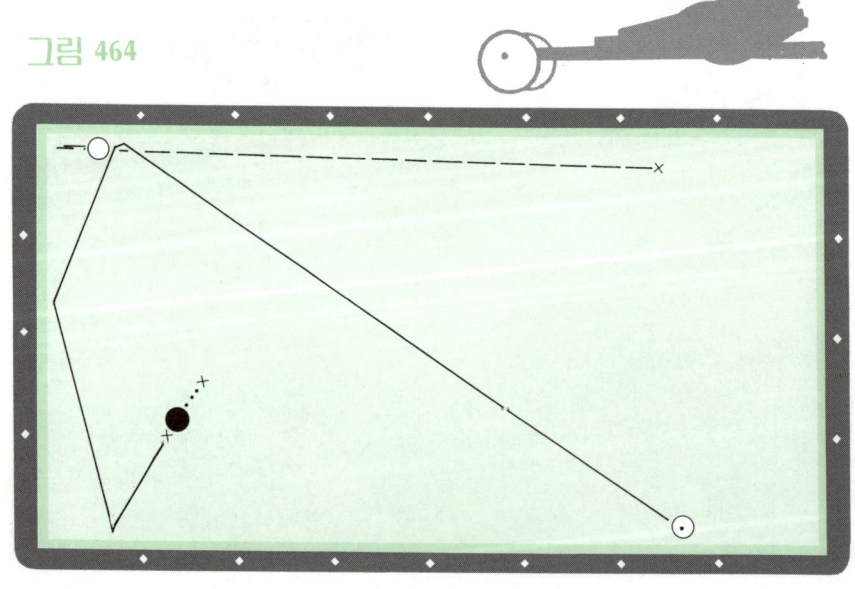

그림 465

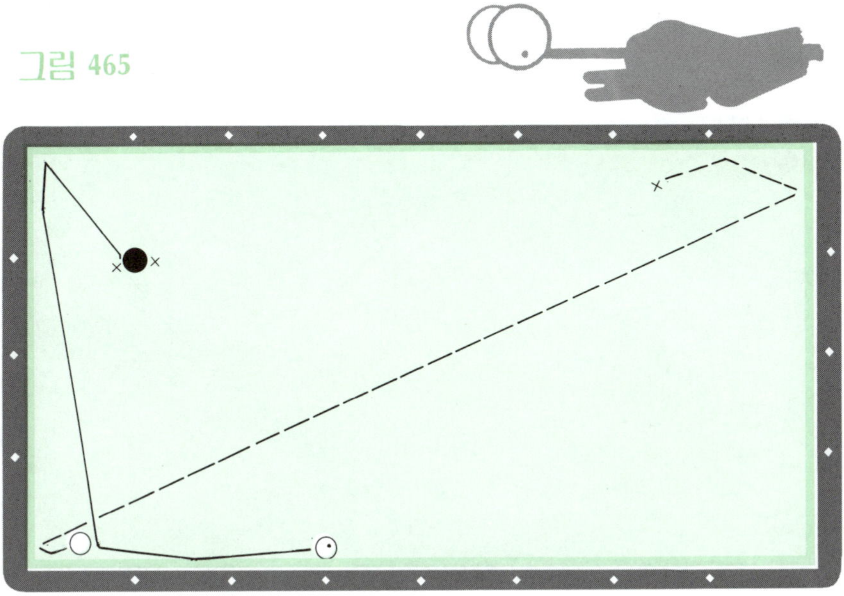

그림 466

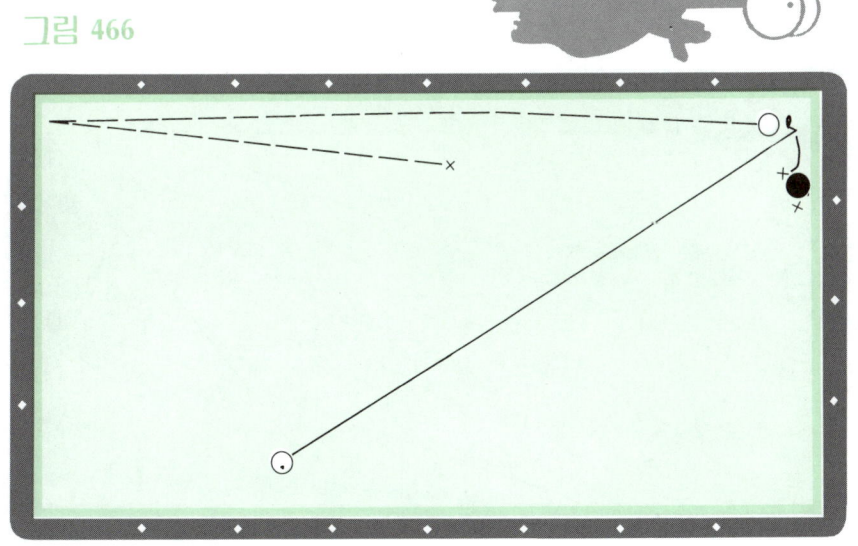

그림 467

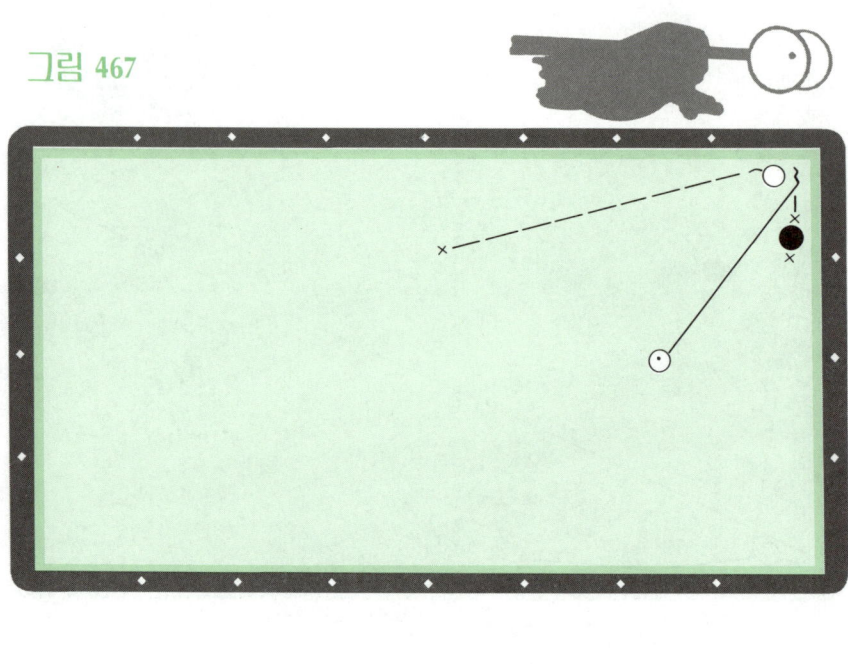

그림 468

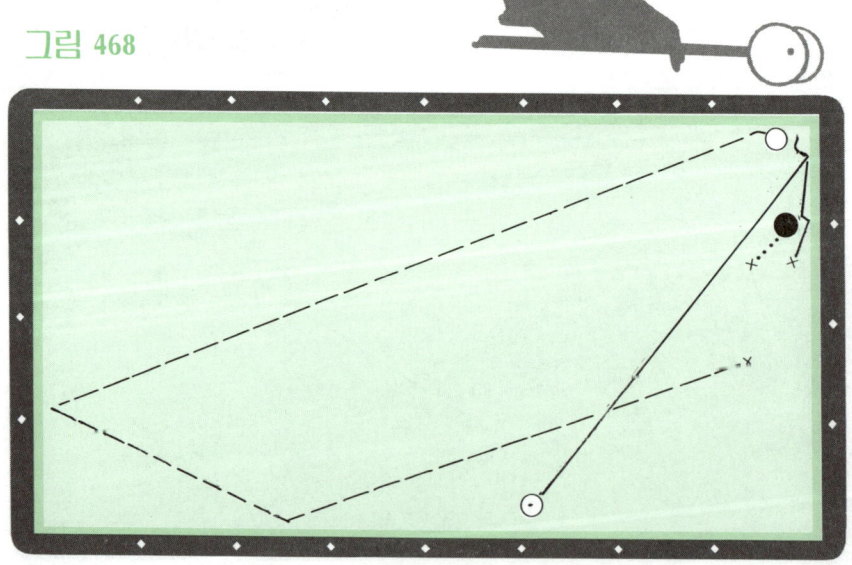

그림 469

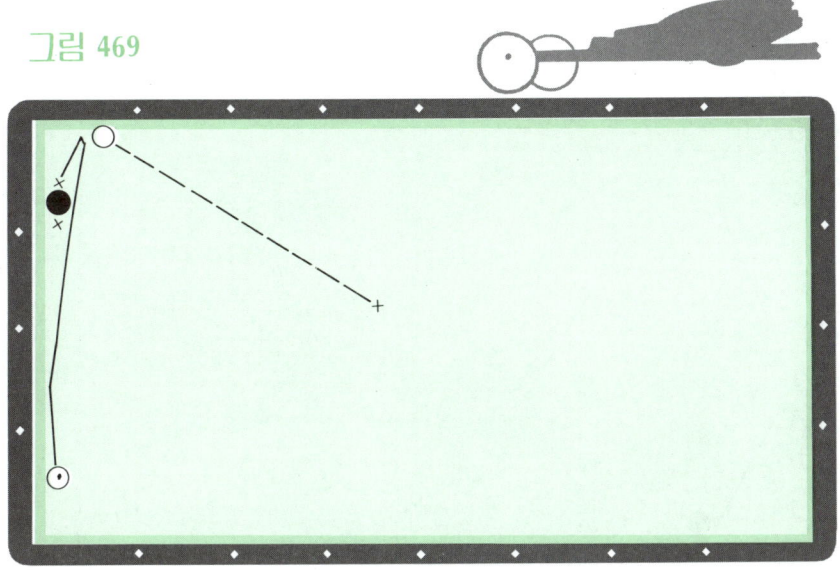

그림 470

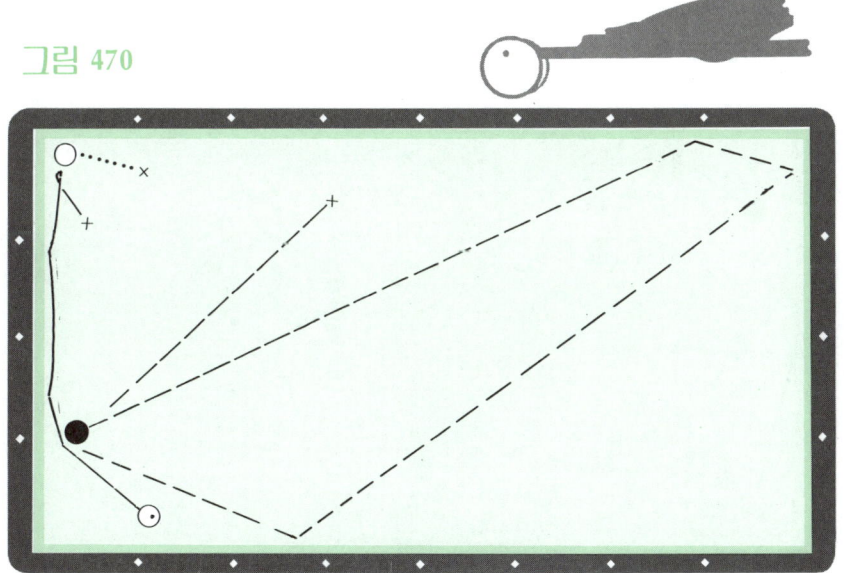

그림 471

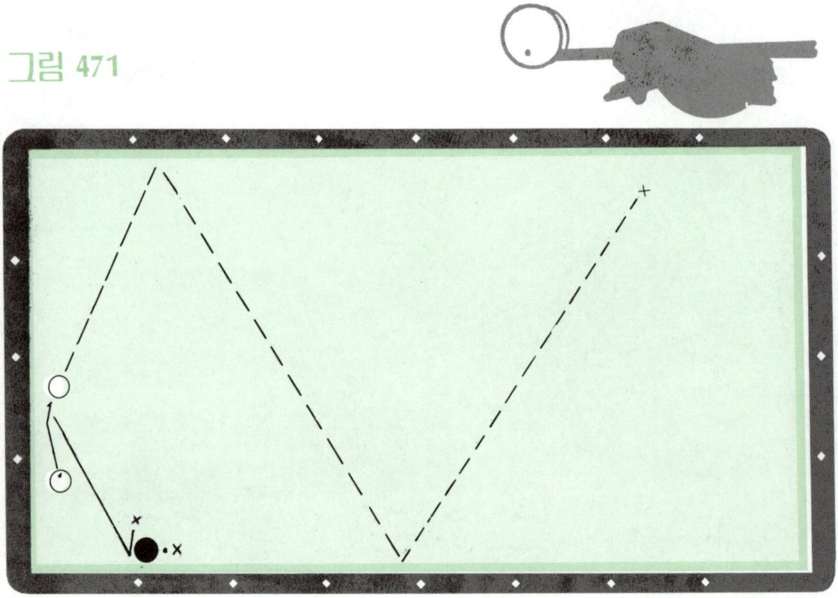

그림 472

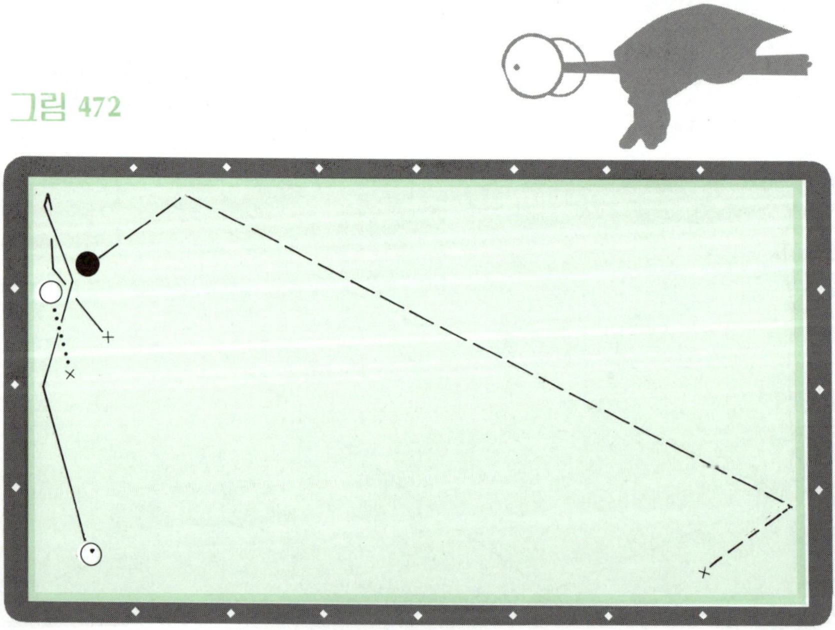

그림 473

그림 474

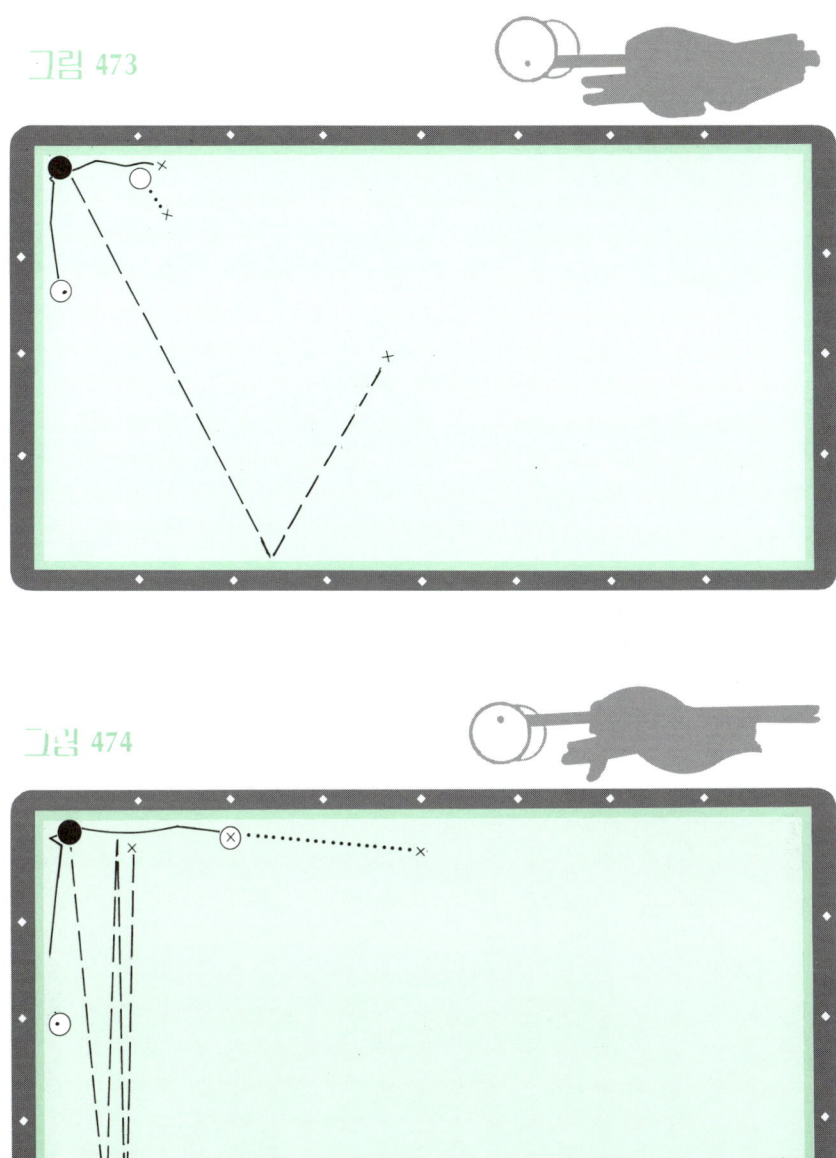

그림 475

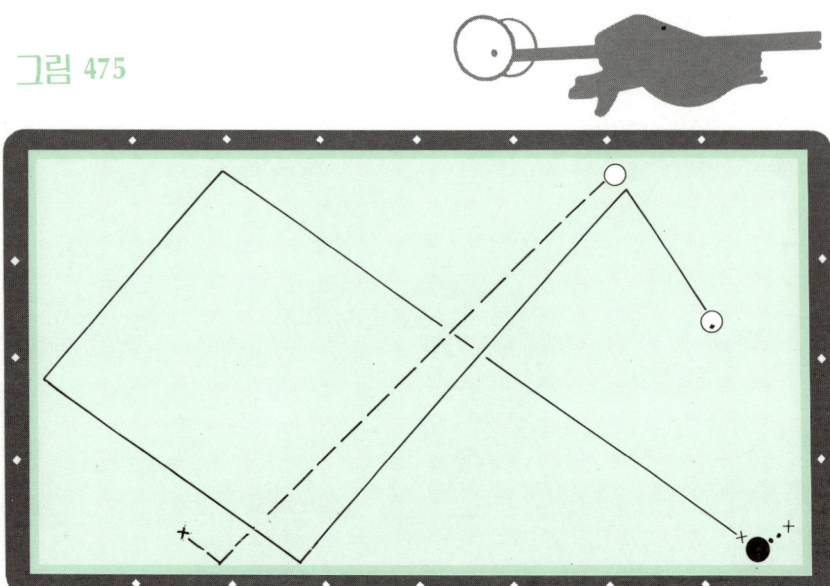

그림 476

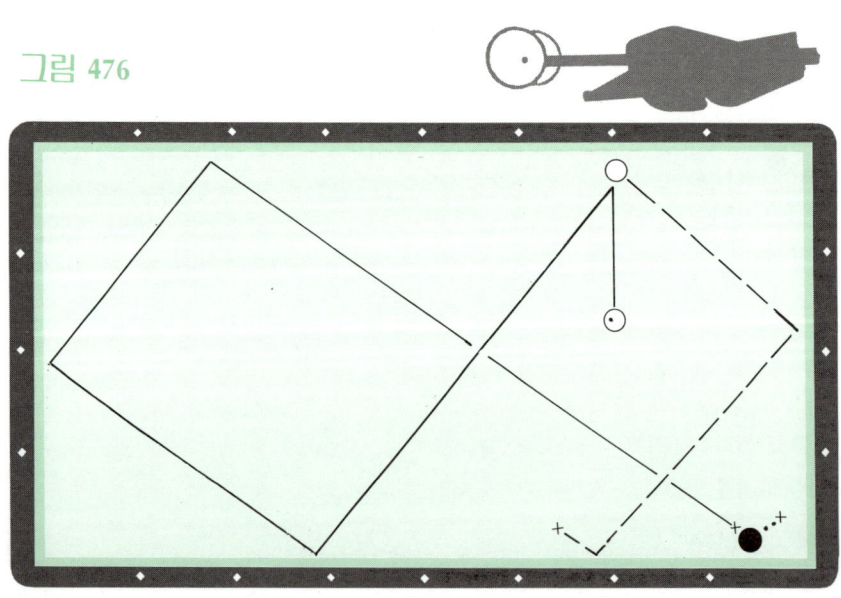

그림 477

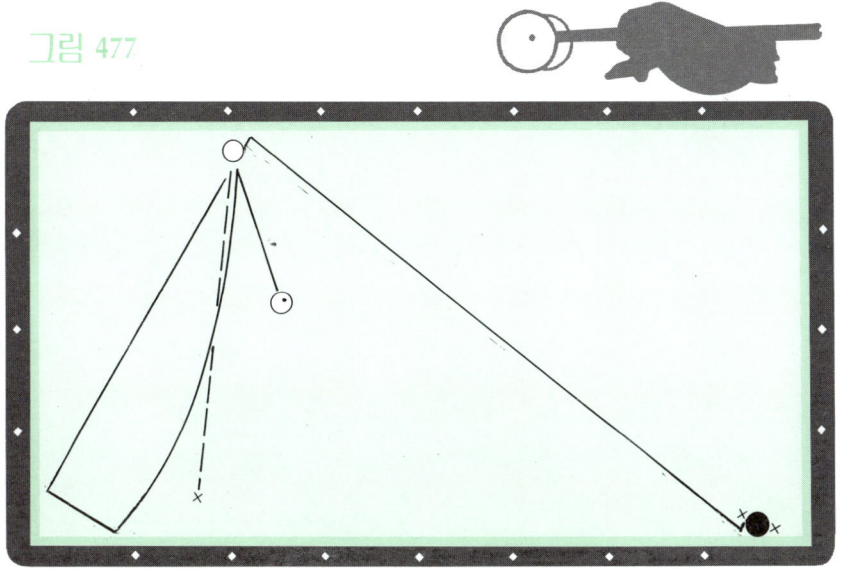

그림 478

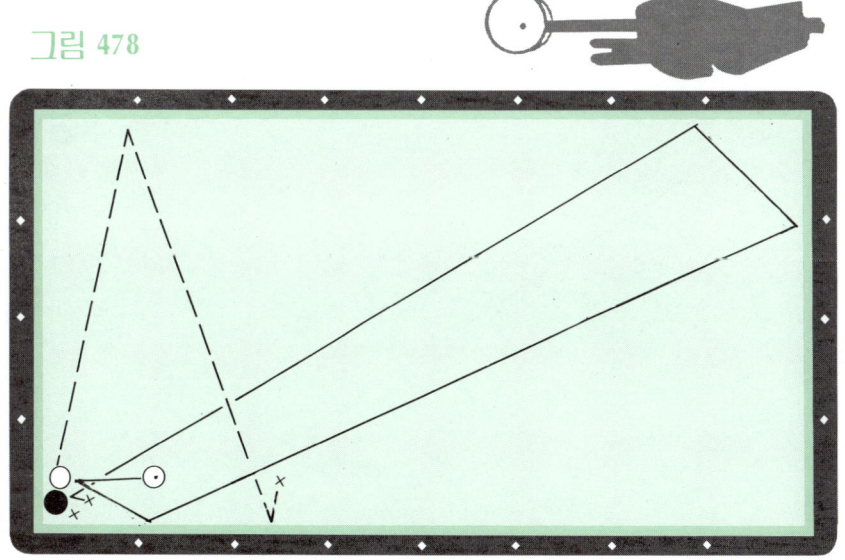

그림 479

그림 480

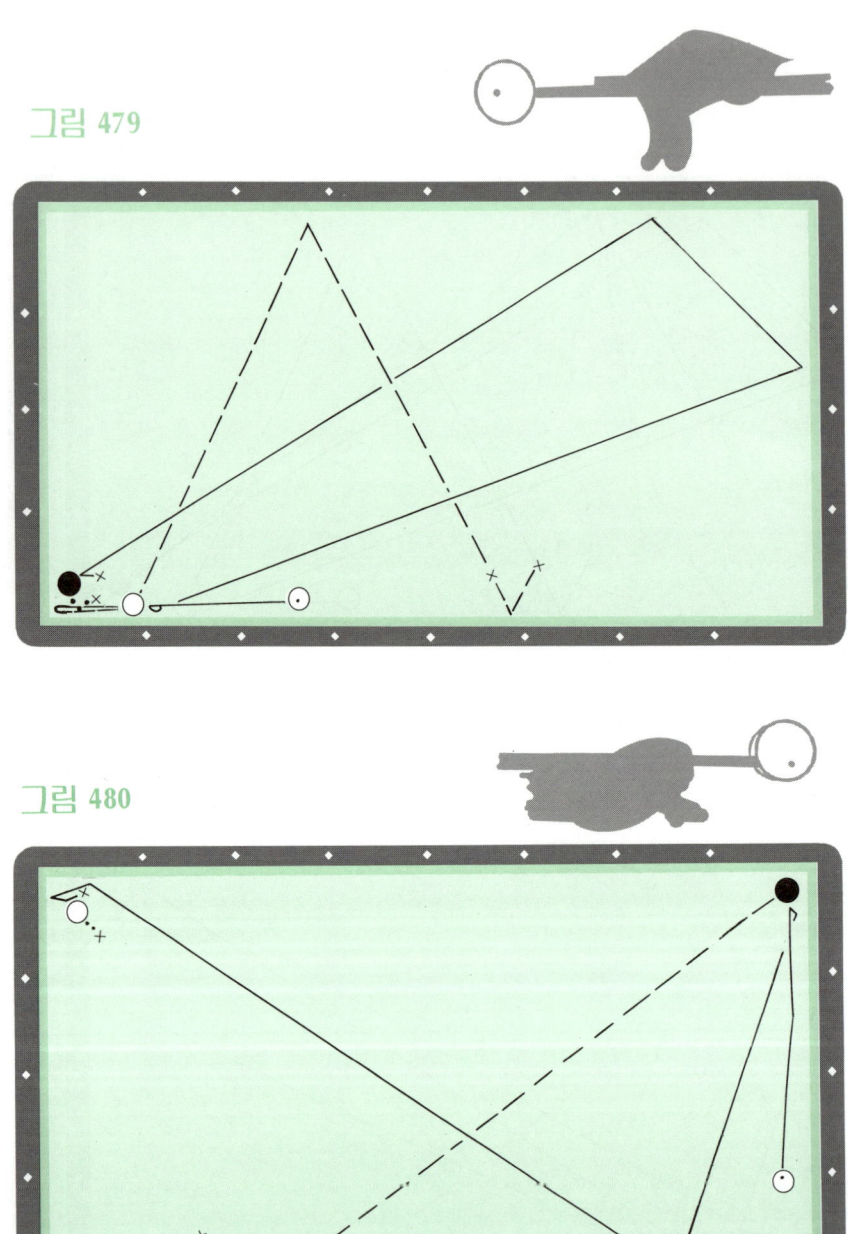

그림 481

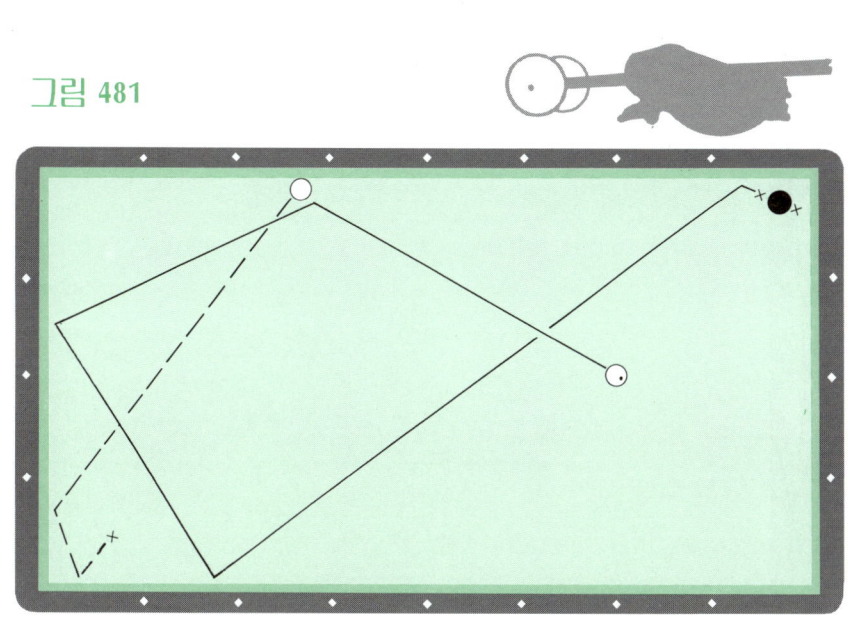

그림 482

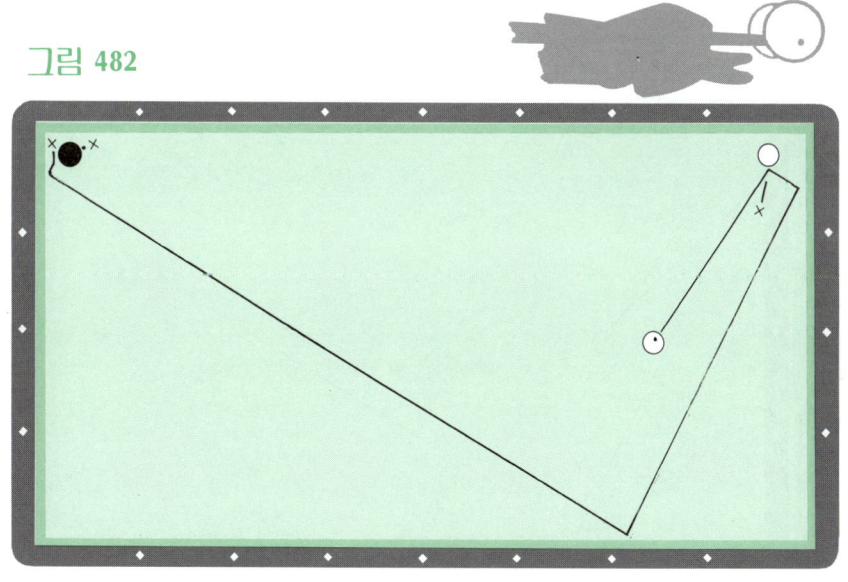

그림 483

그림 484

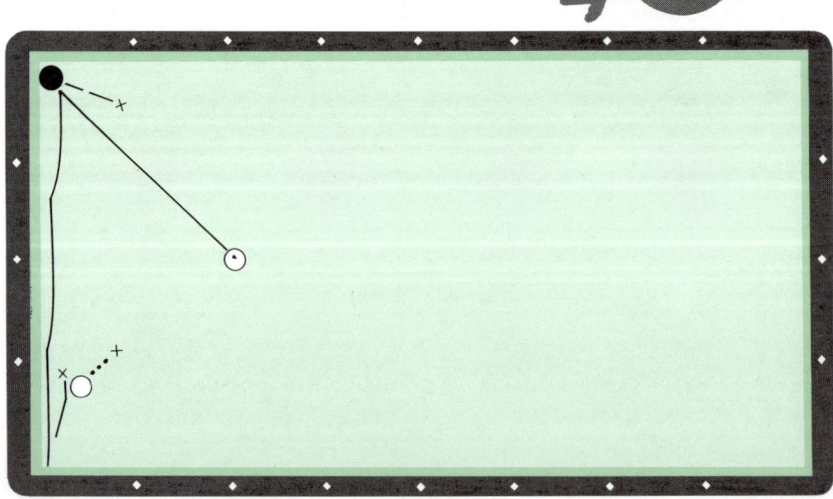

그림 485

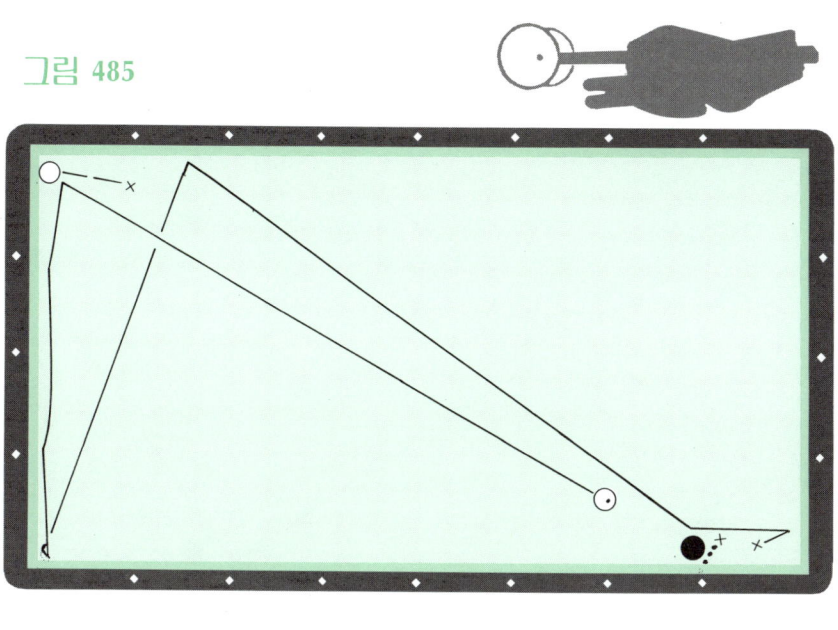

그림 486

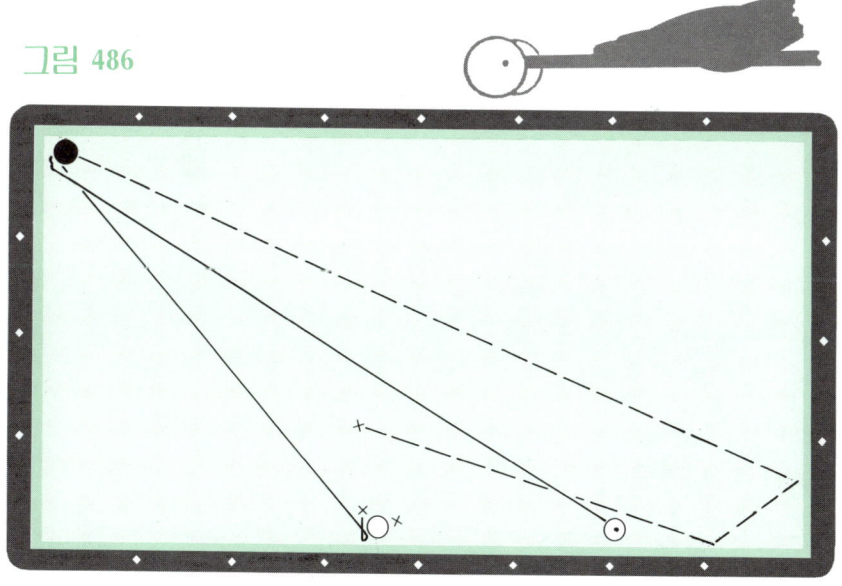

그림 487

그림 488

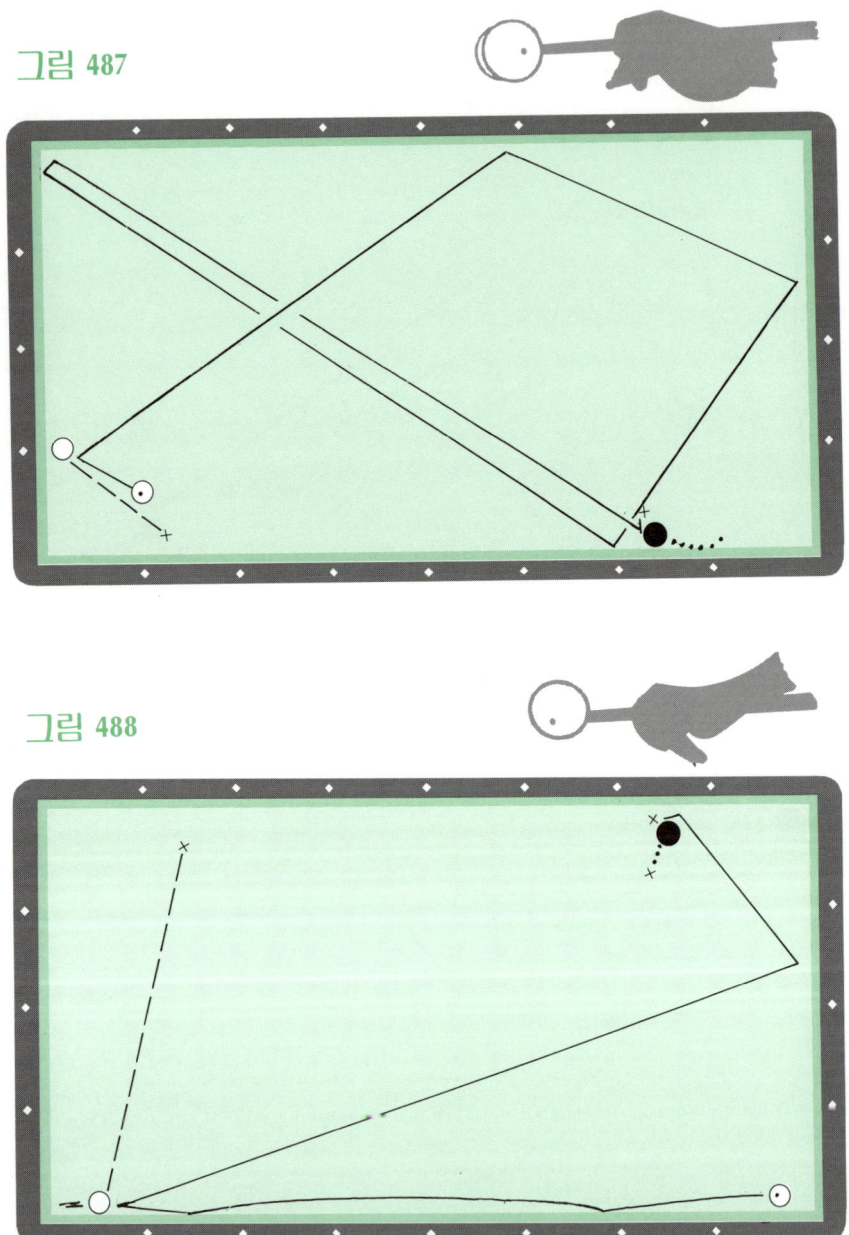

그림 489

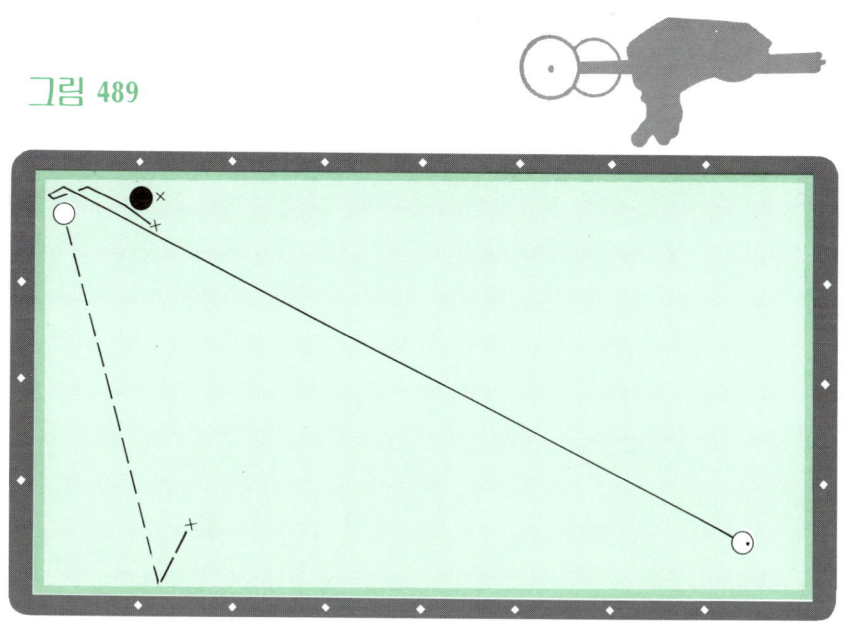

그림 490

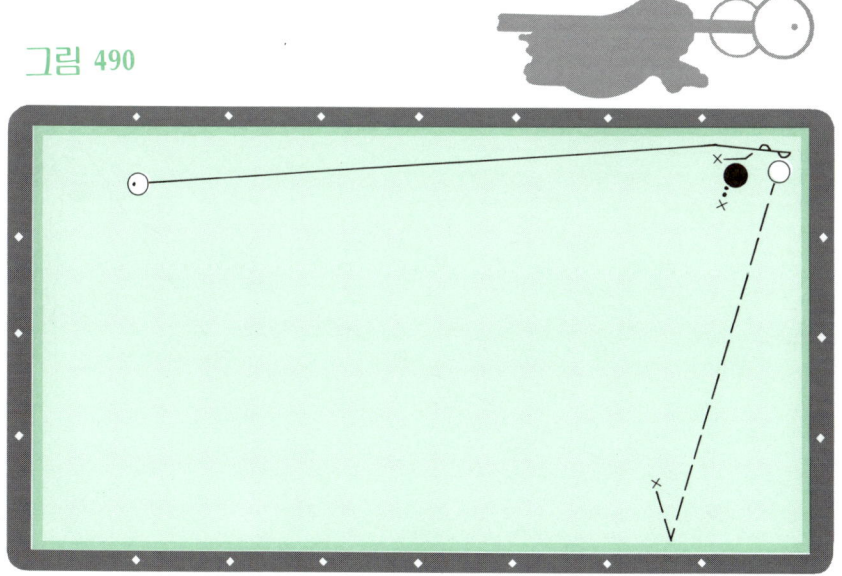

그림 491

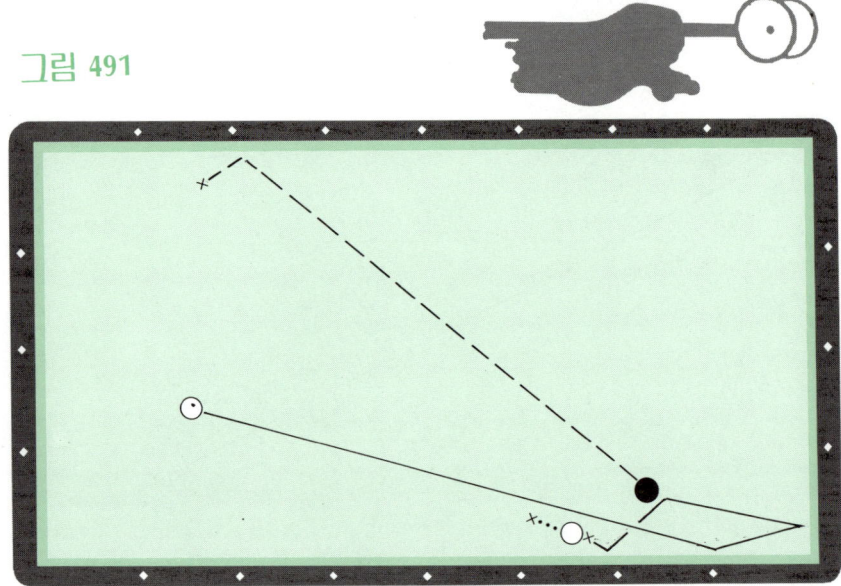

그림 492

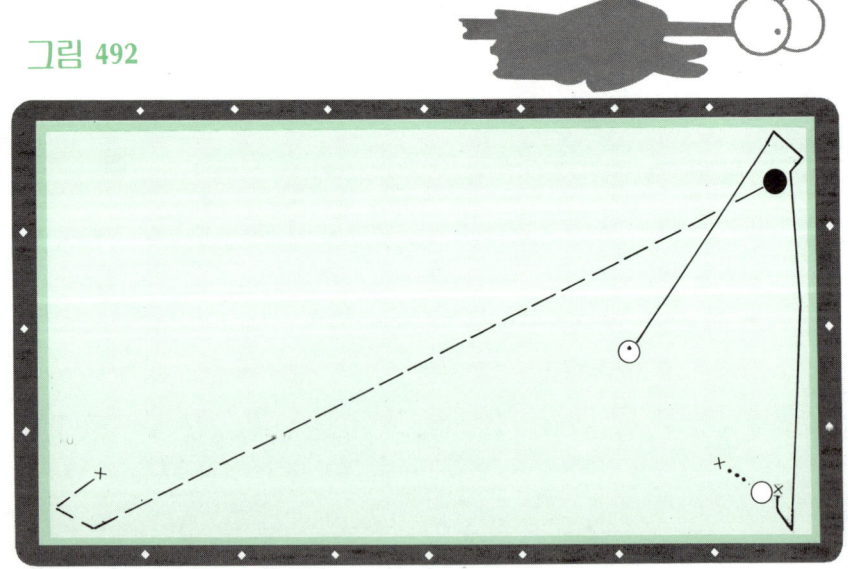

그림 493

그림 494

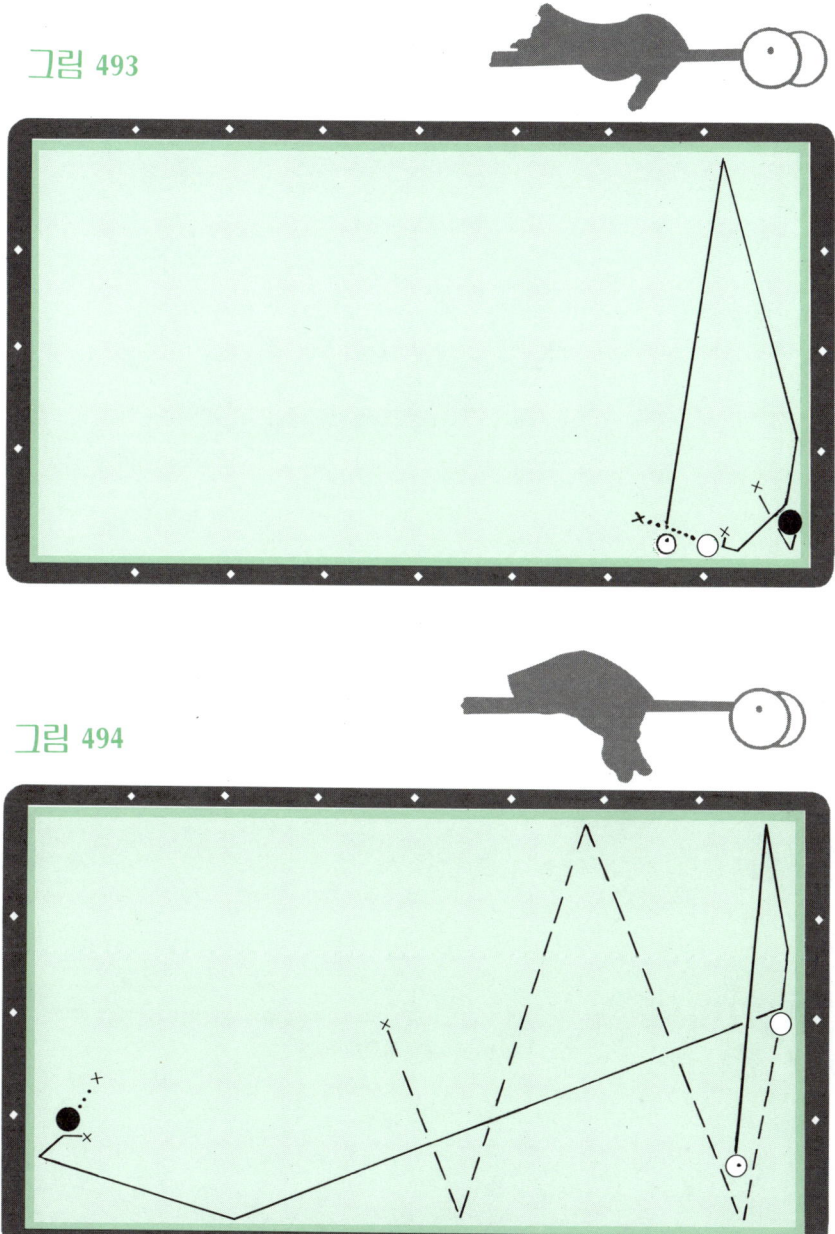

그림 495

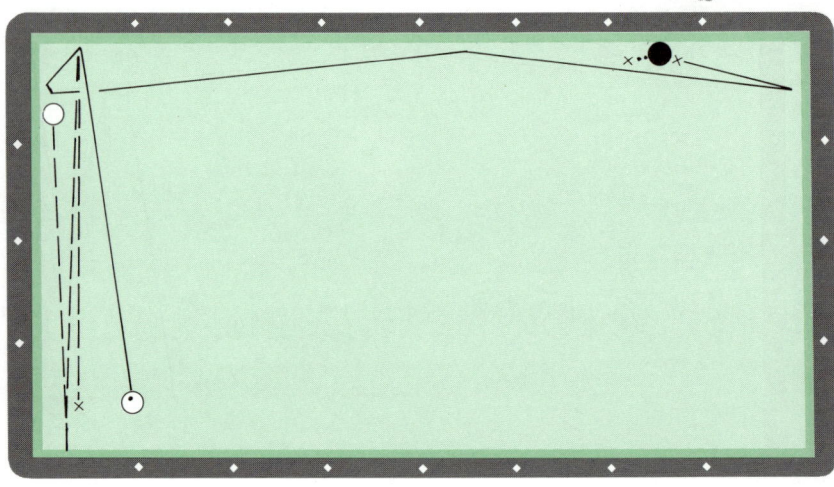

그림 496

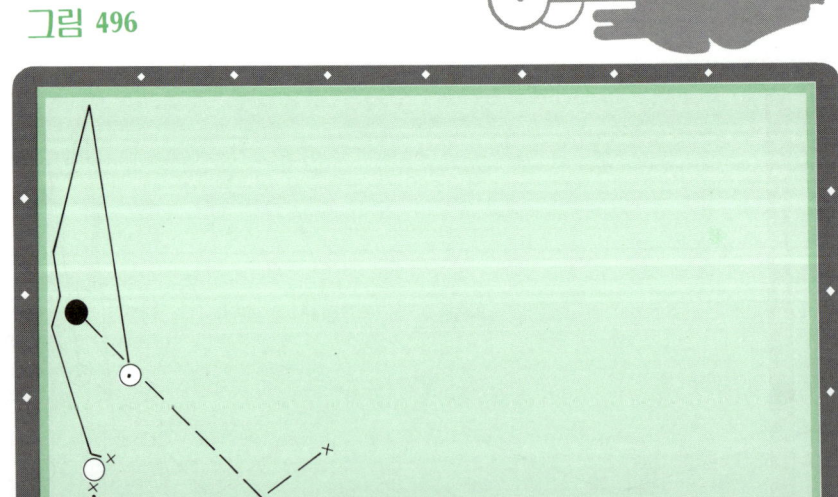

그림 497

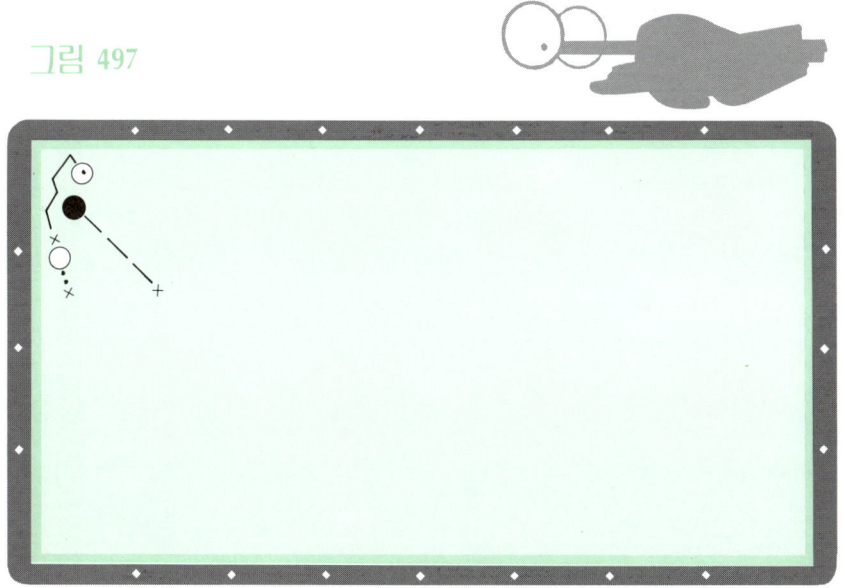

그림 498

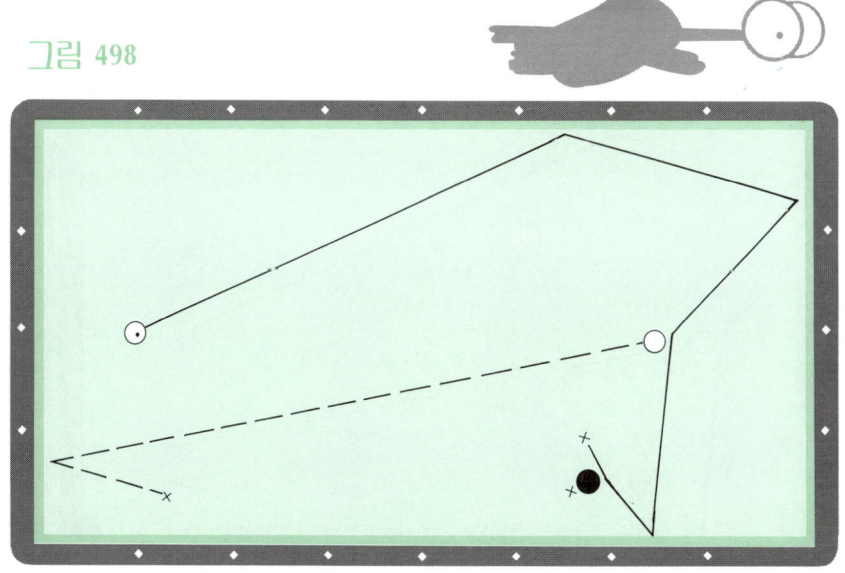

그림 499

그림 500

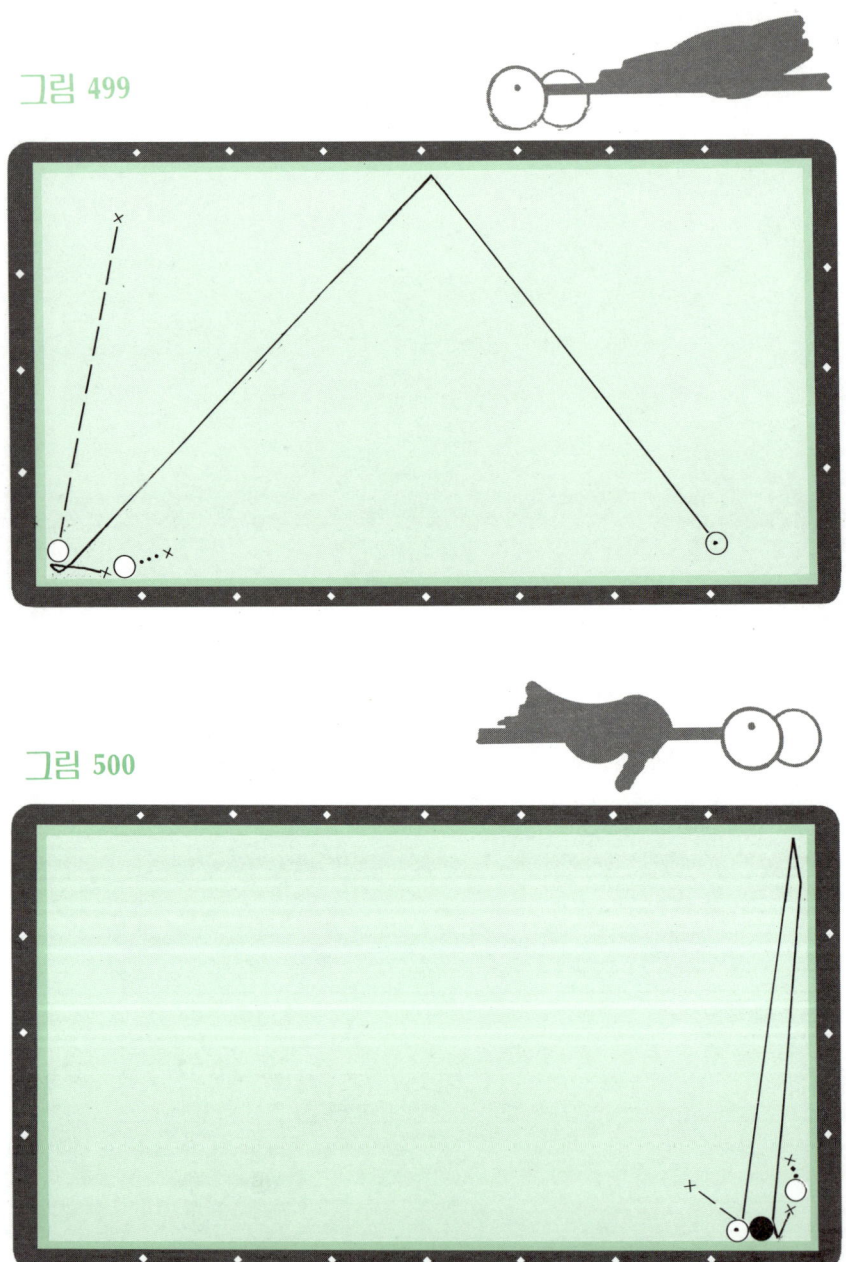

그림 501

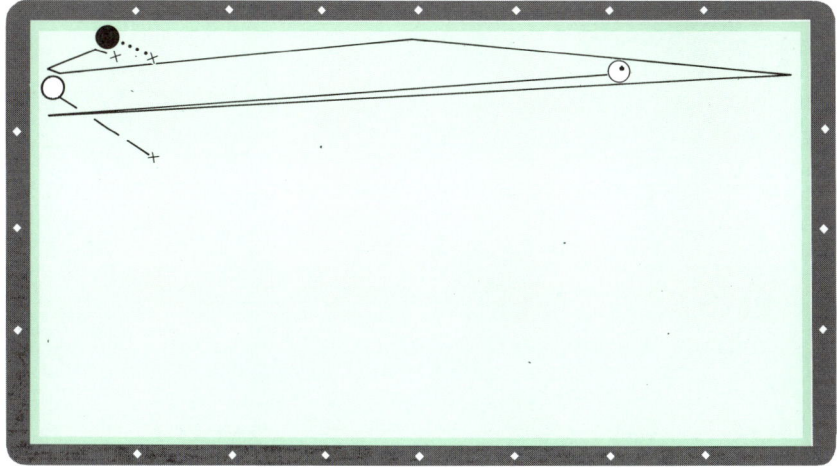

그림 502

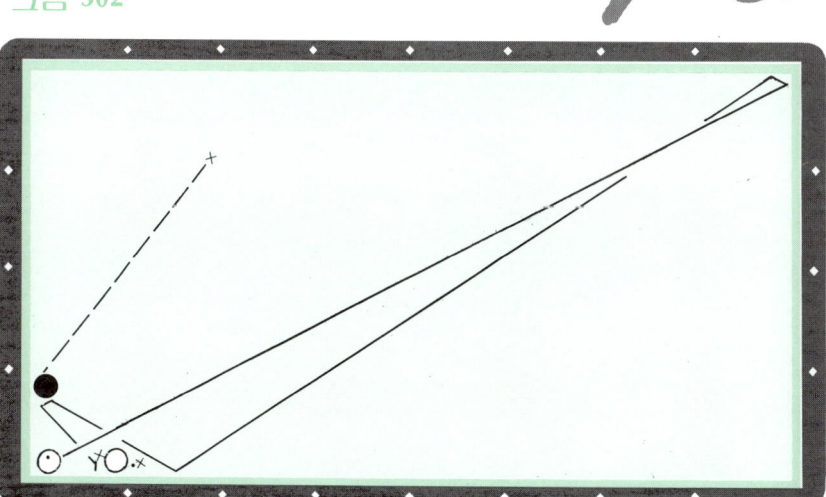

그림 503

그림 504

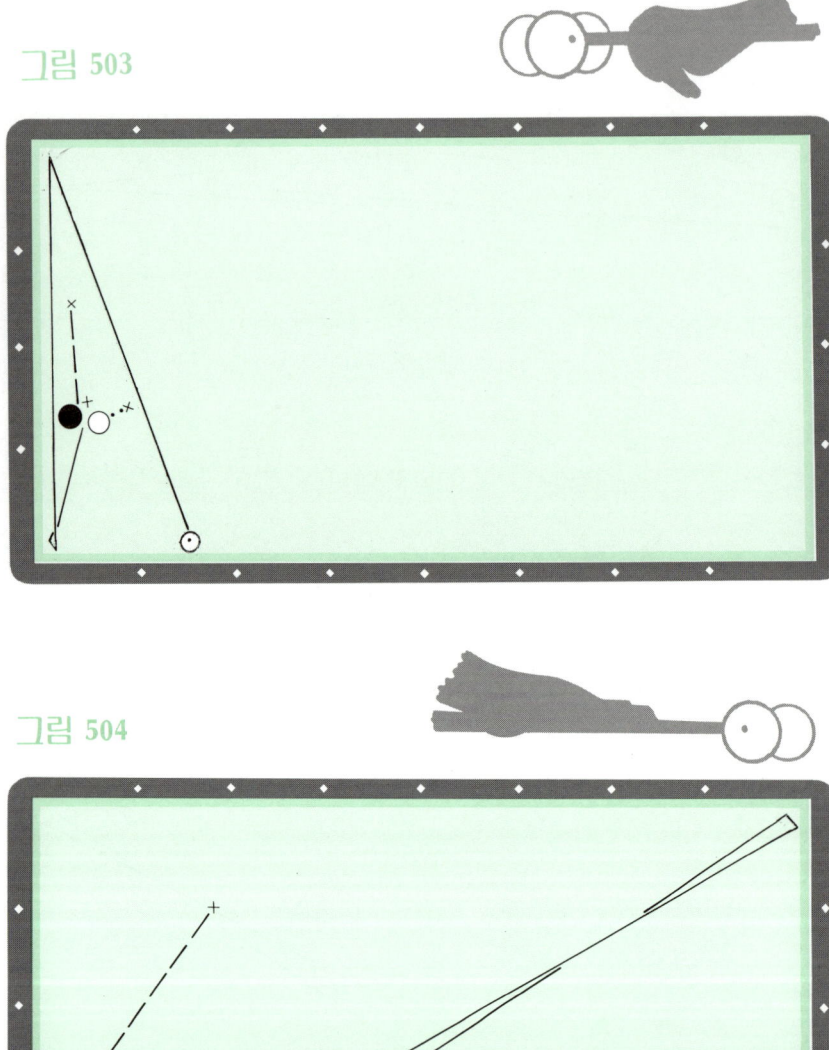

그림 505

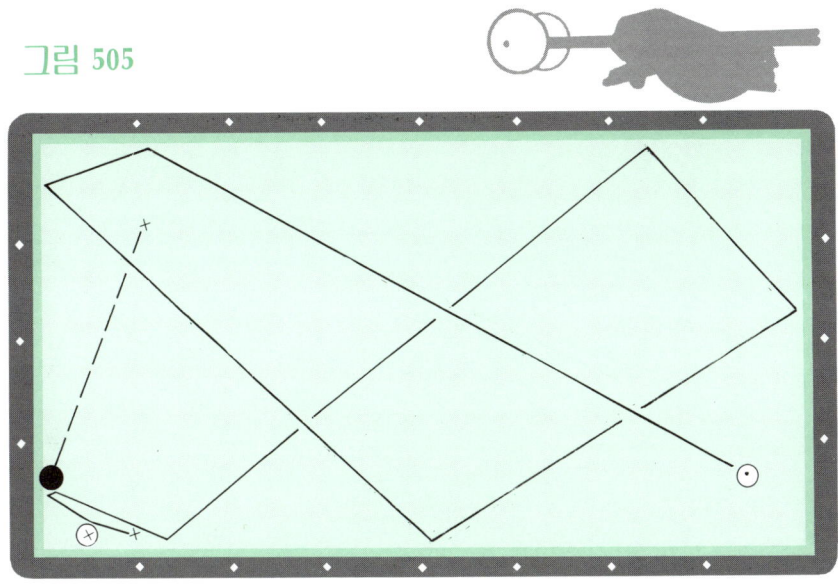

그림 506

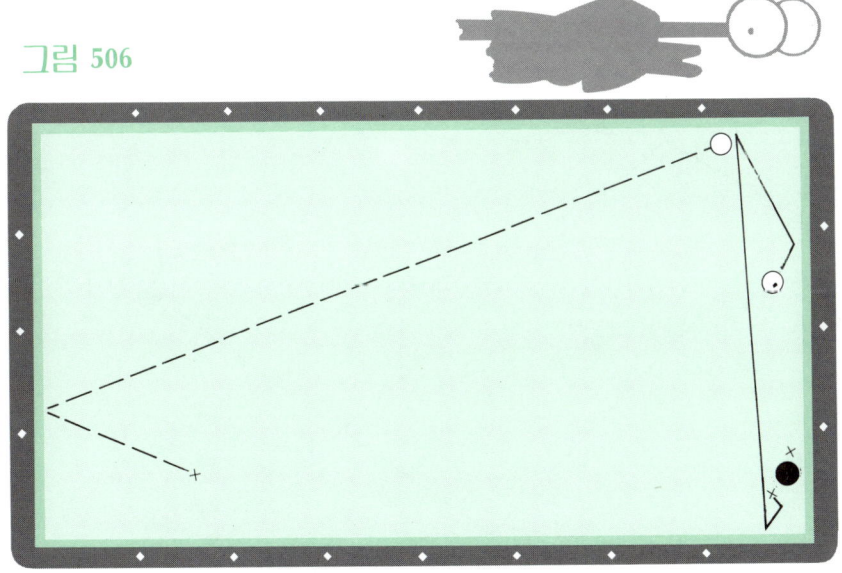

그림 507

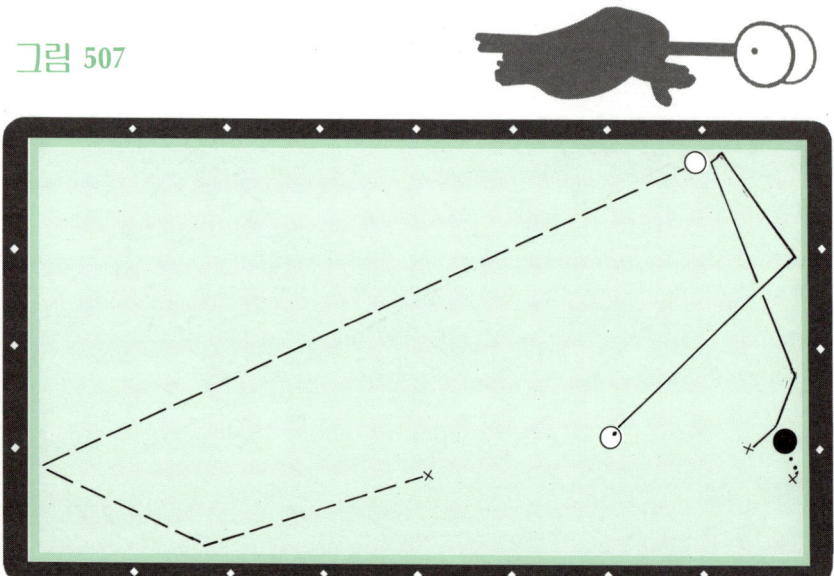

그림 508

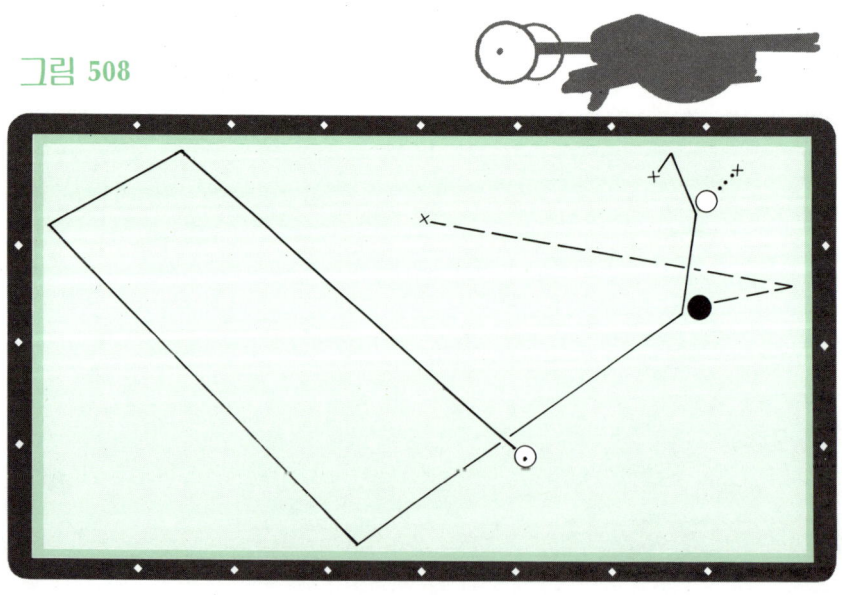

그림 509

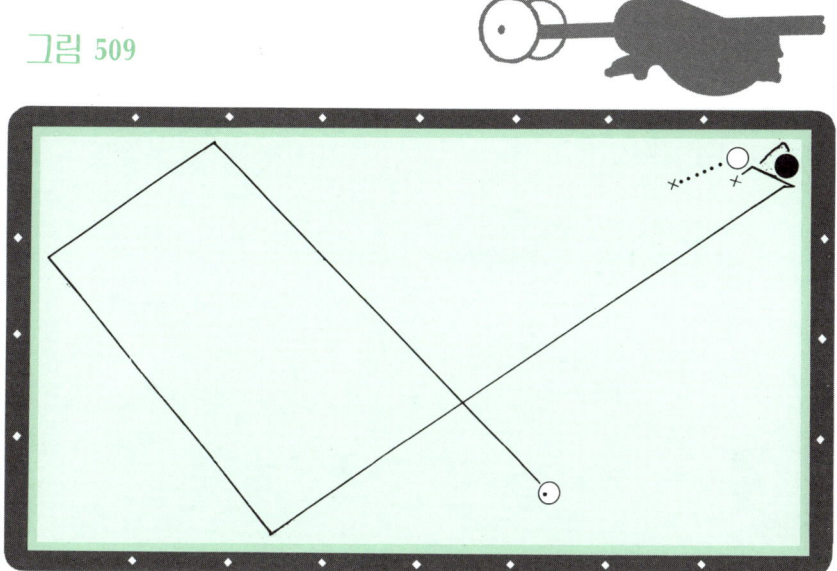

그림 510

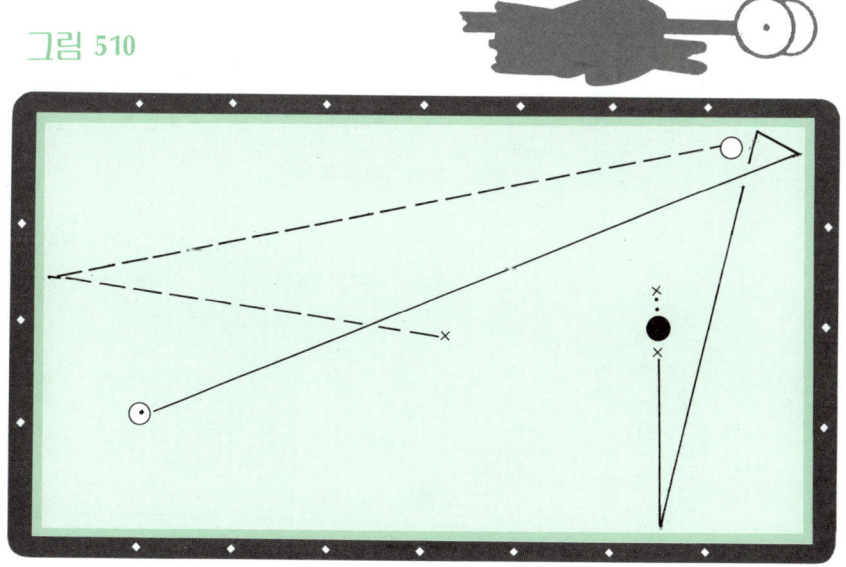

그림 511

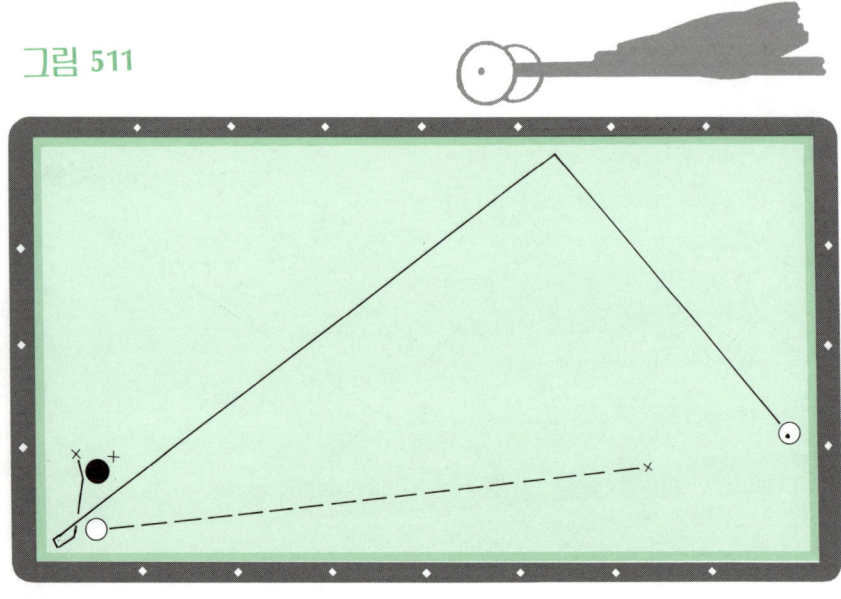

그림 512

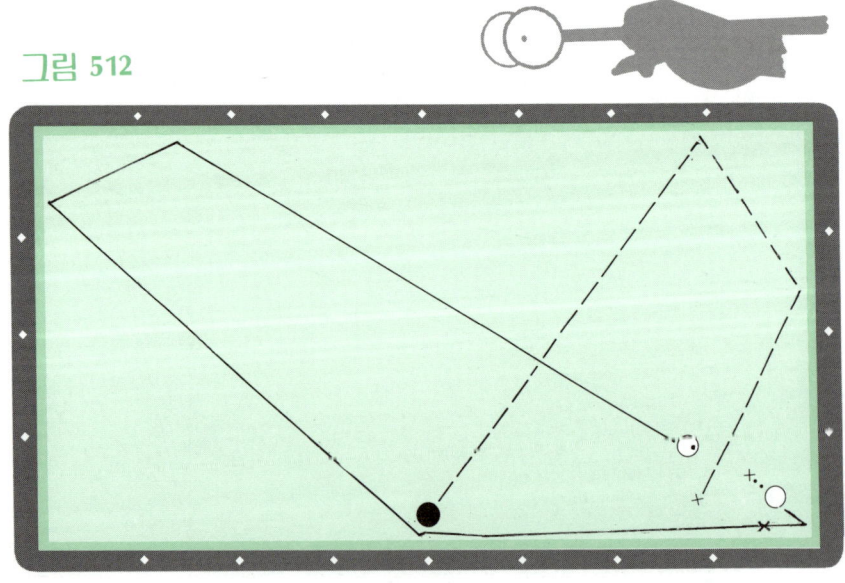

그림 513

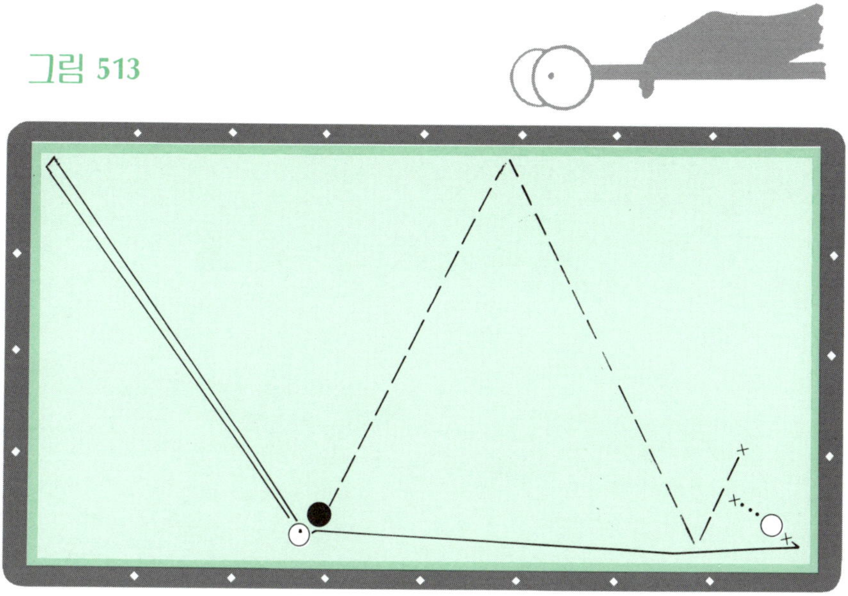

그림 514

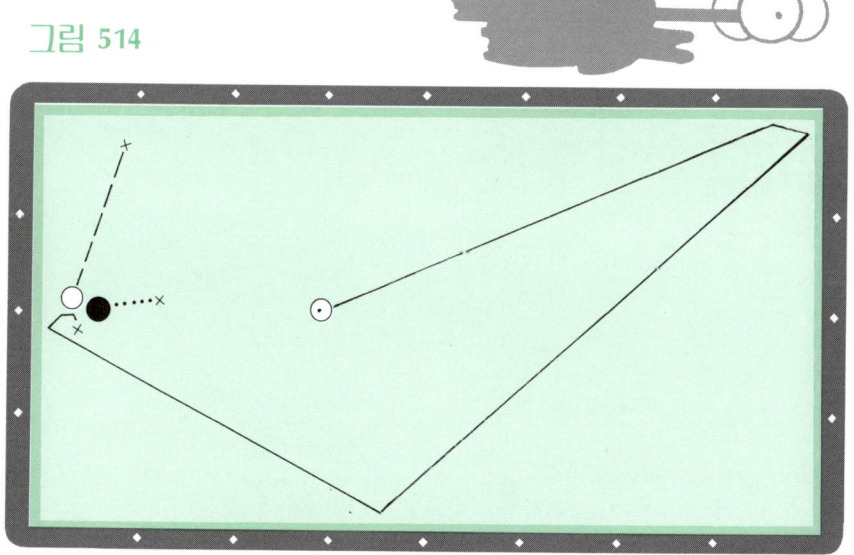

그림 515

그림 516

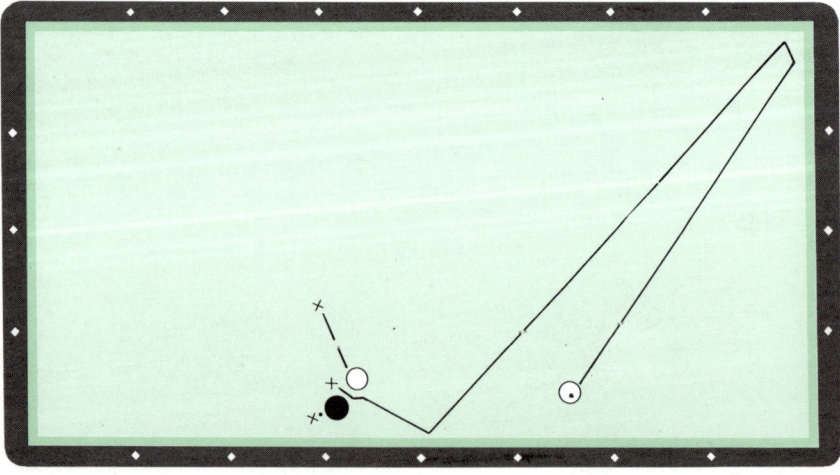

그림 517

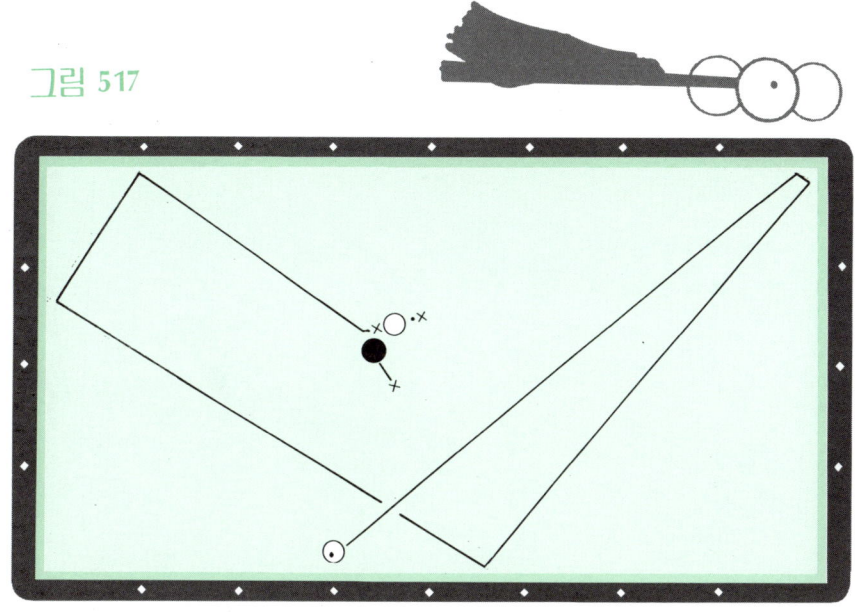

그림 518

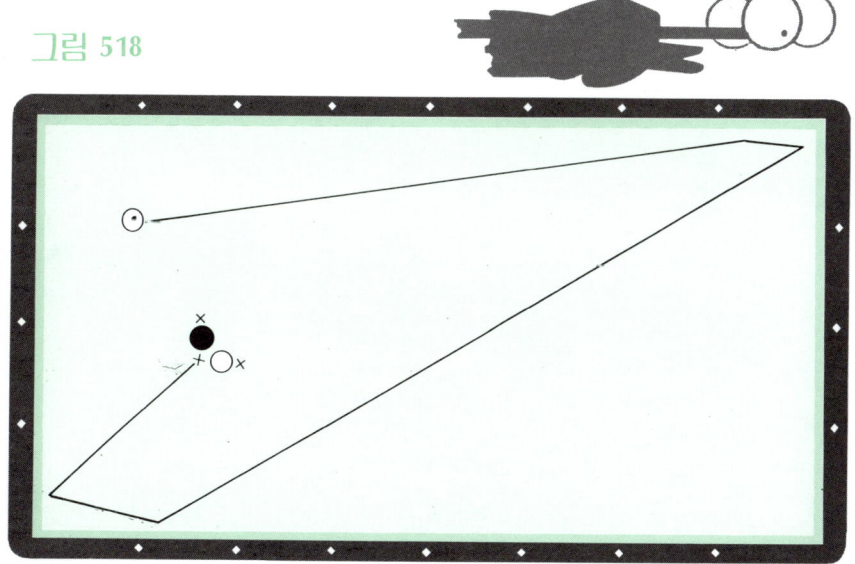

그림 519

그림 520

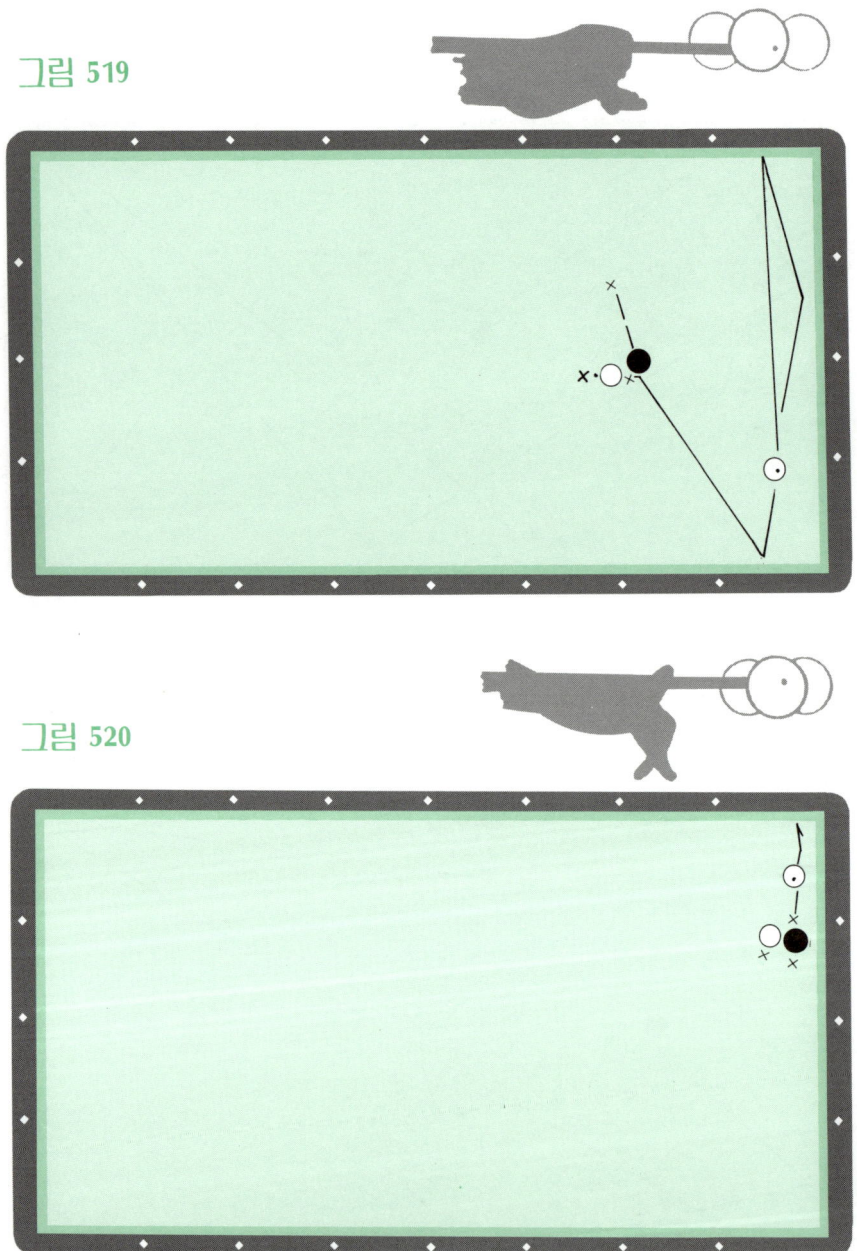

그림 521

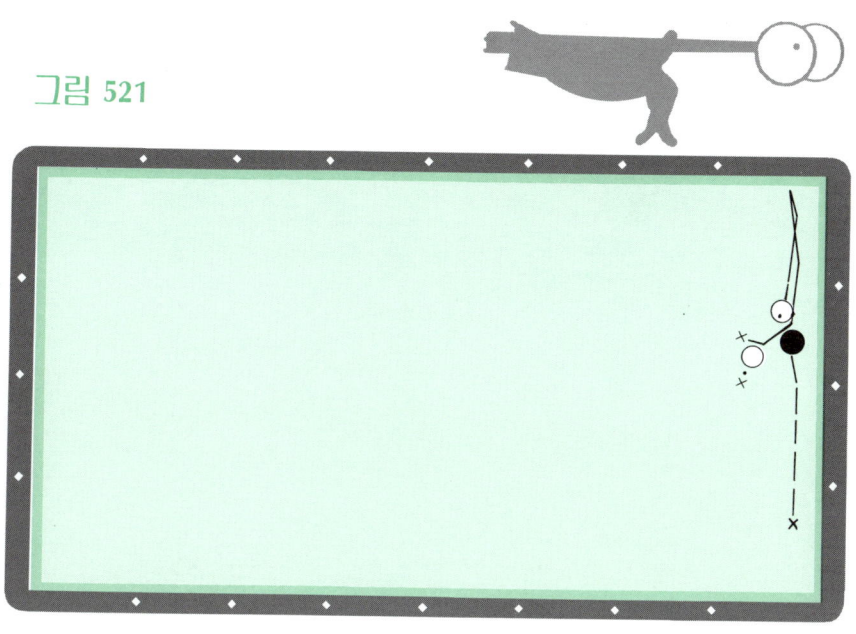

그림 522

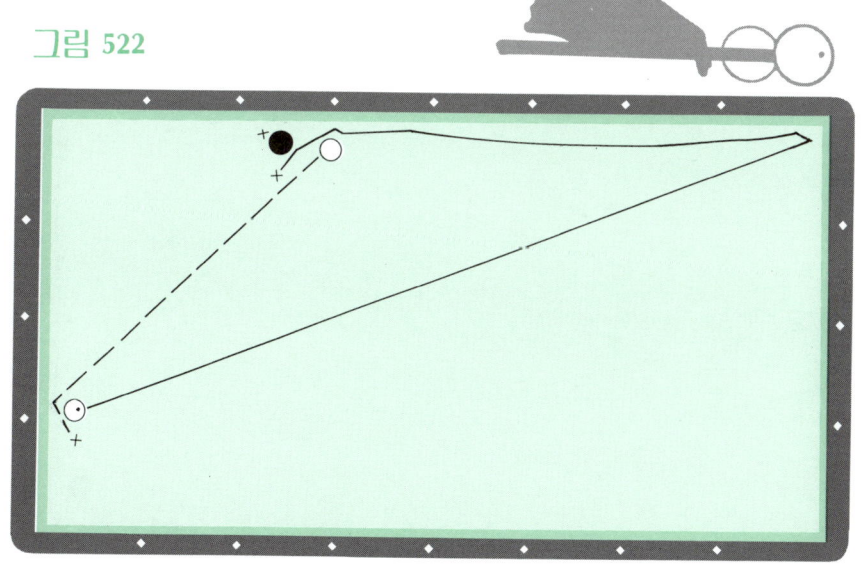

그림 523

그림 524

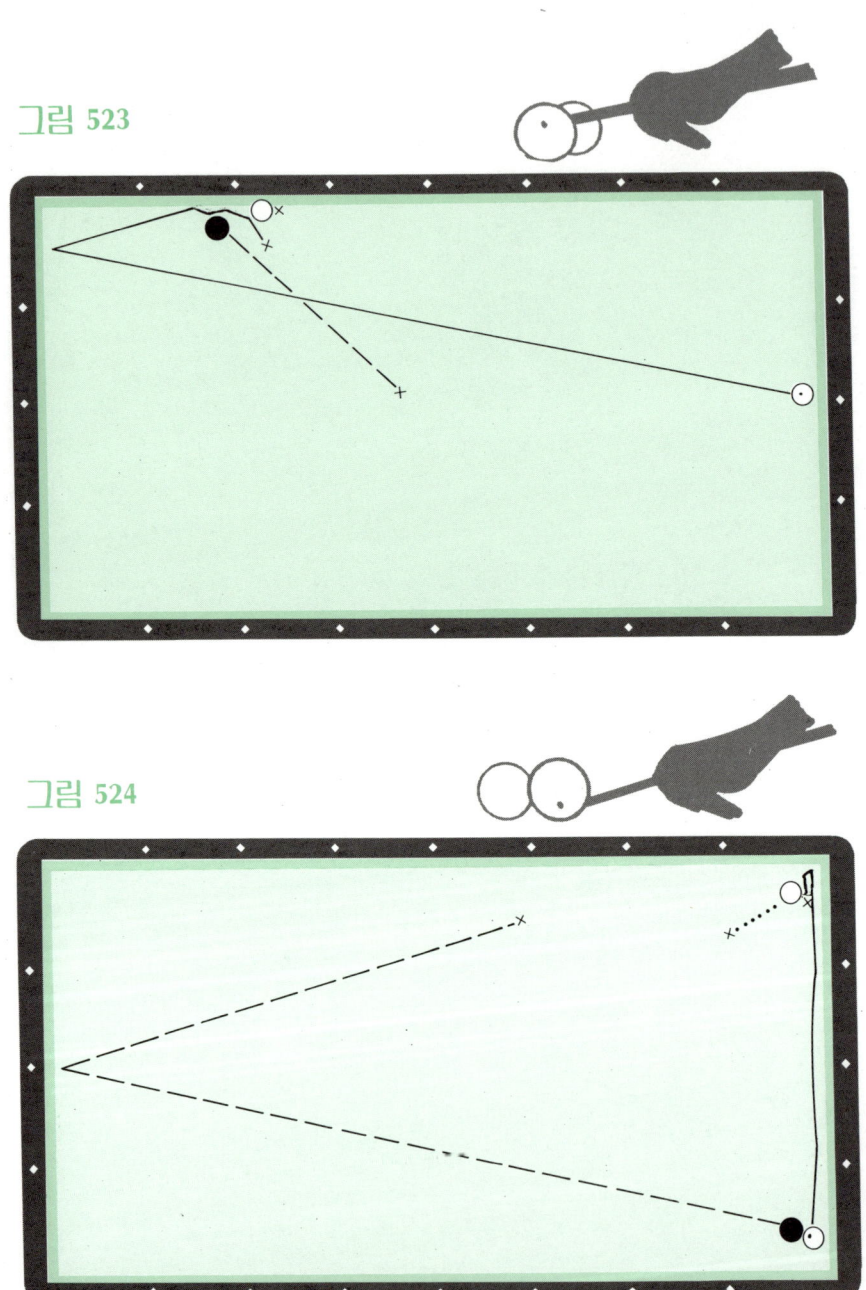

그림 525

그림 526

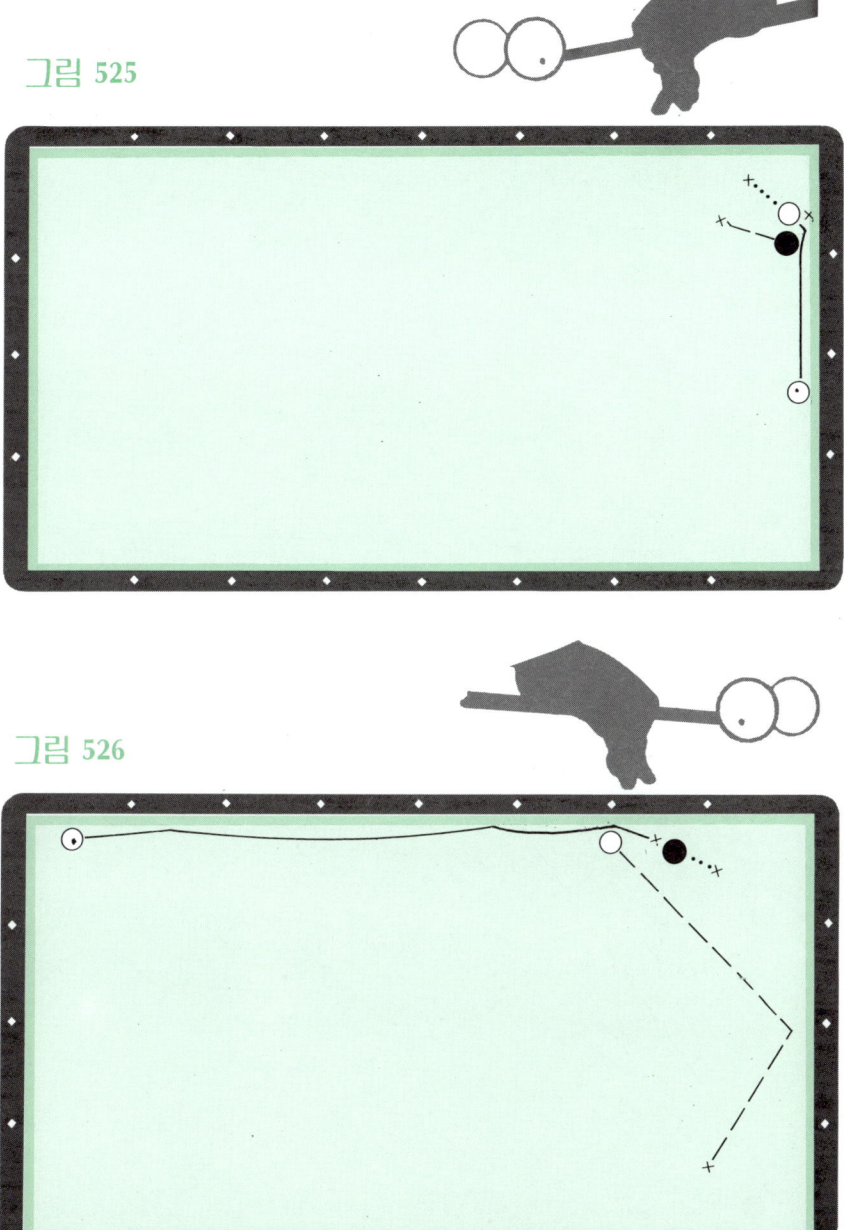

그림 527

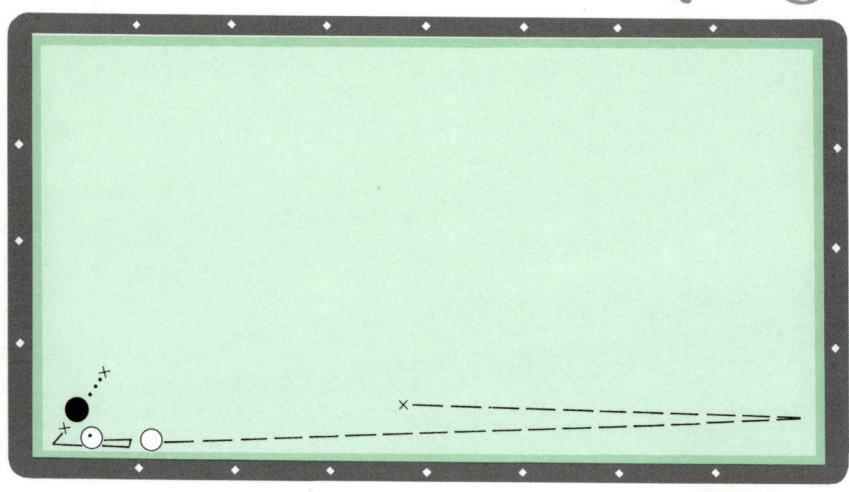

그림 528

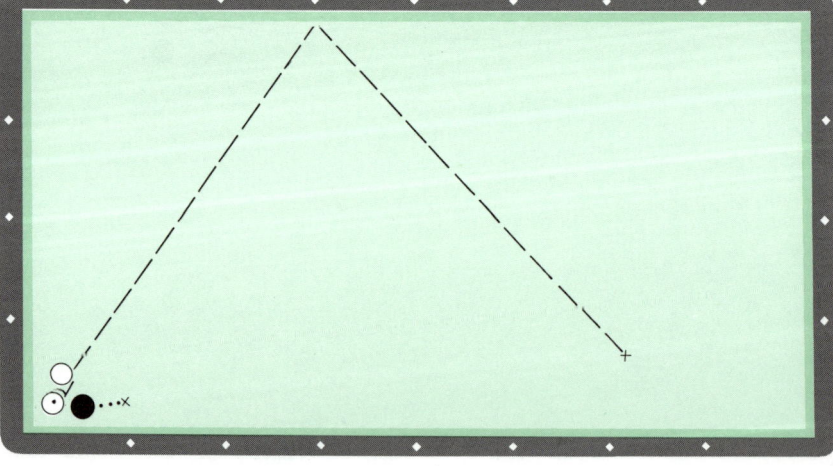

그림 529

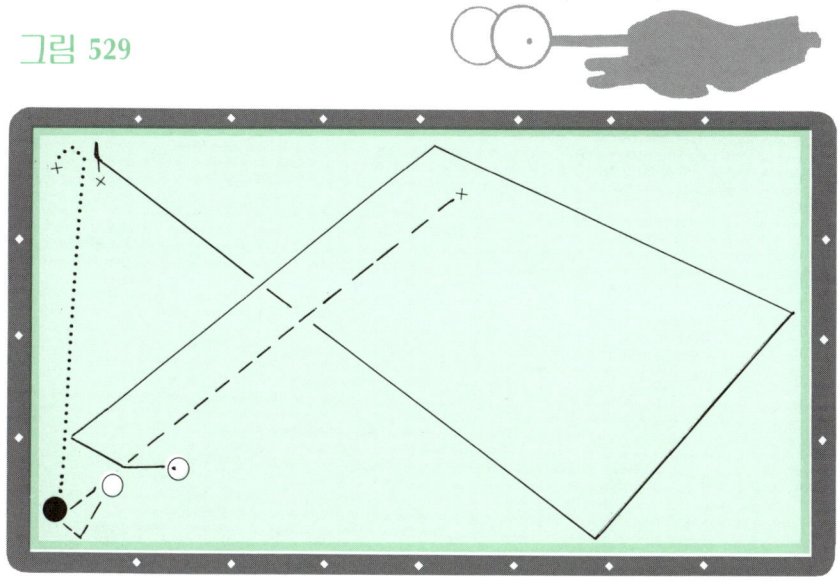

그림 530

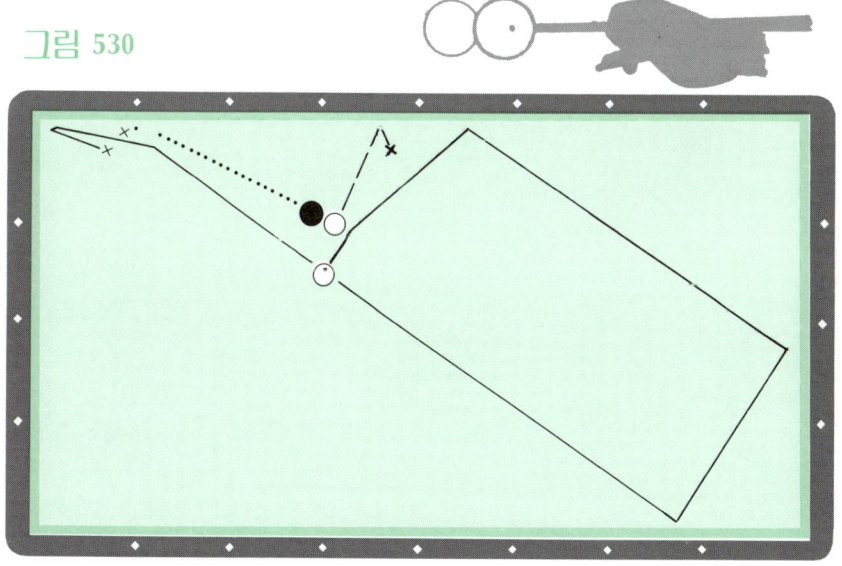

그림 531

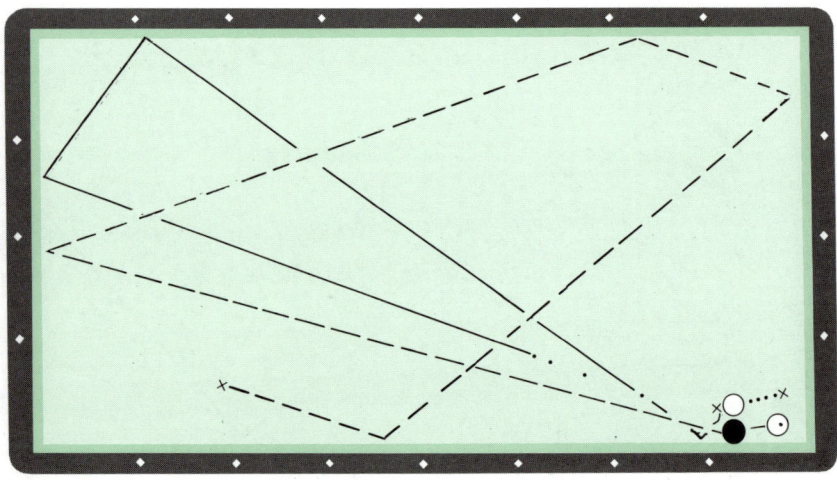

스리쿠션 당구 레슨

저편역자
에디 로빈 / 박용수

발행인
남용

발행처
일신서적출판사
121-110 서울시 마포구 신수동 177-3
1969년 9월 12일 등록(10-70)
전화 : 703-3001~6 팩스 : 703-3009

대체구좌
012245-31-2133577

값 17,000원

© ILSIN PUBLISHING Co. 1990.   04-①

* 잘못된 책은 교환해드립니다.